Bundesministerium für Umwelt,
Naturschutz und Reaktorsicherheit (Hrsg.)
GreenTech made in Germany 2.0

GreenTech made in Germany 2.0

Umwelttechnologie-Atlas für Deutschland

Herausgegeben vom

Bundesministerium für Umwelt,
Naturschutz und Reaktorsicherheit

Verlag Franz Vahlen München

VERLAG
VAHLEN
MÜNCHEN
www.vahlen.de

Bildnachweis:

Umschlag:
H.-G. Oed
Brigitte Hiss/BMU
Christoph Busse/ Transit
Transit/Eisler/BMU
Photocase.com
Rupert Oberhäuser/BMU
Mauritius Images
Bernd Müller/BMU

Text:
Seite 7: Photocase.com
Seite 45: Transit/Eisler/BMU, Mauritius Images, H.-G. Oed, Brigitte Hiss/BMU, Bernd Müller/BMU
Seite 47: Bernd Müller/BMU
Seite 75: Brigitte Hiss/BMU
Seite 99: Mauritius Images
Seite 129: Transit/Eisler/BMU
Seite 151: H.-G. Oed
Seite 173: H.-G. Oed

ISBN 978 3 8006 3637 2

Wilhelmstr. 9, 80801 München

Redaktion: Roland Berger Strategy Consultants
Ralph Büchele, Arnim Emrich, Michael Engel, Torsten Henzelmann,
Philipp Hoff, Fedon Moog, Andrea Wiedemann, Thilo Zelt

Projektkoordination: Bundesministerium für
Umwelt, Naturschutz und Reaktorsicherheit
Peter Franz, Dr. Florian Mayer, Sahra Koep

Satz: Fotosatz Buck
Zweikirchener Str. 7, 84036 Kumhausen
Druck und Bindung: Firmengruppe Appl, aprinta druck
Senefelder Str. 3–11, 86650 Wemding
Umschlag: simmel-artwork
Gedruckt auf Recyclingpapier (Recy Satin)

Vorwort von Bundesumweltminister Sigmar Gabriel

Umwelttechnologien gehören zu den wichtigsten Zukunftsmärkten des 21. Jahrhunderts. Sie sorgen dafür, Belastungen für die Umwelt von vornherein zu vermeiden, sie zu verringern oder bereits entstandene Schäden zu beheben. Zugleich unterstützt ihr Einsatz Unternehmen dabei, mit knappen und teurer werdenden Rohstoffen effizient zu wirtschaften und wettbewerbsfähiger zu sein. Hier lassen sich für Unternehmen gerade jetzt, aber auch in Zukunft, Kostensenkungspotenziale erschließen.

Bereits die erste Auflage des Umwelttechnologie-Atlas **GreenTech made in Germany** hat gezeigt, dass Umwelttechnologien und Umweltinnovationen wichtige Wirtschaftsfaktoren in Deutschland sind und sich immer mehr zu einem Motor für Wachstum und Beschäftigung entwickelt haben. Daran hat die globale Finanz- und Wirtschaftskrise nichts geändert. Die langfristigen Trends bleiben stabil. Jetzt ist es entscheidend, neues, nachhaltiges Wachstum anzuschieben und einen grünen Weg aus der Krise zu finden.

Die positive Resonanz auf den Umwelttechnologie-Atlas 1.0 hat uns ermutigt und angespornt, das Projekt des Umwelttechnologie-Atlas fortzusetzen. Das Anliegen der zweiten Auflage ist es, die Ergebnisse des ersten Atlas zu aktualisieren, weiterzuentwickeln und zu vergleichen sowie um neue Themenfelder zu ergänzen.

Um der zunehmenden Bedeutung internationaler Märkte Rechnung zu tragen, wurde in der zweiten Auflage ein Kapitel ergänzt, das sich ausschließlich mit den wichtigsten Absatz- und Produktionsmärkten im Ausland beschäftigt. Dabei wird aufgezeigt, dass Angebot und Nachfrage einer Technologielinie oder eines Leitmarktes durchaus divergieren können. Der Analysefokus liegt auf Ländern mit bereits entwickelten Märkten, wie den USA, oder solchen mit hohem Potenzial, wie Brasilien, Russland, Indien und China.

Neu ist auch, dass die Umwelttechnik-Branche in den Bundesländern eingehender untersucht wird. Dabei werden das länderspezifische Marktumfeld aus Unternehmensperspektive und eine vergleichende Zusammenstellung von Länderprofilen dargestellt. Darüber hinaus wird über Förderstrategien, Förderprogramme und sonstige Initiativen der Länderministerien informiert.

Dem neuen Atlas liegt außerdem eine CD bei: Auf ihr findet sich eine Datenbank mit den Profilen der Unternehmen und Einrichtungen, die an der Befragung teilgenommen haben. Das eigens für diesen Zweck entwickelte Programm erlaubt eine einfache und verständliche Bedienung und Suche. Hieraus lassen sich detaillierte Informationen auf Unternehmensebene entnehmen.

Der neue Umwelttechnologie-Atlas zeigt, dass Umwelttechnologien relevante Lösungen für die zunehmende Industrialisierung, die weltweite Urbanisierung, das globale Bevölkerungswachstum und die Ressourcenknappheit anbieten können. Diese Megatrends müssen wir in den nächsten Jahren bewältigen, wenn wir Umweltverschmutzung, Klimawandel und Verteilungskonflikten begegnen wollen. Der Atlas zeigt aber auch, dass Wirtschaftswachstum und Umweltschutz vereinbar sind. Nicht zuletzt aus diesem Grund hat das Wachstum der Umwelttechnik-Branche die in der ersten Auflage dieser Publikation veröffentlichten Prognosen sogar noch übertroffen. Weltweit ist der Markt in den letzten zwei Jahren stärker gewachsen als zunächst angenommen. Dabei entsteht das Wachstum unabhängig vom ökonomischen Entwicklungsgrad der Länder. Ökologie ist zu einem globalen Thema geworden.

Die deutsche Umwelttechnik-Branche ist auch weiterhin hervorragend positioniert. Alles deutet darauf hin, dass dies auch in Zukunft so bleiben wird. Dennoch gibt es Herausforderungen und Risiken, die es zu meistern gilt. Um diese besser verstehen zu können, umfasst diese zweite Auflage erstmalig eine Analyse der Mechanismen und Besonderheiten des GreenTech-Marktes in Deutschland.

Dazu wurden im Oktober 2008 Unternehmen und Forschungseinrichtungen der Umwelttechnologie-Branchen in Deutschland gebeten, sich an einer Online-Befragung zu beteiligen, die im Auftrag des Bundesumweltministeriums für den vorliegenden Atlas durchgeführt wurde. Circa 1.300 Unternehmen und rund 200 Forschungseinrichtungen sind dieser Bitte nachgekommen. Die Befragungsergebnisse werden ergänzt durch die Landkarten, die eine Topographie der Umwelttechnik in Deutschland zeichnen und damit ***GreenTech made in Germany*** zu dem machen, was es sein soll: ein Umwelttechnologie-Atlas für Deutschland. Alle in dieser Publikation enthaltenen Karten basieren auf den Ergebnissen der Online-Befragung. Sie erheben nicht den Anspruch, die Branche lückenlos darzustellen, vermitteln aber wichtige und repräsentative Eindrücke.

Das Buch orientiert sich an den sechs Leitmärkten, die die Umwelttechnik-Branche segmentieren und charakterisieren. Sämtliche Ergebnisse des ersten Umwelttechnologie-Altas wurden kritisch hinterfragt und auf ihre Aktualität hin überprüft. Marktbezogene Neuerungen wurden eingearbeitet, neue Technologielinien innerhalb der Leitmärkte ergänzt, das gesamte Datenmaterial wurde aktualisiert. Die sechs, im ersten Atlas bereits vorgestellten Leitmärkte, haben sich bereits etabliert und gliedern sich in:

- Umweltfreundliche Energien und Energiespeicherung,
- Energieeffizienz,
- Rohstoff- und Materialeffizienz,
- Kreislaufwirtschaft,
- Nachhaltige Wasserwirtschaft,
- Nachhaltige Mobilität.

Bei allen Veränderungen und Ergänzungen, die *GreenTech made in Germany 2.0* enthält, haben die erste und die aktualisierte Ausgabe dieser Publikation doch eine wesentliche Konstante: Auch die vorliegende zweite Auflage hat das anspruchsvolle Ziel, die öffentliche Wahrnehmung der Umwelttechnik-Branche zu stärken, das allgemeine Verständnis für dieses Thema zu schärfen und eine Servicefunktion für die Akteure dieses Marktes wahrzunehmen.

Sigmar Gabriel
Bundesminister für Umwelt, Naturschutz
und Reaktorsicherheit

Inhaltsverzeichnis

Executive Summary

Die Verknüpfung von Umwelt und Wirtschaft sowie das Zusammenspiel von Arbeit und Umwelt haben, wie der Umwelttechnologie-Atlas zeigt, eine neue Qualität erreicht. Dazu hat die ökologische Industriepolitik einen maßgeblichen Beitrag geleistet. Der GreenTech-Atlas 2.0 enthält folgende Kernaussagen:

GreenTech made in Germany

- GreenTech ist weltweit ein Erfolgsmodell. Mit ihrer Entwicklung auf den Weltmärkten übertrifft die Umwelttechnik-Branche die Vorhersagen von Branchenexperten und überflügelt die im Umwelttechnologie-Atlas 1.0 gestellten Prognosen.
- Auch wenn die Wirtschaftskrise kurzfristig die Entwicklung dämpfen wird, so wird, getrieben durch die Megatrends einer wachsenden Weltbevölkerung, der zunehmenden Industrialisierung in den Schwellenländern und des globalen Wohlstandsstrebens, sich bis 2020 der Umsatz der Umweltindustrien auf 3.100 Mrd. Euro mehr als verdoppeln.
- Die meisten Entscheidungsträger aus Politik und Wirtschaft betrachten die Umwelttechnik nicht mehr als „Modeerscheinung", sondern setzen Hoffnungen in diese Branche, um die Stagnation anderer Wirtschaftszweige und deren gesamtwirtschaftliche Auswirkungen zu mildern und zugleich der Klima- und Rohstoffkrise zu begegnen. Diese Analyse ist Basis von grünen Konjunkturprogrammen und Überlegungen zu einer „global green recovery".
- Deutschlands Umwelttechnik-Branche hat sich derzeit Weltmarktanteile zwischen 6 und 30 % erarbeitet. Zukünftig werden die deutschen Unternehmen verstärkt am Wachstum des Weltmarktes partizipieren und ihre Anteile ausbauen können.
- Umwelttechnologien erwirtschafteten in Deutschland im Jahr 2007 rund 8 % des deutschen Bruttoinlandsprodukts, bis 2020 wird sich dieser Anteil auf 14 % erhöhen.
- Außerdem schafft Umwelttechnologie Arbeitsplätze in Deutschland. Zugleich ist Deutschland heute und bleibt auch zukünftig ein hochattraktiver Produktionsstandort und Absatzmarkt für Umwelttechnik.
- Die Umwelttechnik gehört zu den innovativsten Branchen in Deutschland. Traditioneller Förderer von Forschung und Entwicklung (FuE) in Deutschland ist der Staat. Jedoch werden die Unternehmen zukünftig ihre Ausgaben für FuE ebenfalls ausweiten.
- Neben FuE-Aktivitäten gehören Fachkräfte zum Fundament der Umwelttechnik-Branche. Deutsche Unternehmen haben dies erkannt

und messen der Verfügbarkeit von Fachkräften eine hohe Bedeutung bei; ein Mangel an Fachkräften in Deutschland hätte negative Auswirkungen.

Die Leitmärkte der Umwelttechnik

- Auf die beiden volumenmäßig größten Leitmärkte Energieeffizienz und Nachhaltige Wasserwirtschaft entfallen in Summe knapp zwei Drittel des derzeitigen Weltmarktvolumens von 1.400 Mrd. Euro.
- Der größte Einzelleitmarkt Energieeffizienz besitzt ein globales Volumen von knapp 540 Mrd. Euro. Bis 2020 wird nahezu eine Verdopplung auf circa 1.030 Mrd. Euro prognostiziert. Deutsche Firmen gehören insbesondere bei der Heiz- und Klimatechnik und der energieeffizienten Weißen Ware zu den wichtigsten Produzenten weltweit; ihr Anteil am Weltmarkt liegt bei 10 % beziehungsweise 15 %.
- Weltweit konnten 2007 im Leitmarkt Umweltfreundliche Energien und Energiespeicherung circa 155 Mrd. Euro Umsatz erzielt werden und somit knapp 40 % mehr als noch 2006 prognostiziert. Bis 2020 wird der Markt auf rund 615 Mrd. Euro wachsen. Deutsche Unternehmen haben hervorragende Voraussetzungen, um von diesen großen Marktpotenzialen bis 2020 zu profitieren. Besonders dominierend ist die Rolle deutscher Biogasanlagenhersteller, die bis zu 90 % des Weltmarkts halten.
- Das Wachstum des Leitmarktes Rohstoff- und Materialeffizienz wird vor allem durch die zunehmende Bedeutung der Biotechnologie getrieben. Im Jahr 2007 konnte weltweit ein Umsatz von knapp 95 Mrd. Euro in diesem Leitmarkt erzielt werden. Prognose des Marktvolumens im Jahr 2020: 335 Mrd. Euro. Der Weltmarktanteil deutscher Unternehmen ist im Bereich Biodiesel mit über 40 % schon heute ausgesprochen hoch.
- Das globale Bevölkerungswachstum und die boomende Wirtschaft in China, Indien und anderen aufstrebenden asiatischen Schwellenländern treiben das globale Marktwachstum der Kreislaufwirtschaft. Am Weltmarktvolumen von circa 53 Mrd. Euro partizipieren die deutschen Unternehmen zu einem Viertel. Die hohe gesetzliche Regulierungsdichte und der dadurch erreichte Standard wirken als Treiber des Erfolgs deutscher Unternehmen.
- Das weltweite Marktvolumen der nachhaltigen Wasserwirtschaft wird derzeit auf circa 361 Mrd. Euro geschätzt und stellt somit den zweitgrößten Leitmarkt dar. Deutsche Unternehmen besitzen derzeit einen Marktanteil von 10 %. Am prognostizierten Wachstum

des Leitmarktes auf 805 Mrd. Euro im Jahr 2020 werden vor allem deutsche Marktführer aus dem Bereich des dezentralen Wassermanagements profitieren.

- Der Leitmarkt Nachhaltige Mobilität besaß im Jahr 2007 ein weltweites Volumen von knapp 200 Mrd. Euro. Bis 2020 wird dieser bereits sehr reife Markt auf prognostizierte 300 Mrd. Euro anwachsen. Das deutsche Wachstum in diesem Markt wird vor allem durch Innovationen im Bereich effizienter Motoren und Abgasfilter determiniert.

Umwelttechnik in den Bundesländern

- Das starke Wachstum der deutschen Umwelttechnik findet sich in allen Bundesländern wieder. Auch für die Zukunft rechnen Unternehmen in ganz Deutschland mit einer positiven Entwicklung ihrer Geschäftstätigkeit.
- Gleichzeitig unterscheiden sich die Profile der Umweltwirtschaft zwischen den einzelnen Ländern, zwischen Nord und Süd sowie zwischen Ost und West. So haben Länder unterschiedliche Leitmarktschwerpunkte und Anbindungen ins Ausland.
- Der Leitmarkt Umweltfreundliche Energien und Energiespeicherung gehört in Summe zu den beiden größten Leitmärkten in Deutschland. Der größte Leitmarkt der Energieeffizienz konzentriert sich vor allem in den Bundesländern im Westen Deutschlands.
- Umsatzstärkere Unternehmen sind in den alten Bundesländern zu finden. Jedoch gleichen sich die Marktstrukturen zwischen West und Ost immer mehr an: Das durchschnittliche zukünftige Wachstum der Unternehmen aus den neuen Bundesländern ist um drei Prozentpunkte größer als in den alten Bundesländern.
- Umwelttechnik ist auch in Ostdeutschland ein wirtschaftliches Erfolgsmodell. Die Umwelttechnik in Ostdeutschland ist insbesondere durch eine hohe Wachstumsdynamik gekennzeichnet. Die Umwelttechnologie hat sich klar zu einem Jobmotor für Ostdeutschland entwickelt. Eine Vorreiterrolle haben Unternehmen aus dem Leitmarkt der Umweltfreundlichen Energien- und Energiespeicherung eingenommen. Potenzial wird den ostdeutschen Unternehmen vor allem im Bereich der Internationalisierung zugeschrieben.
- Bei der Internationalisierung fallen zwei Zusammenhänge auf: Tendenziell besitzen Unternehmen aus Süddeutschland einen höheren Grad an Auslandsaktivitäten als ihre Konkurrenten aus dem Norden. Signifikanter wird dieser Unterschied bei der Betrachtung von Ost und West: Mit 36% haben westdeutsche Unternehmen einen um 11 Prozentpunkte höheren Internationalisierungsgrad als Unternehmen

aus Ostdeutschland. Sachsen nimmt im Osten jedoch eine Sonderrolle ein. Hier haben Unternehmen zu 40% internationale Tätigkeitsschwerpunkte.

- Im Vergleich zu anderen Industriezweigen messen die Länderministerien der Umwelttechnik-Branche hinsichtlich Wachstum und Beschäftigung schon heute eine hohe Bedeutung bei. Für die Zukunft wird sogar eine weiter steigende Bedeutung der Umwelttechnologien erwartet.
- Die Ausgestaltung der Rahmenbedingungen durch die Landesregierungen ist in den einzelnen Ländern als heterogen anzusehen, was vor allem auf die verschiedenen Schwerpunktentwicklungen in den einzelnen Bundesländern zurückzuführen ist.
- Grundsätzlich ergibt sich ein umfassend positives Bild hinsichtlich der regionalen und lokalen Aktivitäten und Förderprogramme sämtlicher Landesumweltministerien.

Umwelttechnik international

- Die sechs Ländermärkte USA, Japan, Brasilien, Russland, Indien und China besitzen aufgrund ihrer heutigen Position auf dem Weltmarkt oder ihres zukünftigen Potenzials enorme Relevanz für die globale Umwelttechnik-Branche. Sie stellen ebenfalls eine gutes Abbild der zukünftigen Megatrends und gesellschaftlichen Entwicklungen dar: steigender Energieverbrauch in Kombination mit zunehmenden Treibhausgasemissionen als Folge von Bevölkerungs- und Wirtschaftswachstum.
- Für deutsche Unternehmen bieten die USA in fast allen Leitmärkten großes Potenzial. Jedoch werden die einheimischen Märkte überwiegend von inländischen Unternehmen dominiert. Produktionsschwerpunkte liegen im Bereich energieeffiziente Weiße Ware und Biokraftstoffe. Die Bedarfsschwerpunkte bilden ebenfalls Biokraftstoffe und die Windenergie. Deutsche Unternehmen auf dem amerikanischen Markt sind vor allem Nischenanbieter und verfügen über hervorragendes Wissen in ihrem Kompetenzbereich.
- In Japan konzentrieren sich Produktions- und Nachfrageschwerpunkte vor allem auf hochtechnologische Produkte. Deckungsgleich sind dies in beiden Fällen Photovoltaik und energieeffiziente Weiße Ware. Deutsche Unternehmen, die erfolgreich im japanischen Markt agieren, sind Technologieführer und besitzen einen Know-how-Vorsprung auf ihrem Gebiet.
- In Brasilien sind Biokraftstoffe sowohl Bedarfs- als auch Produktionsschwerpunkte. Ebenso gilt dies für die Wasserkraft. Vor allem der

Markt der Wasserkraft ist in Deutschland nur bedingt vorzufinden. Deutsche Unternehmen in Brasilien sind somit überwiegend „Technologie-Exporteure". Sie transferieren Technologien und Technologie-Know-how aus Deutschland.

- Russland befindet sich auf dem Gebiet GreenTech noch an den Anfängen seiner Entwicklung. Der Markt konzentriert sich angebots- und nachfrageseitig auf Wärmedämmung und energieeffiziente Weiße Ware. Erfolgreiche deutsche Unternehmen sind langfristige Marktentwickler und orientieren sich vor allem an den regionalen Potenzialen zur lokalen Vermarktung deutscher Technologien.
- Indien stellt einen sehr heterogenen Markt für die Umwelttechnik dar. Dies liegt in den regional unterschiedlichen Strukturen und Bedürfnissen begründet. Erfolgreiche deutsche Unternehmen sind diversifiziert und können auf unterschiedliche Bedürfnisse eingehen. Zu ihrem Produktportfolio gehört die Wasserkraft, bei der Indien geografisch explorierbare Potenziale besitzt.
- Trotz massiver Umweltprobleme entwickelt sich der chinesische Bedarfsmarkt für Umwelttechnik nur sehr langsam. Die Produktionsseite tat dies jedoch sehr rasant. Chinas Schwerpunktindustrien besitzen global eine hohe Wettbewerbsfähigkeit. Schwerpunkte liegen in den Bereichen Photovoltaik und Windkraft. Erfolgreiche deutsche Unternehmen sind „First Mover". Sie besitzen die Fähigkeiten, schnell auf Marktgegebenheiten reagieren zu können und haben eine höhere Risikobereitschaft als ihre unmittelbare Konkurrenz.
- Vieles spricht dafür, dass deutsche Unternehmen auch künftig auf dem Weltmarkt erfolgreich sein werden und der Umweltschutz auch in den nächsten Jahren ein Jobmotor bleibt. Eine fortschrittliche, innovationsorientierte Umweltpolitik ist die Voraussetzung dafür.

GreenTech made in Germany

Ökologie als unterneh-merische Chance

Die Welt des 21. Jahrhunderts steht vor einer **doppelten strukturellen Herausforderung**. Zum einen muss sie den wirtschaftlichen und materiellen Ansprüchen der wachsenden Weltbevölkerung gerecht werden und die aktuelle Finanz- und Wirtschaftskrise überwinden, zum anderen muss sie dem Klimawandel, der Rohstoffverknappung und der Umweltverschmutzung entschieden entgegenwirken.

Lange Zeit wurden dabei Ökonomie und Ökologie als Gegensatz verstanden. Heute wird immer stärker deutlich, dass beides eng miteinander verknüpft ist: Denn Rohstoffe werden immer knapper und die ökonomischen Auswirkungen des Klimawandels und der Umweltverschmutzung immer kostenintensiver. Die Verzahnung von Umwelt und Wirtschaft wird zukünftig noch stärker sein. Die stetig **wachsende Weltbevölkerung**, die **zunehmende Industrialisierung in den Schwellenländern** und das **globale Wohlstandsstreben** sind die Haupttreiber dieser Entwicklung.

Mit diesen Megatrends einhergehend steigt die Nachfrage nach ressourcenschonender Produktion und umweltschonenden, effizienten Technologien. **Umweltschutz und Wirtschaftswachstum stehen somit nicht im Widerspruch**, sondern bedingen einander. Nur wenn es gelingt, Ressourcenverbräuche absolut zu senken und Emissionen zu vermeiden, werden Wohlstand und Entwicklung für alle erreichbar sein.

Den sechs Leitmärkten der Umwelttechnik kommt hierbei eine Schlüsselrolle zu. Denn diese sind nicht nur wirtschaftlich attraktiv, sondern können auch erheblich dazu beitragen, die Lebensgrundlage des Menschen zu erhalten. Sie vermögen Umweltverschmutzung und Wirtschaftswachstum zu entkoppeln. Dies belegen eindrucksvoll auch die **zweistelligen Wachstumsraten** und die bereits erreichten Leitmarktgrößen. Durch die Erhöhung der Energie- und Ressourceneffizienz schaffen sie darüber hinaus auch für die „klassischen" Wirtschaftszweige Wettbewerbsvorteile. Umwelttechnologien, die in dieser Publikation als Synonym für Umwelttechnik bezeichnet werden, sind der Schlüssel zur Lösung des globalen ökologischen Problems, die CO_2-Emissionen zu reduzieren. Insbesondere durch den Einsatz von Technologien zur Steigerung der Energieeffizienz, umweltfreundlichen Energien und CO_2-Abscheidung und Speicherung kann der Anstieg des CO_2-Ausstoßes gestoppt werden (siehe Abbildung Seite 11).

Die vorliegende zweite Auflage des Umwelttechnik-Atlas für Deutschland beginnt mit einer Analyse des deutschen Marktes. Hier geht es darum, Marktlogiken und Treiber in Deutschland herauszuarbeiten und zu analysieren. Das nächste Kapitel behandelt die sechs Leitmärkte aus der technologischen Perspektive. Hier wird auf globale technologische Trends, Marktzahlen und Erfolgsbeispiele je Leitmarkt und für ausgewählte Technologielinien eingegangen. Es folgt ein Kapitel, das sich zum ersten Mal ausschließlich mit den Bundesländern und den regionalen Märkten für Umwelttechnik beschäftigt. Ergänzt wird dieses Kapitel durch „Steckbriefe" der Landesministerien. Abschließend werden im letzten Kapitel die wichtigsten Ländermärkte im Bereich der Umwelttechnik behandelt. Dabei wird nicht nur auf die Absatzmärkte eingegangen, sondern auch auf die Produktionsmärkte.

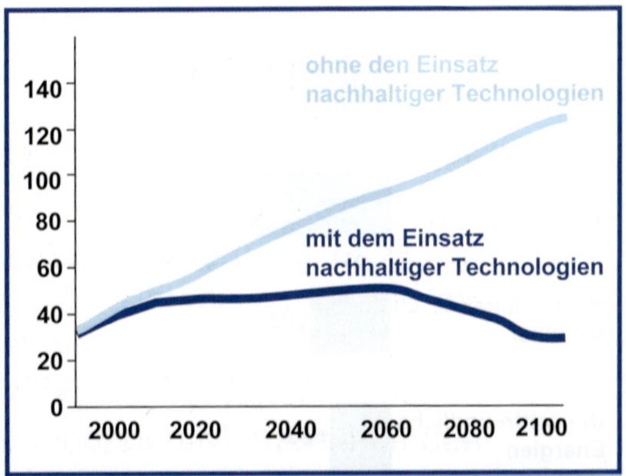

Entwicklungsprognosen der globalen CO_2-Emissionen bis 2100 [in Gigatonnen CO_2-Äquivalenten pro Jahr]

Quelle: IPCC 2007

Umwelttechnik hat sich als globaler Weltmarkt etabliert

Die Untersuchung der globalen Struktur der Umwelttechnik und ihrer Entwicklung zeigt ganz deutlich: **GreenTech ist weltweit ein Erfolgsmodell**. In ihrer Entwicklung übertrifft die Umwelttechnik-Branche auf den Weltmärkten nicht nur die im Umwelttechnologie-Atlas 1.0 gestellten Prognosen, sie hat auch die Vorhersagen von Branchenexperten längst überflügelt.

Die in diesem Atlas dargestellten Leitmärkte haben bereits im Jahr 2007 ein Weltmarktvolumen von etwa 1.400 Mrd. Euro erreicht und sich damit in die globalen Schlüsselindustrien eingereiht, wie beispielsweise Chemie, Automobilbau und Elektrotechnik (siehe Abbildung Seite 12).

Über ein Drittel des Gesamtvolumens entfällt auf den Leitmarkt Energieeffizienz mit einem Volumen von mehr als 500 Mrd. Euro. Im Leitmarkt Umweltfreundliche Energien und Energiespeicherung – sein Volumen liegt bei knapp 155 Mrd. Euro – sind vor allem die Technologielinien Windkraft und Photovoltaik die Wachstumsmotoren. In beiden

wird. „GreenTech made in Germany" leistet hierzu einen wichtigen Beitrag.

Umwelttechnik-Branche wächst auch in Zukunft rasant

Bis 2020 wird sich der **Umsatz der Umweltindustrien auf 3.100 Mrd. Euro** mehr als verdoppeln. Unterstützt von den beschriebenen Megatrends, der Intensivierung der umweltpolitischen Diskussion und dem zunehmenden Bewusstsein für umweltrelevante Themen, setzt die Wachstumsgeschwindigkeit der Märkte für Umwelttechnologien auch in Zukunft weltweit Maßstäbe.

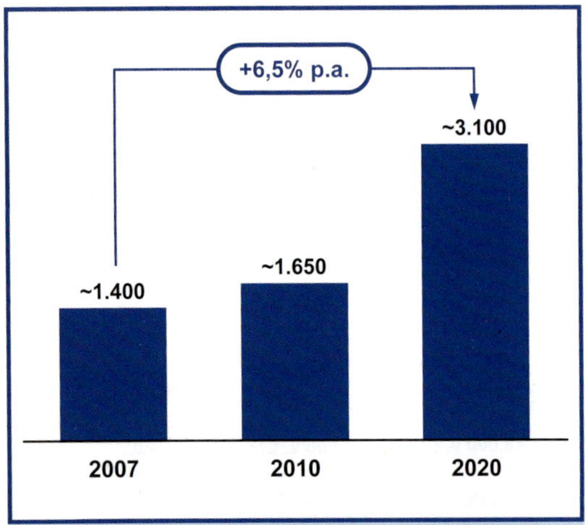

Weltmarktentwicklung Umweltindustrien 2007–2020 [Mrd. Euro]

Quelle: Marktstudien, Experteninterviews, Roland Berger

Im **Leitmarkt Umweltfreundliche Energien und Energiespeicherung** wurden die Prognosen daher signifikant nach oben korrigiert, was vor allem dem enormen Wachstum der Technologielinien Windkraft und Photovoltaik geschuldet ist. Bis zum Jahr 2020 wird die Schere der Wachstumsraten zu anderen erneuerbaren Energietechnologien vermutlich noch weiter auseinander gehen. Das prognostizierte Wachstum von jährlich 20 % werden diese Technologien vor allem hohen Preisen fossiler Energieträger zu verdanken haben. Auch die Implementierung von Fördermaßnahmen, vor allem in Schwellenländern wie China und Indien, wird zukünftig das Marktvolumen weiter wachsen lassen. Das größte Wachstum der neu installierten Energieerzeugungskapazität in absoluten Zahlen wird die Windkraft aufweisen. Prognosen erwarten, dass im Jahr 2020 neue Windkraftanlagen zur Erzeugung von circa 140 Gigawatt Strom gebaut werden; das bedeutet im Vergleich zu 2007 knapp 117 Gigawatt mehr neu installierte Leistung pro Jahr.

Auch im **Leitmarkt Energieeffizienz** wird sich das Marktvolumen bis zum Jahr 2020 nochmals verdoppeln, was einem jährlichen Wachstum von über 5 % entspricht. Die zwar auf den ersten Blick relativ moderaten Wachstumszahlen dieses Marktes relativieren sich in Anbetracht der Marktreife der Technologien. Treiber sind in diesem Leitmarkt vor allem die Mess-, Steuer- und Regeltechnik und Elektromotoren, die in ihrem Segment eine Verdopplung des Marktvolumens erwarten. Die Artikel der Weißen Ware werden hingegen nicht mit diesem Wachstumstempo mithalten können.

Für den heute noch relativ kleinen **Leitmarkt Rohstoff- und Materialeffizienz** wird bis zum Jahr 2020 eine Verdreifachung des Volumens vorhergesagt. Motor dieses rasanten Wachstums sind vor allem die enormen Entwicklungsschübe im Bereich der Biotechnologie.

Der **Leitmarkt Kreislaufwirtschaft** wird vor allem durch erfolgreiche Schlüsseltechnologien getrieben. Hierzu gehören beispielsweise automatische Stofftrennungsanlagen, die nach Einschätzung von Roland Berger Strategy Consultants bis 2010 Wachstumsraten von 15 % erzielen werden. Wesentlicher Markttreiber ist der Ausbau weltweiter Regulierungen zum Schutz von Menschen und Umwelt.

Der **Leitmarkt Nachhaltige Wasserwirtschaft** wird bis 2020 moderat mit 3 % pro Jahr wachsen. Das Wachstum entsteht vor allem in Schwellenländern durch den Aufbau neuer und die Modernisierung bestehender Infrastruktureinrichtungen.

Die in jüngster Zeit weit verbreitete Diskussion zur Mobilität des 21. Jahrhunderts verspricht hohes Wachstumspotenzial für den **Leitmarkt Nachhaltige Mobilität**. Das derzeitige Volumen wird sich bis 2020 von 200 Mrd. auf rund 300 Mrd. Euro erhöhen. Die Verbreitung von neuen Technologien, wie zum Beispiel Elektromotor und Brennstoffzelle, wird das heutige Verständnis von Mobilität nachhaltig verändern. Allein der Markt für die bereits etablierten Hybridfahrzeuge wird sich vor diesem Hintergrund bis zum Jahr 2020 nahezu verdoppeln.

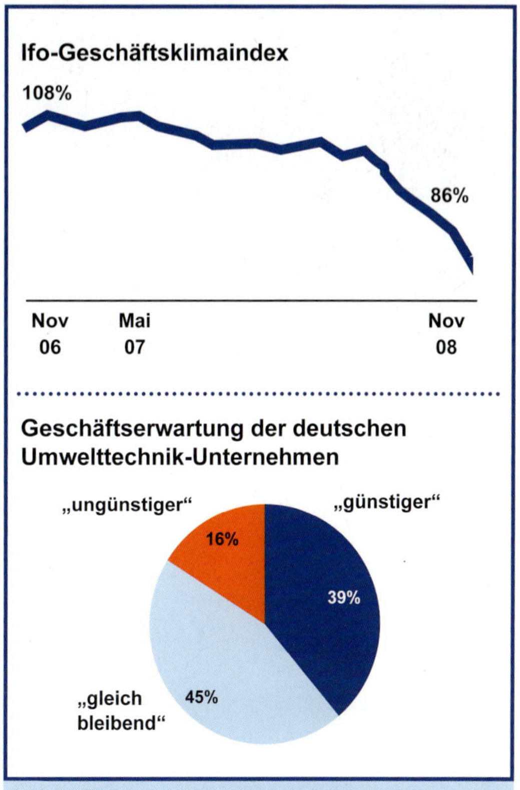

Ifo-Geschäftsklimaindex für Deutschland [%; 2000 = 100] und Geschäftserwartung der deutschen Umwelttechnik-Branche

Quelle: Ifo 2008, Roland Berger

Die Umwelttechnik erweist sich selbst in einer Phase der gesamtwirtschaftlichen Abkühlung als robust. Dies zeigt beispielsweise für Deutschland der Geschäftsausblick der Unternehmen in diesem Wirtschaftszweig: Denn mehr als 80 % aller befragten Unternehmen erwarten künftig „gleich bleibende" oder „günstigere" Geschäftsaussichten. Damit zeichnet sich eine Entkopplung der Branche von der gesamtwirtschaftlichen Entwicklung in Deutschland ab, die nämlich schon im Herbst 2008 zum Zeitpunkt der Befragung deutlich an Dynamik eingebüßt hatte. So war der Ifo-Geschäftsklimaindex zu diesem Zeitpunkt auf den niedrigsten Stand seit zwei Jahren gefallen (siehe Abbildung Seite 15).

Der deutsche Umwelttechnik-Markt

Nicht nur auf dem Weltmarkt, auch in Deutschland haben die Zuwachsraten des Marktes für Umwelttechnologien selbst optimistische Prognosen übertroffen. Nach Berechnungen von Roland Berger Strategy Consultants erwirtschafteten **Umwelttechnologien in Deutschland im Jahr 2007 rund 8% des deutschen Bruttoinlandsprodukts,** bis **2020** wird sich dieser **Anteil auf 14%** erhöhen. Bereits diese Zahlen demonstrieren deutlich, dass GreenTech längst keine Nischentechnologie mehr ist – ganz im Gegenteil: **Der Markt für Umweltgüter hat sich zu einer Wachstumsbranche** mit einer großen Bedeutung für die gesamte Wirtschaft **entwickelt**.

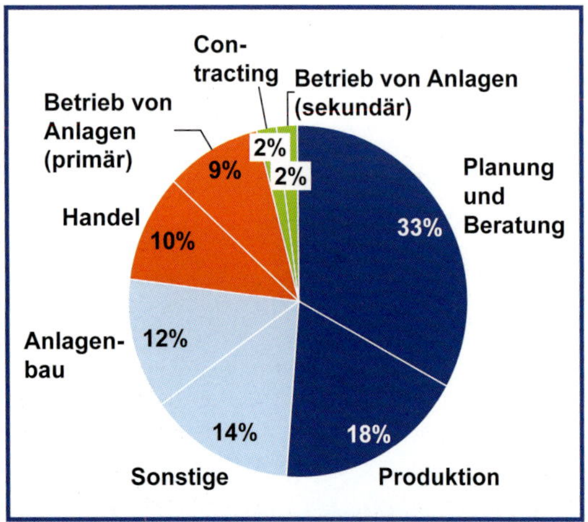

Verteilung der Unternehmen in der Befragung nach dem Schwerpunkt ihrer Tätigkeit
Quelle: Roland Berger

Deutschland hat hervorragende Voraussetzungen, um die Weltmärkte mit „GreenTech made in Germany" zu beliefern. Basierend auf vier starken Wirtschaftszweigen, nämlich **Elektrotechnik**, **Maschinenbau**, **Anlagenbau** und **Dienstleistungen**, hat sich Deutschlands Umwelttechnik-Branche Weltmarktanteile zwischen 6 und 30% erarbeitet. Mit besonderen Stärken kann Deutschland bei den Technologien der Umweltfreundlichen Energien und Energiespeicherung aufwarten. Hier halten deutsche Unternehmen circa 30% des Weltmarktes. Quantitativ betrachtet haben viele Unternehmen den Schwerpunkt Planung und Beratung. Ein Drittel aller Befragten ordnete sich diesem Tätigkeitsbereich zu. Weiterhin sind Unternehmen aus dem Bereich der Produktion und des Anlagenbaus stark vertreten.

Eine **weltweite Vorreiterrolle** nehmen deutsche Unternehmen **im Leitmarkt Kreislaufwirtschaft** vor allem bei den Anlagen zur automatischen Stofftrennung ein: Ihr Weltmarktanteil liegt bei über 60%. Kein anderes Land hat in den letzten Jahren die Anwendung dieser Technologie so forciert wie Deutschland. Die aggregierten Weltmarktanteile (siehe Abbildung Seite 19) zeichnen allerdings ein differenziertes Bild: So liegt zum Beispiel der Weltmarktanteil deutscher Unternehmen im Leitmarkt Rohstoff- und Materialeffizienz lediglich bei 6%; in der zu diesem Leitmarkt gehörenden Biodieselproduktion hat Deutschland allerdings mit 42% den weltweit größten Marktanteil. Ähnlich verhält es sich im Leitmarkt Nachhaltige Wasserwirtschaft, wo der Weltmarktanteil Deutschlands 10 % beträgt: Die Weltmarktanteile der Technologien für Dezentrales Wassermanagement und Effizienzsteigerungen beziffern sich jedoch auf jeweils 20 %.

Der **Boom der Umweltindustrie in Deutschland** hat sich nach der Veröffentlichung des Umwelttechnologie-Atlas 2007 **fortgesetzt**. In den Jahren 2005 bis 2007 sind die Umsätze in allen Leitmärkten zweistellig gewachsen. Knapp 40 % aller befragten Unternehmen gaben an, dass ihr Umsatz im letzten Jahr um 10 % oder mehr gestiegen ist (siehe Abbildung unten).

Die befragten Unternehmen erwarten, dass **sich dieser Trend bis 2010 fortsetzt**. Das Spektrum der Wachstumsraten für die Jahre 2005 bis 2007 reicht von 15 % in den Leitmärkten Nachhaltige Mobilität und Kreislaufwirtschaft bis hin zu 29 % in den Umweltfreundlichen Energien und Energiespeicherung. Das Wachstum in diesem Leitmarkt wurde vor allem durch die Unternehmen im Bereich der erneuerbaren Energien getrieben.

Als Wachstumsmotor hinter dem Leitmarkt Umweltfreundliche Energien und Energiespeicherung folgt die Rohstoff- und Materialeffizienz. Hier sind in erster Linie Unternehmen aus dem Produktbereich der nachwachsenden Rohstoffe für den enormen Zuwachs verantwortlich. Die zunehmende Sensibilität der Konsumenten für das Thema effiziente Energie-

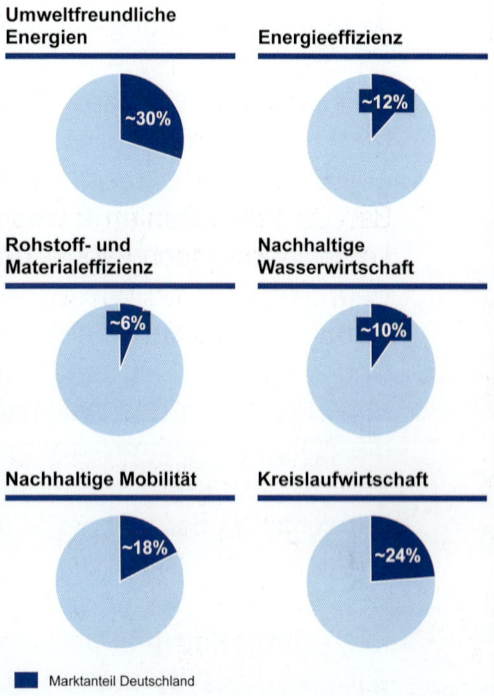

Marktanteile deutscher Unternehmen an den Weltmärkten für Umwelttechnologien 2007

Quelle: Marktstudien, Experteninterviews, Roland Berger

Vergangene und erwartete Umsatzentwicklung nach Leitmärkten [%]

Quelle: Roland Berger

nutzung konnten die dort beheimateten Unternehmen anscheinend zur weiteren Etablierung am Markt nutzen.

Auch in den Prognosen für die Jahre 2008 bis 2010 schlägt der Leitmarkt Umweltfreundliche Energien und Energiespeicherung mit einem erwarteten Umsatzwachstum von 35 % die anderen Leitmärkte um Längen. Die **Dynamik des Wachstums wird sich** in den einzelnen Leitmärkten jedoch völlig **unterschiedlich entwickeln**. Die Leitmärkte Energieeffizienz, Rohstoff- und Materialeffizienz und Nachhaltige Mobilität werden auf ihrem Expansionskurs weiter an Fahrt gewinnen. In den übrigen Leitmärkten rechnen die Unternehmen zwar mit einer Verlangsamung des Wachstums, gleichwohl gehen die Befragten für die Zukunft noch immer von dynamischen und im Schnitt zweistelligen Wachstumsraten aus – und dies selbst in Märkten wie der Kreislaufwirtschaft, in denen bereits sehr hohe absolute Marktvolumina erreicht werden.

Insgesamt sind die Unternehmen der Umwelttechnik-Branche kleinteilig und erwirtschaften zum großen Teil einen Jahresumsatz von weniger als 10 Mio. Euro. Ihr Anteil ging jedoch von 80 % in der Befragung 2006 auf 74 % in der Befragung 2008 zurück. Die Quote der großen Unternehmen, die einen Jahresumsatz von mehr als 50 Mio. Euro angaben, stieg hingegen von 9 % auf 12 %. Diese Verschiebung in der Zusammensetzung der Befragungsteilnehmer kann als Beleg dafür interpretiert werden, dass die **Branche insgesamt einen rasanten Wachstumsprozess durchläuft**, wodurch sich auch die Branchenstruktur verändert.

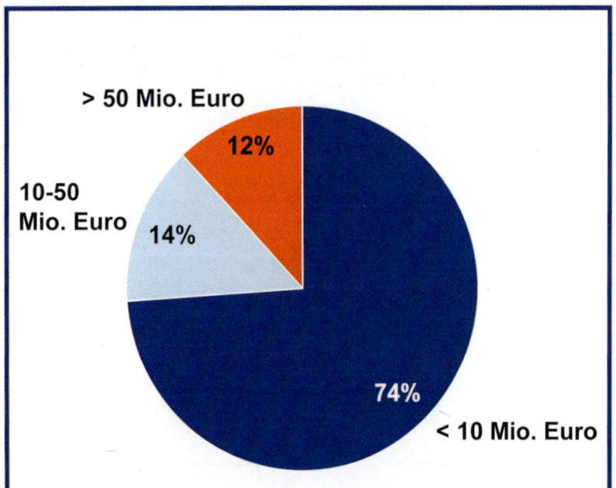

Verteilung der Unternehmen nach Jahresumsatz

Quelle: Roland Berger

Die Befragung zeigt auch: **Umwelttechnologie schafft Arbeitsplätze in Deutschland**. Die Belegschaften der befragten Unternehmen wuchsen von 2005 bis 2007 um durchschnittlich 14 %. Auch künftig sollen Raten von 10 % und mehr erreicht werden. Dies belegt, dass die Beschäftigungseffekte der Umwelttechnik mittlerweile enorme Bedeutung für den deutschen Arbeitsmarkt erreicht haben. Wie schon beim Umsatzwachstum, so sind die Umweltfreundlichen Energien und Energiespeicherung auch im Bezug auf die steigenden

Mitarbeiterzahlen der Unternehmen der Spitzenreiter unter den Leitmärkten.

In der Umwelttechnik-Branche entstehen Arbeitsplätze vor allem in Deutschland, da der **deutsche Leistungsanteil der Unternehmen im Durchschnitt bei 90 %** liegt. Das heißt: Lediglich 10 % der Leistungserbringung erfolgen im Ausland, dementsprechend hoch sind die Mitarbeiterzahlen im Inland. Diese Argumentation wird gestützt durch die Tatsache, dass die Umwelttechnik-Unternehmen mit 65 % eine gegenüber anderen Industrien hohe Eigenleistungstiefe vorweisen. Nur 35 % der Leistung werden also im Durchschnitt durch Dritte erbracht, die ihre Wertschöpfung auch im Ausland durchführen könnten.

Weitere, überwiegend positive Nachrichten sind beim Blick auf die Entwicklung der Umsatzrenditen der Umwelttechnologie-Unternehmen zu vermelden. Knapp **90 % der Unternehmen arbeiten profitabel**, und fast jedes fünfte Unternehmen weist sogar einen Überschuss von 10 % des Umsatzes und mehr aus.

Die größten Streuungen der Renditen findet man – wie schon bei der Befragung 2006 – auch diesmal wieder unter den Unternehmen, deren Jahresumsatz unter 10 Mio. Euro liegt. Sie stellen sowohl in der Kategorie der Unternehmen mit negativen Umsatzrenditen den größten Anteil als auch in der Gruppe derer, die die höchsten Renditen erzielen.

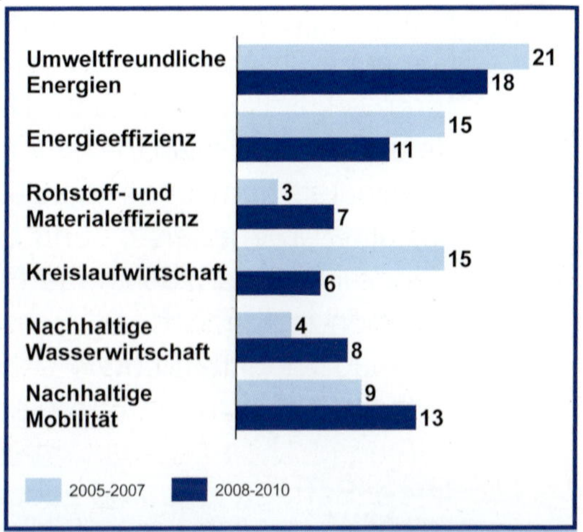

Vergangene und erwartete Mitarbeiterentwicklung nach Leitmärkten [%]

Quelle: Roland Berger

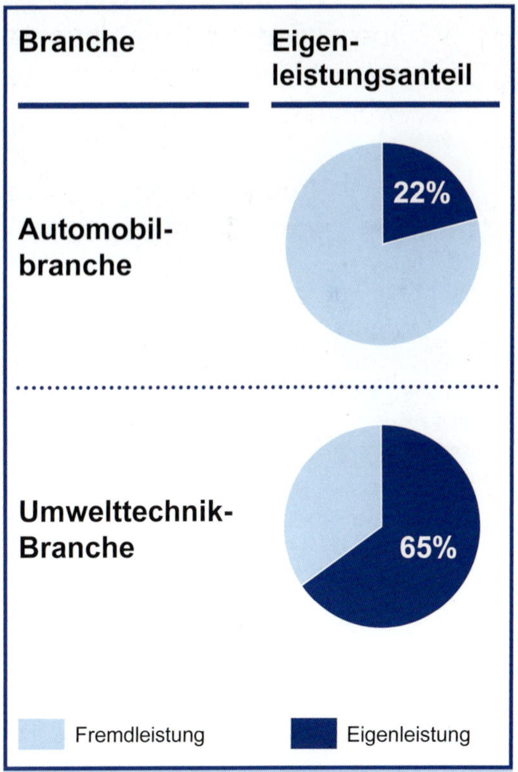

Eigenleistungsanteil am Endprodukt – Vergleich zwischen der Umwelt- und Automobilindustrie

Quelle: Statistisches Bundesamt/Roland Berger

Deutliche Unterschiede bei den Renditen zeigt die leitmarktspezifische Betrachtung, was größtenteils mit den verschiedenen Branchenstrukturen erklärt werden kann. Den höchsten Anteil hochprofitabler Unternehmen findet man in den Leitmärkten Energieeffizienz, Rohstoff- und Materialeffizienz und Kreislaufwirtschaft. In diesen Leitmärkten weisen vor allem Dienstleister und Unternehmen mit hohen technologischen Eigenleistungen sehr hohe Profitabilitäten aus. Hierzu gehören Unternehmen im Bereich der Entsorgung von Sonderabfällen im Leitmarkt Kreislaufwirtschaft sowie Unternehmen der Mess-, Steuer- und Regeltechnik im Leitmarkt Energieeffizienz.

In der Befragung wurde zudem festgestellt, dass sich ein hoher Eigenleistungsanteil für die Unternehmen auch in wirtschaftlicher Hinsicht bezahlt macht. Unternehmen mit einem **hohen Eigenleistungsanteil am Endprodukt** konnten auch die **höchste Profitabilität** aller Befragten vorweisen. Im Vergleich wachsen sie zwar langsamer – sofern man bei durchschnittlich zweistelligen Wachstumsraten überhaupt von „langsam" sprechen kann – jedoch sehr profitabel. Unternehmen mit hohem Eigenleistungsanteil besitzen anscheinend den Vorteil, dass ein hoher Organisationsaufwand bei Auslagerungsprozessen einzelner Wertschöpfungsstufen vermieden wird. Die damit verbundene Anpassung unternehmensinterner Organisationsabläufe kann ebenfalls umgangen werden. Folglich reduziert sich der Steuerungsaufwand im Unternehmen, was die Konzentration auf das Kerngeschäft sowie die Profitabilität fördert. Der hohe Eigenleistungsanteil zeigt ebenfalls, dass es sich bei der Umwelttechnik um eine **vergleichsweise junge Branche** handelt. Noch besitzen die Unternehmen keine kritische Größe, die eine Auslagerung und Fremdvergabe eigener Unternehmensprozesse notwendig macht.

Internationaler Erfolg mit Energie aus Sonne

Die 1999 gegründete PhoenixSolar AG schreibt mit ihrem international ausgerichteten Geschäftsmodell Erfolgsgeschichte. Seit 2006 ist das Photovoltaik-Systemhaus, das seinen Hauptsitz in Sulzemoos bei München hat, mit Tochtergesellschaften in Südeuropa, Asien und Australien vertreten und setzt dort seine Produkte erfolgreich ab. Der in Zusammenarbeit mit der KG Allgemeine Leasing GmbH errichtete und im März 2008 in Betrieb gegangene Solarpark in Castilla La Manche, Spanien, wird voraussichtlich eine CO_2-Einsparung von knapp 4.000 Tonnen im Jahr realisieren.

Deutsche Unternehmen profitieren von der fortschreitenden Internationalisierung

Obwohl Deutschland noch immer den mit Abstand bedeutendsten Markt für einheimische Unternehmen darstellt, spielen auch die **internationalen Märkte** im Bereich der Umwelttechnologien eine **zunehmend wichtigere Rolle**. Und deutsche Unternehmen haben diesen Trend erkannt: Die weltweite Industrialisierung bietet einmalige Chancen, die nationalen Geschäftsmodelle und innovativen Entwicklungen erfolgreich auf dem Weltmarkt zu positionieren.

Als Teil einer Volkswirtschaft, die seit Jahrzehnten den Titel „Exportweltmeister" trägt, haben deutsche Umweltunternehmen schon früh die **Bedeutung internationaler Aktivitäten für die eigene positive Geschäftsentwicklung erkannt**. Bereits im Umwelttechnologie-Atlas 1.0 gab fast ein Drittel der Unternehmen an, dass die eigenen Tätigkeiten nicht national fokussiert sind, sondern ihr Schwerpunkt innerhalb der EU liegt oder sogar global ausgerichtet ist. Die Befragung 2008 zeigt bei den Unternehmen eine klare Tendenz zur Ausweitung ihrer internationalen Tätigkeiten. Mittlerweile sind über 35 % der Unternehmen nach eigenen Angaben überwiegend außerhalb Deutschlands tätig.

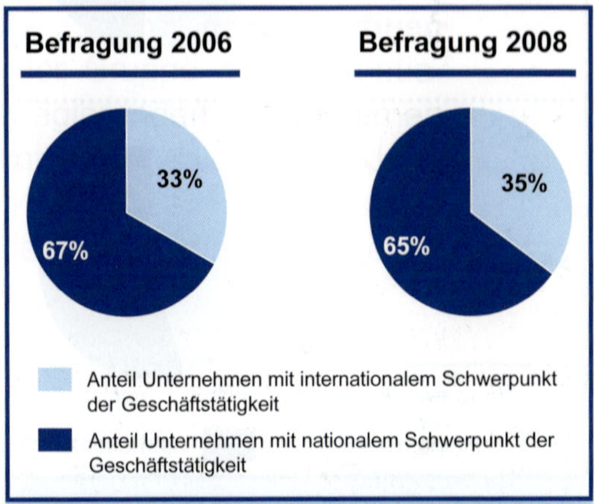

Teilnehmer der Befragung mit internationalem Geschäftsschwerpunkt im Vergleich zu *GreenTech made in Germany 1.0*

Quelle: Roland Berger

Die internationalen Aktivitäten werden an Bedeutung gewinnen, dabei liegen die **Wachstumsmärkte der Zukunft nicht mehr ausschließlich in Europa**. Die befragten Unternehmen gehen davon aus, dass auch in Asien und den USA das Nachfragevolumen zunehmen wird.

Betrachtet man die von den Unternehmen wahrgenommene Bedeutung von internationalen Wettbewerbern, lässt sich ebenfalls eine Fokussierung auf Europa feststellen. So verorten die meisten Unternehmen ihre stärksten Wettbewerber in Deutschland und in Westeuropa. Mit einigem Abstand folgen hier Unternehmen aus Osteuropa auf Rang drei.

Wertschöpfung im Ausland	Mitarbeiter-wachstum 2005-2007	Mitarbeiter-wachstum prognostiziert 2008-2010
hoch	20%	23%
mittel	22%	21%
niedrig	19%	18%

Mitarbeiterentwicklung der befragten Unternehmen in Deutschland in Relation zu deren Wertschöpfungsanteil im Ausland

Quelle: Roland Berger

men, die Erfolge im Ausland in Form von Arbeitsplätzen nach Deutschland zu importieren. Aufgrund gegebener deutscher Standortfaktoren und vergleichsweise hoher Arbeitskosten bestätigt sich das Streben nach der Systemkopfentwicklung in Deutschland. Diese besagt, dass sich die deutsche Wirtschaft vor allem auf wertschöpfungsintensive und hochqualifizierte Stellen in Forschung und Entwicklung, Management oder Verwaltung konzentriert.

Die Rolle der Dienstleister und Beratungsunternehmen als besonderer Treiber der internationalen Aktivitäten wird bislang unterschätzt. Obwohl lediglich 22 % der zu dieser Gruppe gehörenden Unternehmen einen internationalen Tätigkeitsschwerpunkt angeben, werden sie doch mehr und mehr zum „Türöffner" für deutsche Unternehmen auf ausländischen Märkten: **Planer und Berater sind im Ausland die besten Botschafter für die deutsche Expertise auf dem Feld der Umwelttechnologien**. Um die hohe Planungsqualität dann auch in der Realisierungsphase des Projekts umzusetzen, werden an die ausführenden Unternehmen mindestens genauso hohe Anforderungen gestellt – die häufig besonders von deutschen Unternehmen erfüllt werden. Können sich Dienstleiter folglich im Ausland etablieren, steigt die Wahrscheinlichkeit exponentiell, dass weitere deutsche Unternehmen in ausländische Projekte einbezogen werden.

In seiner Bedeutung als **Absatzmarkt** liegt **Deutschland heute und in Zukunft** nach Einschätzung der befragten Unternehmen nach wie vor **unangefochten auf Rang eins**. Mit Abstand folgen Westeuropa und Osteuropa auf den Rängen zwei und drei, während andere Weltregionen nur eine untergeordnete Rolle spielen. Dies zeigt, wie sehr die GreenTech-Unternehmen auf den Absatzmarkt Europa fokussiert sind und wie sehr dieser Markt die Kapazitäten der Unternehmen auslastet. Auch die Erwartungen über die Bedeutung von Absatzregionen im Jahr 2020 zeichnen dasselbe Bild: So glauben die befragten Unternehmen, dass die Absatzregionen Westeuropa und Osteuropa weit überdurchschnittlich an Bedeutung gewinnen werden.

Demgegenüber wird den aufstrebenden Volkswirtschaften China und Indien sowohl heute als auch 2020 eine sehr geringe Bedeutung als

Absatzmärkte zugewiesen. Obwohl beide Regionen ein überdurchschnittliches Wachstum im Bereich der Umwelttechnik aufweisen, nehmen die Unternehmen die beiden Länder kaum als potenzielle Märkte für ihre Produkte wahr. Auch die **USA** und **Japan** werden **nicht als wichtige Absatzmärkte betrachtet**. Auch wenn die Nachfrage nach Umwelttechnik, wie zum Beispiel in den USA nach Windkraftanlagen, in den letzten Jahren signifikant zugenommen hat, spielen diese Märkte insgesamt immer noch eine untergeordnete Rolle (siehe Karte Seite 28).

Insgesamt ist der Auslandsfokus über alle Leitmärkte hinweg sehr homogen verteilt. Bis auf die Unternehmen des Leitmarktes Rohstoff- und Materialeffizienz sehen Teilnehmer aller Leitmärkte **Deutschland und die anderen europäischen Länder** sowohl **heute** als auch **im Jahr 2020** als **Hauptabsatzmärkte** ihrer Waren und Dienstleistungen. Dasselbe gilt für die Wahrnehmung des Wettbewerbsdrucks seitens der Unternehmen aus dieser Region. Ein Grund dafür ist die schon weit fortgeschrittene Entwicklung des europäischen Umwelttechnik-Marktes. So ist nicht nur durch hohe Umweltstandards, sondern auch durch die gezielte und frühe Förderung der Umwelttechnologien ein großer Absatzmarkt geschaffen worden. Gleichzeitig sind europäische Unternehmen aufgrund ihrer langjährigen Erfahrung in der Umwelttechnik den relativ jungen Unternehmen aus anderen Weltregionen technologisch immer noch viele Schritte voraus.

Deutschland bleibt ein hochattraktiver Produktionsstandort

Wie die Befragung 2008 zeigt, besitzt **Deutschland** eine unverändert **hohe Attraktivität für das produzierende Gewerbe**. Auch im Vergleich zur Befragung 2006 sind keine signifikanten Unterschiede in den Aussagen der Unternehmen festzustellen. Eine mögliche Interpretation dieser Bewertung: Trotz vergleichsweise hoher Produktionskosten planen die Unternehmen in naher Zukunft keine wesentlichen Veränderungen ihrer Produktionsstandorte (siehe Abbildung Seite 29).

Verstärkt wird die Aussage über die hohe Attraktivität des Standorts Deutschland auch durch die Feststellung, dass die Unternehmen der Umwelttechnik-Branche einen sehr geringen Anteil ihrer Wertschöpfung im Ausland haben. Lediglich 10 % des Umsatzes der deutschen

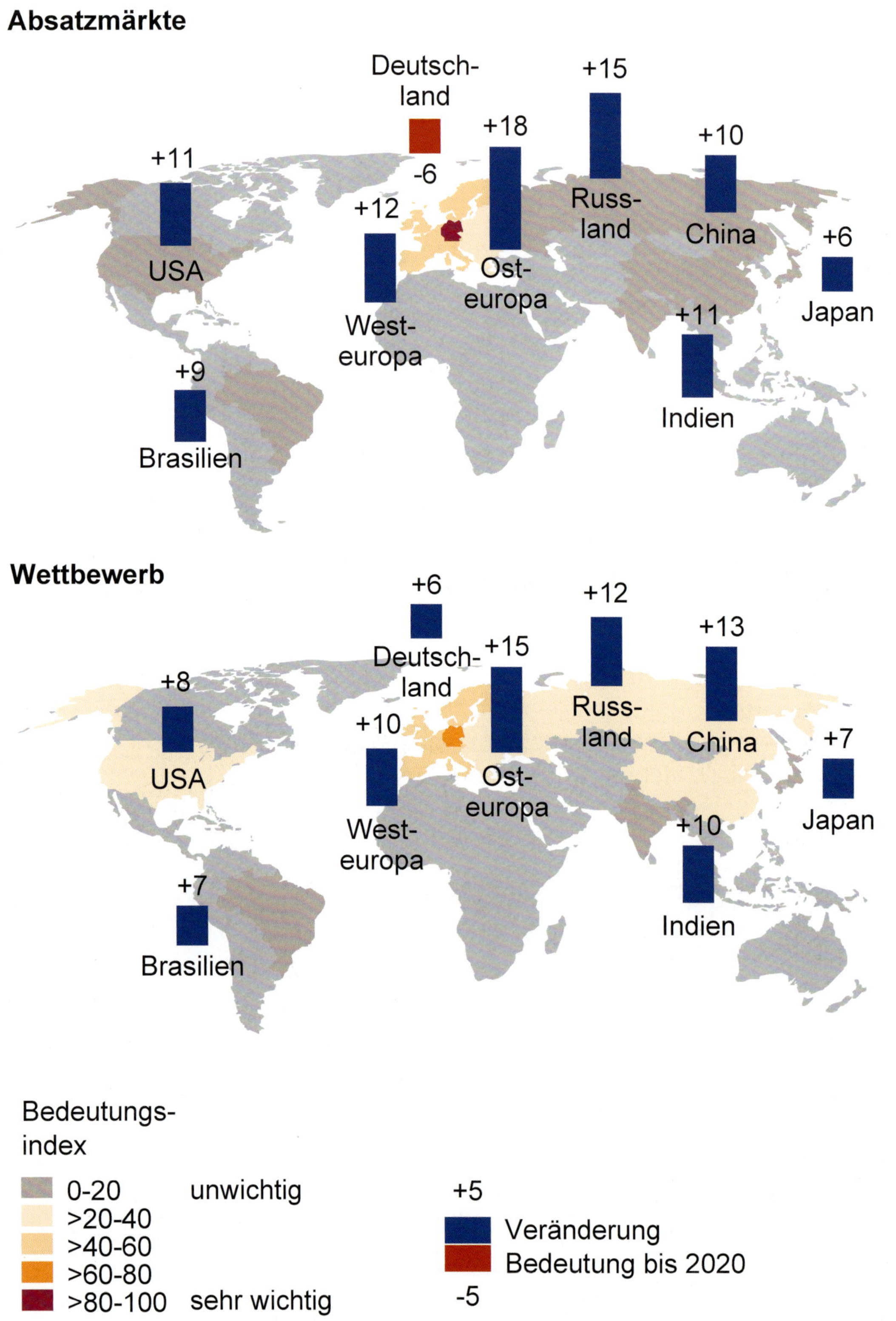

Bedeutung regionaler Absatzmärkte und Wettbewerb 2008 und 2020 für Umwelttechnologien

Unternehmen in diesem Bereich werden nicht im Inland erwirtschaftet.

Eine genaue Betrachtung der Regionen, in denen die Auslandswertschöpfung erzeugt wird, zeigt: Es liegen keinesfalls Länder auf den vorderen Rängen, die sich durch niedrige Arbeitskosten auszeichnen, sondern vor allem solche Regionen mit vergleichbar hohem Kostenniveau wie in Deutschland (siehe Abbildung Seite 30). Denn knapp die Hälfte der Mitarbeiter, die deutsche Unternehmen im Ausland beschäftigen, ist in westeuropäischen Ländern tätig. **Nicht** die **Senkung der Produktionskosten** scheint also **Motiv** und Treiber des sich verstärkenden Bestrebens der Unternehmen zu sein, **im Ausland tätig zu werden, sondern** die **Suche nach qualifiziertem Personal.** Für diese Interpretation spricht der auffällig niedrige Anteil von Mitarbeitern im osteuropäischen Ausland, den produzierende Unternehmen aufweisen. 70 % ihrer im Ausland tätigen Arbeitnehmer beschäftigen diese Unternehmen in westeuropäischen Ländern und in den USA, wo das Lohnniveau nahezu identisch mit dem Deutschlands ist. Nicht einmal jeder zwölfte der bei produzierenden Unternehmen im Ausland Beschäftigten arbeitet in Osteuropa. Genau an diesem Beispiel wird deutlich, dass deutsche Unternehmen im Ausland vor allem auf der Suche nach hochqualifiziertem Personal sind; in ihrem Streben nach Internationalisierung spielen derzeit Kostenreduzierungen in Produktion, Planung oder Betrieb allenfalls eine Nebenrolle.

Gummi wird „grün"

Je lauter ein Autoreifen auf der Straße ist, desto mehr Kraftstoff verbraucht er. Knapp jede fünfte Tankfüllung geht so auf das Konto der Reifen.

Um dieser Kraftstoffverschwendung entgegenzuwirken hat der Essener Industriekonzern Evonik einen neuen Zusatzstoff für Gummimischungen entwickelt, der den Rollwiderstand eines Reifens um bis zu 40 % reduziert. Das Ergebnis: Bei gleicher Laufleistung und gleichem Fahrkomfort sinken Kraftstoffverbrauch und CO_2-Ausstoß um bis zu 8 %.

Um seine gesamten Aktivitäten im Bereich des Klimaschutzes zu bündeln, gründete Evonik im September 2008 das Zentrum für Energieeffizienz. Dort werden geschäftsbereichsübergreifend Entwicklungsprojekte aus den Themenfeldern CO_2-Abtrennung und -Nutzung, Energieerzeugung, Energiespeicherung, Lösungen zur Steigerung der Energieeffizienz beim Kunden und der Energieeffizienz in Evonik-Prozessen durchgeführt.

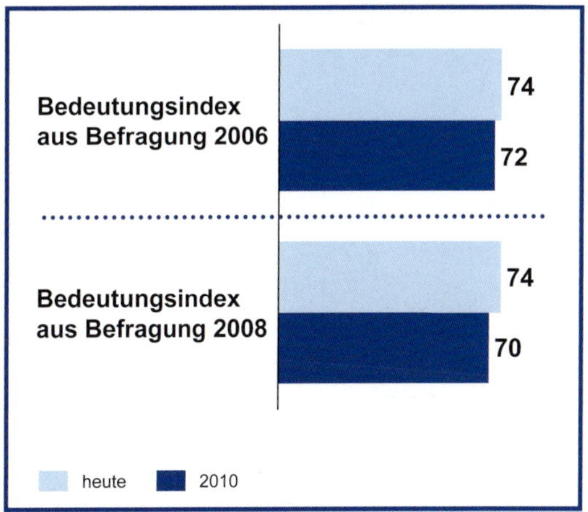

Angaben der teilnehmenden Unternehmen zur Bedeutung des Produktionsstandorts Deutschland im Vergleich zur Befragung 2006

Quelle: Roland Berger

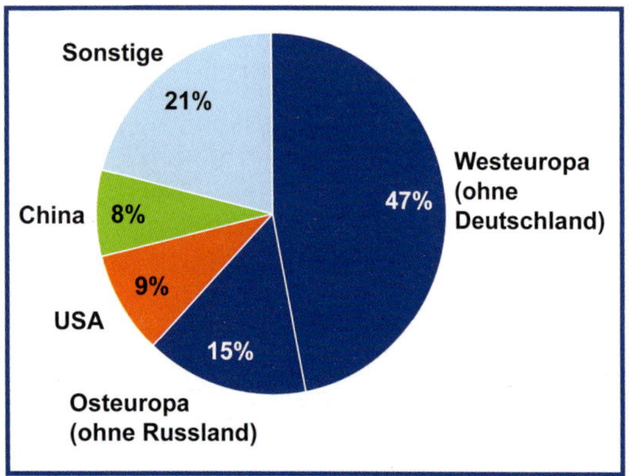

Verteilung der im Ausland angestellten Mitarbeiter deutscher Umwelttechnik-Unternehmen

Quelle: Roland Berger

Wesentlicher Baustein für die Attraktivität des Standorts **Deutschland** bleibt jedoch seine Rolle als **Technologie- und Innovationsführer im Bereich der Umweltindustrie**.

Attraktivität der Branche zieht neue Akteure an und erhöht Rivalität im Markt

Die Umwelttechnik in Deutschland zeichnet sich durch ihre hohe Attraktivität aus. Im Vergleich zu anderen Sektoren besticht diese noch relativ junge Branche vor allem durch ihr dynamisches Wachstum.

Dies führt dazu, dass die **Branche zunehmend Kapital in erheblicher Größenordnung anlockt**. Im Bereich Venture Capital, also der Beteiligung an meist kleineren Unternehmen über haftendes Eigenkapital, stieg der Anteil der Mittel, die in die Umwelttechnik flossen, von 0,5 % im Jahr 2001 auf knapp 9 % der Gesamtinvestitionen im Jahr 2007. Damit gehört die Umwelttechnik zu den Sektoren, die für die Venture-Capital-Gesellschaften die höchste Anziehungskraft besitzen. Aus Sicht der Investoren boten nachhaltige Technologien nicht nur bereits in der Vergangenheit eine solide Entwicklung, sondern werden dies in Anbetracht steigender Rohstoffpreise aller Wahrscheinlichkeit nach auch in Zukunft tun. Die Vorteile für Investoren liegen auf der Hand: Nachhaltige Technologien bieten auch nachhaltige Renditen.

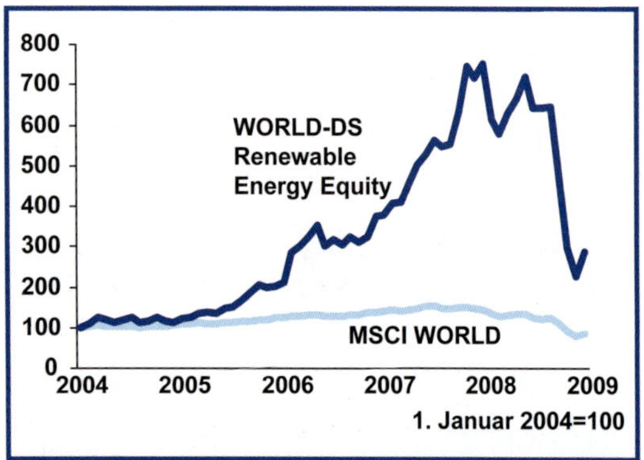

Wertentwicklung des Aktienindex MSCI World und eines Vergleichsindex aus erneuerbaren Energien

Quelle: Datastream

Ein weiteres Indiz für die Attraktivität des GreenTech-Sektors ist, dass immer mehr **Unternehmen aus anderen Branchen die Umwelttechnik entdecken**. Durch einen Einstieg wollen die Unternehmen ihr Geschäft diversifizieren und zugleich vom rasanten Wachstum dieses Wirtschaftszweiges in Deutschland profitieren.

Dabei bieten sich den Unternehmen verschiedene Varianten, den Markt zu erschließen. Zum einen kann der Einstieg in den Bereich Umwelttechnik durch eine **Erweiterung der eigenen Produktpalette** erfolgen. Gerade die Unternehmen aus dem Maschinenbau nutzen so ihre Kompetenzen: Sie verstärken ihre Aktivitäten zur Steigerung der Energieeffizienz eigener Technologien. Dadurch leisten die Unternehmen einen wesentlichen Beitrag zur Effizienzsteigerung – und somit auch zur Kostensenkung – bei ihren Kunden. Zum anderen besteht die Möglichkeit, sich in kurzer Zeit durch **Fusionen oder Übernahmen** bereits existierender GreenTech-Unternehmen Zugang zum Umwelttechnik-Markt zu verschaffen.

So nimmt das Volumen der Transaktionen deutlich zu. Allein im Jahr 2007 hat sich das Volumen bei Fusionen und Übernahmen im Sektor Umwelttechnik gegenüber dem Vorjahr mehr als verdoppelt. Wurden im Jahr 2006 noch Unternehmenswerte von nur knapp 3 Mrd. Euro gehandelt, waren es im Jahr 2007 schon etwa 7 Mrd. Euro.

Hinweise auf das verstärkte Engagement branchenfremder Unternehmen liefert vor allem die sich schnell verändernde Struktur der Branche. Mittlerweile gibt über ein Drittel der in der Umwelttechnik tätigen Unternehmen an, nicht in dieser Branche gegründet worden zu sein. Am häufigsten stammen diese Unternehmen aus dem Maschinenbau und dem Baugewerbe. Auch die Anzahl mittlerer und großer Unternehmen nimmt in der sonst sehr kleinteiligen Unternehmenslandschaft von 20 % auf über 26 % zu.

Weiterhin ist zu beobachten, dass die in der Umwelttechnik tätigen Unternehmen, die ursprünglich aus anderen Branchen stammen, im Durchschnitt einen doppelt so hohen Umsatz pro Mitarbeiter aufweisen wie diejenigen Unternehmen, die direkt in der Umwelttechnik gegründet wurden. Daraus lässt sich ableiten, dass **größere Unternehmen aus anderen Branchen** die Chancen der Umwelttechnik sehen und zunehmend **versuchen, sich in dieser Branche zu positionieren**. Gerade internationale Unternehmen führen verstärkt Übernahmen im deutschen Umwelttechnik-Markt durch, wie das Beispiel von Suzlon zeigt. Der indi-

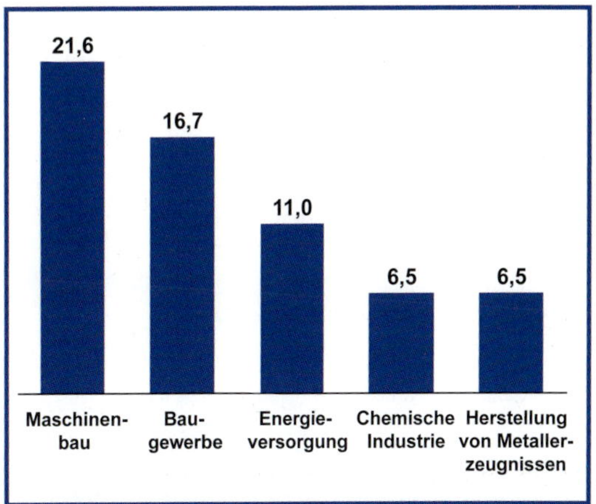

Branchenherkunft der in die Umwelttechnik diversifizierten Unternehmen [%]

Quelle: Roland Berger

sche Anbieter kompletter Windkraftlösungen hält inzwischen 75 % der Stimmrechte am deutschen Unternehmen REPower und will seinen Einfluss weiter ausbauen. Blieben bis vor kurzem die deutschen Unternehmen bei Zusammenschlüssen und Übernahmen meistens unter sich, sind nun **immer häufiger Transaktionen mit internationalen Partnern** zu beobachten. Auch nehmen die Fälle zu, in denen deutsche Unternehmen von Konkurrenten aus Ländern wie China und Indien gekauft werden. Für diese Erwerber ist insbesondere der Zugang zu deutscher Hochtechnologie interessant. Sie erhoffen sich von der Kombination aus deutscher Technik und den niedrigen Produktionskosten in ihren Heimatländern einen Wettbewerbsvorteil auf dem Weltmarkt und gleichzeitig den Zugang zu den subventionierten und von hohen Margen geprägten europäischen Märkten.

Insbesondere auch die **staatliche Unterstützung ist ein Faktor, der die Attraktivität dieses Sektors erhöht**. Der Staat ist vor allem gefordert, Rahmenbedingungen zu schaffen, die die Entwicklung der Umwelttechnik-Branche begünstigen. Vieles können die Unternehmen innerhalb der Innovationssysteme nicht selbst beeinflussen oder steuern: So gibt es bei der Ressource Umwelt als häufig öffentliches und kostenfreies Gut keinen sich selbst regelnden Markt. Die Politik greift hier regulierend ein und fördert umweltfreundliche Produkte oder belastet umweltintensive zusätzlich. Die Möglichkeiten des Staates sind dabei vielfältig. Er kann zum Beispiel durch Subventionen Marktnachfrage oder Sonderdarlehen bereitstellen. Durch das Verfolgen ehrgeiziger umweltpolitischer Ziele lassen sich erfolgreich Innovationen induzieren. Die Herausforderung besteht darin, die Innovationsförderung möglichst effizient auszugestalten.

Ein weiterer Grund für den zunehmenden Run auf die Branche ist der Versuch von Unternehmen, sich „grün" zu positionieren und dadurch

StEP: Internationale Zusammenarbeit im Kampf gegen den Elektroschrott

„Solving the E-Waste Problem" (StEP) – Im Rahmen dieser internationalen Initiative arbeitet das Fraunhofer-Institut für Zuverlässigkeit und Mikrointegration (IZM) zusammen mit der United Nations University, weiteren Organisationen der Vereinten Nationen, Partnern aus der Wirtschaft und Forschungseinrichtungen aus vielen Länder der Welt an der Lösung der Elektroschrottproblematik. Zu den Zielen von StEP gehören unter anderem, den Lebenszyklus von elektrischen und elektronischen Geräten zu optimieren. Über das Neudesign von elektronischen Bauteilen sollen die Materialeffizienz erhöht und die Recyclingfähigkeit verbessert werden. Bisher werden viele elektronischen Geräte gerade in den Entwicklungsländern immer noch häufig unrecycelt auf Mülldeponien gelagert, wo sie durch ihre Schwermetallbelastung die Umwelt schädigen.

einen **Imagegewinn** zu erzielen. Seit einigen Jahren ist in vielen Unternehmen der Trend festzustellen, sich verstärkt in der Umwelttechnik zu engagieren und über ***Green Marketing*** einen Imagewechsel zu vollziehen, neue Kundenkreise zu erschließen beziehungsweise alte an sich zu binden. Grund hierfür ist vor allem das geänderte Bewusstsein des Verbrauchers, der immer häufiger Kriterien wie Umweltschutz oder Umweltverträglichkeit von Produkten in seine Konsumentscheidung einbezieht.

Forschung und Entwicklung sind der Schlüssel zum Erfolg

In den letzten Jahren hat sich die **Umwelttechnik** zu einer der **innovativsten Branchen in Deutschland** entwickelt und einen Strukturwandel zu einem der forschungsstärksten Wirtschaftszweige durchlaufen. Noch vor einigen Jahren wurde die Umwelttechnik-Branche von den klassischen Umwelttechnologien dominiert, zum Beispiel von der Kreislaufwirtschaft mit einem relativ hohen Anteil an personalintensiven Dienstleistungen und verhältnismäßig geringen Forschungsaufwendungen. Doch aufgrund des enormen Wachstums von Bereichen wie der Stromerzeugung oder der Materialeffizienz haben forschungsintensive Disziplinen in der Umwelttechnik mehr und mehr an Bedeutung gewonnen.

Diese Forschungsintensität ist heute ein charakteristisches Merkmal für die deutsche Umwelttechnik-Branche. Im Gegensatz zu anderen Weltregionen besitzt Deutschland weder natürliche Standortvorteile, die die Entwicklung der Branche maßgeblich unterstützen könnten, noch Kos-

Kooperation treibt Entwicklung von Lithium-Ionen-Batterien voran

Im Rahmen der Innovationsallianz „Lithium-Ionen-Batterie – LIB 2015" arbeiten verschiedene Industrieunternehmen wie BASF, Volkswagen, Evonik, LiTec und Bosch unter Einbeziehung der Deutschen Forschungsgemeinschaft und der Helmholtz-Gemeinschaft an einer Weiterentwicklung von Lithium-basierten Energiespeichern: Die Energie- und Leistungsdichte der Batterien soll um den Faktor 5–10 erhöht werden. Ziel dieses vom Bundesministerium für Bildung und Forschung geförderten Projekts ist es, Forschung entlang der gesamten Wertschöpfungskette zu betreiben. Unterstützt werden sowohl die Grundlagenforschung auf diesem Gebiet als auch anwendungsorientierte Forschung in Zusammenarbeit mit verschiedenen Industrieverbünden. Eine weitere Voraussetzung der Förderung ist, dass die Forschungsvorhaben ein großes wissenschaftlich-technisches Risiko haben und konkrete anwendungsbezogene Ergebnisse liefern sollen.

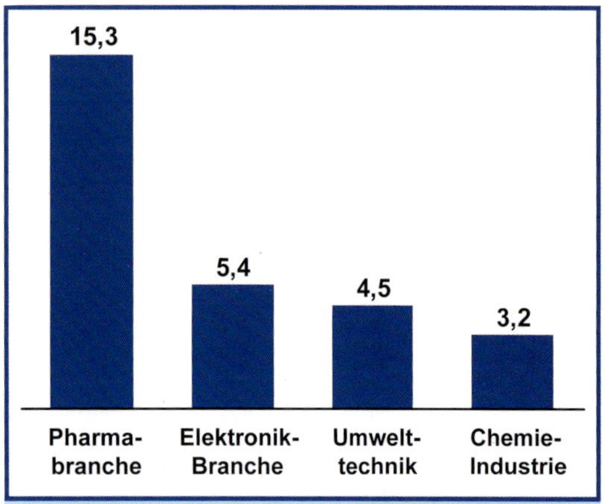

Ausgaben für Forschung und Entwicklung im Branchenvergleich [% vom Umsatz]
Quelle: Roland Berger

tenvorteile, etwa in Form eines niedrigen Lohnniveaus. Einzig und allein die Differenzierung über **Technologieführerschaft** verschafft den deutschen Unternehmen einen **Vorteil gegenüber Mitbewerbern**. So gehört die Umwelttechnik mittlerweile zu den Branchen in Deutschland, die die höchsten Anteile an Forschung und Entwicklung aufweisen. Dabei liegt GreenTech noch vor innovativen Wirtschaftszweigen wie der Chemieindustrie.

Forschung und Entwicklung und der daraus resultierende Technologiefortschritt haben zwei wichtige Implikationen für die Wettbewerbsfähigkeit der Unternehmen: **Kostensenkung und Differenzierung**. Zum einen können durch die Weiterentwicklung eigener Produkte und Fertigungsverfahren die Herstellungskosten gesenkt werden, was Unternehmen einen Vorteil verschafft. So ist es zum Beispiel dem weltweit führenden Solarzellenhersteller Q-Cells durch Investitionen in Forschung und Entwicklung gelungen, die Fertigungskosten pro Megawatt der hergestellten Solarzellen seit 2006 zu halbieren und sich so gegen die immer stärker werdende Konkurrenz in diesem Sektor zu behaupten. Weiterhin rechnet Q-Cells damit, durch weitere Innovationen bis 2014 die Kosten für Solarzellen so weit zu senken, dass Stromerzeugung aus Photovoltaik auch ohne zusätzliche Subventionen gegenüber anderen Arten der Stromerzeugung nachhaltig wettbewerbsfähig ist.

Die zweite Implikation von Forschung und Entwicklung für die Wettbewerbsfähigkeit ist die Technologiedifferenzierung. Die Entwicklung neuer Produkte und Anwendungsfelder ist gerade in einer sich derart rasant entwickelnden Branche wie der Umwelttechnik enorm wichtig, um die Position im Wettbewerb zu halten beziehungsweise auszubauen. Durch innovative Produkte können Unternehmen neue Absatzmärkte erschließen und sich insbesondere von Wettbewerbern abgrenzen. Gerade ein Technologievorsprung sichert den zukünftigen Unternehmenserfolg und hohe Renditen.

Traditionell fördert der Staat Forschung und Entwicklung von neuen Technologien. Gerade in der Grundlagenforschung sind viele öffentlich finanzierten Forschungsinstitute und Universitäten engagiert. Dies liegt vor allem darin begründet, dass gerade die Grundlagenforschung für Unternehmen mit relativ großem Risiko verbunden und wenig anwendungsbezogen ist. Deshalb wird diese von der privaten Wirtschaft nur in Ansätzen verfolgt. Ein weiterer Teil der vom Staat bereitgestellten Fördermittel fließt in Projekte, in denen Forschungseinrichtungen und Unternehmen zusammenarbeiten, um eine Technologie zur Anwendungsreife zu führen. Diese Projekte zeichnen sich meistens durch ihren Praxisbezug aus und sollen sicherstellen, dass das entwickelte Know-how auch in Deutschland Anwendung findet und so wirtschaftlich verwertet wird.

Dabei bewegt sich die **Förderung auf zwei Ebenen**: Zum einen wird eine **institutionelle Förderung** zur breiten Finanzierung von Forschungsinstituten und Universitäten gewährleistet, zum anderen werden Projekte direkt gefördert. Mit dieser **Projektförderung** ist es dem Staat zusätzlich möglich, unmittelbar Akzente in der Forschungspolitik zu setzen und schnell auf neue Entwicklungen und Herausforderungen zu reagieren.

Mit der Forschungsförderung im Bereich Umwelttechnik verfolgt der Staat mehrere Ziele. So sollen die Gelder unter anderem dazu dienen, die CO_2-Einsparziele für Deutschland zu erreichen und durch neue Technologien die Umweltverschmutzung zu mindern. Die Forschungsförderung des Bundesumweltministeriums im Segment erneuerbare Energien soll zum Beispiel gewährleisten, dass das erklärte Ziel erreicht wird, bis 2020 den Anteil der erneuerbaren Energien an der Gesamtstromerzeugung auf 20 % zu erhöhen. Seit 2002 wuchsen die Ausgaben des Staates in der Forschungsförderung der Umwelttechnologie im Durchschnitt um 6 % pro Jahr. Auch die aktuelle Budgetplanung sieht eine Erhöhung der Mittel in derselben Größenordnung für die nächsten Jahre vor.

Die befragten Unternehmen planen, ihre Ausgaben für Forschung und Entwicklung bis zum Jahr 2010 um knapp 8 % pro Jahr zu erhöhen. Damit **nimmt** die **Forschungsleistung der privaten Wirtschaft überdurchschnittlich zu**. Hieran wird der Trend deutlich, dass sich die Forschungsleistung in der Umwelttechnik zunehmend von der staatlichen Förderung abkoppelt und von der Privatwirtschaft getragen wird. Gerade Unternehmen aus dem Leitmarkt Nachhaltige Mobilität fallen durch besonders hohe Ausgaben für Forschung und Entwicklung auf. Sie steigern die Ausgaben für Forschung mehr als doppelt so schnell wie die staatliche Förderung. Forschungsschwerpunkte sind hier insbe-

Deutsch-chinesische Forschung: Rapsöl für Schiffsdieselmotoren

Seit 2006 kooperiert die Hochschule Amberg-Weiden mit der chinesischen Partneruniversität Jiangsu in Zhenjiang China bei der Entwicklung und Einführung von kleinen Schiffsdieselmotoren, die mit Rapsöl laufen. Diese Technik wird seit Jahren in Deutschland angewendet und soll nun auch in China eingeführt werden. Teil dieses Forschungsprojekts ist der Austausch von Studierenden sowie von Wissenschaftlern aus beiden Länder, um auf diese Weise die Zusammenarbeit zwischen den beiden Hochschulen zu vertiefen.

sondere die Entwicklung von alternativen Antrieben wie dem Hybridantrieb oder der Brennstoffzelle.

Öffentliche Forschungseinrichtungen sind hauptsächlich in den Bereichen Stromerzeugung und Energieeffizienz tätig. Gerade die Nutzung von Biomasse für die bio- und thermochemische Umwandlung zu Chemikalien, Werkstoffen und Kraftstoffen ist in den Fokus gerückt worden. So beschäftigt sich unter anderem das Fraunhofer-Institut für Umwelt-, Sicherheits- und Energietechnik mit der Fragestellung, wie man heute noch auf Öl basierende Materialien durch nachwachsende Rohstoffe substituieren kann.

Patente sind ein wichtiger Indikator für die Forschungsleistung und Innovationsstärke eines Wirtschaftssektors. Gerade in einer technologiebasierten Branche wie der Umwelttechnik stellen Patente einen wichtigen Wettbewerbsvorteil gegenüber anderen Unternehmen dar. Hier erwies sich die Umwelttechnik als starker Innovationstreiber: So stieg die Zahl **deutscher Patentanmeldungen** in diesem Sektor seit 2004 um **rund 19 %** pro Jahr auf 1044 im Jahr 2007. Auch **weltweit** spielen deutsche Unternehmen hierbei **eine führende Rolle**. Von allen Patenten, die im Bereich der Umwelttechnik beim Europäischen Patentamt im Jahr 2007 neu erteilt wurden, entfielen rund 23 % auf deutsche Unternehmen, gefolgt von den USA mit 22 % und Japan mit 19 %. Besonders innovativ sind deutsche GreenTech-Unternehmen in den Bereichen Solarthermie und Windkraft. Dort kommen sie auf einen Anteil an den Patentanmeldungen von jeweils über 30 %.

Ob sich Ökoinnovationen durchsetzen, ist allerdings nicht nur eine Frage des Know-hows und der Forschungs- und Entwicklungsaktivitäten. Es kommt vor allem auf die Nachfrage nach technologischen Lösungen sowie auf die politischen und institutionellen Rahmenbedingungen an.

Die Verfügbarkeit von Fachkräften bildet das Fundament der deutschen Umwelttechnik-Branche

Deutsche Unternehmen zählen in vielen Bereichen der Umwelttechnik zu den Technologieführern. Dies ist einer der Gründe für den internationalen Erfolg von „GreenTech made in Germany". Die Grundlage dieser Innovationsfähigkeit deutscher Unternehmen bilden die Forschung und Entwicklung neuer Produkte und Produktionsverfahren, mit denen sich die Unternehmen von ihren Wettbewerbern technologisch abgrenzen und Kosten senken können. Eine wesentliche Rolle im Innovationsprozess spielen **Fachkräfte**. Sie sind eine **elementare Voraussetzung für die Innovationsfähigkeit eines Unternehmens**. Nur mit gut ausgebildeten Fachleuten ist es den Unternehmen möglich, Innovationen zu entwickeln, diese zur Anwendung zu bringen und damit einen Wettbewerbsvorteil zu erlangen.

Diesen Zusammenhang haben die befragten Unternehmen klar erkannt. Im Vergleich der Standortfaktoren, denen sie eine große Relevanz zuordnen, betrachten sie die Verfügbarkeit von Fachkräften neben einem hohen Nachfragevolumen nach ihren Produkten als den bedeutendsten Faktor. Damit weisen die Unternehmen der Verfügbarkeit von Fachkräften sogar einen noch höheren Stellenwert zu als der Förderpolitik des Staates. Daran zeigt sich, wie sehr die Unternehmen auf Innovation – und infolgedessen auf das Fachkräfteangebot – angewiesen sind. Gleichzeitig **beklagen** die **Unternehmen** den **Mangel an qualifiziertem Personal**: Die Verfügbarkeit von Fachkräften hat den niedrigsten Erfüllungswert von allen Standortfaktoren; somit gehört sie zu den kritischen Faktoren, wenn es um die Bewertung der Attraktivität des Standorts Deutschland im weltweiten Vergleich durch die Unternehmen geht.

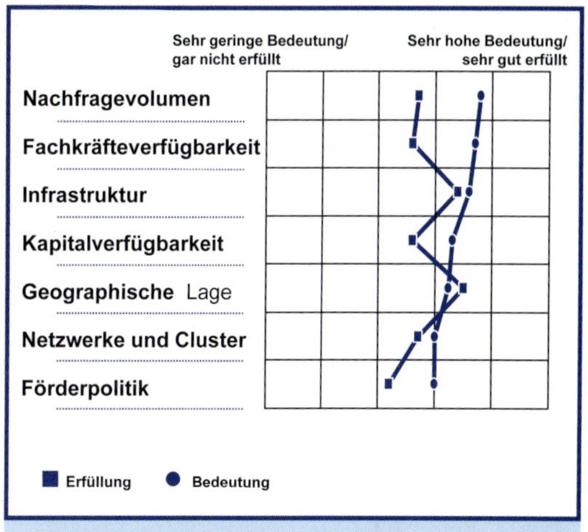

Angaben der Befragten zur Bedeutung und Erfüllung von Standortfaktoren

Quelle: Roland Berger

Die Verfügbarkeit von Fachkräften wirkt sich vor allem auf die mittel- und langfristige Perspektive der Unternehmen aus. So geben die Befragten an, dass der **Fachkräftemangel in Deutschland** ihre **zukünftige**

Geschäftsentwicklung insgesamt negativ **beeinflusst**. Davon sind Unternehmen des produzierenden Gewerbes weitaus stärker betroffen als Unternehmen aus dem Dienstleistungssektor. Besonders groß ist der Mangel an qualifiziertem Personal in den Berufen mit technischer Ausrichtung. Dieses Manko spiegelt das momentan herrschende Problem auf dem deutschen Arbeitsmarkt wider, dass gerade in den technischen Berufen eine akute Verknappung an Fachkräften herrscht.

In welchem Ausmaß der **Mangel an Fachkräften als Problem** wahrgenommen wird, ist zusätzlich **abhängig von der Unternehmensgröße**. So sehen kleine Unternehmen die Verfügbarkeit von Fachkräften nicht als dominierendes Problem, wohingegen große Unternehmen gerade den Mangel an Ingenieuren als akut und als stark negativen Einfluss auf ihre zukünftige Geschäftsentwicklung werten. Dies ist vor allem damit zu erklären, dass gerade große Unternehmen in Bereichen wie Entwicklung und Konstruktion hochspezialisierte Mitarbeiter benötigen. Aufgrund des rasanten Wachstums der Umwelttechnik in den letzten Jahren und der damit gestiegenen Nachfrage nach Spezialisten aus diesem Bereich ist es für die Unternehmen inzwischen sehr schwer, genug qualifizierte Mitarbeiter zu finden, um ihr Wachstum fortzusetzen.

Um dieser Probleme Herr zu werden, gehen die Unternehmen verschiedene Wege. **Fast die Hälfte** derjenigen Unternehmen, die den Schwerpunkt ihrer Geschäftstätigkeit im Ausland haben und stark vom Fachkräftemangel betroffen sind, geben an, als **Reaktion auf dieses Defizit neue Standorte im Ausland** eröffnen **oder bestehende erweitern** zu wollen. Fast ebenso hoch ist der Anteil der Unternehmen, die verstärkt versuchen wollen, **Fachkräfte aus dem Ausland zu rekrutieren.**

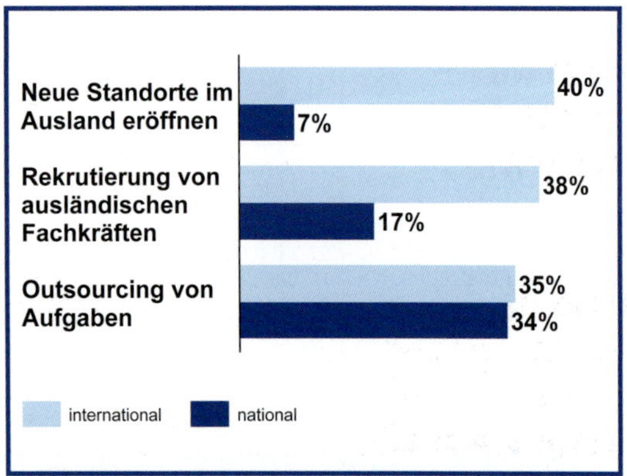

Reaktionen der Unternehmen auf den Fachkräftemangel nach Schwerpunkt der Geschäftstätigkeit [%]

Quelle: Roland Berger

Im Zuge der Entwicklung der Umwelttechnik-Branche und des Marktwachstums für Umwelttechnik stieg die Nachfrage nach Spezialisten, die das Fachwissen für die GreenTech-Branche mitbringen. Darauf reagierten viele **Ausbildungsträger** und haben **spezifische umwelttechnische Qualifizierungsangebote** geschaffen. Gerade die deutschen Hochschulen bieten eine Vielzahl von Studiengängen und Weiterbildungsmaßnahmen zu umweltrelevanten Themen an, deren zunehmende Beliebtheit sich an den gestiegenen Studentenzahlen zeigt. So haben insbesondere die Fachhochschulen, wie der Umwelt-Campus der Fachhochschule Trier in Birkenfeld, in den letzten Jahren mit großem Erfolg diverse Studiengänge der Umwelttechnik etabliert.

Ebenfalls einen großen Beitrag zur Ausbildung von Fachkräften leisten die Großforschungsanstalten. Die **Anzahl von Forschungsprojekten** aus der Umwelttechnik ist in den letzten Jahren **rasant gestiegen**, was geholfen hat, ein großes Fachwissen innerhalb der Institutionen aufzubauen. Die dort ausgebildeten Wissenschaftler wechseln später häufig in die Industrie, um dort ihr spezifisches Know-how anzuwenden und damit Innovationen voranzutreiben.

Konsequente Ausrichtung auf Umweltthemen

Der Umwelt-Campus Birkenfeld wurde 1996 als Standort der Fachhochschule Trier gegründet. Das Studienangebot ist ausschließlich auf Umweltthemen ausgerichtet, wobei ein Schwerpunkt auf Themen wie Reststoffbehandlung und Altlastenentsorgung gelegt wird. Mittlerweile leben und arbeiten dort mehr als 2000 Studenten sowie 120 Professoren und Mitarbeiter. Das Lehrangebot umfasst acht Bachelorstudiengänge und acht Masterprogramme. Der Umwelt-Campus legt großen Wert auf die interdisziplinäre Zusammenarbeit und Vernetzung zwischen den einzelnen Studiengängen. Zusammen mit Partnern aus der Wirtschaft und anderen Forschungseinrichtungen wird derzeit unter anderem an einem Verfahren zur Aufarbeitung biotechnologischer Produkte geforscht.

Jedoch scheint der Bedarf an branchenspezifischen Fachkräften schneller zu steigen als die Zahl der Absolventen, die an Hochschulen und anderen Institutionen ausgebildet werden. Deshalb ergreifen viele Unternehmen selbst die Initiative und setzen auf eine gezielte **interne Aus- und Weiterbildung ihrer Mitarbeiter**, um so dem Fachkräftemangel abzuhelfen. Diese Bemühungen sollten allerdings nicht darüber hinwegtäuschen, dass der Mangel an qualifizierten Arbeitskräften auch der GreenTech-Branche schwer zu schaffen macht und sich in Zukunft weiter zu verschärfen droht.

Wertschöpfungsorientierte Netzwerkarbeit und Fördermodelle sind gefragt

Die Befragung 2008 zeigt deutlich: Die deutschen Umwelttechnik-Unternehmen haben für sich die **Bedeutung von Netzwerken und Kooperationen erkannt**. Denn die Quintessenz, dass das Ganze mehr ist als die Summe der einzelnen Teile, fasst die Vorteile zusammen,

Umweltcluster Bayern: „Vernetzt sein stärkt!"

Als vorbildlich im Bereich des Clustering kann die Arbeit des Umweltclusters Bayern bezeichnet werden, das sich als Netzwerk der Wirtschaft und Wissenschaft auf dem Gebiet der Umwelttechnologie definiert. Die Initiative ist Teil der Cluster-Offensive des Bayerischen Wirtschaftsministeriums. Den organisatorischen Rahmen bildet ein Trägerverein, dem alle bayerischen Industrie- und Handelskammern und einige Handwerkskammern angehören.

Der Umweltcluster Bayern ist ein professioneller „Kümmerer" rund um das Kompetenzfeld Umwelttechnologie. Über die Mitgliedschaft im Trägerverein integriert er wichtige Akteure auf allen Ebenen der Wertschöpfungskette. Als Mittler zwischen Unternehmen, Wissenschaft und Behörden stellt der Umweltcluster Bayern synergetische Vernetzungen her, schafft Transparenz und unterstützt die Internationalisierung von Umwelttechnologie „made in Bavaria". Seine Arbeit flankiert die gesamte Wertschöpfungskette: von der Entstehung einer neuen Technologie durch gesteuerten Wissens- und Technologietransfer über deren Transformation in ein marktfähiges Produkt durch Initiierung von Pilot- und Leuchtturmprojekten bis hin zum erfolgreichen Absatz auf nationalen und internationalen Märkten.

die regionale Cluster und Netzwerke für die wirtschaftliche Entwicklung der Umwelttechnik-Branche bieten. Cluster werden dabei verstanden als geografische Konzentration von in einer Wertschöpfungskette verbundenen Unternehmen, wissenschaftlichen Einrichtungen und komplementären Akteuren, die miteinander im Wettbewerb stehen, aber gleichzeitig auch kooperieren, um gemeinsame Ziele zu verfolgen.

Die **Vernetzung und räumliche Nähe** von Forschungseinrichtungen und Unternehmen sowie von Unternehmen untereinander intensiviert den Austausch von Informationen und fördert damit das Innovationspotenzial. Offensichtlich generieren Cluster Standortvorteile, die neue Akteure anziehen. Diese können das bestehende Cluster wiederum durch frische Impulse bereichern. Die Beteiligten profitieren erwiesenermaßen von Clustern: In der Regel sind diese Unternehmen erfolgreicher als Wettbewerber, die nicht in Clustern organisiert sind.

Genau an diesem Punkt setzen die Hebel von **Netzwerkkonstruktionen und Clustern der Umwelttechnologie** an und werden durch die Ergebnisse dieser Studie bestätigt: Unternehmen, die sich auf die wissens- und wertschöpfungsintensiven Funktionen konzentrieren, sind nicht nur stärker internationalisiert, sondern auch besonders innovationsintensiv. Für sie ist von großer Wichtigkeit, dass funktionierende Netzwerke ihre Spezialisierung ergänzen; denn die Entwicklung von Produkten und Dienstleistungen geschieht im intensiven Austausch mit Lieferanten, Abnehmern und anderen Gruppen. Somit sind leistungsfähige Beziehungen im Umfeld dieser Unternehmen wichtig und versetzen sie in die Lage, ihre Differenzierungsstrategien mit einer Konzentration auf hochwertige Tätigkeiten zu realisieren.

Besonders die überwiegend durch kleine Unternehmen geprägte Struktur der deutschen Umwelttechnik-Branche erfordert es, dass zur Stärkung der Wettbewerbspositionen auf dem Weltmarkt **gemeinsame Aktivitäten in den Vordergrund gerückt** werden. Innovationen durch Zusammenarbeit von Forschungseinrichtungen und Unternehmen im Bereich von Forschung und Entwicklung stellen dabei einen wesentlichen Punkt dar. Auch die spätere Vermarktung der erzielten Ergebnisse im In- und Ausland kann mit Hilfe einer durch Kooperation gestärkten Marktposition erfolgreicher gestaltet werden.

Aus Sicht der Unternehmen kommt es dabei nicht allein auf die bloße Existenz von Kooperationsmöglichkeiten an. Entscheidend ist vor allem, dass die Kooperation tatsächlich funktioniert. Wichtig ist jedoch, dass Netzwerke und Cluster weder auf Befehl „von oben" entstehen noch sich zentral lenken lassen. Die öffentliche Förderung sollte deshalb dem Grundsatz „Hilfe zur Selbsthilfe" folgen. Es geht in erster Linie um die **Incentivierung von Clustern, nicht** um deren **Alimentierung**.

Umweltpolitik – Auf ökologischem Weg zu mehr Wachstum und Beschäftigung in Deutschland

Die Umweltpolitik nimmt auf vielfältige Weise Einfluss auf die wirtschaftliche Entwicklung. Ihr fällt im Besonderen die Aufgabe zu, dafür Sorge zu tragen, dass das Wirtschaftswachstum nachhaltig und nicht

Ein Masterplan für Deutschland

Am 12. November 2008 wurde ein von Bundesumweltminister Sigmar Gabriel und der Bundesforschungsministerin Dr. Annette Schwan vorgeschlagener „Masterplan Umwelttechnologien" vom Bundeskabinett verabschiedet. Der Masterplan verzahnt die Innovations- und Umweltpolitik des Bundes enger und treibt beide im Sinne einer ökologischen Industriepolitik voran. Der Plan identifiziert zunächst drei Technologiefelder – Wassertechnologien, Technologien für Rohstoffeffizienz und Klimaschutztechnologien –, die gezielt gefördert und ausgebaut werden sollen. Gleichzeitig sollen diese Technologien dazu beitragen, dass Deutschland seine ambitionierten Ziele beim Klimaschutz und in den Bereichen Energieeffizienz und Energieumwandlung erfüllen kann.

Danksagung

Wir bedanken uns bei allen Unternehmen und Forschungseinrichtungen, die mit ihrer Teilnahme an der Befragung einen wichtigen Beitrag zur repräsentativen Darstellung der Umwelttechnologien in Deutschland geleistet haben. Darüber hinaus gilt unser Dank einer Vielzahl von Institutionen, die uns bei der Erstellung dieser Publikation unterstützt haben:

- Bundesverband Bioenergie (BBE)
- Bundesindustrieverband Deutschland Haus-, Energie- und Umwelttechnik e.V.
- Bundesverband Erneuerbare Energie e.V. (BEE)
- Bundesverband Solarwirtschaft (BSW)
- Bundesverband WindEnergie e.V. (BWE)
- Deutsche Akademie der Technikwissenschaften (acatech)
- Deutsche Gesellschaft für Sonnenenergie e.V. (DGS)
- Deutscher Industrie und Handelskammertag (DIHK)
- Deutscher Wasserstoff und Brennstoffzellen Verband
- Deutsches Zentrum für Luft- und Raumfahrt (DLR)
- European Bioplastics e.V.
- Fachverband Biogas e.V.
- Fachverband Wärmedämm-Verbundsysteme (WDVS)
- Fraunhofer-Institut für Umwelt-, Sicherheits-, Energietechnik (UMSICHT)
- Geothermische Vereinigung e.V.
- Hauptverband der Deutschen Bauindustrie e.V.
- Kompetenznetzwerk Umwelttechnik Rheinland-Pfalz
- KURS – Kompetenzzentrum Umwelttechnik
- Landesverband der Baden-Württembergischen Industrie – Plattform Umweltschutz
- Partnerschaft Umweltunternehmen – PUU
- Portal U – Umweltportal Deutschland
- Technologietransfer und Innovationsförderung Magdeburg GmbH (tti)
- TechnologieTransferNetzwerk Hessen (TTN)
- Umweltcluster Bayern
- Verband der Automobilindustrie (VDA)
- Verband der deutschen Biokraftstoffindustrie
- Verband Deutscher Maschinen- und Anlagenbau e.V. (VDMA)
- Verband Innovativer Unternehmen e.V. (VIU)
- Verband Landwirtschaftliche Biokraftstoffe e. V. (LAB)
- Zentrum für Innovation und Technologie in NRW (Zenit)

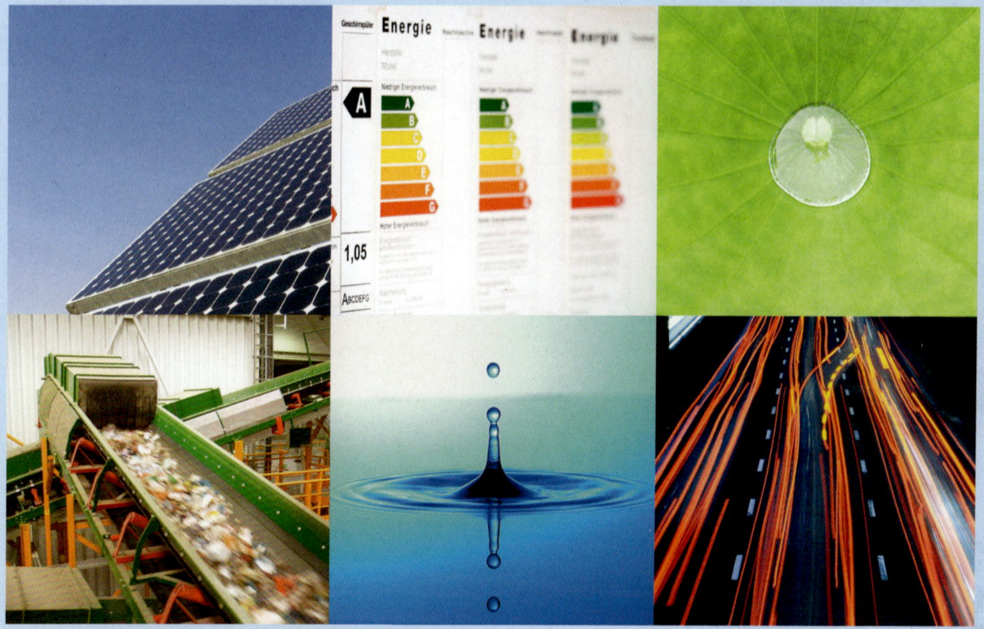

Die Leitmärkte der Umwelttechnik

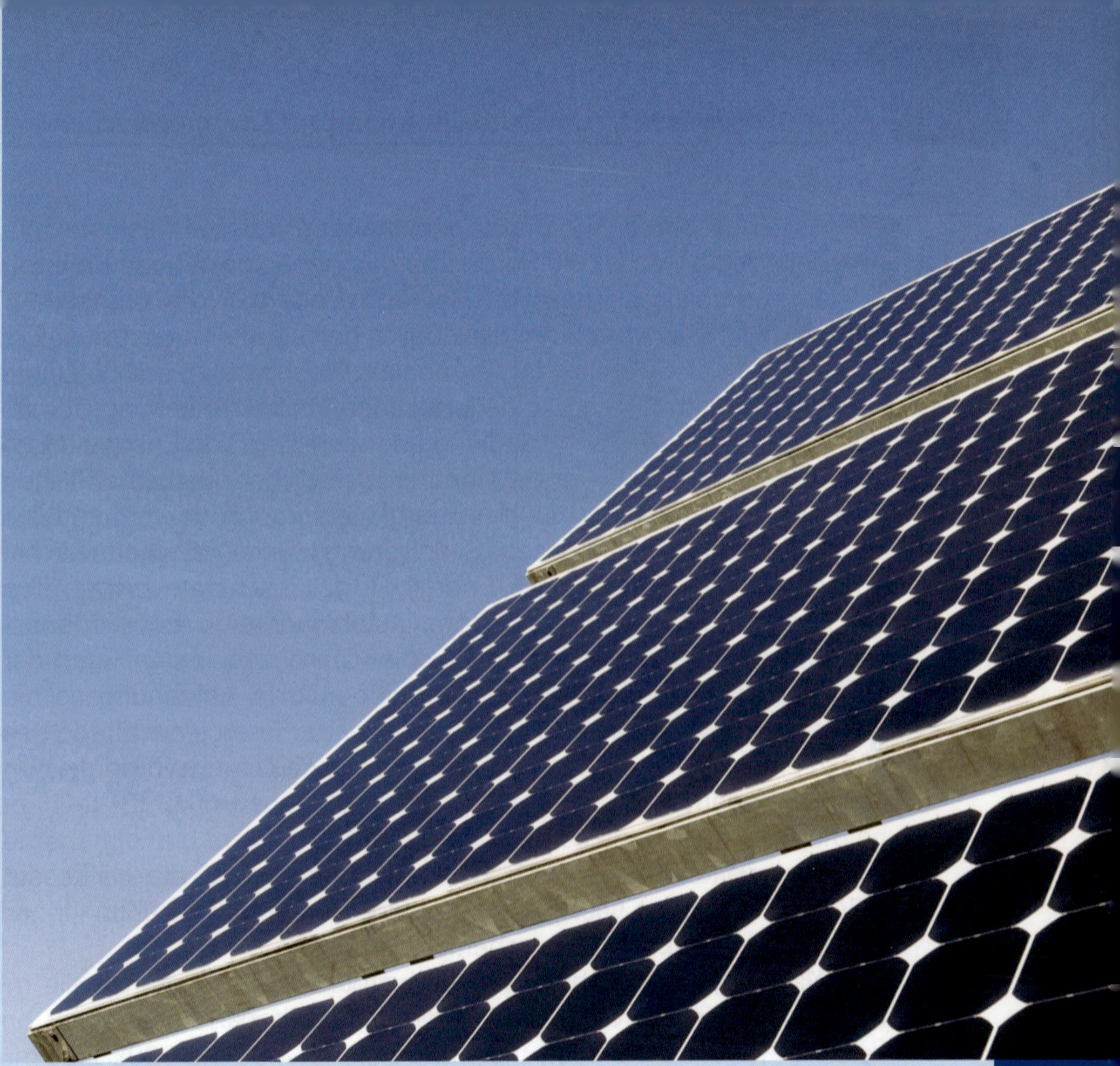

Umweltfreundliche Energien und Energiespeicherung

Für die großtechnische Speicherung von Energie existieren mehrere Technologievarianten, zum Beispiel Pumpspeicher- bzw. Wasserspeicherkraftwerke, Druckluftspeicherkraftwerke in geologisch geeigneten Gebieten (Compressed Air Energy Storage – CAES), Magnetspeicher, Erdwärmespeicher und moderne Batterietechnologien. Pumpspeicherkraftwerke etwa haben einen Wirkungsgrad von 70–85 %.

Großes Wachstumspotenzial hat auch die **Speicherung von Druckluft**, zum Beispiel in den unterirdischen Salzstöcken Norddeutschlands. Hierbei wird Luft mit Hilfe von Überschuss-Energie aus regenerativ erzeugtem Strom auf bis zu 100 bar verdichtet. Die dabei entstehende Wärme wird ebenfalls gespeichert und später der Pressluft beim Ausströmen zur Expansionsturbine wieder zugeführt. Adiabate Druckluftspeicher sollen so Wirkungsgrade bis zu 70 % erreichen. Noch effektiver sind Magnetspeicher, die einen Wirkungsgrad von 98 % erreichen; sie ermöglichen zudem ein sehr schnelles Abrufen großer Energiemengen. Erdwärmespeicher können schließlich zur saisonalen Speicherung von Wärme genutzt werden – im Sommer erzeugte Wärme kann so im Winter verwendet werden – und die kühlen Temperaturen des Erdspeichers können im Sommer Räume klimatisieren.

Eine weitere Alternative besteht darin, unregelmäßig anfallende Energie, zum Beispiel aus Windparks oder Photovoltaik-Anlagen, zur Wasserstofferzeugung durch Elektrolyse zu nutzen und bei Bedarf die Energie aus dem Wasserstoff wieder verfügbar zu machen. In Zukunft können dann Brennstoffzellen zum Ausgleich der Energienachfrage in Spitzenlastzeiten zugeschaltet werden. Der Vorteil: theoretisch lassen sich elektrische Wirkungsgrade von über 60 % erreichen ohne Schadstoffemissionen zu verursachen.

Obwohl sich der Durchbruch des Brennstoffzellenmarktes und insbesondere die Einführung von brennstoffzellengetriebenen Automobilen deutlich verzögert haben, existiert dennoch ein großes Wachstumspotenzial für die Brennstoffzellentechnologie. Weit fortgeschritten sind deutsche Unternehmen beim Einsatz in portablen Anwendungen. Die wesentlichen Einsatzbereiche sind Notstromaggregate, kleine unabhängige Stromnetze, Freizeitgeräte sowie Kommunikationselektronik.

Hebel 2: Verstärkter Einsatz erneuerbarer Energien

Die Zukunftsvision für Umwelt- und Klimaschutz liegt nicht allein in emissionsarmen Kohle- oder Gaskraftwerken, sondern vor allem in den **erneuerbaren Energien**. Sie gehen zwei Probleme zugleich an:

die Knappheit fossiler Brennstoffe und die Umweltbelastung bei deren Verwertung. Durch die günstigen politischen Rahmenbedingungen auf den deutschen Märkten haben sich heimische Unternehmen in den letzten Jahren eine weltweit führende Position erarbeitet. 2007 wurden in Deutschland bereits 14 % des Stromverbrauchs, knapp 8 % des Wärmeverbrauchs und gut 7 % des Kraftstoffverbrauchs mit erneuerbaren Energien erzeugt. 2008 dürfte der Anteil der Erneuerbaren am Stromverbrauch in Deutschland bereits bei etwa 15 % gelegen haben.

Nach den Erwartungen des Bundesumweltministeriums soll im Jahr 2030 bereits rund die Hälfte des Stroms in Deutschland aus erneuerbaren Energien stammen. Bis zum Jahr 2020 wird sich ihr Anteil am gesamten Primärenergieverbrauch in Deutschland auf 18 % erhöhen. Dies sehen die jüngsten Vorgaben der EU vor. Wenn die verschiedenen Technologien zur Nutzung der erneuerbaren Energien stärker eingesetzt würden, ließe sich dadurch ein erheblicher Teil der CO_2-Emissionen einsparen. Schon heute werden durch die Nutzung erneuerbarer Energien in Deutschland rund 115 Mio. Tonnen CO_2 pro Jahr vermieden.

Energie aus Sonnenstrahlen

Solarthermische Kraftwerke nutzen Hochtemperaturwärme aus mit Hilfe von Spiegeln konzentrierten Sonnenstrahlen, um eine konventionelle Kraftmaschine anzutreiben. Die Anlagen können zur reinen Stromerzeugung, aber auch mit Kraft-Wärme-Kopplung eingesetzt werden. Zum Beispiel kann ein solarthermisches Kraftwerk gleichzeitig Elektrizität, Kälte (über eine Absorptionskältemaschine), industriellen Prozessdampf und über eine Meerwasserentsalzungsanlage auch Trinkwasser erzeugen und so bis zu 85 % der gesammelten Solarwärme in nutzbare Energie umwandeln.

Als Standorte für solarthermische Kraftwerke kommen hauptsächlich die trockenen und heißen Zonen der Erde zwischen 35° nördlicher und südlicher Breite in Frage, da nur direkte Sonneneinstrahlung mittels Spiegeln effizient gebündelt werden kann. Verschiedene deutsche Unternehmen sind als Komponentenlieferanten, Systemintegratoren oder als Projektentwickler mit relevanten Pilotprojekten in Nordamerika und Spanien weltweit führend und wachsen stark in diesem Segment. Die weitere Entwicklung der solarthermischen Kraftwerkstechnologie hängt von den Erfahrungen aus dem Betrieb der ersten Kraftwerke ab, die 2007 und 2008 ans Netz gingen.

Die jährlich als Licht und Wärme auf die Erde auftreffende Menge an **Sonnenenergie** ist 15.000-mal höher als der Primärenergieverbrauch der Menschheit. Ein Teil dieser Strahlungsenergie kann photovoltaisch direkt in Elektrizität umgewandelt werden, ohne Nebenprodukte wie Kohlendioxid und andere Abgase. Deutsche Unternehmen arbeiten zum Beispiel daran, Solarzellen immer dünner beziehungsweise aus neuen Materialien herzustellen und die Wirkungsgrade zu steigern. Dünnschichtzellen machen dabei teuren Solarzellen aus kristallinem Silizium zunehmend Konkurrenz.

In der weiteren Entwicklung der **Photovoltaik** könnten Nanomaterialien den Durchbruch bringen, die sich als hauchdünne, Licht sammelnde Schichten auch dort nutzen lassen, wo bisher an den Einsatz herkömmlicher Solarzellen nicht zu denken war. Die Technologien nutzen beispielsweise Farbstoffmoleküle und Nanoteilchen aus dem Halbleiter Titandioxid, setzen auf elektrisch leitfähige Polymere, die mit „Buckyballs" (einer Art Nanofußbällen aus 60 Kohlenstoffatomen) als Lichtsammler verbunden sind, oder fokussieren auf sogenannte Quantenpunkte (bis zu 20 Nanometer große Halbleiterpartikel), um Lichtteilchen in Strom umzuwandeln. Die Dünnschichtzelltechnologie hat enormes Potenzial, was die zukünftige Anwendung und das Wachstum betrifft. Bis 2010 wird sich dieser Bereich überproportional entwickeln und damit seinen Marktanteil auf mehr als 20 % erhöhen. Während klassische Siliziumsolarzellen nur einen Wirkungsgrad von 16 % aufweisen, erreichen Konzentrator-Mehrschicht-Zellen im Labor schon über 35 %.

Solarthermie-Anlagen nutzen die Sonneneinstrahlung zur Gewinnung von Wärmeenergie. Auch in diesem Feld sind deutsche Unternehmen sehr gut positioniert. Mittlerweile treiben aber auch etablierte Heizungshersteller diese Entwicklung voran. Die Aufteilung des deutschen Marktes nach in Deutschland produzierten und importierten Flachkollektoren hat sich zu Gunsten der heimischen Solarindustrie entwickelt. Zudem ist Deutschland bei der Kollektorenproduktion 2006 zur Nummer eins in Europa aufgestiegen. Denn Solarthermie macht inzwischen wirtschaftlich Sinn: 2008 ging bei der Brauerei Hofmühl in Eichstätt die größte Röhrenkollektoranlage Europas in Betrieb. Die Anlage ist zunächst mit einer Kollektorfläche von 1.000 Quadratmetern angelegt, womit jährlich bis zu 500.000 Kilowattstunden Prozesswärme gewonnen werden. Genutzt wird die Solar-Wärme unter anderem im Maisch- und Würzekochprozess sowie zur Heißwasserversorgung der Flaschenwaschmaschine. Der CO_2-Ausstoß der Brauerei ist im Vergleich zur Ölfeuerung um rund 150 Tonnen pro Jahr zurückgegangen.

Großes Entwicklungspotenzial hat schließlich auch der Markt für solarthermische Kraftwerke, die in den sonnenreichen Regionen der Welt zur Stromerzeugung dienen können.

Windkraftanlagen deutscher Hersteller prägen inzwischen das Landschaftsbild in vielen Regionen der Welt. Die global installierte Windkraftkapazität deckte 2007 erstmals 1 % des globalen Stromverbrauchs. Im selben Jahr drehten sich in Deutschland knapp 20.000 Windräder mit einer Leistung von rund 22.277 Megawatt. Diese produzierten über 7 % des in der Bundesrepublik verbrauchten Stroms. Zudem war mit Blick auf die Neuinstallationen von 1.667 Megawatt Deutschland 2007 der viertgrößte Markt nach den USA, China und Spanien. Der Trend geht jetzt in Richtung Offshore-Anlagen vor der Küste, wo stärkere Winde wehen und größere Flächen zur Verfügung stehen: Nach der Strategie der Bundesregierung für den Ausbau der Offshore-Windenergie könnten im Jahr 2030 circa 10–15 % des deutschen Strombedarfs durch Windkraftanlagen auf See gedeckt werden.

Allerdings wird der Anteil der **Offshore-Anlagen** noch bis ins nächste Jahrzehnt hinein im Vergleich zu den **Onshore-Kapazitäten** gering bleiben. Im September 2008 begann in Deutschland der Bau von *Alpha Ventus*: Der erste deutsche Offshore-Windpark mit geplanten 60 Megawatt entsteht 45 Kilometer nördlich der Insel Borkum bei einer Wassertiefe von 30 Metern. Durch seine relativ große Entfernung zum Festland ist *Alpha Ventus* ein Pionierprojekt der Offshore-Technik, das unter anderem von den Unternehmen E.ON, EWE und Vattenfall umgesetzt wird.

Neben der Offshore-Windenergienutzung wird das **Repowering** an Land eine zentrale Rolle spielen; dabei werden alte Anlagen durch leistungsstärkere ersetzt, die dem neuesten Stand der Technik entsprechen. So lässt sich die Anzahl der Anlagen reduzieren; die vorhandenen Standorte können deutlich effizienter genutzt werden. Als weiterer positiver Effekt kommt hinzu, dass das Landschaftsbild weniger beeinträchtigt wird. Windenergie an Land und auf See kann zwischen 2025 und 2030 dann über ein Viertel des deutschen Strombedarfs decken.

Der immer höhere Anteil der Windenergie an der Stromerzeugung stellt die Netzbetreiber vor große Herausforderungen, da die Netzkapazitäten in vielen Regionen insbesondere durch Windkraftanlagen an ihre Grenzen stoßen. In einem ersten Feldversuch hat E.ON in Nordfriesland ermittelt, dass die Netzkapazität abhängig von Umgebungstemperatur und Windstärke um mehr als 50 % gesteigert werden kann, wenn die zulässige Maximallast der Netze bei niedrigen Temperaturen oder starkem Wind, also dann, wenn tendenziell auch Windkraftanlagen mehr Strom liefern, heraufgesetzt wird. Der Einsatz von Temperaturmonitoring bei Stromleitungen ermöglicht somit erhebliche Steigerungen der Netzkapazitäten ohne große zusätzliche Investitionen.

Die **Wasserkrafttechnologie** ist bereits weit entwickelt. Sie ist mit einem Anteil von rund 16 % an der weltweiten Stromproduktion die einzige erneuerbare Energiequelle, die heute schon in nennenswertem Umfang zur Versorgung der Bevölkerung beiträgt. Wasserkraft ist eine Energietechnik mit großem internationalen Potenzial: Während in Europa schon gut 75 % des wirtschaftlich nutzbaren Wasserkraftpotenzials erschlossen sind, sind es in Asien erst 22 %. Wasserkraftwerke sparten 2007 rund 23 Mio. Tonnen CO_2 in Deutschland ein. Zudem spielen sie vor allem bei der Bereitstellung von Reserveleistung und für die Netzregelung durch Pumpspeicherkraftwerke eine wichtige Rolle. Anders als bei Wind- und Photovoltaikanlagen steht bei diesen Kraftwerken die Energie nach Bedarf auf Abruf zur Verfügung. Im Unterschied zu thermischen Kraftwerken erreichen Wasserturbinen schon nach wenigen Minuten ihre volle Leistung.

Deutsche Hersteller produzieren modernste Turbinen sowie Schalt- und Leittechnik für Wasserkraftwerke. In Zukunft ergeben sich weitere Marktchancen mit Sonderformen der Wasserkraft. Dazu gehören Gezeitenkraftwerke, Meeresströmungskraftwerke und Wellenkraftwerke. Ein Spezialist für mechanische und elektrische Ausrüstungen für Wasserkraftwerke ist Voith Siemens Hydro Power Generation. Zusammen mit einem einheimischen Partner entwickelt das Unternehmen in Südkorea ein 600 Megawatt Gezeitenströmungskraftwerk. Ein solches Kraftwerk ist in der Lage, den jährlichen Strombedarf von 400.000 Haushalten zu decken.

Die **Geothermie** stand zwar bisher wenig im Fokus der Öffentlichkeit, dafür aber umso mehr auf der Agenda zahlreicher deutscher Unternehmen. Zu unterscheiden sind einerseits die schon heute marktreifen kleineren Anwendungen zur Nutzung von Erdwärme, etwa für die Hausbeheizung. Dabei nutzen unter den Häusern versenkte Sonden die Erdwärme, die mittels Wärmepumpen auf Verbrauchstemperatur gebracht wird. Andererseits wird in Großanwendungen zur Stromproduktion viel Potenzial gesehen: Dabei wird tiefes Thermalwasser genutzt oder Wasser von der Oberfläche in tiefe Erdschichten gepumpt, wo es durch die Erdwärme erhitzt und zurück an die Oberfläche geleitet wird. Der beim Austritt entstehende Wasserdampf wird dann für den Antrieb einer Turbine genutzt, die entweder zum Heizen oder Kühlen verwendet werden kann.

In Landau (Rheinland-Pfalz) ist seit November 2007 das erste ganzjährig industriell nutzbare **Geothermiekraftwerk** in Betrieb. Die Förderbohrung bringt knapp 160 °C heißes Thermalwasser zu Tage. In der Anlage wird kombiniert geothermische Wärme und Strom erzeugt. Nachdem die Wärme für die Stromproduktion genutzt wurde, hat das Wasser eine Temperatur von 70–80 °C und wird über einen Wärmetauscher in ein Fernwärmenetz gespeist. Das dann auf 50 °C abgekühlte Thermalwasser wird über die Injektionsbohrung wieder in den Untergrund verpresst, um das Reservoir zu erhalten. Mit der elektrischen Leistung von 3 Megawatt können der Jahresbedarf an Strom von 6.000 Haushalten gedeckt und jährlich 6.000 Tonnen CO_2 eingespart werden. Theoretisch reichen die geothermischen Potenziale aus, um das Hundertfache des europäischen Strombedarfs zu decken. Wegen der sehr spezifischen geologischen Anforderungen ist jedoch durch Geothermie nur mit einer Erschließung von 5 Terawattstunden jährlich bis zum Jahr 2020 zu rechnen.

Größte Biogasanlage der Welt

In Güstrow in Mecklenburg-Vorpommern baut die EnviTec Biogas im Auftrag der NAWARO Bio Energie AG die weltweit größte Anlage zur Produktion von Biogas in Erdgasqualität. Mit einer elektrischen Anschlussleistung von 22 Megawatt soll die Anlage ab 2010 pro Jahr 46 Mio. Kubikmeter Biogas in das öffentliche Gasnetz einspeisen. Diese Menge reicht aus, um den Bedarf einer Kleinstadt mit rund 50.000 Einwohnern zu decken.

Biogasanlagen sind ein weiteres Feld, in dem deutsche Unternehmen Weltmarktführer sind. Biogasanlagen nutzen Biomasse und Rückstände aus der Landwirtschaft zur Gas- und anschließend zur Stromer-

Holzhackschnitzel-Heizanlage reduziert CO_2-Ausstoß

Die im Allgäu ansässige Rapunzel Naturkost AG zählt mit 260 Mitarbeitern zu den führenden Erzeugern und Vertreibern von biologischen Lebensmitteln. 2007 wurden bei der Erweiterung des Produktionsgebäudes am Standort Legau eine Reihe von CO_2 reduzierenden Maßnahmen durchgeführt. Dazu gehörte die Errichtung einer Holzhackschnitzel-Heizanlage, die den gesamten Betrieb mit Wärme versorgt und auch die Grundwärme für die Rösterei (Trocknungsanlage für Nüsse) liefert. So wurde die völlige Unabhängigkeit vom Heizöl erreicht. Die Anlage deckt den gesamten Heizbedarf von rund 1.300.000 kWh pro Jahr ab. Dafür werden etwa 600 Tonnen naturbelassene Holzhackschnitzel eingesetzt.

Die Heizanlage wurde gemeinsam mit dem Energiedienstleister Südwärme AG realisiert. Im Rahmen des 15 Jahre dauernden Contracting übernimmt Südwärme Planung, Installation und den eigenverantwortlichen Betrieb. Rapunzel bezahlt die abgenommene Wärme. Der Atmosphäre bleiben durch diese Maßnahme 424 Tonnen CO_2 pro Jahr erspart.

Lastmanagement senkt die Stromkosten

Intelligente Lastmanagement-Konzepte können bei Großenergieverbrauchern Kosten sparen. Leistungsspitzen entstehen häufig durch ein zufälliges Zusammentreffen hoher Verbräuche von verschiedenen Anwendungen. Ein Lastmanagementsystem kann den Strombezug eines Unternehmens permanent überwachen und das Stromverbrauchsverhalten steuern. Durch automatisches Ab- und Anschalten von vorher genau definierten Geräten kann in vielen Fällen ein Stromverbrauch von der Hochtarifzeit in die Niedertarifzeit verlagert werden – ohne negative Auswirkungen auf Produktionsabläufe. Technisch bedient man sich dabei sogenannter Maximumwächter, die nach einem Priorisierungsprinzip bei Überschreiten einer Leistungsgrenze angeschlossene Verbraucher sukzessive abschalten, oder sogenannter Energiekontrollsysteme, die den Einschaltzeitpunkt der Verbraucher vor Betriebsbeginn steuern, um Einschaltspitzen zu vermeiden.

zeugung. Die Nutzung von Biogas kommt dem Klima dabei gleich zweifach zugute: Zum einen kann der Verbrauch fossiler Energieträger reduziert werden. Zum anderen könnten Methan-Emissionen aus der Viehhaltung vermieden werden. Studien zufolge kann Biogas in Deutschland bis zum Jahr 2030 rund 10 Mrd. Kubikmeter Erdgas ersetzen. Der Wachstumseinbruch in der Biogasbranche in den Jahren 2007 und 2008 aufgrund der rapide gestiegenen Preise für landwirtschaftlich erzeugte Güter (beispielsweise Getreide) tut den viel versprechenden Perspektiven auf dem globalen Markt bis 2020 keinen Abbruch: Weltweit wird mit einem Wachstum im zweistelligen Milliardenbereich gerechnet. Entsprechend ambitioniert sind die Ziele der deutschen Hersteller. Ende 2007 waren in Deutschland 3.700 Biogasanlagen mit einer elektrischen Leistung von insgesamt 1.270 Megawatt installiert. Bis zum Jahr 2020 könnte sich diese Leistung auf über 10.000 Megawatt erhöhen.

Heizungen mit Holzpellets, das heißt mit kleinen, zu Stäbchen gepressten Holzabfällen wie Säge- und Hobelspänen, erleben ein starkes Wachstum. Eine **Pelletheizung** ist in der Gesamtbilanz annähernd CO_2-neutral. Der Trend geht zu immer kompakteren Geräten, die mittelfristig auch klassische Heizungsräume überflüssig machen können. Die Zahl der Pelletheizungen in Deutschland ist in den letzten Jahren in Deutschland exponentiell angestiegen, und zwar von rund 8.000 installierten Anlagen im Jahr 2001 auf über 90.000 Heizungen bis Ende 2007. Dem Boom bei Pelletheizungen folgt die Pelletproduktion: Allein 2008 wollten die deutschen Pelletproduzenten rund 1,4 Mio. Tonnen Holzpellets produzieren, was gegenüber dem Jahr 2005 eine Steigerung um das Sechsfache bedeuten würde.

Im virtuellen Kraftwerk laufen die Fäden zusammen

SaarEnergie organisiert die Steuerung seiner Kraftwerke mit einem Netzleitsystem von Siemens. Der Energieversorger bezieht den Strom von verschiedenen dezentralen Erzeugungsanlagen, wie Blockheizkraftwerken oder Windkraftanlagen, und passt mit einem Netzleitsystem Produktion und Versorgung optimal an die jeweilige Nachfrage an. Abhängig vom Energiebedarf errechnet die Energiemanagement-Software die bestmögliche Kombination und Auslastung der einzelnen Kraftwerke.

Damit der neu zusammengestellte Energieverbund effizienter gesteuert werden kann, integriert die neue Technik fast alle unternehmenseigenen und die meisten externen Anlagen zu einem einzigen virtuellen Kraftwerk. Die Informationen werden in der Leitzentrale gebündelt: Dort laufen alle Daten über Auslastung und Betriebskosten der einzelnen Kraftwerke, den Zustand des Verteilernetzes sowie den Strombedarf der Endkunden zusammen. Der größte Teil der deutschlandweit angesiedelten externen Anlagen lässt sich über die Leitzentrale sogar ferngesteuert bedienen. So kann der Betreiber sichergehen, dass er den benötigten Strom jederzeit zu den kostengünstigsten Konditionen produziert und die Versorgung auch in Spitzenlastzeiten gewährleistet ist – und das bei einer besseren Einbindung der regenerativen Energien.

Auch die Verwendung von **Grubengas** zur Stromerzeugung wird durch das Erneuerbare-Energien-Gesetz gefördert – ungeachtet der Tatsache, dass Grubengas beim Abbau fossiler Brennstoffe entsteht. Dennoch wird ein positiver Klimaeffekt erzielt, da der Klimakiller Methan nicht nur unschädlich gemacht, sondern sogar noch sinnvoll verwendet wird. Es werden pro Jahr etwa 300 Mio. Kubikmeter Grubengas gewonnen. Deutsche Unternehmen haben Absaug- und Verdichteranlagen entwickelt, die sich mittlerweile über ein 110 Kilometer langes Grubengasnetz erstrecken. Damit werden nicht nur Grubengasanlagen, sondern auch industrielle Kunden, vor allem in der Stahlindustrie, sowie Fernwärmeanlagen versorgt. In Völklingen-Fenne produzieren fünf Heizkraftwerke jährlich 280 Mio. Kilowattstunden Strom für 70.000 Einfamilienhaushalte und 250 Mio. Kilowattstunden Wärme für die Versorgung von 14.000 Haushalten. Die Heizkraftwerke bewirken damit eine Reduktion von über 5 Mio. Tonnen äquivalenter CO_2-Emissionen pro Jahr.

Die dezentrale Erzeugung von Energie aus erneuerbaren Quellen stellt aber auch neue Anforderungen an die Stromnetze, die heute noch stark auf zentrale Erzeugung ausgerichtet sind. Um ein funktionierendes **Lastenmanagement** sicherzustellen, ist ein geeignetes komponenten-übergreifendes Leistungs- und Energiemanagementsystem notwendig, das die dezentralen Einheiten koordiniert und auch in Spitzenlastzeiten eine optimale Versorgung gewährleistet. Schon heute ist mit Hilfe von moderner Informations- und Kommunikationstechnologie die Schaltung eines „virtuellen Kraftwerks" möglich: Dieses optimiert den Nutzungsgrad und steuert die dezentralen Anlagen. So lässt sich die Einspeisung verstetigen.

Marktchancen – Enorme Potenziale für erneuerbare Energien

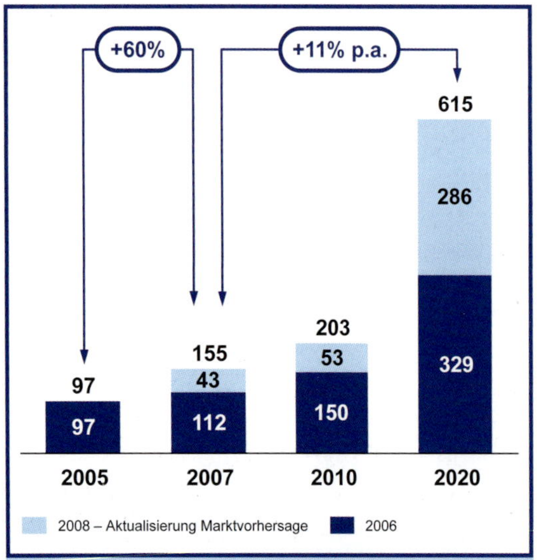

Überblick über den Leitmarkt Umweltfreundliche Energien und Energiespeicherung mit einem Vergleich zu den Einschätzungen von 2006 [Mrd. Euro]

Quelle: Roland Berger

Im Jahr 2007 konnten Unternehmen mit Technologien der umweltfreundlichen Energien und Energiespeicherung weltweit circa 155 Mrd. Euro Umsatz erzielen. Das sind rund 40 % mehr als noch 2006 prognostiziert. **Besonders interessant** ist der **Ausblick** für den Leitmarkt Umweltfreundliche Energien und Energiespeicherung **für das Jahr 2020**, der nach der aktuellen Befragung um etwa 85 % optimistischer ausfällt als in der Befragung 2006. Experten rechnen damit, dass der weltweite Umsatz bis 2020 auf rund 615 Mrd. Euro anwachsen wird.

Gas- und Dampftechnologien sowie die Wasserkraft werden relativ konstant wachsen, die Anzahl der jährlichen Neuinstallationen bleibt daher weitgehend stabil. Die CO_2-Abscheidungstechnologien in Kohlekraftwerken dagegen werden zwischen 2010 und 2020 stark an ökonomischer Bedeutung gewinnen. Beim Markt für Brennstoffzellen, der sich bis jetzt deutlich schwächer entwickelt hat als erwartet, sind es vor allem die hohen Wachstumspotenziale, die den weltweiten Umsatz bis 2020 auf etwa 50 Mrd. Euro anwachsen lassen könnten.

Die Hauptgründe für den **nach oben korrigierten Ausblick** beim Leitmarkt Umweltfreundliche Energien und Energiespeicherung liegen jedoch vor allem in den erhöhten Wachstumserwartungen bei den erneuerbaren Energien. Insbesondere die Märkte für Photovoltaik,

Solarthermie, Windenergie und Biogas werden bis 2020 um etwa 20 % pro Jahr wachsen: Wurden im Jahr 2007 gerade einmal 31 Mio. Quadratmeter Sonnenkollektoren zur Wärmegewinnung installiert, werden dies im Jahr 2020 bis zu 340 Mio. Quadratmeter sein. Das Marktvolumen für die Hersteller der Kollektoren steigt derzeit jährlich um ein Viertel. Mit Blick auf die hohen Preise fossiler Energieträger und politisch motivierte Fördermaßnahmen wird neben den zu erwartenden Neuinstallationen in den Industrienationen auch die Nachfrage in Schwellenländern weiter wachsen. Zurzeit hat China bei neu installierten solarthermischen Anlagen mit 12,6 Megawatt thermal (MWth) einen Weltmarktanteil von über 70 %.

Ähnlich **hohe Steigerungsraten** sind für die Photovoltaik zu erwarten, da für die zukünftige Entwicklung des weltweiten Marktes einige Hürden, beispielsweise Engpässe bei der Siliziumversorgung oder unzureichende Förderprogramme, teilweise aus dem Weg geräumt scheinen. Im Vergleich zu den 2007 in Betrieb genommenen 3 GWp (Leistung bei Testbedingungen) werden im Jahr 2020 Solarzellen mit einer Gesamtleistung von bis zu 65 GWp ans Netz gehen.

Das größte absolute Wachstum wird jedoch die Windkraft aufweisen: Man erwartet, dass im Jahr 2020 neue Windkraftanlagen mit einer Leistung von etwa 137 Gigawatt gebaut werden; das bedeutet 117 Gigawatt mehr neu installierte Leistung im Vergleich zu 2007. Auch hier ist auf lange Sicht die wachsende Nachfrage aus Nord- und Südamerika sowie Asien ein Teil der Erklärung für die enormen Zuwachsraten. Nach den USA hatte China 2007 bereits die zweithöchste neu installierte Kapazität an Windenergie. Ein weiterer Grund für die **optimistische Wachstumsprognose bis 2020** ist der Bau von Offshore-Windparks vor allem in Europa, obwohl sich deren Anteil erst im nächsten Jahrzehnt signifikant bemerkbar machen wird.

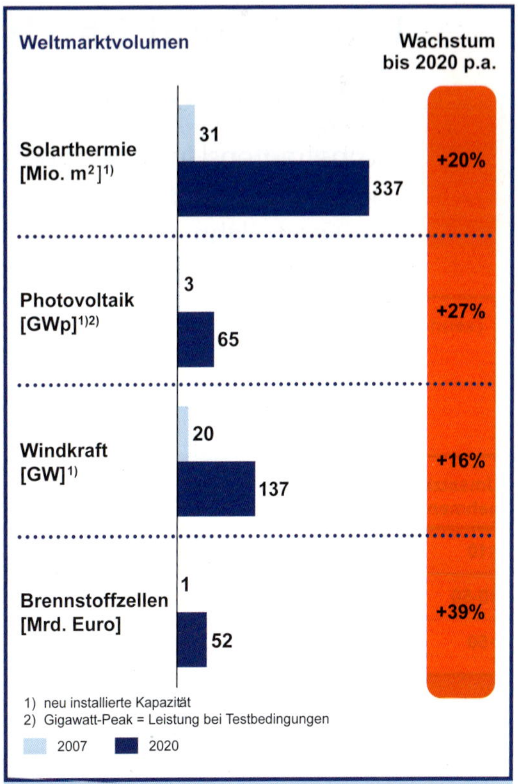

Weltmarktprojektionen in Kernsektoren
Quelle: Roland Berger

Deutsche Unternehmen haben **hervorragende Voraussetzungen**, um von diesen großen Marktpotenzialen

sind bei den befragten Firmen die erneuerbaren Energien und die Energiespeichertechnologien. Dort fällt der Anteil der Unternehmen mit Umsatzrenditen über 10 % am höchsten aus.

Internationalisierung – Chancen in Europa

Der Leitmarkt Umweltfreundliche Energien und Energiespeicherung war bisher stark auf Deutschland ausgerichtet. **Internationalisierung und Wettbewerb** in der Branche **werden** jedoch **zunehmen**. Bei fast 40 % der befragten Unternehmen – das sind deutlich mehr als in der Befragung 2006 – liegt der geografische Schwerpunkt der Geschäftstätigkeit bereits nicht mehr vor Ort bzw. in Deutschland, sondern in EU-Staaten oder an anderen ausländischen Standorten. Mit diesem Anteil an international ausgerichteten Unternehmen gehört dieser Markt zur Spitze unter den betrachteten Leitmärkten. Auch mit Blick auf den Anteil der Wertschöpfung, den die Unternehmen 2007 im Ausland erbracht haben, sind die Umweltfreundlichen Energien und Energiespeicherung mit über 13 % der Leitmarkt mit dem am stärksten ausgeprägten Internationalisierungsgrad.

Es besteht noch ein **hohes Potenzial für Wachstum** im Ausland, insbesondere für die große Zahl derjenigen Firmen, die bisher vor allem auf die nationalen Märkte gesetzt haben. Der Schwerpunkt der Aktivitäten im Ausland liegt heute und in den nächsten Jahren eindeutig auf dem Export. Der Produktionsstandort Deutschland hat für die Unternehmen im Leitmarkt nach wie vor eine hohe Attraktivität, die sich auch bis 2010 nur geringfügig abschwächen wird.

Mit Blick auf die im Ausland beschäftigten Arbeitnehmer entfallen über 70 % auf Westeuropa. Hier zeichnet sich bereits die – nach Deutschland – starke Bedeutung dieser Region für die Unternehmen im Leitmarkt ab, was sich auch bei den Absatzmärkten und der Wettbewerbsintensität bestätigt.

Deutschland jedoch ist nach wie vor **der wichtigste Absatzmarkt** und erzielt im Schnitt 88 von 100 Punkten auf dem Bedeutungsindex. Diese Stellung als wichtigster Markt wird es auch bis 2020 beibehalten. Allerdings büßt die Bundesrepublik zukünftig an Bedeutung ein, während alle anderen Weltregionen an Gewicht zunehmen. Folgt heute mit 44 Punkten auf dem Bedeutungsindex Westeuropa als wichtigste Absatzregion außerhalb Deutschlands, so wird deren Stellenwert für

2020 bereits mit 60 Punkten bewertet. Osteuropa als drittwichtigster Absatzmarkt spielt noch eine untergeordnete Rolle, wird aber bis 2020 für die Unternehmen wesentlich an Bedeutung gewinnen. Der Absatz konzentriert sich somit heute wie auch 2020 auf Deutschland und Europa. Wie die Weltkarte zeigt, werden allerdings auch die anderen Weltregionen an Bedeutung gewinnen, wobei insbesondere Russland, die USA, China und Indien eine wichtige Rolle spielen werden (siehe Karte, Seite 68).

Mit Blick auf den nationalen und internationalen Wettbewerb, dem deutsche Unternehmen heute und 2020 ausgesetzt sein werden, zeichnet sich ein ähnliches Bild ab wie bei der Analyse der Absatzmärkte. Der inländische, vor allem aber auch der **Wettbewerb** mit ausländischen Anbietern, **wird** bis 2020 an Schärfe **zunehmen**.

Die stärksten Wettbewerber kommen für die Firmen heute wie 2020 aus der Bundesrepublik und nachfolgend aus West- und Osteuropa. 2020 werden Unternehmen aus China bereits die viertstärkste Wettbewerbergruppe deutscher Unternehmen im Leitmarkt stellen – und sich damit vor die US-Konkurrenz schieben.

Insgesamt lohnt sich die Internationalisierung für die Unternehmen: Während 26 % aller Firmen mit nationalem geografischen Schwerpunkt der Geschäftstätigkeit Umsatzrenditen von 5–10 % bzw. von mehr als 10 % erzielen, erreichen immerhin 44 % der internationalen Unternehmen diese Kategorie.

Innovationen – Größere Anstrengungen bei kleinen Firmen

Die Forschungsaktivitäten der Unternehmen im Leitmarkt Umweltfreundliche Energien und Energiespeicherung liegen im Durchschnitt der betrachteten Leitmärkte. Gerade kleine Unternehmen **investieren** mit etwa 10 % vom Umsatz **überdurchschnittlich** viel **in Forschung und Entwicklung**. Dies entspricht einem Wachstum von 2 Prozentpunkten seit 2006. Die Ausgaben bei mittleren und großen Unternehmen liegen mit etwa 4 % vom Umsatz etwa auf dem Niveau von 2006.

Forschung und Entwicklung behalten für Unternehmen auch in Zukunft ihre hohe Bedeutung bei: Zwischen 2008 und 2010 wird mit einem jährlichen Wachstum der Forschungsausgaben von etwa 10 % gerech-

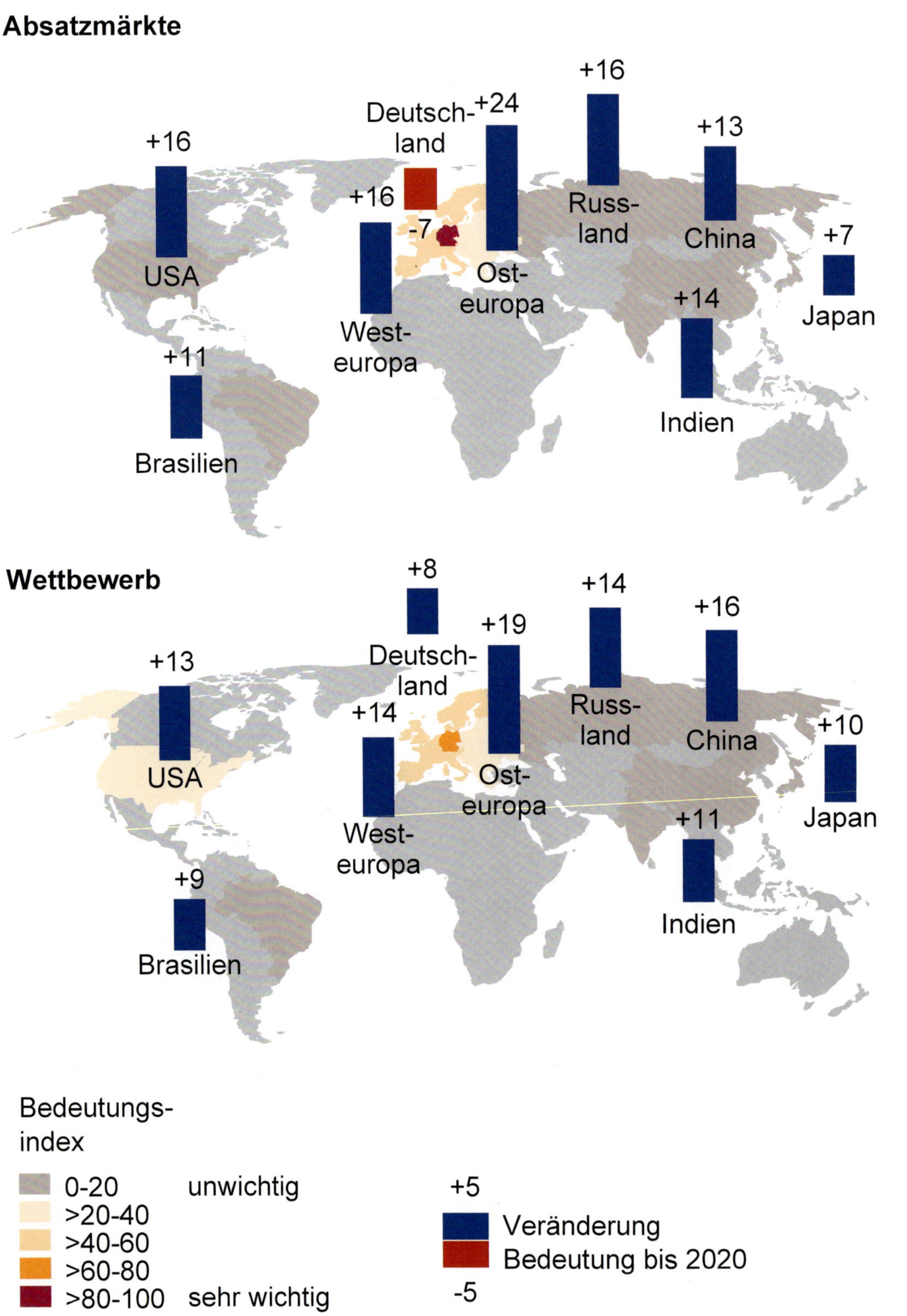

Bedeutung regionaler Absatzmärkte und Wettbewerb 2008 und 2020 für den Leitmarkt Umweltfreundliche Energien und Energiespeicherung

net – dieser Anstieg fällt allerdings geringer aus als das erwartete Umsatzwachstum. Überdurchschnittlich wachsen bis 2010 (mit einer Rate von 11 % pro Jahr) die Forschungsausgaben bei kleinen Unternehmen.

In den Jahren 2003 bis 2005 sind 45 % der staatlichen Fördergelder für den Bereich Umwelttechnologie in Projekte in diesem Leitmarkt geflossen. Dabei ging fast die Hälfte der Fördergelder an Unternehmen. Die Wirtschaft leistet demnach einen erheblichen **Beitrag zur Weiterentwicklung des technologischen Wissens**. Die meisten staatlich geförderten Projekte wurden in den Bereichen Photovoltaik und Windenergie durchgeführt. Aber auch das Thema Abscheidung und Einlagerung von CO_2 rückte immer mehr in den Fokus der Forschung. Die größten Volumina entfielen auf Photovoltaik- und Brennstoffzellenprojekte.

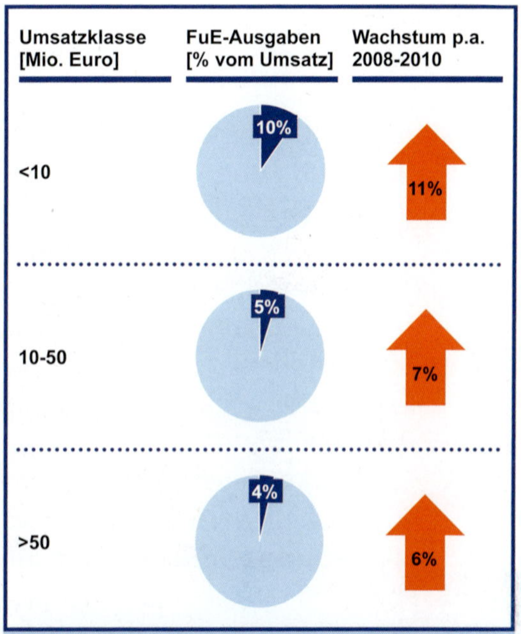

Forschungsausgaben der Unternehmen in Deutschland im Leitmarkt Umweltfreundliche Energien und Energiespeicherung
Quelle: Roland Berger

Forschung, Kooperation, Cluster – Konzentration in Ballungsräumen

Von den befragten Unternehmen kooperieren 62 % in Innovationsnetzwerken. Besonders aktiv sind mittelgroße Firmen, von denen über 80 % angeben, in Netzwerken aktiv zu sein. Im Leitmarkt Umweltfreundliche Energien und Energiespeicherung spielen die Zulieferer eine wichtige Rolle im Innovationsprozess. Sie werden von mehr als der Hälfte der in Netzwerken aktiven Unternehmen als Partner genannt. Danach folgen in der Bedeutung Hochschulen und Forschungseinrichtungen.

Die örtliche Nähe gibt lediglich für ein Drittel der Firmen den Ausschlag für die Bildung von Innovationskooperationen. Der größere Anteil der Unternehmen kooperiert auf überregionaler Basis – ein Fünftel der Firmen sogar in **internationalen Forschungsnetzwerken**. Dabei ist fast die Hälfte der Netzwerke nicht formell organisiert. Bei je einem Viertel der Netzwerke nehmen Unternehmen oder Verbände die Koordinatorenrolle ein. Dass eine Forschungseinrichtung diese Funktion übernimmt, ist dagegen eher selten.

Die Hauptmotive der Unternehmen für das **Engagement in Netzwerken** sind neben dem Informationsaustausch insbesondere die Generierung von Produktideen und die Erschließung von Marktzugängen.

Die Deutschlandkarte zeigt die befragten Unternehmen und relevante Forschungseinrichtungen im Leitmarkt (siehe Seite 71). Die Einfärbung der Bundesländer macht deutlich, dass Unternehmen in Nordrhein-Westfalen, Niedersachsen, Bayern und Hessen die meisten Arbeitsplätze anbieten. Damit steigt Hessen im Vergleich zur Befragung 2006 zu einem der Bundesländer auf, die das höchste Beschäftigungsvolumen in diesem Leitmarkt vorweisen können. Eine **hohe Dichte von Forschungseinrichtungen und Unternehmen** findet sich im Ruhrgebiet, in Franken, in den Regionen Freiberg und Halle (dort insbesondere Solarfirmen) und rund um die Großstädte Hamburg, Berlin und München. Hier einige Beispiele:

- In Nordrhein-Westfalen finden sich **zahlreiche regionale Forschungskooperationen** zwischen Universitäten und der Privatwirtschaft. Die Universität Siegen hat beispielsweise mit der BEGA Wasserkraft GmbH aus Bochum und der Proaqua Ingenieurgesellschaft aus Aachen kooperiert, um eine Kleinwasserkraftanlage zu entwickeln. Das Projekt *Kleinstkraftwerke – Wasserräder mit Energiewandlern im Baukastenprinzip* zielt darauf ab, eine dezentrale Möglichkeit der Stromerzeugung für Inselnetze im Leistungsbereich unterhalb von 10 Kilowatt zu schaffen. Die Wasserräder können bei Privathaushalten im ländlichen Siedlungsraum und kleinen Handwerksbetrieben eingesetzt werden. Besondere Relevanz hat diese Technologie in Ländern mit schlechter Netzabdeckung – weshalb auch Kooperationspartner aus Äthiopien an der Entwicklung beteiligt waren.
- Ebenfalls in Nordrhein-Westfalen liegt ein **Cluster im Bereich der solaren Stromerzeugung**. Die Fachhochschule Aachen arbeitet zusammen mit Partnern aus der Wirtschaft an einem Projekt zur Nutzung von solarthermischer Energie. Im Rahmen des vom Bundesumweltministerium geförderten Solarturms Jülich wird erforscht, wie sich Sonnenenergie am effizientesten in Strom umwandeln lässt. Langfristiges Ziel ist die Entwicklung eines Kraftwerks, mit dem es möglich ist, direkt Wasserstoff durch Solarenergie herzustellen. Dieser könnte dann wiederum als umweltfreundliche Energiequelle zur Anwendung kommen, zum Beispiel in Autos mit Brennstoffzellenantrieb.

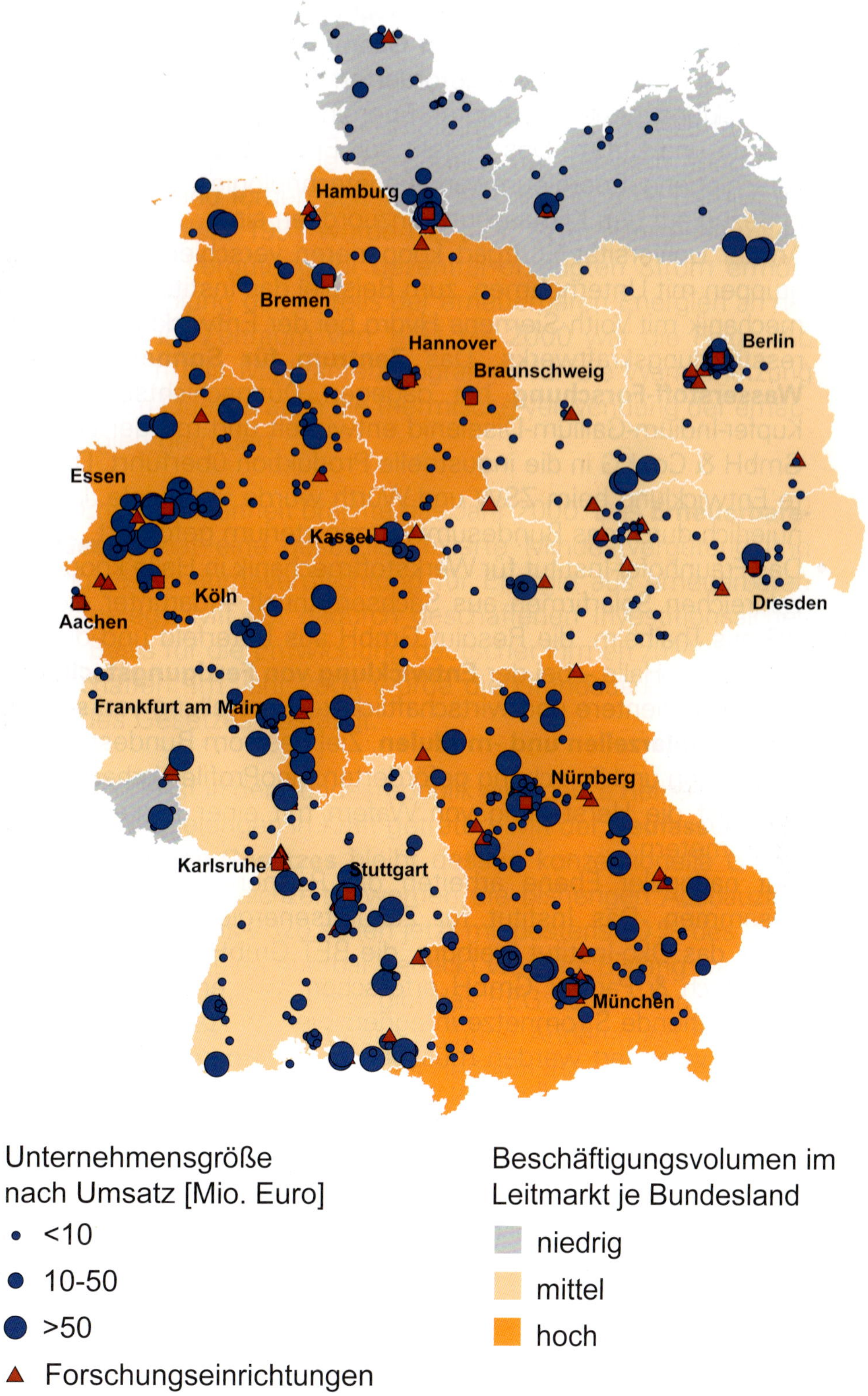

Regionale Verteilung der Firmen und Forschungseinrichtungen im Leitmarkt Umweltfreundliche Energien und Energiespeicherung

Außerdem legt das neue **Erneuerbare-Energien-Wärmegesetz** seit 1. Januar 2009 fest, dass spätestens im Jahr 2020 14 % der Wärme in Deutschland aus erneuerbaren Energien stammen sollen. Das Gesetz sieht eine Nutzungspflicht vor: Eigentümer von Gebäuden, die neu gebaut werden, müssen einen Teil ihrer Wärmeversorgung aus erneuerbaren Energien decken oder andere klimaschonende Maßnahmen einsetzen (Wärmedämmung oder Wärmebezug aus Fernwärmenetzen und Kraft-Wärme-Kopplungsanlagen). Die Nutzung erneuerbarer Energien wird dabei auch in Zukunft finanziell gefördert, wobei das bestehende Marktanreizprogramm auf bis zu 500 Mio. Euro pro Jahr aufgestockt wird.

Als dritte Gesetzesinitiative ist zum 1. Januar 2009 das neue **Gesetz zur Förderung der Kraft-Wärme-Kopplung** in Kraft getreten. Ziel ist es, durch finanzielle Zuschüsse bis zum Jahr 2020 den Anteil der Kraft-Wärme-Kopplung an der Stromerzeugung auf 25 % zu verdoppeln. Die Zukunft soll somit den erneuerbaren Energien und der Energieeffizienz gehören. Zudem existiert mit dem CO_2-Emissionshandel ein Instrument, das Anreize zur umweltfreundlichen Energieerzeugung mit klassischen Technologien sowie zur Energieeffizienz setzt.

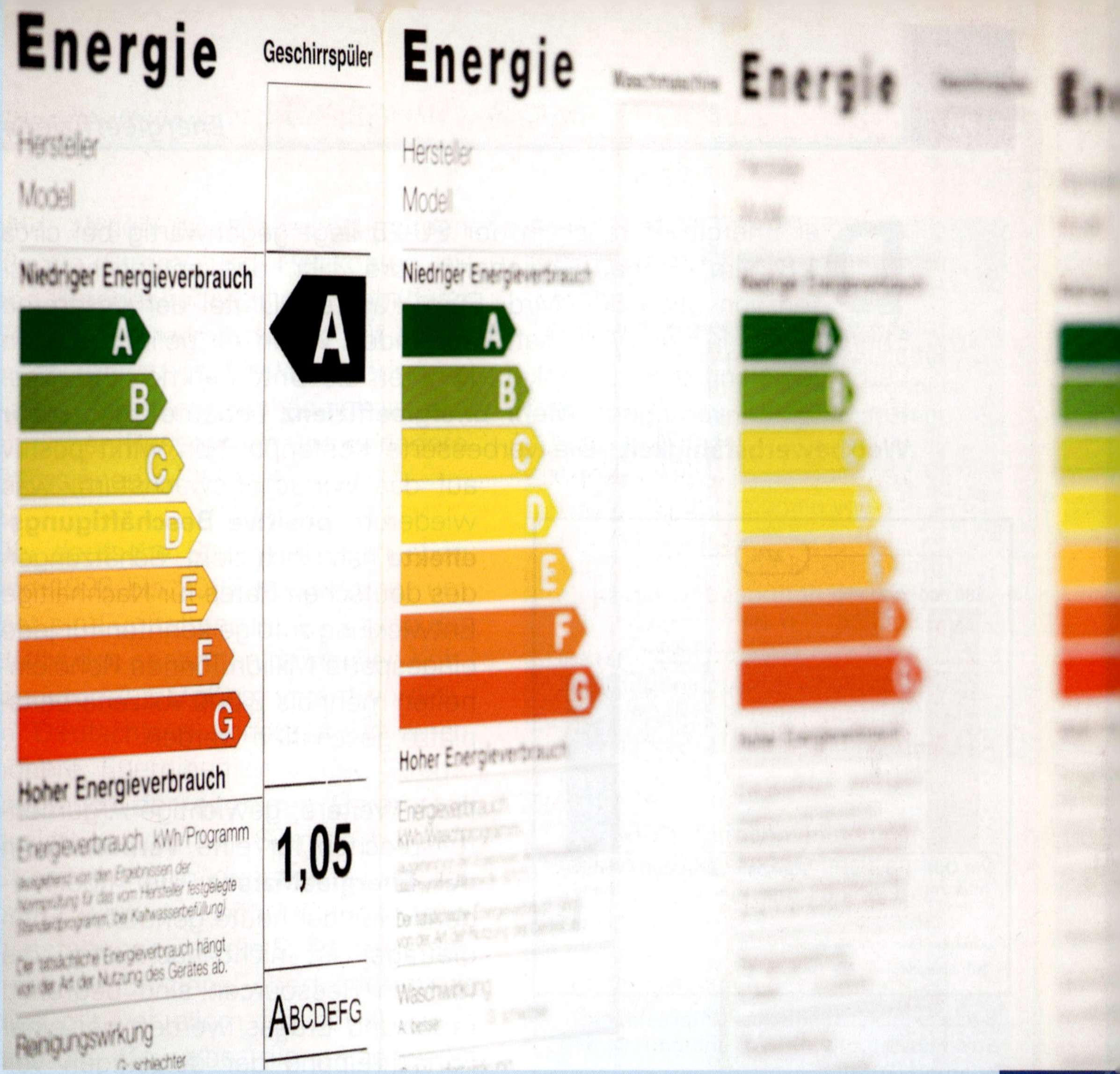

Energieeffizienz

Dennoch leisten **deutsche Unternehmen** – teilweise unbemerkt von der Öffentlichkeit – bereits heute einen **wichtigen Beitrag zum Klimaschutz**: Mit der Entwicklung innovativer Technologien und neuer Produkte tragen sie dazu bei, Energie zu sparen. Allerdings würden sich viele der betreffenden Unternehmen nach eigenem Selbstverständnis gar nicht als Anbieter von Umwelttechnologie bezeichnen. Wählt man jedoch einen breiteren Definitionsansatz, so gehören zu den **Energieeffizienztechnologien**:

- Isolierbaustoffe und Gebäudetechnik, das heißt Wärmedämmsysteme, Heiz- und Kühlsysteme, Wärmeschutzverglasung,
- energieeffiziente Produkte, das heißt effiziente Haushaltsgeräte, Elektronik (zum Beispiel Informations- und Kommunikationstechnik), Energiesparlampen,
- energieeffiziente Kühlungssysteme als Alternative zu traditionellen Klimaanlagen (zum Beispiel solare Kühlung),
- energieeffiziente Verfahren und Produktionsprozesse,
- energieeffiziente industrielle Querschnittstechnologien, das heißt vor allem Pumpen, Motoren, Druckluftsysteme, Mess-, Steuer- und Regeltechnik,
- Energiedienstleistungen wie Contracting und Energieberatung.

Zukunft der Energieeffizienz – Drei Hebel für mehr Nachhaltigkeit

Mehr Energieeffizienz kann sowohl in privaten Haushalten als auch in Wirtschaft und Verwaltung neben der sparsamen Nutzung von Energie mit drei Hebeln erreicht werden:

- Reduzierung des Energieverbrauchs durch Prozessoptimierung einschließlich intelligenter Steuerung,
- Steigerung der Energieeffizienz von Geräten und Aggregaten,
- Steigerung der Energieeffizienz von Gebäuden.

Für alle drei Hebel bieten deutsche Unternehmen zahlreiche bewährte und innovative Produkte und Dienstleistungen an.

Hebel 1: Reduzierung des Energieverbrauchs durch Prozessoptimierung einschließlich intelligenter Steuerung

Der erste Schritt zu einer Veränderung ist die bewusste Entscheidung von Unternehmen oder Privatpersonen, den Energieverbrauch künftig zu reduzieren. Doch der Wille allein reicht nicht: Ohne Know-how und die entsprechende Technik lassen sich die guten Vorsätze nicht in die Tat umsetzen. Hier sind Dienstleistungsunternehmen und die Hersteller von Technologien gefordert, die die Energieeffizienz erheblich verbessern.

Zur Optimierung ihrer Energieversorgung nutzen immer mehr Firmen das **Contracting**. Bei diesem Konzept stellt ein Dienstleister – der Contractor – die Verbesserung der ökonomischen und ökologischen Effizienz bei der Erzeugung und Nutzung von Energie sicher. Die Leistungen der mittlerweile fast 700 Contracting-Anbieter in Deutschland werden dabei aus den eingesparten Energiekosten finanziert. Der Kunde kauft eine Pauschalmenge Wärme oder Strom vom Contractor, der diese dann möglichst effizient erzeugt. Im Schnitt lassen sich so 15–20 % Energie einsparen.

Andere Firmen bieten **Beratungsleistungen** zur **Optimierung** des **Energieverbrauchs** an. Das Angebot solcher Unternehmen reicht von Berechnungen der Lebenszykluskosten für alternative Heizsysteme bis zur komplexen Optimierung von Produktionsverfahren.

Mit kleinen Schritten zum großen Sparerfolg

Nicht die revolutionären Innovationen, sondern viele kleine Verbesserungen führten zum großen Erfolg des ganzheitlichen Energiemanagement-Systems, das im Mercedes-Benz Werk Untertürkheim aufgebaut wurde. Durch konsequente Energieoptimierung spart das Stammwerk des Daimler-Konzerns 11 % seines bisherigen Energieverbrauchs, das entspricht einer Kostensenkung von 9,6 Mio. Euro pro Jahr und einer CO_2-Reduktion von 70.806 Tonnen. Das Energiemanagement-System setzt auf die Verknüpfung der drei Bereiche Technik, Verwaltung und Mitarbeiterverhalten. So wurde ein weit reichendes Maßnahmenpaket entwickelt und umgesetzt. Beispielsweise wurden die Kühlung, die Wärmerückgewinnungsanlagen und die lufttechnischen Anlagen optimiert. Durch die Übertragung der Betriebszeiten der Versorgungsanlagen zur Gebäudeleittechnik werden die Betriebszeiten von Lüftung und Beleuchtung regelmäßig synchronisiert und an den tatsächlichen Bedarf angepasst. Während produktionsfreier Zeiten werden die nicht benötigten Anlagen abgeschaltet. Um eine langfristige Wirksamkeit des Projekts zu gewährleisten, wurde die Implementierung der beschlossenen Maßnahmen in einen betrieblichen Managementprozess eingebettet. Mit seinen Bemühungen um die Energieoptimierung erreichte das Mercedes-Benz Werk Untertürkheim den zweiten Platz im internationalen „Energy Efficiency Award 2008".

Hocheffizienzpumpe senkt Energieverbrauch um 60 %

Die Firma Infracor hat lange geprüft, wie ihre Pumpensysteme optimiert werden könnten. Vom Einsatz von Drehzahlregelungen bis zur Steigerung von Wirkungsgrad und Pumpenleistung wurden einfache und aufwendige Maßnahmen in Betracht gezogen. Dann fiel die Entscheidung, die alten Pumpen komplett zu ersetzen. Sie wurden durch neue Hocheffizienzpumpen mit einem energieeffizienten EC-Motor (electronic commutated) ausgetauscht. Damit konnte der Energieverbrauch um fast 60 % gesenkt werden.

Drehzahlregelung an Pumpen spart Strom

Die Benoac Fertigteile GmbH ist spezialisiert auf die Herstellung von Formhäuten für den Automobilinnenraum. Bei der Herstellung wird ein Kunststoffpulver in einem ölbeheizten Werkzeug aufgeschmolzen. Für das Aufheizen und Kühlen des Werkzeugs wird in zwei getrennten Pumpenkreisläufen heißes und kaltes Wärmeträgeröl durch das Werkzeug gepumpt. Eine Beratung hat ergeben, dass alle Pumpen der betrachteten Heiz- und Kühlkreisläufe während der gesamten Produktionszeit mit voller Leistung liefen – auch wenn sie phasenweise gar nicht benötigt wurden. Daraufhin wurde an allen Pumpen der Heiz- bzw. Kühlkreisläufe eine prozessabhängige Drehzahlregelung eingebaut. Als Ergebnis dieser Maßnahme spart das in Peine ansässige Unternehmen 273.300 Kilowattstunden Strom pro Jahr.

Das Beleuchten einer Wohnung mit herkömmlichen Glühlampen ist im Schnitt genauso teuer wie das Kochen und Backen, da Lampen wesentlich mehr genutzt werden. Entsprechend groß ist das Potenzial für Energieeinsparungen: **Energiesparlampen** haben geringere Lebenszykluskosten und brauchen im Vergleich zu herkömmlichen Lampen bis zu 80 % weniger Energie. Würden mehr Energiesparleuchten in die Fassungen geschraubt, ließen sich allein in Deutschland bis zu 11 Mrd. Kilowattstunden Strom sparen, das entspricht dem Jahresverbrauch von 4 Millionen Zwei-Personen-Haushalten. Allerdings stießen die Energiesparlampen bisher auf wenig Gegenliebe bei den Verbrauchern, vermutlich aufgrund ihrer hohen Anschaffungskosten und ihrer „kalten" Leuchteigenschaften.

Mehr Anklang am Markt findet die Light Emitting Diode (LED), die sich wegen ihrer angenehmen Leuchteigenschaften, Farbvarianzen und der Langlebigkeit vor allem in der Raumgestaltung und für Design- und Einbauleuchten eignet. Als Flächenlicht der Zukunft werden organische LEDs (OLED) von Experten eingeschätzt. Sie sind sehr dünn, leicht und hell, außerdem verbrauchen sie nur wenig Energie. Schon heute haben sie eine Lebensdauer von mehr als 10.000 Stunden und eine fünfmal so hohe Lichtausbeute wie herkömmliche Glühbirnen. Ab 2015 rechnen Analysten hier mit einem Milliardenmarkt.

In **Büros** sind ebenfalls noch viele **Energiesparpotenziale** zu finden. Rund 20 % der IT-Kosten in deutschen Firmen entstehen durch Stromverbrauch. Entsprechend groß sind die Sparpotenziale durch den stärkeren Einsatz von Netzwerkcomputern, effizienterer Server-Architektur oder effizienterer Geräte. Die neuesten mobilen Geräten sind „Netbooks" wie beispielsweise der Eee PC von ASUS. Die knapp ein Kilogramm schweren Netbooks laufen mit einem Flashspeicher statt einer Festplatte und verbrauchen nur etwa halb so viel Strom wie ein herkömmliches Notebook.

Der Stromverbrauch der rund 50.000 **Serverräume und Rechenzentren** in Deutschland betrug im Jahr 2008 10,1 Terawattstunden. Dies entspricht der Jahresstromproduktion von vier mittelgroßen Kohlekraftwerken. Durch neue Kühlungssysteme mit Klimaschränken, Bodenluftkühlung, Außenluft und der Weitergabe der entstandenen Wärme als Heizungsluft lassen sich hier bis zu 50 % Strom sparen.

Ausgeglüht: EU-Richtlinie setzt neue Standards für Haushaltsbeleuchtung

Im Dezember 2008 beschlossen die Mitgliedstaaten der EU die zweite Regelung für Beleuchtung im Rahmen der Richtlinie 2005/32/EG, der sogenannten Ökodesign-Richtlinie. Sie zielt darauf ab, Standards für die verschiedensten Kategorien von energiebetriebenen Produkten festzulegen.

Nachdem in der ersten Regelung Lampen und Leuchten, wie sie üblicherweise in der Straßenbeleuchtung oder in Büros zum Einsatz kommen, erfasst werden, stehen nun die nicht-gerichteten Haushaltslampen, zum Beispiel herkömmliche Glühlampen, Halogen-Glühlampen, Kompaktleuchtstofflampen und LEDs, im Mittelpunkt.

Durch die Verabschiedung von Mindeststandards für die Energieeffizienz will die EU ab 1. September 2009 ineffiziente Glühlampen schrittweise vom Markt verschwinden lassen und somit einen wesentlichen Beitrag zur Einsparung von Energie – und damit auch von CO_2 – leisten.

Im produzierenden Gewerbe gibt es noch viele Möglichkeiten, den Energieverbrauch zu reduzieren. In **Pumpen- und Ventilatorensystemen** stecken Energie-Einsparpotenziale von bis zu 30 %. Umwälzpumpen sind beispielsweise für bis zu 15 % der Stromrechnungen verantwortlich. Deutsche Pumpenhersteller haben mit ECO Umwälzpumpen inzwischen ein Produkt im Angebot, das 80 % Strom im Vergleich zu herkömmlichen Umwälzpumpen einspart. Würde dies deutschlandweit eingesetzt, könnte 1 % des gesamten Stromverbrauchs eingespart werden; das sind 4–5 Mrd. Kilowattstunden pro Jahr.

In Deutschland entfallen circa 65 % des industriellen Stromverbrauchs auf **Elektromotoren**. Hier lassen sich erhebliche Kosten und Energiemengen einsparen. Von den jährlich gut 220 Mrd. Kilowattstunden des Endenergieverbrauchs in den Sektoren Industrie und Gewerbe, der durch Elektromotoren verursacht wird, könnten durch mechanische Systemoptimierung, den Einsatz von Energiesparmotoren sowie durch automatische Drehzahlregelung in Deutschland in den nächsten Jahren bis zu 27,5 Mrd. Kilowattstunden pro Jahr eingespart werden. Dies entspricht dem Verbrauch von fast 9 Millionen Haushalten. Europaweit ließen sich so 200 Mrd. Kilowattstunden Strom und damit 100 Mio. Tonnen Treibhausgas sowie 10 Mrd. Euro Betriebskosten jährlich einsparen. Die erforderliche Technik ist schon heute bei deutschen Firmen erhältlich, die mit ihren Produkten zur Weltspitze gehören.

Solare Kühlung: Die Sonne als Kältespender

Die Sonne senkt die Temperatur – zumindest bei der solaren Kühlung. Diese Technologie nutzt die Sonnenenergie als Kältemittel. Das Prinzip der solaren Kühlung trägt dazu bei, den zusätzlichen Bedarf nach Kühlkapazitäten für Nahrungsmittel und industrielle Güter sowie nach angenehm temperierten Arbeitsräumen zu decken, ohne neue, Strom verbrauchende Klimaanlagen zu installieren. Solare Kühlung spart nicht nur Strom, sie kennt – anders als solare Wärmesysteme – kein Speicherproblem, denn der Kühlbedarf und das Angebot an Sonnenenergie verhalten sich proportional; der Kühlbedarf steigt, wenn es wärmer wird, zugleich arbeitet eine Solarkälteanlage umso wirksamer, je intensiver die Sonne strahlt. Je nach Anwendung werden bei der solaren Kühlung verschiedene Verfahren eingesetzt. Kühlschränke können nach dem Prinzip der Adsorption oder Kompression betrieben werden. Gebäude und Räume werden gekühlt, indem man der warmen Raumluft durch Adsorption Wasser entzieht. Die dabei entstehende Verdunstungskälte sorgt für angenehme Temperaturen.

Hebel 3: Steigerung der Energieeffizienz von Gebäuden

Fast 40 % der insgesamt in Deutschland eingesetzten Energie werden in Gebäuden verbraucht. Dabei fließen 86 % des gesamten Energiebedarfs der privaten Haushalte in Heizwärme (74 %) und Warmwasser (12 %). Ältere, unsanierte Gebäude brauchen etwa dreimal so viel Energie zur Beheizung wie Neubauten. Um bei Altbauten eine Energieeinsparung von 25 % zu erreichen, ist in Deutschland ein Investitionsaufwand von 45 Mrd. Euro notwendig. Die damit erreichbare CO_2-Minderung läge zwischen 30 und 35 Mio. Tonnen pro Jahr, das sind etwa 4 % der deutschen CO_2-Gesamtemissionen. Der durchschnittliche Energieverbrauch von Altbauten liegt bei circa 200 kWh/m²a (Kilowattstunden pro Quadratmeter und Jahr). Das entspricht 20 Liter Öl oder 20 Kubikmeter Gas pro Quadratmeter Wohnfläche im Jahr. Ein vergleichbarer, optimal sanierter

Altbau hat einen Energieverbrauch von circa 70 kWh/m²a, das bedeutet einen Jahresverbrauch von 7 Liter Öl bzw. 7 Kubikmeter Gas pro Quadratmeter Wohnfläche. Der Energieverbrauch lässt sich also auf etwa ein Drittel reduzieren. Erfahrungsgemäß lässt sich bei energetischen Sanierungen der Energieverbrauch mindestens halbieren, im Einzelfall sind sogar bis zu 90 % Einsparung möglich.

Der Bereich Lüftung und Klima verursacht je nach Gebäude bis zu 50 % des Gesamtprimärenergiebedarfs. Statt herkömmlicher Klimaanlagen können **passive und hybride Kühlmaßnahmen** Energie sparen. Passive Kühlmaßnahmen umfassen die Verbesserung des Mikroklimas durch Wasserflächen und Pflanzen, einen hohen Dämmstandard, Sonnenschutz und gezielte natürliche Belüftung. Allein dadurch kann die benötigte Kälte des Gebäudes fast halbiert werden. Mit der hybriden Kühlung werden niedrige Temperaturen in der Nacht oder aus dem Erdreich zur Kühlung verwendet. In Kombination mit der passiven Kühlung kann damit in mitteleuropäischen Ländern auf aktive Klimatisierung fast vollständig verzichtet werden. Schließlich können statt elektrisch betriebener Klimaanlagen energieeffiziente Kühlsysteme genutzt werden. Dazu gehören Absorptionskältemaschinen in Verbindung mit Kraft-Wärme-Kopplung oder solarer Kühlung. Diese verwandeln in einem technischen Prozess Wärme in Kälte.

Plattenbau in Mineralwolle gepackt: Das Heizen wird fast überflüssig

In Deutschlands größtem Niedrigenergiehaus im Berliner Stadtteil Lichtenberg werden 156.000 Tonnen CO_2 im Jahr eingespart. Seit März 2006 sind die 296 Wohnungen des Plattenbaus mit insgesamt 18.000 Quadratmetern nach einem außergewöhnlichen Energiesparkonzept komplett saniert worden: Vom Dach bis zum Erdgeschoss ist das Haus nun in Mineralwolle eingepackt, die Fenster sind mit je drei Scheiben verglast. So werden Wärmeverluste verhindert. Um Energieverluste beim Lüften zu vermeiden, ist im Haus eine zentrale Belüftungsanlage mit Wärmerückgewinnung eingebaut. In jeder Wohnung gibt es eine Leiste mit fünf kleinen Löchern oder einen Plastikschlitz an der Decke. Durch sie wird kontinuierlich frische Luft ins Zimmer geleitet. Weil diese auf 18 Grad Celsius vortemperiert ist, muss die Heizung kaum benutzt werden. Die verbrauchte Luft hingegen wird über Bad und Küche abgesaugt und gelangt dann in einen Rotationswärmetauscher unter das Dach. Dieser sorgt dafür, dass die verbrauchte Luft nicht ungenutzt nach draußen fließt, sondern einen Großteil ihrer Wärme an die neue Frischluft abgibt. Außerdem verfügt das Haus über ein Blockheizkraftwerk. Der Jahresenergiebedarf wird mit diesem Konzept um 75 % gesenkt.

Alle Neubauten müssen seit 2002 die Standards für **Niedrigenergiehäuser** erfüllen. Diese legen den maximalen Wärmebedarf für die Gebäudeheizung fest: Er liegt bei bis zu 100 kWh/m²a für Einfamilienhäuser. Dieser Standard kann aber noch deutlich übertroffen werden, wie die **Passivhäuser** zeigen. Sie benötigen fast keine Heizenergie mehr und sparen somit fast 80 % Energie – dies entspricht einem Bedarf von 1,5 Liter Heizöl pro Quadratmeter Wohnfläche. Seit der Energieeinsparverordnung 2007 muss bei Errichtung, Änderung oder Erweiterung von Gebäuden ein Energiebedarfsausweis ausgestellt werden, der Informationen über die energetische Qualität eines Gebäudes enthält. Behagliche Temperaturen werden durch passive Maßnahmen gewährleistet, das heißt durch Wärmedämmung und passiv genutzte Sonnenenergie. In der Herstellung sind Passivhäuser im Mittel nur etwa 8 % teurer als konventionell gebaute Häuser. Deutsche Unternehmen vertreiben die notwendigen Dämmstoffe wie Stein- und Mineralwolle sowie organische Dämmstoffe, die derzeit einen Nachfrageschub erleben. Häuser mit 40 Zentimeter starken, diffusionsoffenen Holzwänden können 50 % unterhalb des Energieverbrauchs liegen, der in den Vorschriften für Niedrigenergiehäuser festgelegt ist.

Marktchancen – Entwickelte Märkte wachsen kontinuierlich

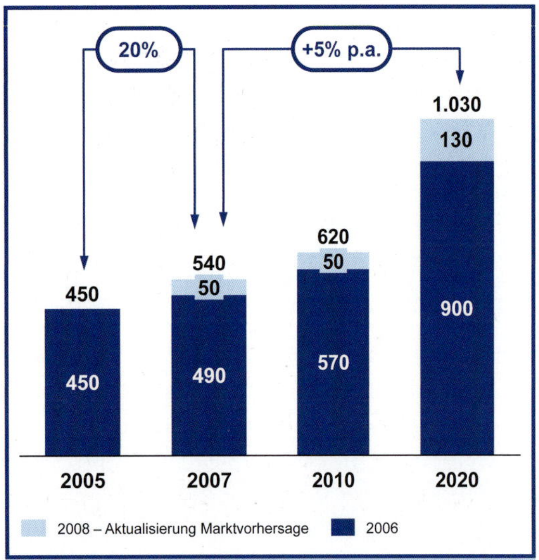

Überblick über den Leitmarkt Energieeffizienz mit einem Vergleich zu den Einschätzungen von 2006 [Mrd. Euro]

Quelle: Roland Berger

Der Weltmarkt für Energieeffizienz hatte 2007 ein Volumen von circa 540 Mrd. Euro. Experten rechnen – wenn die Rahmenbedingungen nicht erheblich schlechter werden – bis 2020 nahezu mit einer Verdopplung auf etwa 1.030 Mrd. Euro. Sowohl das heutige Marktvolumen als auch die Vorhersagen für 2020 liegen damit etwa 10 % über den Prognosen aus der ersten Auflage des Umwelttechnologie-Atlas. Damit ist dieser Markt weiterhin der **am stärksten wachsende von allen Leitmärkten.** Der deutsche Anteil liegt bei circa 12 %. Somit erwirtschaften die Unternehmen in Deutschland hochgerechnet über 67 Mrd. Euro Umsatz im Bereich Energieeffizienz.

Auf den ersten Blick scheinen die jährlichen Steigerungsraten in den relevanten Branchen im Vergleich zu den Wachstumsprognosen für die anderen Leitmärkte gering. Der **Leitmarkt** Energieeffizienz wird allerdings **von reifen Industrien geprägt** – und für diese sind Wachstumsraten von 5 % pro Jahr durchaus beachtlich: Sie führen bei der Mess-, Steuer- und Regeltechnik und den Elektromotoren bis 2020 zu einer Verdopplung des Marktvolumens. Nicht ganz so stark wächst der Bereich der Haushaltsgeräte, die sogenannte Weiße Ware. Im Bereich der Wärmedämmung wird sich die neu installierte Dämmfläche bis 2020 von 13 auf 26 Mrd. Quadratmeter erhöhen.

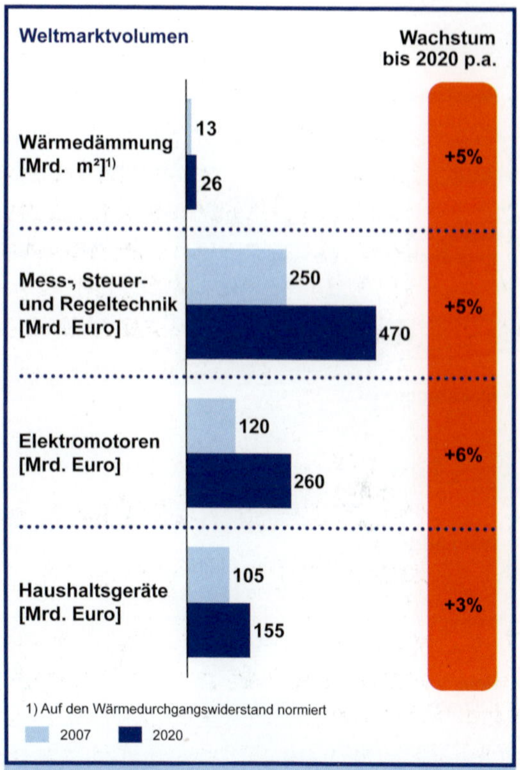

Weltmarktprojektionen in Kernsektoren
Quelle: Roland Berger

Aufgrund der Verschiebung von Investitionsentscheidungen in den USA wurden die Prognosen für das Jahr 2007 aus *GreenTech made in Germany 1.0* knapp unterschritten. **Neue Entwicklungen im Bereich der Gebäuderichtlinien** und die internationale Verbreitung von Zertifizierungen, wie zum Beispiel das vom Green Building Council entwickelte LEED-System (Leadership in Energy and Environmental Design), und die damit verbundene Erhöhung der Dämmwirkung führen jedoch zu gesteigerten Erwartungen bis zum Jahr 2020. Die Prognose hat sich um 4 Mrd. Quadratmeter erhöht.

Der innovative Bereich der solaren Kühlung, dessen Marktvolumen im Jahr 2007 bei nur wenigen Millionen Euro lag, wird mit jährlichen Wachstumsraten von über 50 % im Jahr 2020 ein Marktvolumen von mehreren Milliarden Euro aufweisen.

Deutsche Firmen gehören insbesondere bei der Heiz- und Klimatechnik zu den wichtigsten Produzenten weltweit; ihr Anteil am Weltmarkt liegt bei 15 %. **Im Hochtechnologiebereich** sind sie **Marktführer**, ebenso bei den energieeffizienten Technologien. In den Bereichen Elektromotoren, Wärmedämmung und Weiße Ware wird ein Zehntel des Weltmarktes von deutschen Unternehmen beliefert. Bei der Mess-,

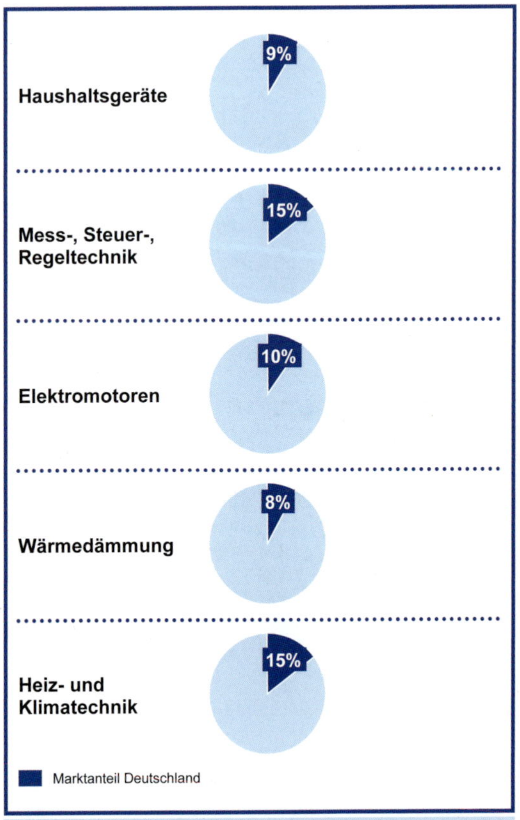

Weltmarktanteile deutscher Unternehmen
Quelle: Roland Berger

Steuer- und Regeltechnik sind es 15 %. Auch hier gilt, insbesondere bei den Elektromotoren, dass die von deutschen Firmen verkauften Produkte im Hochtechnologiesegment angesiedelt sind und somit einen hohen Beitrag zur Energieeffizienz leisten. Höhere Marktanteile für deutsche Firmen bedeuten in diesem Leitmarkt tendenziell auch mehr Energieeinsparung und damit mehr Klimaschutz.

Umsatz und Beschäftigung – Wachstum auf hohem Niveau

Die befragten Unternehmen im Leitmarkt Energieeffizienz sind zum größten Teil kleine Firmen mit einem Jahresumsatz unter 10 Mio. Euro. Diese bieten vor allem Dienstleistungen an, zum Beispiel Energieeffizienzoptimierung für Gebäude, Energieberatung für Unternehmen oder Projektierung und Planung von Passivhäusern. Fast 80 % der mittleren und großen Firmen kommen dagegen aus dem produzierenden Gewerbe – ihr Angebot reicht von der Weißen Ware über die Wärmedämmung bis zur Messtechnik.

Mehr als die Hälfte des in diesem Leitmarkt erzielten Umsatzes erwirtschaften die Hersteller von Weißer Ware sowie von Mess-, Steuer- und Regeltechnik. Die **jährlichen Wachstumsraten** bei den befragten Unternehmen lagen mit durchschnittlich 19 % pro Jahr im Zeitraum 2005 bis 2007 **sehr hoch**. Besonders kleine und mittelgroße Firmen konnten erheblich wachsen.

Umsatzklasse Unternehmen [Mio. Euro]	2005-2007	2008-2010
<10	21% p.a.	24% p.a.
10-50	26% p.a.	23% p.a.
>50	14% p.a.	11% p.a.

Umsatzentwicklung in Deutschland – Vergangenheit und Zukunftsprojektion
Quelle: Roland Berger

Besonders gut haben sich zwischen 2005 und 2007 diejenigen Unternehmen entwickelt, deren Produkte energieeffiziente Verfahren in der Industrie ermöglichen – zum Beispiel Hersteller von Prozesslufttechnik, Strombegrenzern und Wärmetauschern. Ihre Umsätze legten jährlich über 30 % zu.

Die **Erwartungen** für die Entwicklung **bis 2010** fallen ebenfalls **positiv** aus: Im Schnitt wird – wenn sich die Rahmenbedingungen nicht erheblich verschlechtern – mit jährlichen Zuwachsraten knapp über 22 % gerechnet. Wachstumsführer werden auch in den nächsten Jahren die Unternehmen im Bereich energieeffizienter Verfahren in der Industrie sein. Überdurchschnittliche Wachstumsraten erwarten außerdem die Unternehmen der Energiedienstleistungen.

Auch die **Mitarbeiterentwicklung** war im Leitmarkt Energieeffizienz von 2005 bis 2007 **überaus positiv**. Jährlich konnten die Unternehmen die Zahl ihrer Beschäftigten im Schnitt um 15 % erhöhen. Besonders günstig hat sich auf den Arbeitsmarkt ausgewirkt, dass im Gegensatz zur Befragung 2006 nicht nur die großen Unternehmen viele Mitarbeiter eingestellt haben, sondern auch die kleinen Unternehmen mit enormer Geschwindigkeit die Anzahl ihrer Beschäftigten erhöht haben. Im Durchschnitt vergrößerten sich die Belegschaften um 17 % pro Jahr. Die Unternehmen erwarten eine Fortsetzung dieses Trends, sodass die Zahl der Neueinstellungen von 2008 bis 2010 im Schnitt jährlich um 21 % wachsen wird.

Umsatzklasse Unternehmen [Mio. Euro]	2005-2007	2008-2010
<10	17% p.a.	24% p.a.
10-50	12% p.a.	19% p.a.
>50	7% p.a.	7% p.a.

Mitarbeiterentwicklung in Deutschland – Vergangenheit und Zukunftsprojektion

Quelle: Roland Berger

Im Vergleich mit anderen Leitmärkten ist der Anteil von Unternehmen, die Verluste erwirtschaften, im Leitmarkt Energieeffizienz zwar immer noch sehr gering, jedoch ist er gegenüber der letzten Erhebung um zwei Prozentpunkte angestiegen. Ein Viertel der Unternehmen erreicht hingegen Umsatzrenditen von über 10 % – in unserer Untersuchung die höchste Quote profitabler Unternehmen von allen Leitmärkten. Auch bei den Herstellern energieeffizienter Geräte ist

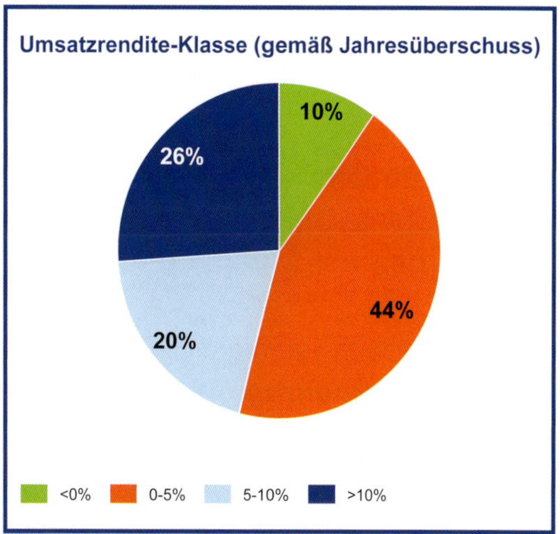

Rentabilität der Unternehmen in Deutschland

Quelle: Roland Berger

der Anteil von Firmen mit Umsatzrenditen von über 10 % besonders groß.

Internationalisierung – Größte Absatzchancen auf industrialisierten Märkten

Im Leitmarkt Energieeffizienz ist knapp ein Drittel der befragten Unternehmen mit ihren Produkten und Dienstleistungen auf internationalen Märkten vertreten. Diese Quote liegt im Vergleich zu den anderen Leitmärkten relativ niedrig. Dies lässt sich darauf zurückführen, dass von den kleinen Beratungsfirmen – die den Großteil der Unternehmen des Leitmarktes Energieeffizienz stellen – 83 % lediglich in Deutschland aktiv sind. Der **Anteil ausschließlich national tätiger Unternehmen stieg** seit der Befragung 2006 nochmals um fast 5 %. Dies ist vor allem dadurch zu erklären, dass kleine Unternehmen generell verstärkt nur den einheimischen Markt in den Mittelpunkt ihrer Aktivitäten gestellt haben. Betrachtet man nur große Unternehmen, so steigt der Anteil international engagierter Firmen auf 75 % an.

Der gesamte Leitmarkt der Energieeffizienz tätigt rund 8,5 % seiner Wertschöpfung im Ausland. Im Umkehrschluss bedeutet dies, dass mehr als 90 % der Wertschöpfung in Deutschland gehoben werden. Damit liegt dieser Leitmarkt auf dem zweiten Platz in der Rangliste aller Märkte.

Die im Ausland stattfindenden Schritte der Wertschöpfungskette werden vor allem in Westeuropa und somit in unmittelbarer Nähe zum deutschen Heimatmarkt getätigt. Haben deutsche Unternehmen Mitarbeiter im Ausland, so sind diese zu über 70 % in westeuropäischen Ländern beschäftigt. Auf den Plätzen dahinter folgen Osteuropa und China. Generell sind zum überwiegenden Teil produzierende Unternehmen mit Mitarbeitern im Ausland vertreten.

Jedoch ist nicht nur an den **steigenden Mitarbeiterzahlen deutscher Unternehmen im Ausland** festzustellen, dass eine internationale Orientierung immer wesentlicher für den Erfolg eines Geschäftsmodells wird. Die Profitabilität der international tätigen Firmen wächst mit zunehmendem Anteil der Wertschöpfung im Ausland. Das heißt, je größer die Wertschöpfung im Ausland, desto größer ist die Profitabilität

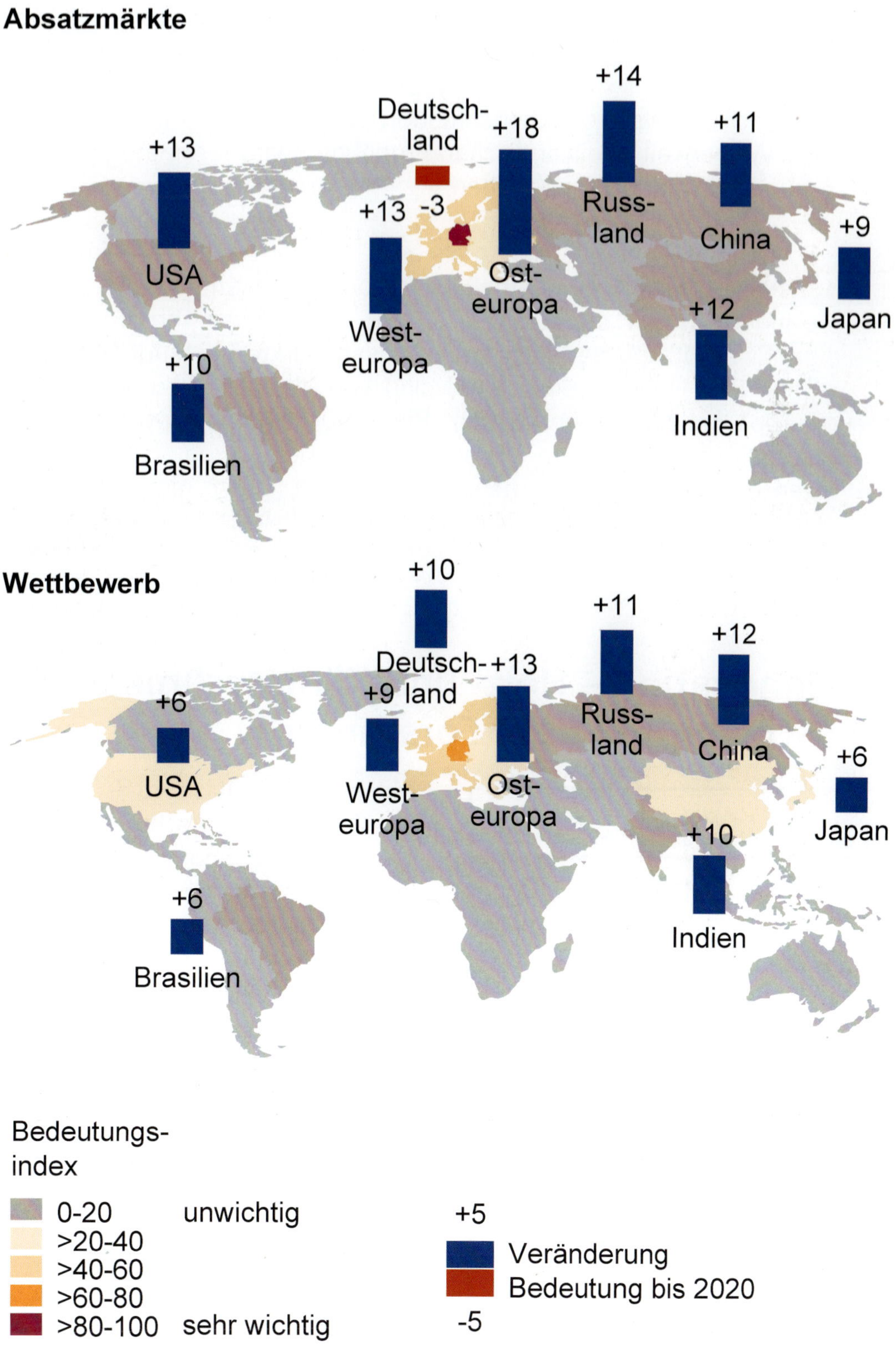

Bedeutung regionaler Absatzmärkte und Wettbewerb 2008 und 2020 für den Leitmarkt Energieeffizienz

eines Unternehmens. Dies könnte sich vor allem für den Produktionsstandort Deutschland zu einer ernst zu nehmenden Gefahr entwickeln. Dennoch sprechen die befragten Unternehmen noch nicht davon, dass Deutschland als Produktionsstandort zukünftig an Attraktivität verliert. Die Wichtigkeit der inländischen Produktion wird für heute und für das Jahr 2010 mit hoch angegeben.

Sowohl auf Produktionsseite als auch auf der Nachfrageseite ist festzustellen, dass **Energieeffizienz** besonders in entwickelten Industrieländern **immer stärker nachgefragt** wird. Diese These wird durch die Einschätzung der wichtigsten Absatzmärkte bestätigt (siehe Karte Seite 91). Neben Deutschland sind vor allem Westeuropa und Osteuropa für die Firmen wichtig. Bis 2020 gewinnen zwar Osteuropa, Nordamerika und Asien am stärksten an Bedeutung. Aus den Aussagen der befragten Unternehmen lässt sich jedoch eindeutig die Tendenz ableiten, sich vom Nachfragemarkt USA abzuwenden und sich mehr auf die osteuropäischen und asiatischen Märkte zu fokussieren.

Innovation – Heiz- und Klimatechnik als Schwerpunkt der Forschung

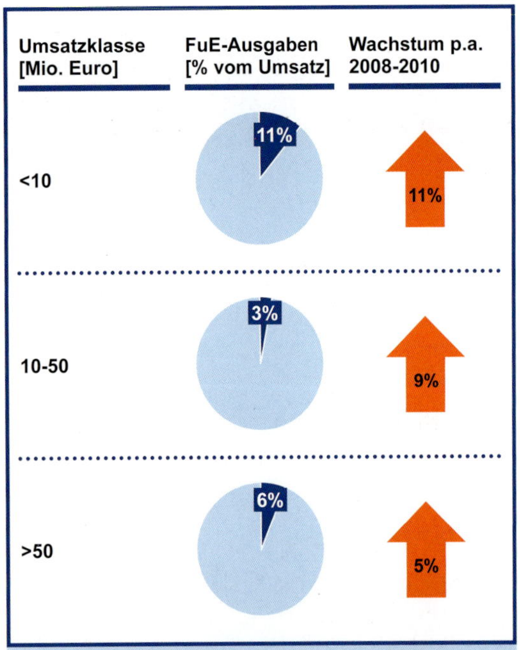

Forschungsausgaben der Unternehmen in Deutschland im Leitmarkt Energieeffizienz
Quelle: Roland Berger

Mit durchschnittlich 10 % entspricht der Anteil der Forschungsausgaben im Leitmarkt Energieeffizienz dem Mittelwert über alle Leitmärkte. Vor allem kleine Unternehmen investieren relativ zum Umsatz wesentlich stärker in Forschung und Entwicklung als große und mittlere Unternehmen.

Im Ganzen betrachtet wollen die Firmen ihre **Forschungsaktivitäten** von 2008 bis 2010 **kontinuierlich steigern**. Im Schnitt sollen die Ausgaben um 8 % jährlich wachsen. Zwar planen immer noch circa 10 % der befragten Unternehmen jährliche Zuwächse im Bereich Forschung und Entwicklung von über 15 %, bei der Befragung 2006 hatten jedoch noch

20 % der Unternehmen die Absicht, ihr Budget für Forschung und Entwicklung um mehr als 15 % aufzustocken. Vor allem Firmen aus den Bereichen Haustechnik sowie Mess-, Steuer- und Regeltechnik sind im Bereich Forschung und Entwicklung sehr aktiv.

Ähnlich wie in der Befragung 2006 ging auch diesmal der größte Teil der Projektförderung an außeruniversitäre Forschungseinrichtungen. Die Unternehmen spielen im staatlich geförderten Forschungsbereich eine geringere Rolle als in anderen Leitmärkten. Die wichtigsten Forschungsschwerpunkte liegen auf neuen Heiz- und Klimatisierungssystemen. Gemessen an der Höhe der für die Projekte aufgewendeten Mittel stand das Thema „Solaroptimiertes Bauen" im Fokus der Forschungsaktivitäten.

Forschung, Kooperation, Cluster – Zusammenarbeit in nationalen Netzwerken

Etwa über die Hälfte der befragten Unternehmen im Leitmarkt Energieeffizienz **engagiert** sich **in Innovationsnetzwerken**. In solchen Netzwerken sind wesentlich mehr produzierende Unternehmen aktiv als Handelsunternehmen. In unserer Stichprobe zeigt sich, dass sowohl über die Hälfte der Beratungs- und Dienstleistungsfirmen als auch der Hersteller in Innovationsnetzwerken engagiert sind. Als Kooperationspartner wurden Hochschulen und Forschungseinrichtungen etwas häufiger genannt als Kunden und Zulieferer. Mit Wettbewerbern wird im Leitmarkt Energieeffizienz dagegen relativ selten kooperiert.

Biotechnologie: Mikroorganismen produzieren Vitamin B2

Das Vitamin B2 wurde bis 1990 in einer komplexen, mehrstufigen chemischen Synthese hergestellt. Schließlich gelang es Forschern und Entwicklern der BASF, stattdessen einen einfachen biologischen Prozess zu etablieren: eine einstufige Fermentation auf der Basis von Sojaöl. Die Effizienz der dabei eingesetzten Mikroorganismen lässt sich durch besondere gentechnische Veränderungen der Bakterien steigern. Solche Fermentationsverfahren weisen große Vorteile gegenüber dem ursprünglichen chemischen Verfahren auf: Die Abfälle gingen um 95 % zurück, die CO_2-Emission sank aufgrund der Energieeinsparungen um 30 %, und der Ressourcenverbrauch reduzierte sich um 60 %. So verringerten sich die Kosten für die Vitamin-B2-Herstellung um insgesamt 40 %.

Im Vergleich der sechs Leitmärkte legen die kooperierenden Firmen im Leitmarkt Energieeffizienz am meisten Wert auf örtliche Nähe. So gibt ein Drittel der Firmen an, dass sie in regionalen Netzwerken agieren. Der größte Anteil entfällt mit 45 % allerdings auf **nationale Kooperationen**. Ein Fünftel der Unternehmen kooperiert schließlich primär in internationalen Netzwerken.

Fast die Hälfte der Netzwerke basiert auf informellen Beziehungen. Diese werden in einem Drittel der Fälle durch die Koordination eines Verbandes unterstützt. Während in anderen Leitmärkten auch Unternehmen selbst die Rolle des Koordinators übernehmen, ist dies im Leitmarkt Energieeffizienz selten der Fall.

Die **Hauptmotive für die Teilnahme an Innovationsnetzwerken** liegen in der Generierung von Marktzugängen und im Informationsaustausch. Mit seinen Ergebnissen zeigen sich die befragten Unternehmen besonders zufrieden.

Auch bei den Unternehmen des Leitmarktes Energieeffizienz setzt sich zunehmend die Erkenntnis durch, dass das Vorhandsein von Clustern und Netzwerken in der Standortregion als **Grundlage eines erfolgreichen Geschäftsmodells** dienen kann. Höher als andere bewerten die befragten Unternehmen dieses Leitmarktes deshalb die Bedeutung der Existenz regionaler Cluster für ihre Standortwahl.

Die Deutschlandkarte (siehe Seite 96) bildet die befragten Firmen und relevante Forschungseinrichtungen im Leitmarkt Energieeffizienz ab. Das höchste Beschäftigungsvolumen liegt hier in Bayern, Hessen und

Nanotechnologie: Energie effizienter nutzen

Die Nanotechnologie kann an verschiedenen Stellen einen Beitrag zur Erhöhung der Energieeffizienz leisten:

- Im Bereich der Wärmedämmung können Nanoschäume und nanostrukturierte Aerogele eingesetzt werden. Bei der Gebäudedämmung werden transluzente Elemente produziert, die eine ausreichende Tageslichtzufuhr bei gleichzeitiger Wärmedämmung ermöglichen.
- Leuchtdioden, organische Leuchtdioden und Quantenpunkte, die mit Nanotechnologie hergestellt werden, erhöhen die Energieeffizienz der Beleuchtung.
- Treibstoffen können Nanopartikel aus Ceroxid beigemengt werden, um dadurch die Energieausbeute zu erhöhen.
- Kohlenstoffnanoröhren-basierte Bildschirme würden deutlich weniger Energie verbrauchen als herkömmliche Modelle. Effektive Produktionsmethoden für die Synthese der Nanoröhren werden noch erforscht.

Nordrhein-Westfalen. In Nordrhein-Westfalen finden sich zudem die meisten großen Firmen. Regionen mit hoher Unternehmensdichte sind das Ruhrgebiet, Mittelfranken rund um die Universität Erlangen-Nürnberg sowie die Großräume München, Stuttgart, Berlin und Hamburg. Wie schon die Befragungsergebnisse verdeutlichen auch die folgenden Beispiele von regionalen und nationalen Forschungskooperationen, dass die regionale Nähe von Unternehmen nicht notwendigerweise ein Indiz für Zusammenarbeit ist. So sind einige Kooperationspartner im ganzen Land verteilt, während andere in unmittelbarer Nachbarschaft voneinander angesiedelt sind.

Die folgenden Beispiele illustrieren die Zusammenarbeit von Wirtschaft und Wissenschaft:

- Mit der **Energieeinsparung bei der Herstellung und Verarbeitung von Glas** hat sich die Kooperation zwischen der Zwiesel Kristallglas AG, dem Steinbeis-Transferzentrum ATEV und dem Lehrstuhl für Technische Thermodynamik und Transportprozesse (LTTT) der Universität Bayreuth befasst. Bei dieser Zusammenarbeit wurden Möglichkeiten entwickelt, die in der Anlage frei werdenden Wärmemengen besser zu nutzen, als dies heute standardmäßig der Fall ist. Als besonders wirksame Option zur Effizienzsteigerung hat sich dabei die Stromerzeugung aus Abwärme erwiesen.
- Das Projekt *LEXU* ist ein Beispiel für eine **nationale Forschungskooperation im Leitmarkt Energieeffizienz**. Im Auftrag des Bundesministeriums für Wirtschaft und Technologie kooperieren die Hochschule für Technik und Wirtschaft des Saarlandes, die Universität des Saarlands und zahlreiche Unternehmen der Heiz- und Fassadenindustrie aus ganz Deutschland (darunter ARTA GmbH & Co. KG, CLINA GmbH, KM Europa Metal AG). Die Kooperationspartner entwickeln bei diesem Vorhaben eine „außen liegende Wandheizung" – eine Alternative zur Sanierung von Altbauten. Normalerweise sind solche Sanierungen mit hohen Kosten und Beeinträchtigungen für die Bewohner verbunden, wenn neue Heizungen eingebaut werden müssen. Durch das System der außen liegenden Wandheizung können Schmutz und Lärmbelästigung reduziert werden, da die Sanierungsmaßnahmen außerhalb des Wohnbereichs stattfinden.
- Ebenfalls auf nationaler Basis kooperieren das Forschungszentrum Jülich und die CentroSolar Glas GmbH & Co. KG. Sie haben eine **Glas-Folien-Kombination entwickelt**, die die bisherige Gewächshausverglasung ersetzen kann. Dabei wird eine teflonartige Folie über hochtransparentes Antireflex-Solarglas gespannt. Der Zwischenraum wird aufgeblasen. Diese Kombination hat nicht nur eine exzellente

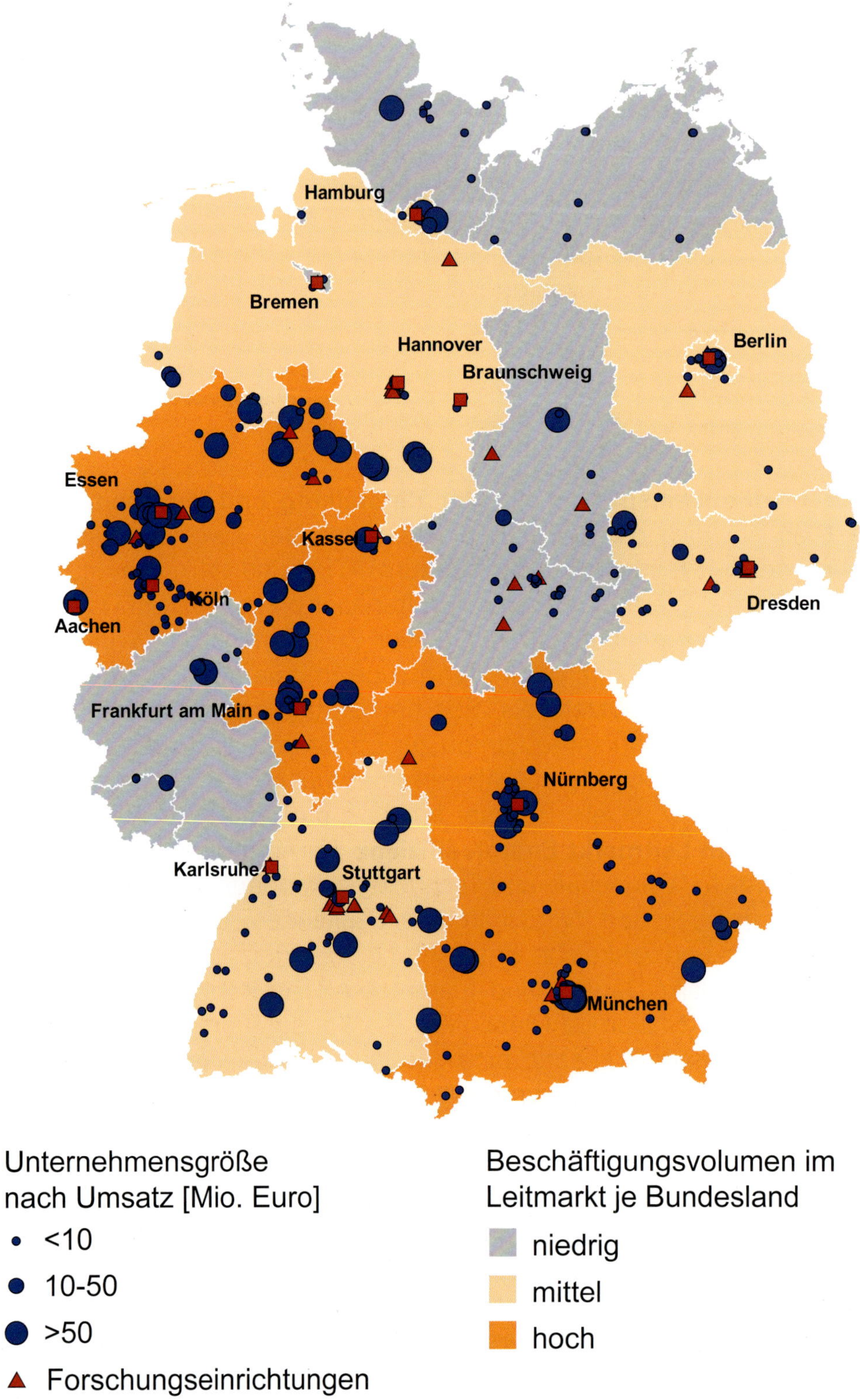

Regionale Verteilung der Firmen und Forschungseinrichtungen im Leitmarkt Energieeffizienz

Dämmwirkung, sondern ermöglicht auch ideale Beleuchtungsverhältnisse: Neben der Halbierung der Heizenergie kann so ein besserer, kräftigerer Pflanzenwuchs und eine intensivere Farbentwicklung bei Pflanzen erreicht werden.

Der Beitrag der Politik – Informieren und Anreize setzen

Die Bundesrepublik Deutschland hat eine **Vorreiterrolle in der internationalen und der europäischen Klimapolitik** übernommen und ihre nationale Klimapolitik seit 1990 kontinuierlich weiterentwickelt. Ein wesentliches Element ist die Steigerung der Energieeffizienz. Sie wurde im Jahr 1993 auch im Rahmen der Klimarahmenkonvention als politisches Handlungsfeld im Umgang mit dem Klimawandel identifiziert.

Die Bundesregierung führt eine Vielzahl von Aktivitäten durch, um das Thema Energieeffizienz im Bewusstsein der Bürger zu verankern. Im Jahr 2000 hat die Bundesregierung die **Deutsche Energie-Agentur (dena)** gegründet. Sie dient als Kompetenzzentrum für Energieeffizienz, das durch gezielte Öffentlichkeitsarbeit die technischen Möglichkeiten und wirtschaftlichen Chancen der Verbesserung der Energieeffizienz in allen Bereichen kommunizieren und über die Förderungsmöglichkeiten informieren soll. 2002 gründete sich hieraus, in Zusammenarbeit mit führenden Unternehmen aus der Energiewirtschaft, die bundesweite Kampagne ***Initiative EnergieEffizienz***.

Sehr erfolgreich ist auch die vom BMU geförderte Kampagne *Klima sucht Schutz* von co2online, die vor allem auf das Internet als preiswertes und schnelles Medium setzt und mit ihren interaktiven Ratgebern eine zielgruppenscharfe Ansprache erreicht.

Zu den Förderungsmöglichkeiten gehört unter anderem das CO_2-Gebäudesanierungsprogramm der KfW-Förderbank, für das die Bundesregierung von 2006 bis 2008 jährlich 1,4 Mrd. Euro bereitstellte. Es setzt Anreize für die umfassende energetische Gebäudesanierung. Darüber hinaus bietet das **Programm *Ökologisch Bauen*** Finanzierungshilfen beim Bau energiesparender Niedrigenergie- oder Passivhäuser.

Für Energiewirtschaft und Industrie wurde mit der Einführung des **Emissionshandels** 2005 zum ersten Mal ein starker Anreiz für Energieeffizienz gesetzt. Durch die Festlegung von Emissionsobergrenzen und die Zuteilung von Zertifikaten haben die Unternehmen die Wahl: Entweder sie investieren in Energieeffizienz oder andere wirksame CO_2-Minderungsmaßnahmen, was ihnen den Verkauf überschüssiger Zertifikate ermöglicht. Oder sie kaufen Zertifikate am Markt zu. So soll sichergestellt werden, dass die Klimaschutzziele mit geringstem volkswirtschaftlichem Aufwand erreicht werden.

In einer **gemeinsamen Erklärung der Bundesregierung und der Mineralölwirtschaft** von 2007 wurden unter anderem die Steuerspreizung zwischen schwefelhaltigem und schwefelarmem Heizöl ab 2009 und die flächendeckende Versorgung mit schwefelarmen Heizöl vereinbart. Dies ermöglicht die Nutzung der gegenüber Niedertemperaturkesseln weitaus energieeffizienteren Öl-Brennwerttechnik ohne Neutralisation des Heizöls.

Aktuelles Beispiel politischer Aktivität ist die im Jahr 2008 von der Bundesregierung gegründete **Klimaschutzinitiative**, die mit bis zu 400 Mio. Euro, die aus dem Verkauf von Emissionshandelszertifikaten stammen, gezielt Förderprogramme und Einzelprojekte unterstützt. Im Fokus steht hier ein **Förderprogramm für Mini-Kraft-Wärme-Kopplungsanlagen**, die durch die stark verbesserte Primärenergieausnutzung etwa 34 % weniger CO_2 erzeugen als bei konventioneller getrennter Bereitstellung von Wärme und Strom. Ziel ist die Energierevolution im Heizungskeller durch Strom erzeugende Heizungen.

Sehr effizient ist auch das **Förderprogramm für gewerbliche Kälteanlagen**. Eine Förderung kann erfolgen, wenn mindestens 35 % Energie eingespart werden.

Auch **einkommensschwache Haushalte** werden nicht vergessen. Durch gezielte Information und **Soforthilfen** wie beispielsweise der kostenlosen Installation von Energiesparlampen, schaltbaren Steckerleisten und Zeitschaltuhren können sie ihren Stromverbrauch deutlich reduzieren.

Eine von der Bundesregierung geförderte **Forschungsinitiative *Energieeffiziente Stadt*** ist im Jahr 2008 gestartet. Sie wird anhand von Beispielen zeigen, wie die Energieeffizienz in Kommunen durch innovative Technologien, Planungs- und Managementmethoden verbessert werden kann.

Rohstoff- und Material-effizienz

Verbrauchen die boomenden Schwellenländer Rohstoffe in Zukunft ähnlich ineffizient wie es in den Industrieländern auch heute noch häufig der Fall ist, wären die ökologischen Folgen verheerend: Bereits in den vergangenen 100 Jahren hat sich der **Weltressourcenverbrauch** – vor allem aufgrund der erhöhten Nachfrage in den Industrienationen – **vervielfacht**. Bei einer ebenso rohstoffintensiven Entwicklung der aufstrebenden Industrienationen wäre der Klimakollaps programmiert. Wir stehen vor einer großen Herausforderung: Wie können Wirtschaft und Wohlstand wachsen, ohne dabei die Lebensgrundlagen der Menschheit zu vernichten?

Zukunft der Rohstoff- und Materialeffizienz – Zwei Hebel für mehr Nachhaltigkeit

Entscheidender Baustein einer nachhaltigen Weltwirtschaft ist der effizientere Umgang mit Ressourcen. Über höhere Rohstoff- und Materialeffizienz lassen sich Kosten senken und die Umwelt entlasten. Gleichzeitig können Betriebe, die auf in der Natur vorhandene und nachwachsende Rohstoffe umsteigen, die Produktqualität erhöhen und dabei die natürlichen Lebensgrundlagen schonen. Die zwei Hebel für mehr Nachhaltigkeit sind also:

- Effizienzsteigerung und längere Haltbarkeit,
- Verwendung von nachwachsenden alternativen Rohstoffen und Nutzung von Naturerzeugnissen.

Hebel 1: Effizienzsteigerung und längere Haltbarkeit

Nach wissenschaftlichen Untersuchungen könnten bis 2016 in Deutschland etwa 20 % der in der Produktion verbrauchten Rohstoffe eingespart werden. Allein in Deutschland würden die Materialkosten für kleine und mittelständische Betriebe zwischen 6,4 und 13 Mrd. Euro pro Jahr sinken. Auf die deutsche Volkswirtschaft hochgerechnet ergibt sich ein **Kostensenkungspotenzial** von 27 Mrd. Euro pro Jahr. Der Schlüssel zum ungehobenen Sparschatz heißt **Effizienz** und **Langlebigkeit**.

Eines der wichtigsten Felder für effizienteren Ressourcenverbrauch ist eine höhere **Materialeffizienz**. Sie misst das Verhältnis zwischen Materialoutput und Materialinput einer Produktionseinheit. Je weniger Material für dieselbe Produktionsmenge benötigt wird, desto höher ist die Materialeffizienz. Der Vergleich zwischen der historischen Verbesserung von Arbeitsproduktivität und Materialeffizienz deutet auf Einsparpotenziale hin. Zwischen 1970 und 2000 hat die Arbeitsproduktivität in Deutschland durchschnittlich um fast 2 % im Jahr zugenommen. Im selben Zeitraum verbesserte sich die Effizienz des Materialeinsatzes aber nur um circa 1 % pro Jahr. Entscheidend für die Verbesserung der Materialeffizienz ist, dass Produkte bereits durch ihr Design materialeffizient gestaltet werden und die Produktionsprozesse im Hinblick auf die Senkung des Materialverbrauchs optimiert werden.

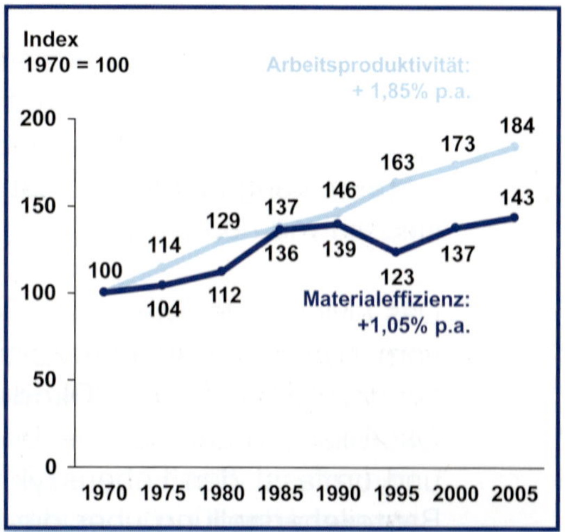

Historische Entwicklung der Material- und Arbeitsproduktivität in Deutschland

Quelle: Statistisches Bundesamt, Wuppertal Institut, Roland Berger

Nachdem bisher bei der Betrachtung von Schadstoffproblemen, Abfallaufkommen und Emissionen eher die nachträgliche Begrenzung negativer Auswirkungen im Vordergrund stand, rückt nun der **vorsorgende produktions- und produktbezogene Umweltschutz** zunehmend in den Vordergrund. Im Sinne der Nachhaltigkeit gilt es, bereits vor der Produktion und dem Gebrauch des Produkts eine systematische Integration von Umweltschutzaspekten in die Produktplanung und -entwicklung zu gewährleisten. Denn bei der Herstellung von Gütern wirken sich die Entscheidungen in einer frühen Phase des Produktlebenszyklus langfristig aus. Nach einer Untersuchung der EU-Kommission lassen sich in der **Designphase** bereits 80 % aller produktbezogenen Umweltbelastungen beeinflussen. Öko-

Bäume zu Autotüren

Der Baum hat Bioniker jahrelang fasziniert. Trotz seiner grazilen Struktur trotzt er Stürmen. Wenn er gesund ist, sind irreparable Schäden selten. Deutschen Wissenschaftlern ist es gelungen, die hohe Belastungstoleranz von Bäumen zu entschlüsseln. Die gewonnen Daten wurden in Computermodellen wie Computer Aided Optimization (CAO), Soft Kill Option (SKO) und Computer Aided Internal Optimization (CAIO) verarbeitet. Vereinfacht dargestellt analysiert die Software einen Designvorschlag. Lasttragende Strukturen werden identifiziert. Anschließend eliminiert das Programm nichttragende Komponenten. Der abschließende Designvorschlag wird dann im Simulator auf seine Beständigkeit getestet. Von der Automobilindustrie bis zur Zahnprothese – die Bionik-Software spart Material und erhöht die Sicherheit. Das Wissen über den Baum ermöglicht es so, neue Industriekomponenten zu entwerfen, die extrem leicht, aber dennoch widerstandsfähig sind – wie zum Beispiel Autotüren.

Stahlbau light spart 40 % Material

In der internationalen Baubranche setzt sich BAMTEC durch – eine clevere Erfindung aus Kempten. BAMTEC spart 40 % des Stahls, der bei gewöhnlicher Bauweise in Bodenplatten und Wänden aus Stahlbeton verbaut werden würde. Bei der klassischen Produktionsweise werden Bewehrungen für Stahlbeton auf der Baustelle schematisch zugeschnitten, ohne eine detaillierte Materialbedarfsanalyse durchzuführen. Kern der neuen Erfindung ist ein Computerprogramm, ein Schweißroboter und eine Matte.

Das computergesteuerte Produktionsprogramm (CAM) berechnet auf der Basis einer Finite-Element-Analyse den statisch erforderlichen Stahlbedarf für die Konstruktion. Der Schweißroboter fertigt die benötigten Stähle, die mit Tragbändern zu einer Stahlmatte zusammengefasst werden. An der Baustelle werden die passgenau geschweißten Stahlmatten vom Kran abgelassen. Jetzt müssen sie nur noch ausgerollt und einbetoniert werden. BAMTEC reduziert so die Arbeitszeit um rund 80 %. In 18 Ländern wird die Erfindung des Ingenieurbüros Häussler Planung GmbH bereits eingesetzt.

Vollgewichts auf die Waage bringt. Durch Innovationen hat Stahl somit in den letzten Jahren erhebliche Entwicklungsschübe hingelegt und kann auch im Leichtbau eingesetzt werden. Künftig wird es vor allem um die Kombinierbarkeit von Stahl mit anderen Materialien, etwa Kunststoffen, gehen, um Gewicht und teuren Rohstoffeinsatz einzusparen und neue Eigenschaften zu entwickeln.

Deutsche Unternehmen sind führend beim Aufspüren von unnötigem Verschleiß. Mit sogenannten **tribologischen Methoden** werden Verluste minimiert, die durch mechanische Reibung, Abrieb und Schmierung entstehen. Schätzungen gehen davon aus, dass industrialisierte Volkswirtschaften etwa 5 % des Bruttosozialproduktes mechanisch verschleißen. Ein konsequenter **Einsatz der Tribologie** könnte allein in Deutschland jährlich rund 5 Mrd. Euro sparen. Ein besonders wirkungsvolles Anwendungsgebiet der Tribologie ist die Automobilindustrie. Optimierte Fertigungsabläufe würden den Bedarf an Kühlmitteln reduzieren. Schätzungen gehen davon aus, dass Schmiermittel rund 20 % der gesamten Metallbearbeitungskosten bei der Kfz-Herstellung ausmachen.

Eine Vielzahl von Instrumenten hilft, Prozesse zu verbessern und dadurch Kosten zu senken und die Umwelt zu schonen. Neben der Flussanalyse zählt dazu auch die **Design-to-Cost- oder Zero-Loss-Methode**. Die Einsparpotenziale reichen von 5–30 % der Herstellungskosten. Insbesondere bei kleinen und mittelständischen Unternehmen fehlen oft Know-how oder Personal, um die Effizienzpotenziale zu realisieren. Dabei lassen sich mit einfachen Mitteln oft signifikante Verbesserungen erzielen. Zum Beispiel beim Elektronik-Hersteller RAWE. Nach einer Flussmanagement-Analyse konnten die Materialdurchlaufzeiten um zwei Tage verringert werden.

Material- und Prozessinnovationen haben in Deutschland bereits zu erheblichen Einsparungen geführt, und die Erfolge lassen sich messen: Laut Statistischem Bundesamt zeigt die Gegenüberstellung des Materialeinsatzes der deutschen Volkswirtschaft 1995 und 2005 trotz steigendem Bruttoinlandsprodukt einen Rückgang um 134 Mio. Tonnen (–3,4 %). Je Einwohner wurden somit im Jahr 2005 rund 46 Tonnen Material für wirtschaftliche Zwecke eingesetzt, 1995 lag dieser Wert noch bei 49 Tonnen. Diese **günstige Entwicklung der Rohstoffproduktivität** in Deutschland ist auch auf den Strukturwandel hin zu weniger rohstoffintensiven Branchen zurückzuführen. Im Vergleich mit den neuen EU-Mitgliedsstaaten setzen deutsche Unternehmen das Rohmaterial allerdings fünfmal effizienter ein.

Hebel 2: Verwendung von nachwachsenden alternativen Rohstoffen und Nutzung von Naturerzeugnissen

Die deutsche Industrie greift, unterstützt durch die Politik, zunehmend auf in der Natur vorhandene und nachwachsende Rohstoffe zurück. So stieg der **Einsatz biotischer Materialien** in der deutschen Volkswirtschaft zwischen 1995 und 2005 um 48 Mio. Tonnen. Die Fachagentur Nachwachsende Rohstoffe gibt an, dass in der chemischen Industrie bereits mehr als 10 % aller Rohstoffe „NAWARO" (nachwachsende Rohstoffe) sind, das entspricht 2,7 Mio. Tonnen im Jahr 2005. Zwischen 1993 und 2008 hat sich die Anbaufläche von NAWARO in Deutschland fast versiebenfacht (von 0,3 Mio. auf 2 Mio. Hektar), stabilisierte sich in letzter Zeit aber aufgrund der sprunghaft gestiegenen Preise im Nahrungsmittelsektor auf hohem Niveau. Knapp 17 % der deutschen Ackerfläche nutzen die Landwirte derzeit zur Erzeugung von Energie- und Rohstoffpflanzen. **NAWARO** können grundsätzlich in allen Branchen verwendet werden. Neben dem klassischen Einsatz beim Hausbau oder als umweltfreundliche Dämmstoffe werden NAWARO auch als Lacke, Kosmetika, Fette, Verpackungsprodukte, Schmierstoffe, Textilien, Biokunststoffe und Biokraftstoffe verarbeitet. Etwa 25 % der nachwachsenden Rohstoffe werden in Deutschland stofflich verwertet – die meisten gehen jedoch in die Stromerzeugung (siehe Kapitel Umweltfreundliche Energien und Energiespeicherung).

Aus ökologischer und ökonomischer Sicht sind nachhaltig gewonnene NAWARO anderen Rohstoffen überlegen. In ihrer Wachstumsphase binden die Pflanzen das Treibhausgas Kohlendioxid durch Photosynthese. Gleichzeitig schafft ihre Kultivierung Arbeitsplätze: Allein in Deutschland sind schätzungsweise 230.000 Menschen in der Herstellung beschäftigt. Bei Ernte und Verarbeitung fallen keine nennenswerten Umweltbelastungen an. Produkte aus NAWARO lassen sich problemlos entsorgen: Sie können verbrannt werden und geben dabei das in der Wachstumsphase gebundene CO_2 an die Atmosphäre zurück. Alternativ werden sie in einen Recycling-Kreislauf eingebracht und stofflich wiederverwertet. Viele Biokunststoffe und andere Produkte aus NAWARO sind zudem kompostierbar.

Zu berücksichtigen sind jedoch die benötigten Agrarflächen bei der **Erzeugung von Biomasse**. Mit Blick auf die weltweite Klima- und Ökobilanz ist es sinnlos, wenn die zunehmende Nutzung nachwachsender Rohstoffe in den Industrienationen auf Kosten der Umwelt in Schwellen- und Entwicklungsländern geht. Hierunter fällt zum Beispiel die Rodung von Urwaldflächen in Südamerika und Südostasien, um Zuckerrohr oder Ölpalmen zur Produktion von Biokraftstoffen bzw. Biorohstoffen für den Export anzubauen. Zudem lenkte die Diskussion um drastisch gestiegene Nahrungsmittelpreise im Jahr 2008 die öffentliche Wahrnehmung auf **Flächen- und Nutzungskonkurrenzen** zwischen Nahrungsmittelproduktion, Bioenergie- und stofflicher Erzeugung.

Bei den **Biokraftstoffen**, deren weltweite Bedeutung rasch steigt, zeichnen sich hierzu erste Lösungswege ab. In Deutschland entfielen im Jahr 2007 von den insgesamt produzierten 4,4 Mio. Tonnen Biokraftstoffen gut 72 % auf Biodiesel, 10,5 % auf Bioethanol und 17 % auf Pflanzenöl. Damit ist Deutschland derzeit weltweit größter Nachfrager von Biodiesel – mit einem Biokraftstoffanteil am gesamten Kraftstoffverbrauch von 7 %. Die deutsche Anlagenkapazität zur Herstellung von Biodiesel ist seit dem Jahr 2000 auf mehr als das Zwanzigfache gestiegen.

Die technologisch ausgereifte **Herstellung von Biodiesel und Bioethanol** der ersten Generation konzentriert sich jedoch auf Fette, Pflanzenöle, Zucker und Stärke aus Raps, Soja- und Palmöl, Mais oder Zuckerrohr und steht dadurch teilweise in Konkurrenz zur Nahrungsmittelproduktion. Zudem können nicht alle Pflanzenteile zur Kraftstoffherstellung genutzt werden. Nach Angaben der UN-Organisation für Ernährung und Landwirtschaft (FAO) decken Biokraftstoffe derzeit 1–2 % des globalen Treibstoffbedarfs; dafür wurden 2007 aber 23 % der Getreideproduktion in den USA und 54 % des Zuckerrohrs in Brasilien verwendet. Die Biomasseproduktion stößt somit bereits an Grenzen.

Biokraftstoffe der zweiten Generation, bei deren Entwicklung deutsche Unternehmen führend sind, bieten bessere Voraussetzungen für mehr Umweltschutz und Versorgungssicherheit: Für deren Produktion ist eine sehr viel breitere Rohstoffpalette (zum Beispiel Restholz oder Stroh) geeignet, die nicht zwingend mit der Nahrungsmittelproduktion konkurriert. Zudem ist der Energieertrag pro Fläche mehr als doppelt so hoch und die CO_2-Bilanz wesentlich besser. Nur über **Biokraftstoffe der zweiten Generation** ist somit langfristig eine deutliche Steigerung der Biokraftstoffproduktion möglich. Letztere sind zurzeit noch mit hohen Investitions- und Produktionskosten verbunden, haben jedoch für die nächsten fünf bis zehn Jahre ein großes ökonomisches Potenzial.

Im April 2008 hat die Bundeskanzlerin die gerade fertig gestellte weltweit erste kommerzielle **Produktionsanlage** zur **Herstellung von synthetischen Biokraftstoffen der zweiten Generation** in Freiberg (Sachsen) besucht. Als Ausgangsmaterial werden ausschließlich schnell wachsende Hölzer eingesetzt. Das Anfahren der Pilotanlage von Choren Industries nimmt dabei mehrere Monate in Anspruch. Ihre Jahreskapazität beträgt 18 Mio. Liter Biokraftstoff aus fester Biomasse bzw. BTL (Biomass-to-Liquid), was dem Jahresbedarf von ungefähr

Das Beste zweier Welten: Lignin kombiniert die Vorteile von Holz und Kunststoff

Kunststoff hat den Vorteil, unterschiedliche Formen annehmen zu können. Holz hat den Vorteil, dass es sich um ein Naturprodukt handelt. Die Tecnaro GmbH aus Ilsfeld (Baden-Württemberg) hat die Vorteile von Holz mit den Vorteilen von Kunststoff kombiniert. Das Ergebnis ist der neuartige Werkstoff Arboform®. Das flüssige Holz besteht aus dem nachwachsenden Rohstoff Lignin, wovon rund 50 Mio. Tonnen pro Jahr als Abfallprodukt bei der Papierherstellung anfallen, das bisher verbrannt wurde. Gemischt mit Naturfasern wie Flachs, Hanf oder anderen Faserpflanzen entsteht ein Verbundwerkstoff, der auf herkömmlichen Kunststoffverarbeitungsmaschinen zu Formteilen gegossen werden kann. Dies ermöglicht Designern, Holzprodukte in modischen Geometrien anzubieten oder bietet Alternativen zur Verwendung von Tropenhölzern. Die verarbeitende Kunststoffindustrie kann Arboform® zum Beispiel für Computer-, Fernseh- oder Handygehäuse verwenden, die sich problemlos recyceln bzw. kompostieren lassen.

Derzeit entwickeln sieben Partner aus Industrie und Forschung den Biokunststoff weiter. Der neue Werkstoff ARBOCAR könnte den Materialeinsatz in Autos revolutionieren und Kunststoffe an vielen Stellen in Fahrzeugen ersetzen. Dabei sind die meisten Eigenschaften solcher Lignincompounds denen von Holz oder Kunststoff überlegen: Sie sind etwa 20 % Prozent leichter als Glasfaserstoffe und könnten so den Kraftstoffverbrauch senken. Durch biotechnologische Verfahren sollen die Werkstoffeigenschaften des „flüssigen Holzes" nun weiter verbessert und Produktionskosten gesenkt werden.

15.000 Pkw entspricht. Das Unternehmen kooperiert eng mit Shell, Volkswagen und Daimler, die als Gesellschafter und strategische Partner die weitere Entwicklung des Biokraftstoffherstellers begleiten. Choren beabsichtigt, in Zukunft mit einer Produktion von 1 Mio. Tonnen pro Jahr einen erheblichen Marktanteil bei den erneuerbaren synthetischen Biokraftstoffen zu gewinnen. Dazu sollen in Deutschland in den nächsten Jahren fünf industrielle Großanlagen mit jeweils einer Jahresproduktion von 200.000 Tonnen folgen.

Faserstoffe wie beispielsweise Flachs und Hanf verbessern nicht nur die Trageeigenschaften von herkömmlichen Textilien – sie können auch zu **Geotextilien,** die im Tief-, Wasser- und Verkehrswegebau zum Einsatz kommen und dort Bewehrungsfunktionen erfüllen, weiterverarbeitet werden.

Hanfmatten werden zudem als natürliches Isoliermaterial im Hausbau eingesetzt. Auch deutsche Automarken nutzen die reißfesten, leichten und problemlos zu verarbeitenden Naturfasern. Zurzeit stecken davon in jedem Pkw etwa 3,6 Kilogramm. In der Mercedes A-Klasse halten Fasern der Abaca-Pflanze, einer Faserbanane aus den Philippinen, einzelne Bauteile zusammen. In der Verarbeitung spart der Rohstoff 60 % der Energiekosten – und überzeugt durch seine hohe Widerstandskraft. Insgesamt wurden im Jahr 2003 in Deutschland 88.000 Tonnen Fasern aus nachwachsenden Rohstoffen verarbeitet. Seit 1996 ist der Einsatz jährlich zwischen 10 und 20 % gestiegen.

Ein wichtiges Innovationsfeld im Leitmarkt Material- und Rohstoffeffizienz ist die Herstellung von **Biokunststoff**. Auch hier werden Konkurrenzen bei der Verwendung nachwachsender Rohstoffe diskutiert. Allerdings zeichnen sich analog zu den Überlegungen bei Biokraftstoffen erste Lösungen wie die Nutzung von Stroh, Grünschnitt, Abfällen oder Klärschlamm zur Biokunststoffproduktion ab. Der Begriff „Bio" bezieht sich dabei auf zwei Aspekte: einerseits auf die Gewinnung von Kunststoffen aus natürlichen Rohstoffen wie derzeit Zucker, Stärke, Mais, Weizen oder Kartoffeln, andererseits aber auch auf deren biologische Abbaubarkeit. Nicht alle, aber die Mehrzahl der Kunststoffe aus NAWARO sind kompostierbar. Dadurch haben sie einen entscheidenden Vorteil gegenüber klassischem Plastik, das sich in Ozeanen und Landschaft ansammelt und eine Lebensdauer von über 400 Jahren aufweist. Zudem bieten Biokunststoffe die Möglichkeit, durch den **Einsatz neuer Fermentationsverfahren** und Katalysatoren bei der Herstellung erheblich Ressourcen und Energie einzusparen. Etwa 4 % des europäischen Rohölverbrauchs werden für die Produktion von Kunststoffen verwendet. Das Substitutionspotenzial durch die weitgehend CO_2-neutralen Biokunststoffe ist daher enorm, auch wenn ein vollständiger Ersatz von petrochemischen Kunststoffen aus ökonomischen, ökologischen und technischen Gründen nicht realistisch ist.

Grundsätzlich haben bestehende Folien, Flaschen und Taschen aus Biokunststoff immer häufiger dieselbe Qualität bzw. Eigenschaften wie ihre Verwandten, die aus petrochemischen Stoffen gewonnen werden. Man unterscheidet zwischen duroplastischen (harten), thermoplastischen (weich bei Erhitzung) und elastoplastischen (immer weichen) Kunststoffen. Auch naturfaserverstärkte Kunststoffe sind bereits genauso stabil wie glasfaserverstärktes Plastik – und haben sich im Praxistest bewährt.

Das **Marktpotenzial für Biokunststoffe** hängt stark vom Verhältnis des Rohölpreises zu dem nachwachsender Rohstoffe ab. Bei den hohen Ölpreisen im ersten Halbjahr 2008 waren die ersten Biokunststoffe bereits konkurrenzfähig. Während in Brasilien seit längerem Polyethylen und Polypropylen aus (allerdings oft in Monokulturen angebautem) Zuckerrohr hergestellt werden, gehört Europa und speziell Deutschland heute aufgrund positiver politischer Rahmenbedingungen zu den weltweit stärksten Standorten der Biokunststoffindustrie.

Neues Verfahren zur Weiterverarbeitung von biologisch abbaubaren Kunststoffen

In Zusammenarbeit mit dem Süddeutschen Kunststoffzentrum hat die Bauer Kunststofftechnik GmbH aus Talheim in Baden-Württemberg ein neues Verfahren zur Weiterverarbeitung von biologisch abbaubaren Kunststoffen entwickelt. Solche Kunststoffe werden vorwiegend für die Herstellung von Verpackungen und kurzlebigen Gebrauchsgütern eingesetzt. Dagegen liegen bislang kaum Erfahrungen vor, ob und wie aus diesen biologisch abbaubaren Kunststoffen große, dickwandige Teile im sogenannten Tiefziehverfahren hergestellt werden können. Im Rahmen des Forschungsprojekts ist es in Kooperation mit den Materialherstellern BIOTEC und TECNARO gelungen, einen entsprechenden Biokunststoff zu entwickeln. Als erste Anwendung wurde ein hochwertiger biologisch abbaubarer Sarg produziert. Hierfür wird das von der Firma TECNARO entwickelte Naturstoffcompound ARBOBLEND verwendet. Das gesamte Projekt wurde mit 120.000 Euro aus dem Programm PRO INNO II unterstützt, das vom Bundesministerium für Wirtschaft und Technologie zur Erhöhung der Innovationskompetenz und Wettbewerbsfähigkeit mittelständischer Unternehmen aufgelegt wurde.

Anfang des Jahres 2008 hat die **BASF** den Bau einer neuen Produktionsanlage in Ludwigshafen gemeldet. Dort soll ab 2010 die Produktion des Biokunststoffs Ecoflex mit einer Jahreskapazität von 60.000

Tonnen starten. Durch diesen Schritt wird die Kapazität für Ecoflex von derzeit 14.000 auf 74.000 Tonnen pro Jahr erhöht. **Die Pyramid Bioplastics Guben GmbH** wird in Brandenburg die erste deutsche Produktionsstätte für die Herstellung von Biokunststoff der Sorte Polymilchsäure (PLA) mit einer Kapazität von 60.000 Jahrestonnen errichten. Die Anlage wird in der zweiten Hälfte des Jahres 2009 den Betrieb aufnehmen. In Zusammenarbeit mit dem **Fraunhofer-Institut für angewandte Polymerforschung** in Golm will Pyramid Bioplastics außerdem neue Biokunststoff-Anwendungen erforschen.

Für die Arznei- und Pharmaindustrie sind Rohstoffe aus der Natur besonders wichtig. 30 % der frei verkäuflichen Medikamente sind pflanzlichen Ursprungs. Zudem steigt der Anteil von Arzneimitteln, die auf biotechnologischer Basis – und somit häufig ressourcenschonender – hergestellt werden. Inzwischen machen **Biopharmazeutika** mit einem Umsatz von über 4 Mrd. Euro 15 % des gesamten Pharmamarktes in Deutschland aus. Damit stieg der Absatz gegenüber 2006 um 28 %. Die Liste der entsprechenden Wirkstoffkandidaten in der klinischen Entwicklung ist 2007 um weitere 10 % gestiegen.

Auch die **Bio- oder Naturkosmetikbranche**, die sich auf Heil- und Natursubstanzen konzentriert, wächst um 20 % jährlich und hiermit deutlich stärker als die gesamte Kosmetikbranche. Durch die Etablierung von nordamerikanischen und europäischen Standards soll eine stärkere Abgrenzung von klassischen Kosmetikprodukten erreicht werden. Deutschlands führende Naturkosmetik-Unternehmen sind durch stetige Weiterentwicklung der Produktpalette und Bestnoten bei Warentests auf dem internationalen Parkett hervorragend vertreten. Internationaler Exporthit aus Schwaben ist die Kosmetikmarke Dr. Hauschka. Stars wie Madonna, Jennifer Aniston oder Julia Roberts schwören auf die Öko-Cremes „made in Germany".

Ausgesprochen vielfältig sind die Einsatzmöglichkeiten von **NAWARO in der chemischen Industrie**. Etwa 10 % der eingesetzten Rohstoffe sind nachwachsend, darunter Öle, Fette, Stärke, Zellulose und Zucker. Die deutsche Chemieindustrie nutzt jedes Jahr 800.000 Tonnen pflanzliche Öle und weitere 350.000 Tonnen tierische Fette. Bereits 50 % der verarbeiteten Tenside (zum Beispiel für Wasch- und Reinigungsmittel) bestehen aus „oleochemischen Rohstoffen" – also Rohstoffen auf Naturbasis. Pflanzen können auch zu Naturfarben verarbeitet werden. Die Farbe Blau lässt sich aus Färberwald und Färberknöterich gewinnen. Die Krapp-Wurzel liefert Rot, Färberginster oder Färberscharte Gelb.

Vor allem aber die weiße oder **industrielle Biotechnologie** entwickelt sich aufgrund von Durchbrüchen in der molekularbiologischen Forschung rasant und bietet große Chancen für die chemische Industrie. Die Standardisierung der biotechnologischen Produktionsprozesse ist enorm fortgeschritten – auch die Entwicklung und Optimierung von Produktionsorganismen (Molekulargenetik) wird zunehmen. Mit Enzymen aus Pilzen oder Mikroorganismen können Verfahren effizienter und umweltschonender gestaltet und neue Produkte entwickelt werden. Denn Enzyme und Zellen arbeiten weit unter den klassischen chemischen Reaktionstemperaturen sowie bei Atmosphärendruck und sparen dadurch viel Energie. Zudem lassen sich Abfallprodukte oft einfacher entsorgen.

Bei der BASF führte die Umstellung auf einen **Produktionsprozess der weißen Biotechnologie** bei der Herstellung von Vitamin B2 (Riboflavin) zu einer Reduktion der Produktionskosten um 40 %, einer Verminderung des Ressourceneinsatzes um 60 %, einem Abschmelzen des Abfallvolumens um 95 % und einer CO_2-Reduktion um 30 %. Weltweit konnte die Produktionsmethode zum beherrschenden Verfahren aufsteigen. Die BASF stellt Vitamin B2 inzwischen ausschließlich durch Fermentation her. Der Chemieriese generierte 2006 mit Produkten der weißen Biotechnologie einen Umsatz von 300 Mio. Euro und investierte im Zeitraum 2006 bis 2008 160 Mio. Euro in dieses Wachstumsfeld. Dabei geht es vor allem um die Forschung an Enzymen, Aminosäuren und Vitaminen.

Durch **biotechnologische Prozesse** lassen sich auch nachwachsende Rohstoffe besser verarbeiten, zum Beispiel bei der Herstellung von Lacken, Klebe-, Dämm- oder Schmierstoffen. In Deutschland werden heute etwa 5 % der chemischen Produkte mit Hilfe von rund 100 verschiedenen Bakterienarten erzeugt. Mit einem Fermentervolumen von insgesamt 830.000 Litern haben deutsche Unternehmen nach den USA die weltweit größten Produktionskapazitäten auf diesem Gebiet installiert. Deutschland rangiert bei der weißen Biotechnologie neben den USA traditionell auf den vordersten Plätzen und ist in Europa klar die Nummer eins. Seine **starke Position in der biotechnologischen Grundlagenforschung** sowie in der Verfahrens-und Prozesstechnik eröffnet Chancen für eine erfolgreiche Kommerzialisierung. Die enge Zusammenarbeit von Großunternehmen, kleinen und mittleren Betrieben, Startup-Firmen sowie den zahlreichen Forschungseinrichtungen bildet eine gute Basis für Forschung und Entwicklung. In Zukunft wird sich die Herstellung komplexer chemischer Verbindungen wie Proteine und Aminosäuren zunehmend auf biotechnologische Verfahren konzentrieren, während einfache chemische Moleküle und Grundstoffe weiterhin durch chemische Prozesse hergestellt werden. In der Feinchemie erwartet man für 2015 bereits einen Anteil der weißen Biotechnologie an der Chemieproduktion in Europa von 50 %.

Marktchancen – Große Potenziale für den Leitmarkt Rohstoff- und Materialeffizienz

Im Jahr 2007 konnten Unternehmen mit Technologien der Rohstoff- und Materialeffizienz weltweit knapp 95 Mrd. Euro Umsatz erzielen. Vor allem die zunehmende Bedeutung der **Biotechnologie** für den Leitmarkt lassen den Markt damit größer ausfallen als noch 2006 erwartet. Nach der Einschätzung von Experten wird der globale Umsatz im Leitmarkt Rohstoff- und Materialeffizienz bis zum Jahr 2020 auf circa 335 Mrd. Euro anwachsen.

Innovative Umwelttechnologien im Bereich Rohstoffeffizienz werden sich bis 2020 dynamisch entwickeln. Dies gilt auch für die **Biokraftstoffe**. Geht man davon aus, dass bei beibehaltener politischer Förderung die Kraftstoffe der zweiten Generation künftig ein breites Spektrum an Biomasse nutzen können und sich somit Konkurrenzen zu Landschaftsschutz, Nahrungsmittel- oder Biokunststoffproduktion verringern lassen, fallen die prognostizierten Absatzvolumina sogar höher aus als noch 2006 erwartet. Die **Biodieselproduktion** wächst zweistellig, die Bioethanolproduktion um 7 % pro Jahr. Waren es 2007 noch rund 60 Mrd. Liter, so werden 2020 weltweit bis zu 160 Mrd. Liter Biokraftstoff die Tanks von Verkehrsmitteln füllen (siehe Abbildung Seite 115). Deutschland ist derzeit größter Nachfrager von Biodiesel; gleichzeitig stellen deutsche Unternehmen knapp die Hälfte der globalen Produktion bereit. Auch bei der Entwicklung von Biokraftstoffen der zweiten Generation gehören deutsche Firmen zur Weltspitze. Der Weltmarktanteil deutscher Firmen ist

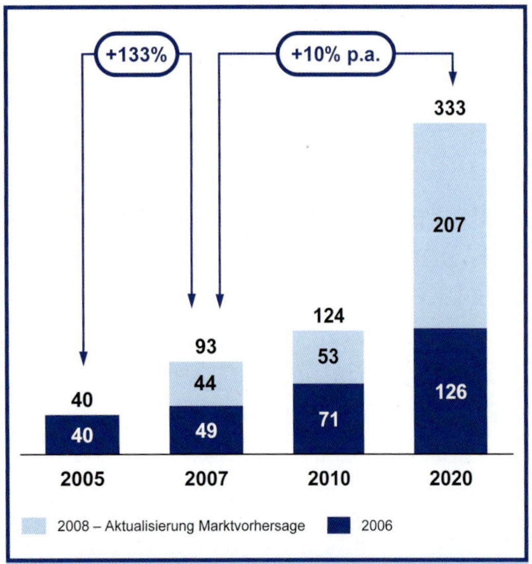

Überblick über den Leitmarkt Rohstoff- und Materialeffizienz mit einem Vergleich zu den Einschätzungen von 2006 [Mrd. Euro]
Quelle: Roland Berger

im Bereich Biodiesel mit über 40 % schon heute ausgesprochen hoch (siehe Abbildung unten).

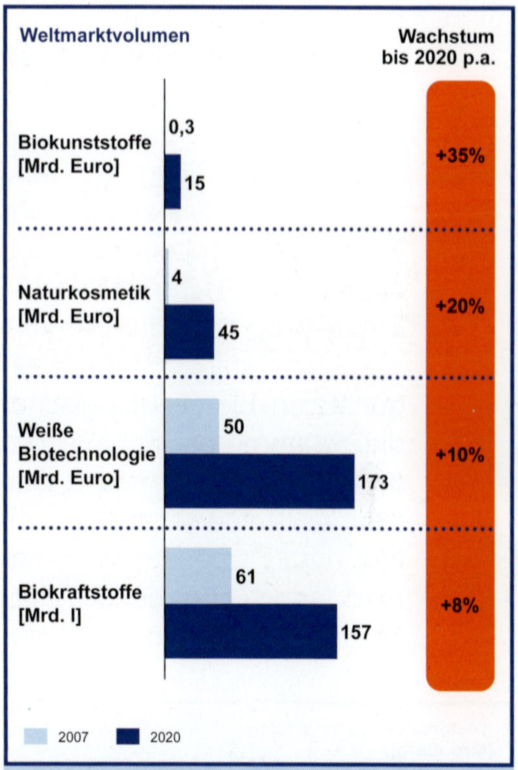

Weltmarktprojektionen in Kernsektoren
Quelle: Roland Berger

Biokunststoffe gehören gegenwärtig zu den Exoten unter den Kunststoffen. Ihr Anteil am Kunststoffmarkt beträgt noch weniger als 1 %. Das Weltmarktvolumen im Jahr 2008 wird auf mindestens 350 Mio. Euro geschätzt. Auch die weltweite Produktionskapazität – rund 260.000 Tonnen pro Jahr – ist noch gering. Die Nachfrage nach Biokunststoffen wird jedoch um bis zu 35 % pro Jahr steigen, da von einem hohen Rohölpreis auszugehen ist und Kunststoffe aus NAWARO auch mit Blick auf ihr kostengünstiges Recycling zunehmend konkurrenzfähig werden. Damit erhöht sich der Branchenumsatz bis 2020 auf 15 Mrd. Euro. Deutschland gehört aufgrund positiver politischer Rahmenbedingungen zu den weltweit stärksten Standorten der Biokunststoffindustrie. Neben kleinen und mittleren Unternehmen erkennen auch zunehmend Automobil- und Chemieindustrie die Chancen des Biokunststoffmarktes.

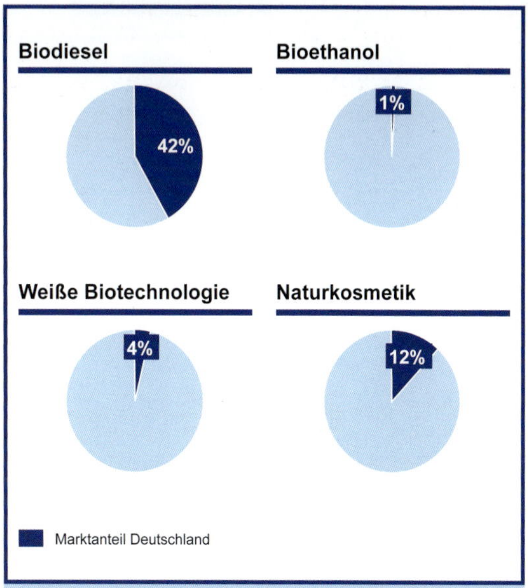

Weltmarktanteile deutscher Unternehmen
Quelle: Roland Berger

Arzneimittel und Kosmetika natürlichen Ursprungs bieten in Zukunft große Chancen. Die **Naturkosmetikbranche** wächst robust mit 20 % pro Jahr – und somit deutlich stärker als die Kosmetikbranche insgesamt. Während der Markt für Naturkosmetik 2007 bei rund 4 Mrd. Euro lag, könnte sich der Umsatz bis 2020 mehr als verzehnfachen. Neben einem zunehmenden Bewusstsein für Biokosmetik in Europa und Nordamerika werden hierzu auch die neuen Mittel- und Oberschichten in den boomenden Schwellenländern beitragen. Deutschlands Unternehmen sind mit Blick auf Qualität und Marken hervorragend aufgestellt und werden so vom globalen Anstieg der Nachfrage profitieren.

Noch vor den Biokraftstoffen ist die **industrielle Biotechnologie** mit einem globalen Markt von mindestens 50 Mrd. Euro die umsatzstärkste Technologie im Leitmarkt Rohstoff- und Materialeffizienz. Die weltweit gestiegene Nachfrage nach Energie und Rohstoffen, eine einfachere Entsorgung der Abfallprodukte sowie Innovationsmöglichkeiten führen zu einem starken Interesse an ressourcenschonenden und kostengünstigen biotechnologischen Produktionsverfahren. Vor allem durch die zunehmende Substitution chemischer Industrie- und Produktionsprozesse wird der Markt jährlich um 10 % auf über 170 Mrd. Euro im Jahr 2020 anwachsen. Deutschland befindet sich mit Blick auf Know-how und Prozesstechnik hier traditionell auf den vordersten Plätzen, kann jedoch auch bei der Übersetzung dieser Potenziale in Umsatz und Weltmarktanteile noch deutlich zulegen.

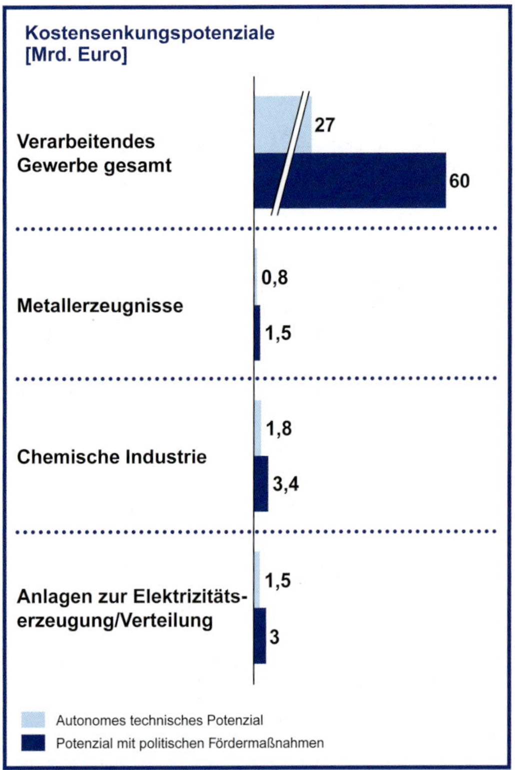

Kostensenkungspotenziale pro Jahr ab 2012

Quelle: Fraunhofer-Institut für System- und Innovationsforschung, Wuppertal Institut

Aber nicht nur die Marktpotenziale im Bereich der Rohstoffeffizienz sind beachtlich – auch die **Effekte der möglichen Materialeinsparungen** sind **enorm**. Die Experten des Fraunhofer-Instituts für System- und Innovationsforschung schätzen das technische Einsparpotenzial in der deutschen Industrie auf 27 Mrd. Euro pro Jahr. Mit zusätzlichen, politisch induzierten Anreizen für einen nachhaltigen Ressourcenverbrauch könnten die Materialkosten für die deutsche Wirtschaft sogar um bis zu 60 Mrd. Euro pro Jahr sinken. Besonders große Einsparpotenziale ließen sich in der Metallbranche, der Chemieindustrie und beim Anlagenbau zur Elektrizitätserzeugung realisieren.

Umsatz und Beschäftigung – Zweistellige Wachstumsraten sind möglich

Die Struktur des Leitmarktes Rohstoff- und Materialeffizienz wird von vielen kleinen Dienstleistungsunternehmen geprägt. Sie bieten vor allem technische und organisatorische Lösungen zur Erhöhung der Ressourceneffizienz an. Die kleinen Dienstleister erzielen mit ihren Services große Effekte – bis zu 20 % der Produktionskosten lassen sich allein durch Prozessverbesserung einsparen.

Umsatzklasse Unternehmen [Mio. Euro]	2005-2007	2008-2010
<10	23% p.a.	27% p.a.
10-50	12% p.a.	10% p.a.
>50	5% p.a.	8% p.a.

Umsatzentwicklung in Deutschland – Vergangenheit und Zukunftsprojektion

Quelle: Roland Berger

Die Zufriedenheit der Kunden zeigt sich an den Unternehmenszahlen der Auftragnehmer: Überdurchschnittlich viele kleine Betriebe erwirtschaften zweistellige Umsatzsteigerungen. Insgesamt erzielten circa 40 % der Unternehmen in den Jahren 2006 und 2007 ein zweistelliges Umsatzwachstum. Damit erhöhte sich der Anteil der schnell wachsenden Unternehmen im Vergleich zu 2006 um 7 %. Der Markt hat also noch an Dynamik gewonnen. Ausgesprochen erfolgreich waren Unternehmen, die Waren oder Güter herstellen. Ihr Umsatz stieg im Durchschnitt um mehr als ein Viertel pro Jahr. Besonders gut verkauften sich Werkstoffe auf Basis nachwachsender Rohstoffe, innovative Lacke und Klebstoffe sowie Hightech-Messgeräte.

Für den Zeitraum von 2008 bis 2010 erwarten kleine und mittlere Unternehmen ein weiteres Wachstum. Insbesondere Handelsunternehmen blicken positiv in die Zukunft. Insgesamt erwarten die befragten Unternehmen – wenn sich die Rahmenbedingungen nicht erheblich verschlechtern – bis 2010 ein Umsatzplus von knapp 24 % pro Jahr und damit eine Fortsetzung des rasanten Wachstums der letzten Jahre. Eine der tragenden Säulen der guten Geschäftsprognosen ist das gestiegene Umweltbewusstsein. In Deutschland, vor allem aber in den Auslandsmärkten, werden Umwelt- und Effizienzthemen in Zukunft zunehmend wichtiger.

Insgesamt erwirtschaften die Unternehmen im Leitmarkt der Rohstoff- und Materialeffizienz gute Renditen. So konnten die Unternehmen im Durchschnitt Jahresüberschüsse von 5 % vom Umsatz vorweisen. Insbesondere stieg der Anteil der Unternehmen, die eine hohe Ren-

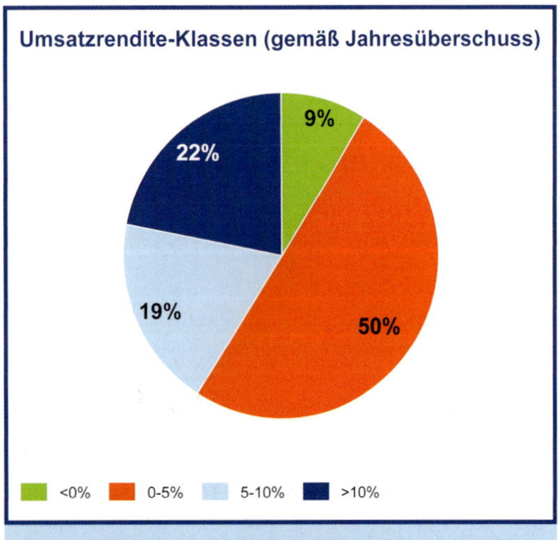

Rentabilität der Unternehmen in Deutschland

Quelle: Roland Berger

Umsatzklasse Unternehmen [Mio. Euro]	2005-2007	2008-2010
<10	1% p.a.	25% p.a.
10-50	8% p.a.	29% p.a.
>50	18% p.a.	1% p.a.

Mitarbeiterentwicklung in Deutschland – Vergangenheit und Zukunftsprojektion

Quelle: Roland Berger

tabilität von über 10 % aufweisen. In dieser Umsatzrendite-Klasse sind die Unternehmen der Rohstoff- und Materialeffizienz im Vergleich zur gesamten Umwelttechnikbranche überdurchschnittlich vertreten.

Dank der hervorragenden Geschäftsergebnisse in den vergangenen Jahren haben die Unternehmen häufig zusätzliches Personal eingestellt. Vor allem mittlere und große Unternehmen haben ihre Belegschaften kräftig vergrößert. Das gute Geschäftsklima wird auch in Zukunft zu Neueinstellungen führen. So wollen kleine und mittlere Unternehmen die Anzahl ihrer Beschäftigten um mehr als 25 % pro Jahr aufstocken.

Internationalisierung – Deutschland bleibt wichtiger Absatzmarkt

Über 36 % der Unternehmen im Leitmarkt Rohstoff- und Materialeffizienz geben ihren geografischen Schwerpunkt mit global bzw. europaweit an. Damit sind überdurchschnittlich **viele Unternehmen** dieses Leitmarktes **international aktiv**. Der Internationalisierungsgrad ist bei Unternehmen des produzierenden Gewerbes am größten. Bei ihnen beträgt der Anteil der Firmen mit internationalem Schwerpunkt fast 60 %.

Obwohl viele Unternehmen auf internationalen Märkten tätig sind, ist die **Wertschöpfung** mit einem in Deutschland erbrachten Anteil von fast 95 % noch sehr stark **auf den Heimatmarkt fokussiert**. Einzig Unternehmen, die in Planung und Beratung tätig sind, erbringen einen zweistelligen Anteil ihrer Wertschöpfung im Ausland. Bei den Beschäftigten zeigt sich eine ähnliche Tendenz. So geben nur 10 % der befragten Unternehmen an, dass sie Mitarbeiter im Ausland beschäftigen.

Dies ist ein Indiz für die nach wie vor sehr zögerliche internationale Expansion der Firmen in diesem Leitmarkt, gleichzeitig aber auch ein Hinweis auf das große, noch unausgeschöpfte Wachstumspotenzial.

Der **Produktionsstandort Deutschland** hat für die Unternehmen des Leitmarktes Rohstoff- und Materialeffizienz eine überdurchschnittlich **hohe Attraktivität**. Insbesondere Firmen, die Waren und Güter herstellen, schätzen den Standort positiv ein und sehen bis 2020 sogar noch eine Verbesserung der Standortqualität. Dieselbe Tendenz ergibt sich auch bei der Betrachtung der Absatzmärkte. Deutschland ist mit Abstand der wichtigste Absatzmarkt für die Unternehmen dieses Leitmarktes – und wird es nach Ansicht der befragten Unternehmen auch in Zukunft bleiben (siehe Karte Seite 120). Bemerkenswert ist, dass Deutschland als Absatzmarkt bis 2020 sogar noch an Bedeutung gewinnen wird. Damit stellen sich die Unternehmen dieses Leitmarktes gegen den allgemeinen Trend in der Umwelttechnik, Deutschland als Absatzmarkt in Zukunft eine geringere Bedeutung zuzumessen. Dies veranschaulicht, dass die Unternehmen noch Wachstumspotenzial im deutschen Markt sehen. Zusätzlich ist eine verstärkte Konzentration auf Europa festzustellen. So wächst die Bedeutung von Westeuropa, Osteuropa und Russland als Absatzmärkte weit überdurchschnittlich gegenüber anderen Regionen der Welt. Dies ist vor allem mit der geografischen Nähe zu erklären. Gerade im Bereich der Biokraftstoffe ist der Markt regional ausgerichtet, weshalb meist sehr nah am Ort des Verbrauchs produziert wird.

Aufgrund der Fokussierung auf den Heimatmarkt sieht die Mehrheit der befragten Unternehmen den **intensivsten Wettbewerb** gegenwärtig **mit Anbietern aus Deutschland**. Dahinter folgen in einigem Abstand Westeuropa und Osteuropa. Für die Zukunft allerdings rechnen viele Unternehmen verstärkt mit Wettbewerbern aus China. Werden chinesische Firmen im Jahr 2008 noch kaum als Konkurrenten wahrgenommen, sieht ein Großteil der Unternehmen diese im Jahr 2020 bei der internationalen Konkurrenz an zweiter Stelle.

Anders als bei den übrigen Leitmärkten führt eine international ausgerichtete Produkt- und Vertriebspolitik aber nicht unbedingt zu höheren Renditen. Damit bestätigte sich das Ergebnis der Befragung 2006. Rund 60 % der national tätigen Unternehmen erwirtschaften eine jährliche Rendite, die höher als 5 % liegt. Dies gelingt nur etwa einem Viertel der international tätigen Unternehmen. Gleiches gilt für die durchschnittliche Rendite, die bei ausschließlich national tätigen Unternehmen deutlich höher liegt als bei international aktiven. Eine denkbare

Anwendungsreife zu bringen. Farbstoffsolarzellen sind Dünnschichtsolarzellen und zeichnen sich besonders durch ressourcensparende Herstellungsverfahren aus. Durch die Technik soll es möglich werden, neue Anwendungsfelder für Solarstrom zu erschließen und Umweltbelastungen zu reduzieren. So lässt sich der Energiebedarf bei der Produktion im Vergleich zu konventionellen Solarzellen halbieren.

Der Beitrag der Politik – Deutsche Umweltregulierung ist wegweisend für Europa

Höhere Ressourcen- und Materialeffizienz ist für die deutsche Politik seit vielen Jahren ein wichtiges Thema. Bereits in den frühen 90er Jahren verbannte der Bundesgesetzgeber mit der **Verordnung über ozonschädliche Fluorchlorkohlenwasserstoffe** – besser bekannt unter der Abkürzung „FCKW" – das Treibgas aus allen wesentlichen Produktbereichen. Deutschland war damit Vorreiter in Europa.

Im Jahr 2005 hat die Europäische Kommission mit der **Richtlinie 2005/32/EG** zur **umweltgerechten Gestaltung energiebetriebener Produkte** erstmals die Anforderungen des Ökodesigns explizit verankert. Heute verpflichten die EU-Regelungen Hersteller von energiebetriebenen Geräten besonders umweltschädliche Inhaltsstoffe sparsam zu verwenden und Altgeräte fachgerecht zu entsorgen. Mit dem **Elektro- und Elektronikgesetz (ElektroG)** war Deutschland einer der ersten Mitgliedstaaten der EU, der die Richtlinien umgesetzt hat. Seit März 2006 können Verbraucher ihre alten Elektro- und Elektronikgeräte kostenlos bei den kommunalen Sammelstellen abgeben – bis zum Ende des Jahres 2006 belief sich die erfasste Menge aus privaten Haushalten und dem Gewerbe bereits auf rund 750.000 Tonnen.

Auch im Bereich der Biokraftstoffe setze die deutsche Politik neue rechtliche Rahmenbedingungen. Im Januar 2007 trat das **Biokraftstoffquotengesetz** in Kraft. Es verpflichtet die Mineralölwirtschaft, einen festen und anwachsenden Mindestanteil von Biokraftstoffen in den Verkehr zu bringen. Ab 2009 müssen 6,25 % der in Benzin und Diesel steckenden Energie aus Biokraftstoffen stammen. Benzin wird größere Anteile an Ethanol, Diesel größere Anteile an Biodiesel enthalten. 2008 erfolgte eine gesetzliche Neuregelung, um Konkurrenzen um Anbauflächen für Biokraftstoffe und Nahrungsmittel zu vermeiden und den Ausbau ab

2015 stärker auf die effektive Minderung der Treibhausgasemissionen auszurichten. Zudem sind EU-weit Zertifizierungssysteme geplant, um auch die Produktion von Biokraftstoffen im Ausland an Nachhaltigkeitsprinzipien zu koppeln.

Zur Investitionsförderung in der Biokunststoffindustrie sind bis Ende 2012 laut **Verpackungsverordnung** kompostierbare Kunststoffverpackungen von den Rücknahmepflichten und zertifizierte Einweggetränkeflaschen aus Biokunststoff von der Pfandpflicht befreit.

Für die **weiße Biotechnologie** stellt die Bundesregierung im Rahmen der Hightech-Strategie für Deutschland in den nächsten fünf Jahren bis zu 100 Mio. Euro an Fördermitteln zur Verfügung. Mit zusätzlichen Mitteln aus der Wirtschaft sollen Forschungs-und Entwicklungsprojekte in einem Gesamtvolumen von mehr als 250 Mio. Euro finanziert werden. Das Bundesministerium für Bildung und Forschung hat zudem zwei Förderinitiativen ins Leben gerufen: Die **Initiative *BioIndustrie 2021***, mit der zukünftig Ideen aus Hochschulen und Forschungsinstituten mit Beteiligung der Wirtschaft schneller in Produkte, Verfahren oder Dienstleistungen einfließen sollen, sowie die **Initiative *Geno-Mik Plus***, mit der Mikroorganismen mit den Methoden der Genomforschung untersucht und für Produktionsprozesse optimiert werden sollen.

Auch das Kreislaufwirtschafts- und Abfallgesetz, das Treibhausgasemissionshandelsgesetz, das Erneuerbare-Energien-Gesetz und die Verpackungsverordnung haben einen großen Einfluss auf die Innovationskraft der deutschen industriellen Biotechnologie. So motivieren die aufgeführten Gesetze zur Entwicklung von biologischen Prozessen zur Reduktion der CO_2-Emission in der chemischen Industrie und unterstützen die Herstellung von Biokraftstoffen oder umweltfreundlichen Verpackungen. Nur das Gentechnikgesetz wirkt im Bereich der weißen Biotechnologie einschränkend, da es die Investitionskosten für Laborausstattung und -sicherheit erhöht.

Das Bundeswirtschaftsministerium hat zudem die **Deutsche Materialeffizienzagentur (DEMEA)** gegründet. Ihr Ziel ist die Verbesserung der Materialeffizienz vor allem bei kleinen und mittleren Unternehmen, denen sie Beratung anbietet. Jährlich vergibt die DEMEA den Materialeffizienzpreis, eine mit 10.000 Euro dotierte Auszeichnung, die für gelungene Materialeinsparung in der Praxis verliehen wird.

Mit dem *Umweltinnovationsprogramm* unterstützt das Bundesumweltministerium umweltfreundliche Produktentwicklungen und großtechnische Vorhaben, die demonstrieren, wie Umweltbelastungen spürbar verringert werden können. Dabei werden vor allem innovative Verfahren mit hoher Multiplikatorwirkung in den ökologischen Schlüsselbereichen Klimaschutz, erneuerbare Energien und Verkehr unterstützt. Ziel ist eine deutliche erhöhte Ressourceneffizienz. Das ***Netzwerk Ressourceneffizienz*** soll zudem den Erfahrungsaustausch zwischen Wirtschaft und Forschung erleichtern und entwickelt dazu Vorschläge für innovative Rahmenbedingungen. Die Zahl an politischen Fördermaßnahmen, Initiativen und Ideen in Deutschland im Bereich des Leitmarktes Rohstoff- und Materialeffizienz ist somit groß und wird die dynamische Entwicklung der Branche weiterhin vorantreiben.

Kreislauf-wirtschaft

Menschen produzieren Abfall. Das ist an sich nicht ungewöhnlich, denn jedes Lebewesen erzeugt Abfallprodukte. Das besondere am **Abfall** des modernen Menschen ist aber die unvorstellbar **große Menge**: Allein die Länder der EU-27 produzieren jährlich rund 1,3 Mrd. Tonnen Müll. Würde man den Abfall verteilen, könnte man 2.600 Quadratkilometer, das entspricht ungefähr der Fläche des Saarlandes, mit einer halben Meter hohen Müllschicht bedecken. Weltweit werden jährlich 12 Mrd. Tonnen Abfall produziert, und bis 2020 wird diese Zahl aufgrund von zunehmender Urbanisierung und Bevölkerungswachstum sogar auf 18 Mrd. Tonnen ansteigen.

Die **Abfallmenge korrespondiert mit der wirtschaftlichen Entwicklung** eines Landes: je größer der Wohlstand, desto höher die Müllberge. Allein beim Hausmüll reicht die Spanne von rund 200 Kilogramm pro Einwohner und Jahr in Entwicklungsländern bis zu über 800 Kilogramm pro Einwohner in Industrienationen. Selbst innerhalb Europas gibt es deutliche Unterschiede. In der Tschechischen Republik fallen pro Person und Jahr durchschnittlich 281 Kilogramm Hausmüll an. Ein Durchschnitts-Däne stellt fast dreimal so viel vor die Tür.

Erlebt eine Region einen wirtschaftlichen Aufschwung, wächst meistens auch der Müllberg. Zum Beispiel in Dubai: Der plötzliche Reichtum ließ allein zwischen 2006 und 2007 die Menge des Bauabfalls um 160 % wachsen.

Selbst wenn die Weltwirtschaft auf dem heutigen Niveau stagnierte – die globale Müllmenge würde dennoch steigen. Dafür verantwortlich ist die **Zunahme der Weltbevölkerung**. Nach Prognosen der Vereinten Nationen werden im Jahr 2020 rund 8 Milliarden Menschen auf der Erde wohnen, über eine Milliarde mehr als heute. Ohne Verbesserung des globalen Abfallmanagements würde die Müllmenge allein durch das Bevölkerungswachstum bis 2020 um ein Sechstel steigen.

Auf einen Blick

Die Anhebung der Umweltstandards bietet den Unternehmen im Leitmarkt großartige **Wachstumschancen in den osteuropäischen EU-Mitgliedsländern**.

Unternehmen im Teilmarkt **der Emissionsreduktion** sind die **Spitzenreiter** bei Rendite, Wachstum, Forschung und Umsatz.

Die **boomende Wirtschaft** in China, Indien und anderen aufstrebenden asiatischen Industriestaaten sowie das globale **Bevölkerungswachstum** steigern den **Bedarf an innovativer Abfalltechnologie** erheblich.

In Deutschland schrumpfen die Müllberge: Die **Abfallmenge pro Kopf sinkt**, obwohl die Wirtschaftsleistung steigt.

Wegweisende Politik: Deutschland will bis 2020 die Deponierung verwertbarer Abfälle beenden.

Die Folgen des globalen Abfallgebirges sind verheerend. Weil die meisten Länder auf der Welt keine Müllverbrennung oder andere Abfallbehandlung kennen, landet der größte Teil in der Natur. Die **Deponierung von Müll** verschandelt die Landschaft und gefährdet die Gesundheit des Menschen. Insbesondere „wilde" Deponien können das Grundwasser vergiften, weil schadstoffverseuchtes Wasser in tiefer liegende Bodenschichten durchsickert. Rund 70 % des Abfalls in Entwicklungsländern sind organisches Material, das bei der Lagerung zu faulen beginnt. Dabei entweicht Deponiegas, ein etwa 14-fach stärkerer Klimakiller als Kohlendioxid.

Die **Kosten der Wegwerf-Wirtschaft** sind enorm. Die Vereinten Nationen schätzen, dass Städte und Gemeinden im weltweiten Durchschnitt zwischen 20 und 30 % ihrer Haushaltsmittel für die Sammlung und Entsorgung von Müll ausgeben. Der Müll bindet vor allem in wirtschaftlich unterentwickelten Ländern das knappe Geld, das für volkswirtschaftlich effizientere Investitionen in Ausbildung und Infrastruktur fehlt.

Die globale Ex-und-Hopp-Mentalität, gekoppelt mit der gestiegenen Nachfrage nach Rohstoffen, belastet auch die produzierende Wirtschaft. Die erhöhte Nachfrage hat bei gleich bleibendem Angebot die **Rohstoffpreise explodieren** lassen. Zwischen 2000 und 2007 haben sich Rohstoffe auf dem Weltmarkt auf Dollar-Basis um 100 % verteuert. Die Preise für Eisenerz, Stahlschrott und NE-Metalle haben sich sogar verdreifacht. Stahl war so begehrt, dass der Deutschen Bahn zwischen 2006 und 2008 rund 100 Tonnen Bahnschienen gestohlen wurden. Trotz des starken Rückgangs der Rohstoffpreise in der zweiten Jahreshälfte 2008 wird sich die Situation mittel- und langfristig nicht entspannen, auch aufgrund der starken Nachfrage seitens der aufstrebenden Schwellenländer. Die Knappheit der Rohstoffe und steigende Preise sind wesentliche Argumente, die Verwertung von Abfall künftig noch mehr zu forcieren.

Der wachsende Abfallberg stellt uns vor **zwei Fragen**: Wie kann ein angemessener Lebensstandard für die Weltbevölkerung erreicht werden, ohne dass die Menschheit im Müll erstickt? Und wie kann ökonomisches Wachstum erreicht werden, ohne dabei die Lebensgrundlagen von Mensch und Natur zu vernichten?

Zukunft der Kreislaufwirtschaft – Drei Hebel für mehr Nachhaltigkeit

Der Kreislaufgedanke ist der Kern einer ökonomisch wie ökologisch nachhaltigen Abfallwirtschaft. **Kreislaufwirtschaft** bezeichnet ein Abfall- und Wirtschaftssystem, bei dem **Entnahmen aus der Natur auf ein Mindestmaß beschränkt** sind. Stattdessen werden Rohstoffe möglichst effizient und lange genutzt oder energetisch verwertet. In der Idealvorstellung befinden sich die Stoffe in einem permanenten Verwertungskreislauf – nur ein minimaler Teil landet auf Deponien.

Gegenüber der Wegwerf-Wirtschaft hat die **Kreislaufwirtschaft** messbare **ökonomische Vorteile**. Durch Recycling spart allein die deutsche Volkswirtschaft Rohstoffimporte von rund 3,7 Mrd. Euro pro Jahr. Dadurch erhöht sich der Außenhandelsüberschuss. Beachtlich ist auch die Energieeinsparung – bei der Wiederverwertung von Aluminium werden zum Beispiel 95 % weniger Energie benötigt als bei der Elektrolyse von neugeschmolzenem Aluminium. **Recyceln senkt** also **Material- und Energiekosten**. Gleichzeitig ist die Kreislaufwirtschaft selbst eine lukrative Branche, in der in Deutschland rund 50 Mrd. Euro pro Jahr umgesetzt werden.

Die Bundesrepublik gehört zu den führenden Kreislaufwirtschaften der Welt. Als eine der ersten Industrienationen ist es gelungen, **Wirtschaftswachstum** zu erzielen und gleichzeitig die **Abfallproduktion** zu **verringern**. Entgegen des langjährigen Trends stieg zwar im Jahr 2006 die Gesamtmenge des in der Bundesrepublik erzeugten Abfalls leicht um 11 Mio. Tonnen an. Gleichzeitig aber wuchs auch das Bruttoinlandsprodukt (BIP) stärker. Somit produzierte Deutschland im Jahr 2006 bezogen auf die erzielte Wertschöpfung weniger Abfall: Fielen 2005 noch 148 Kilogramm je 1.000 Euro Bruttoinlandsprodukt an, so waren es 2006 nur 147 Kilogramm – und somit weniger Abfall für jeden erwirtschafteten Euro. Insgesamt konnte seit 1997 eine Verringerung des Abfallgesamtaufkommens um 14 % (54 Mio. Tonnen) erzielt werden. (siehe Abbildung Seite 133).

Abfall- und Kreislaufwirtschaft sind seit vielen Jahren **zentrale politische Themenfelder**. Über 100 Forschungseinrichtungen und 70 Fachpublikationen beschäftigen sich in Deutschland direkt oder indirekt mit Abfall-, Kreislauf- oder Entsorgungsfragen. Rund 6.000 Unternehmen sind in der Branche tätig, die 250.000 Mitarbeiter beschäftigen.

Die Kreislaufwirtschaft reduziert die Abfallproduktion und damit die Umweltbelastung, indem sie an drei Hebeln gleichzeitig ansetzt:

- Vermeidung von Abfall,
- Verwertung von Abfall,
- Umweltgerechte Entsorgung von nicht vermeidbarem oder verwertbarem Abfall.

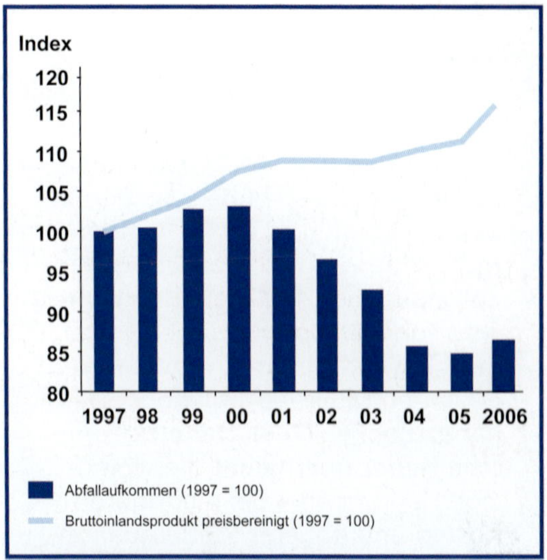

Entkopplung von Wirtschaftswachstum und Abfall in Deutschland
Quelle: Statistisches Bundesamt, Roland Berger

Hebel 1: Vermeidung von Abfall

Die erste Strategie zur Abfallvermeidung setzt bei der Planung an. Nach Schätzungen der EU-Kommission entscheidet die Konzeptionsphase eines Produktes über 80 % seines Ressourcenverbrauchs. Deshalb entwerfen Ökodesigner Produkte, die nachhaltig gewonnene Materialien nutzen, möglichst wenig Abfall erzeugen und einfach zu verwerten sind. **Ökodesign** setzt das Ziel einer integrierten Produktpolitik um, die alle Lebensphasen eines Wirtschaftsgutes aus umweltökonomischer Sicht beleuchtet.

Im Lebenszyklus eines Produktes entsteht bei der Produktion mehr Abfall als bei der Entsorgung. 2005 fielen bei der Produktion und im Gewerbe 48 Mio. Tonnen Abfall an. Hier setzen **ressourcen- und materialeffiziente Produktionsverfahren** an. Sie schonen nicht nur die Umwelt, sondern verbessern auch das Betriebsergebnis. Nach einer Studie der Fraunhofer-Gesellschaft könnten kleine und mittelständische Unternehmen rund 20 % der Materialkosten einsparen, wenn sie ihre Produktions- und Materialflüsse verbessern würden (siehe auch Kapitel Rohstoff- und Materialeffizienz).

Eine weitere Möglichkeit, Abfall zu reduzieren, ist eine **Erhöhung der Nutzungsdichte** eines Produkts. Sie verringert den Materialumschlag, weil weniger Produkte in Umlauf gebracht werden. Dadurch entsteht weniger Abfall. Beispiel Car Sharing: Ein Car-Sharing-Auto ersetzt vier bis zehn individuell genutzte Pkw im Privatbesitz (siehe auch Kapitel Nachhaltige Mobilität).

> ### Müllroboter trennen besser
>
> Erkennen Sie den Unterschied zwischen den Plastikflaschen aus PET, PE-HD oder PE-LD? Eben. Sortiermaschinen können es besser. Sortiertechnik aus Deutschland ist bei der automatischen Mülltrennung weltweit führend und hält zwei Drittel des globalen Marktes. Mit Sensoren erkennen Müllroboter jede Stoffart nahezu ohne Fehler. Der elektronische Helfer übernimmt die schmutzige Handarbeit – bei niedrigeren Kosten und höherer Sortierqualität. Der erste Schritt der Sortierung erfolgt durch Sieben und Rütteln, dabei wird der Müll nach Gewicht getrennt. Magnetfelder isolieren Metalle. Optische Sensoren, die mit Lasertechnik, Röntgen, Bilderkennungstechnologien und Nahinfrarot ausgestattet sind, erkennen einzelne Stoffgruppen. Ein Druckluft-Stoß pustet das identifizierte Müllteil vom Band. Es landet bei seinen stofflichen Verwandten. PET zu PET, Papier zu Papier. Am Schluss liegt der getrennte Müll zerkleinert in Containern: Plastik, Papier, Metall und Glas. Ein neues Produktleben kann beginnen.

Mehrwegsysteme tragen maßgeblich zur Abfallvermeidung bei. Je häufiger ein Produkt wiederverwendet wird, desto geringer der Materialverbrauch und damit die Abfallproduktion. Mehrwegpfandflaschen aus Glas werden beispielsweise bis zu 50-mal wieder befüllt, Mehrweg-Plastikflaschen aus PET im Durchschnitt 25-mal – im Vergleich zu Einwegflaschen sinkt der Materialverbrauch um den Faktor 50 bzw. 25. In Deutschland betrug die Mehrwegquote bei allen Getränkeflaschen 56 % im Jahr 2005. Besonders hoch ist die Mehrwegquote mit 88,5 % bei Bierflaschen.

Hebel 2: Verwertung von Abfall

Die ökologisch sinnvolle Verwertung nutzt **Abfall als potenziellen Rohstoff**. Ziel ist ein geschlossener Stoffkreislauf mit niedrigen Materialverlusten und wenigen Restabfällen, die auf der Deponie entsorgt werden müssen. Deutschland hat sich sogar das Ziel gesteckt, bis 2020 den größten Teil des Abfalls zu verwerten und damit die Deponierung komplett abzuschaffen. Voraussetzung für die Verwertung ist die möglichst vollständige Sammlung und Trennung von Abfall in ähnliche Stoffgruppen – keine einfache Aufgabe, da in Europa mehr als 600 verschiedene Abfallarten unterschieden werden.

In Deutschland wird der Abfall bereits in den Haushalten und Betrieben vorsortiert: Getrennt werden Papier, Bioabfälle, Glas, Metall, Verpackungen, Batterien und Elektrogeräte. Im Anschluss können **moderne Sortiertechniken** die getrennt erfassten Verpackungen in die unterschiedlichen Materialströme separieren. Dank hochmoderner Sortieranlagen ist der Vorsortierungsaufwand erheblich reduziert worden. Dennoch kann darauf nicht gänzlich verzichtet werden. Vor allem der Anteil der Trockenfraktion im Müll, wie beispielsweise Kunststoffe, Hygieneprodukte oder auch Textilien, stellt in diesem Zusammenhang noch immer ein Problem dar. Eine Trennung zumindest in „nass" und „trocken" ist also nach wie vor notwendig.

Die Bundesrepublik ist **Vorreiter bei der Abfallverwertung**: 87 % der Bauabfälle sowie 63 % der Siedlungs- und Produktionsabfälle wurden 2005 wiederverwertet. Von den besonders umweltschädlichen Starterbatterien wurden im Jahr 2006 14 Millionen Stück recycelt – das entspricht einer Quote von annähernd 100 %. Von Nickel-Cadmium-Batterien beispielsweise wird das Cadmium abdestilliert und für die Produktion neuer Energiezellen verwendet. Die Nebenprodukte Stahl und Nickel fließen in die Herstellung von Edelstahl.

Grundsätzlich stehen zur Verwertung von Abfall zwei Alternativen zur Verfügung: die stoffliche und die energetische Verwertung. Bei der stofflichen Verwertung werden Roh- und Werkstoffe aus dem Abfall gewonnen und wieder in den Produktionskreislauf eingespeist. In Deutschland werden bereits fast 80 % der verwerteten Verpackungsabfälle stofflich verwertet. Das Potenzial, insbesondere zur Rückgewinnung von Metallen, ist enorm. Allein auf US-Deponien lagern rund 56 Mio. Tonnen Kupfer. Das entspricht der vierfachen Weltjahresproduktion und einem Marktwert von 289 Mrd. Euro (Stand 2007). In Deutschland wurden bereits 2001 über 1 Mio. Tonnen Eisenerz aus dem Hausmüll gewonnen, das bedeutet gegenüber 1990 eine Steigerung der Verwertung um den Faktor Fünf.

In der produzierenden Industrie gewinnen **Recyclingmethoden** an Bedeutung. Ein Beispiel dafür ist das Bottle-to-Bottle-Verfahren von PET-Kunststoff, das die Krones AG nutzt. Kunststoff-Granulat aus PET-Flaschen wird dabei zur Herstellung neuer Flaschen genutzt, praktisch ohne stoffliche Verluste. Eine technologische Herausforderung ist die Wiederverwertung von Solarzellen der ersten Generation. BP Solar erprobt mit guten Ergebnissen die Wiederverwendung von Solarzellen

Aus Ruß wird Gummi

Deutsche Firmen gehören zu den Weltmarktführern bei der stofflichen Verwertung. Insbesondere für Stoffgemische, beispielsweise Kunststoffe, bietet deutsches Know-how neue Lösungen. So kann das Formex-Verfahren Autoreifen zu 99,9 % stofflich verwerten. Die innovative Prozessführung beim Depolymerisationsverfahren für Altreifen vermeidet die Entstehung von Schadstoffen. Der entstehende Ruß wird in der Gummiproduktion wieder eingesetzt.

Aus Halle stammt das patentierte Gumtec-Verfahren, das Produktionsabfälle aus Gummi zu hochwertigem Neugummi verarbeitet. Das recycelte Gummi kann problemlos und sortenrein den Originalrezepturen beigemischt werden – dadurch verringert es den Materialbedarf, senkt die Kosten und schont die Umwelt.

Zu den **wichtigsten Meilensteinen** bei den prozessualen Regelungsvorschriften, die der deutsche Gesetzgeber unabhängig von EU-weiten Regulierungen geschaffen hat, gehören folgende Beispiele:

- Durch die **Verpackungsverordnung** wird die Verantwortung für die Rücknahme und Entsorgung von Verpackungen den Produzenten bzw. Vertreibern übertragen. Die Folge sind Materialeinsparungen. Außerdem wird der Einsatz von Materialien gefördert, die sich kostengünstig verwerten lassen.
- Das **Immissionsschutzrecht** legt Luftqualitätsgrenzwerte, Zielwerte und Alarmschwellen für Anlagen fest, in denen Abfälle verbrannt werden. Maßnahmen zur Verbesserung der Luftqualität und zur Information der Bevölkerung werden festgeschrieben. Dadurch hat sich die Gesundheitsbelastung durch Luftschadstoffe erheblich reduziert.
- Die **Altautoverordnung** gibt den Verbrauchern das Recht, ihre gebrauchten Kraftfahrzeuge kostenlos abzugeben. Die Hersteller sind verpflichtet, gesetzlich vorgeschriebene Verwertungsquoten einzuhalten und bestimmte Stoffe bei der Produktion nicht zu verwenden.
- Die **Batterieverordnung** verpflichtet die Verbraucher, Batterien an speziell dafür vorgesehenen Sammelstellen abzugeben. Hersteller müssen abgegebene Batterien wiederverwerten oder entsorgen.
- Im **Kreislaufwirtschafts- und Abfallgesetz** wird der Einstieg in die Kreislaufwirtschaft auf breiter Basis festgeschrieben. Vermeidung und Verwertung von Abfällen haben Vorrang vor der Entsorgung.
- Die **Abfallablagerungsverordnung** schreibt seit Juni 2005 vor, dass unbehandelte biologisch abbaubare oder organikreiche Siedlungsabfälle vor ihrer Ablagerung thermisch oder biologisch behandelt werden müssen. Damit wird die Bildung von Deponiegas vermieden, das Volumen reduziert und Abfälle teilweise mineralisiert, sodass sie im Straßenbau verwendet werden können – ein erheblicher Beitrag zum Klimaschutz.

Nachhaltige Wasserwirtschaft

Wasser ist eine kostbare Ressource und sie wird immer knapper. Im Laufe des 20. Jahrhunderts hat sich der menschliche Wasserverbrauch verfünffacht. Bis zum Jahr 2025 wird mit einem **Anstieg des weltweiten Wasserverbrauchs** um weitere 30 % auf 5.000 Kubikkilometer pro Jahr gerechnet. In Deutschland liegt der Verbrauch der privaten Haushalte bei 125 Liter je Einwohner pro Tag. Die Bürger der USA benötigen hingegen mit knapp 300 Liter je Einwohner weit mehr als die doppelte Wassermenge. In einigen Regionen ist der Wasserverbrauch jedoch rückläufig: Vor allem in Osteuropa nimmt er seit 1990 deutlich ab.

Heute leben etwa 1,2 Milliarden Menschen – vor allem in Entwicklungsländern – ohne Zugang zu sicherem Trinkwasser. 2,6 Milliarden Menschen haben keinen Zugang zu sanitärer Grundversorgung. In Entwicklungsländern gelten verunreinigtes Wasser und mangelhafte Abwasserentsorgung als Ursache für 80 % aller Krankheiten. Im Jahr 2025 werden nach derzeitigen Schätzungen bereits zwischen 2,6 und 3,2 Milliarden Menschen, das heißt rund die Hälfte der Weltbevölkerung, unter **chronischem oder immer wiederkehrendem Süßwassermangel** leiden. Die natürliche Selbstreinigung von Gewässern reicht aufgrund der hohen Verschmutzung längst nicht mehr aus, eine Gefährdung der Umwelt oder des Menschen abzuwenden.

Hinzu kommen Qualitäts- und Infrastrukturprobleme sowie die **Auswirkungen des Klimawandels**, der zu langfristigen Veränderungen des Wasserhaushalts und zur regionalen Verknappung der Wasserressourcen führen kann. Technologien für eine nachhaltige Wasserwirtschaft spielen deshalb eine Schlüsselrolle, um die Lebensgrundlagen der Weltbevölkerung zu sichern.

Auch wenn sich die Wasserqualität zumindest in westlichen Ländern während der letzten Jahrzehnte verbessert hat, gibt es **keinerlei Grund**

Auf einen Blick

Die Steigerung des **Weltmarktvolumens auf 805 Mrd. Euro** bis 2020 bietet deutschen Unternehmen enorme **Marktchancen im In- und Ausland.**

Hochtechnologien aus Deutschland machen die Instandhaltung von Wasserversorgungs- und -entsorgungssystemen effizienter und wirtschaftlicher.

Deutsche Unternehmen entwickeln mit Hilfe der **Nano- und der Biotechnologie modernste Filtertechniken**, die wasserbedingte Gesundheitsrisiken drastisch reduzieren.

Im Bereich **dezentrales Wassermanagement** haben deutsche Unternehmen mit 20 % Marktanteil **weltweit eine sehr gute Position**.

In Netzwerken organisierte Unternehmen profitieren vom Informationsaustausch sowie von der Bindung von Kunden und Lieferanten.

zur Entwarnung: Die Erhaltung der ökologischen Funktionsfähigkeit der Gewässer ist und bleibt eine weltweite Herausforderung. Auch rücken immer wieder neue Schadstoffquellen in den Blickpunkt. So wurde beispielsweise erst vor einigen Jahren die zunehmende Belastung der Gewässer durch Medikamenten- und Hormonrückstände erkannt, die in Kläranlagen nur zu einem geringen Teil beseitigt werden kann.

In den vergangenen Jahrzehnten war Hochwasser für fast die Hälfte aller Todesfälle in Folge von Naturkatastrophen verantwortlich. Ein Drittel aller volkswirtschaftlichen Schäden entstand weltweit infolge von Hochwasserereignissen. Deshalb ist auch ein **vorsorgender** und **ökologisch verantwortungsvoller Hochwasserschutz** ein wichtiger Teil der nachhaltigen Wasserwirtschaft. Durch die fortschreitende Urbanisierung steigt die Katastrophenanfälligkeit der städtischen Ballungsgebiete. Nehmen Extremwetterereignisse in Zukunft zu, steigen die sozialen, ökonomischen und ökologischen Folgeschäden weiter an.

Die **nachhaltige Bewirtschaftung der Wasserressourcen** der Erde ist eine der wichtigsten umweltpolitischen Herausforderungen dieses Jahrhunderts. Deutsche Unternehmen leisten einen entscheidenden Beitrag, um diese zu bewältigen, und zwar durch

- moderne Möglichkeiten der Meerwasser-Entsalzung im großtechnischen Maßstab,
- neue Technologien zur dezentralen (Brauch-)Wasserversorgung, die Regenwasser und leicht verschmutztes Wasser wieder nutzbar machen,
- fortschrittliche Planung, Projektierung, Realisierung und Instandsetzung von Wasserverteilungsnetzen und -systemen,
- Techniken zur effizienten Nutzung von Wasser im Haushalt, in der Industrie und in der Landwirtschaft,
- Verbesserung der mechanischen und biologischen Prozesse bei der Abwasserbehandlung und
- Beratungs- und Planungsbüros, die moderne Wasserwirtschaftskonzepte und -dienstleistungen wie Betreiberkonzepte anbieten.

Zukunft der Wasserwirtschaft – Zwei Hebel für mehr Nachhaltigkeit

Wir müssen uns den globalen Herausforderungen stellen. Als **Millenniumsziel** hat sich die UN vorgenommen, bis 2015 die Zahl der Menschen ohne Zugang zu sauberem Wasser oder sanitären Anlagen gegenüber 2000 zu halbieren. Dazu müssen in den verschiedensten Weltregionen insgesamt jährlich über 100 Millionen Menschen Zugang zu sauberem Wasser und sanitären Anlagen erhalten. Um diese Vorgabe zu erreichen, sind konsequente Maßnahmen notwendig. Die Wasserwirtschaft kann in zwei Einsatzfeldern tätig werden:

- Umweltfreundliche Gewinnung, Verteilung und Entsorgung von Wasser,
- Steigerung der Effizienz bei der Wassernutzung.

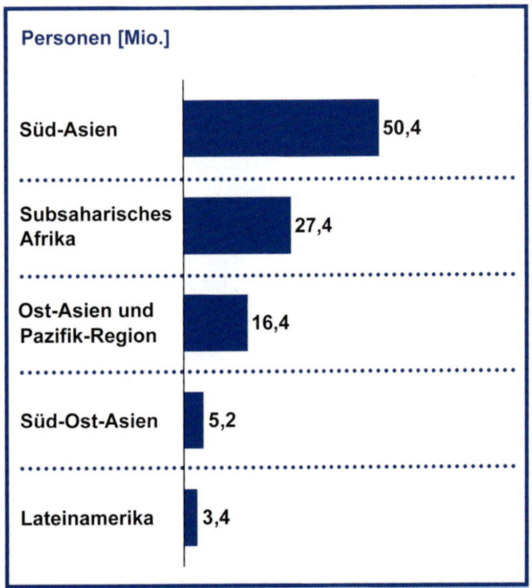

Zusätzliche Anzahl Menschen, die zwischen 2006 und 2015 pro Jahr Zugang zu sauberem Wasser oder sanitären Anlagen erhalten müssen, um das UN-Millenniumsziel zu erreichen

Quelle: UNDP, Roland Berger

Hebel 1: Umweltfreundliche Gewinnung, Verteilung und Entsorgung von Wasser

„Wasser und nachhaltige Entwicklung" war das Motto der Expo 2008, die in der nordspanischen Stadt Zaragoza stattfand. Der Deutsche Pavillon stellte hierzu viele Entwicklungen aus der deutschen GreenTech-Branche vor. Zum Beispiel ermöglichen Innovationen aus Deutschland im Bereich der Meerwasseraufbereitung eine Entsalzung von Wasser, die vollständig auf umweltfreundlicher Windenergie basiert und nur zu minimalen Energieverlusten führt. Im Hinblick auf die Kosten können Entsalzungsanlagen inzwischen mit der konventionellen Aufbereitung von Wasser konkurrieren. Technologien wie die Umkehrosmose sparen Platz und Kosten. Solche Lösungen können international einen wichtigen Beitrag zur Erfüllung des Millenniumsziels leisten.

Aber auch in Deutschland steigen die Anforderungen an die nachhaltige Wasserwirtschaft: Das **öffentliche Kanalisationsnetz** in Deutschland ist über 500.000 Kilometer lang. Da die Lebensdauer von Trinkwasserleitungen und Abwasserkanälen je nach Qualität, Bodenbeschaffenheit und anderen Faktoren 50 bis 100 Jahre beträgt und 150.000 Kilometer der Kanäle über 50 Jahre alt sind, müssen jährlich 1–2 % der Leitungen erneuert werden. Bei einem durchschnittlichen Instandsetzungspreis

Ultrafiltration: Meilenstein in der Abwasserreinigung

Deutsche Unternehmen entwickeln erfolgreich neue Technologien zur Frischwasseraufbereitung und Abwasserbehandlung. Dabei stehen neue Membrane für die Ultrafiltration im Vordergrund, mit denen Verunreinigungen im Wasser – dazu gehören Bakterien, Viren und andere potenzielle Krankheitserreger – verlässlich abgefiltert werden können. Membran-Bioreaktoren stellen einen Meilenstein bei der Abwasserreinigung dar. Zum Beispiel entwickelte die Inge AG eine Multibore-Membran: Sie weist für Polymermembranen eine überdurchschnittliche Stabilität und Bruchsicherheit auf, weshalb sie auch in Ländern mit stark wechselnden klimatischen Bedingungen widerstandsfähig ist.

Auf der Expo 2008 in Zaragoza stellte die Alfred Kärcher GmbH eine mobile Trinkwasseraufbereitungsanlage vor, die bei Natur- und Umweltkatastrophen eingesetzt wird. Sie arbeitet mit dem Umkehrosmose-Membranfilter-System. Da die Anlage ohne Verbrauchschemikalien auskommt, sind die Betriebskosten sehr niedrig. Weitere Vorzüge dieser Anlage sind die einfache Bedienung und Wartung sowie ihre ausgezeichnete Transportfähigkeit: Sie kann mit dem Lkw, Hubschrauber, Flugzeug oder Schiff an jeden Einsatzort der Welt gebracht werden.

Die Hans Huber AG entwickelte die „kleinste Kläranlage der Welt", die Wasser in sehr hoher Qualität direkt am Ort der Abwasserentstehung bereitstellt. Die Technik basiert auf einer Membran und zählt auf dem Gebiet der Abwasserreinigung zu den größten Innovationen der letzten Jahre. Sie kann in einem Vier-Personen-Haushalt genauso eingesetzt werden wie in Kläranlagen, die das Abwasser vieler tausend Menschen reinigen.

von 540 Euro pro Meter müssten in Zukunft 2,7–5,4 Mrd. Euro jährlich investiert werden.

Allein in den letzten 15 Jahren wurden über 30 Mrd. Euro in die Wasserversorgung investiert, wobei der Aufwand für die Erweiterung und Erneuerung des Rohrnetzes den größten Anteil ausmacht. Die erforderliche Überwachung und Reparatur der bestehenden Leitungssysteme wird heute mit Hilfe innovativer Technologien bewerkstelligt.

Ein weiteres innovatives Feld der Wasserversorgung ist das **dezentrale Wassermanagement**, das sich um die Betrachtung ganzheitlicher Wasserkreisläufe bemüht und anstelle zentraler Wasserver- und -entsorgungsstrukturen kleinere, kostengünstigere und teilweise vernetzte Konzepte vorsieht.

Die Abwässer von etwa 3 % der Haushalte in Deutschland werden dezentral aufbereitet; eine weitere Zunahme ihres Anteils ist zu erwarten. Dabei können Trinkwasseraufbereitung, Regenwassernutzung und Ab-

0,8 Kilowattstunden aus. In Zukunft sind auch ganz neue Waschverfahren mit Dampfeinsatz denkbar.

Vor allem in agrarisch geprägten Staaten wird der Löwenanteil des Wassers (teilweise bis zu 80 %) von der **Landwirtschaft** verbraucht. Ihre Intensivierung hat zu einer beträchtlichen **Erhöhung der Wasserentnahmen** geführt. Wasserverluste entstehen bei der Speicherung des Wassers, dem Transport zum Feld und bei der eigentlichen Bewässerung, sodass am Ende des Weges oft weniger als die Hälfte des eingesetzten Wassers die Wurzeln der Pflanzen erreicht. Diese Verluste können zum Beispiel durch die hocheffiziente Tröpfchenbewässerung gesenkt werden. Dadurch wird Verdunstung vermieden und in trockenen Ländern außerdem die Versalzung des Bodens verringert.

Neue Materialien und Bautechniken verbessern den Hochwasserschutz

Die durch den Klimawandel häufiger auftretenden Extremwetterereignisse sowie die steigende Katastrophenanfälligkeit der urbanen Ballungszentren stellen neue Anforderungen an den Hochwasserschutz. Deutschland hat weltweit eine Führungsrolle im Bereich der komplexen Frühwarnsysteme sowie bei Material und Bautechnik von Deichen.

Bei dem patentierten Mixed-in-Place-Verfahren der Bauer AG beispielsweise bringen Bohrschnecken eine Suspension (zum Beispiel Zement) in den Deich ein. Durch die Vermischung entsteht ein stabiler Erdbetonkern. Dieses Verfahren ist geräuscharm und wesentlich kostengünstiger als das Einsetzen von Stahl-Spundwänden. Am Deich selbst muss nur wenig ausgebohrt werden, sodass die natürliche Stabilität erhalten bleibt.

Zur Deichsicherung werden auch neuartige Kunststoffe verwendet, die in der Lage sind, die Deichdeckwerke aus Schotter zu verklammern. Die innovative Lösung für den Küstenschutz ist ein speziell entwickeltes elastomeres Polyurethan-System von Elastogran: Die Deckschichten schützen den Deich, indem sie die Kraft der anrollenden Wellen aufnehmen und die Wassermassen abbremsen. So entstehen stabile, offenporige und gleichzeitig sehr widerstandsfähige Deckwerke.

Um die Auswirkungen einer drohenden Überschwemmung abzuschätzen, sind in Bayern Frühwarnsysteme im Einsatz, die auf radargemessene Daten zurückgreifen. Eine flächendeckende Überwachung der bedrohten Gebiete führt zur umfassenden Informationen über die Zufluss- und Abflussmengen der Gewässer. Die erhobenen Daten bilden die Grundlage für schützende Steuerungsmaßnahmen wie das Befüllen von neu konzipierten und errichteten Poldern.

Marktchancen – Deutsche Technologieführer profitieren von zweistelligem Wachstum

Der Markt für nachhaltige Wasserwirtschaft wird von Experten auf weltweit circa 361 Mrd. Euro jährlich geschätzt. Dieses Volumen übertrifft die Vorhersagen der Befragung 2006 um fast 70 %. Auch der Ausblick für 2020 liegt mit 805 Mrd. Euro um mehr als 60 % höher als noch vor zwei Jahren. Das Volumen hat sich im Vergleich zu den Vorhersagen von 2006 aufgrund des großen Wachstums im Bereich der Wassertechnologien, vor allem im asiatischen Raum, stark vergrößert. Hier wird sich zeigen, ob diese Staaten die derzeitigen weltwirtschaftlichen Rahmenbedingungen gut überstehe werden und die entsprechenden Investitionen tätigen können. Deutsche Unternehmen können im Leitmarkt Nachhaltige Wasserwirtschaft ein Umsatzvolumen von 35 Mrd. Euro verbuchen, was einem Marktanteil von rund 10 % entspricht.

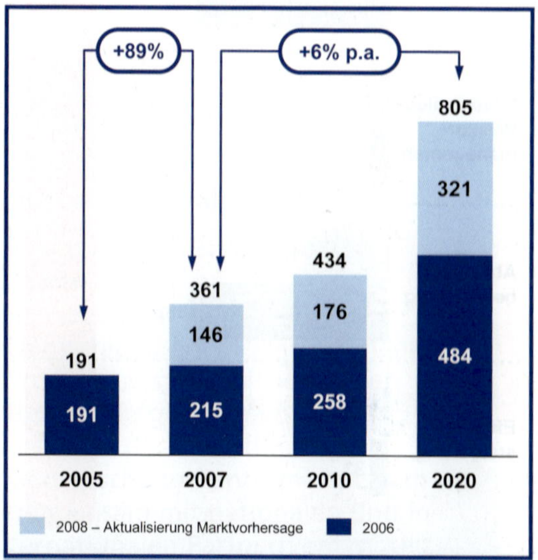

Überblick über den Leitmarkt Nachhaltige Wasserwirtschaft mit einem Vergleich zu den Einschätzungen von 2006 [Mrd. Euro]
Quelle: Roland Berger

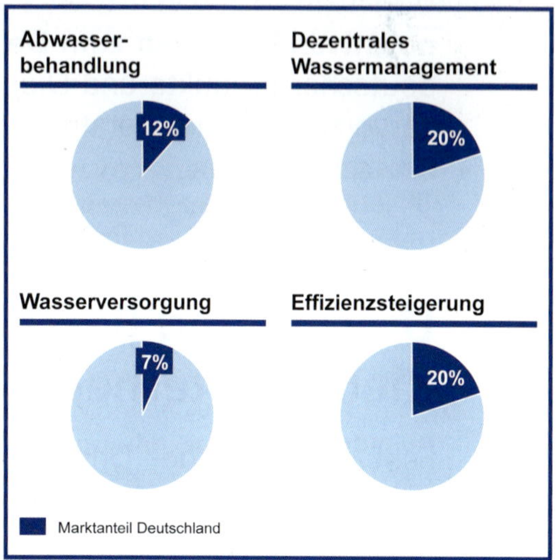

Weltmarktanteile deutscher Unternehmen
Quelle: Roland Berger

Allein in der Europäischen Union werden in den nächsten Jahren rund 170–230 Mrd. Euro benötigt, um die heute gültigen Abwasserrichtlinien einzuhalten. Wegen des hohen Investitionsbedarfs wird daher mit einem jährlichen Marktwachstum von 5–10 % gerechnet. Der Markt für Membrane und Membranmodule als innovativste Filterungstechnik liegt dabei derzeit bei jährlich etwa 800 Mio. Euro. Bis zum Jahr 2010 wird mit einem zweistelligen jährlichen Marktwachstum gerechnet.

Die Wüste blüht: Meerwasserentsalzungsanlage in Abu Dhabi

Das schwarze Gold ist in Abu Dhabi reichlich vorhanden: Das Emirat hat enorme Vorkommen an Erdöl und Erdgas. Das „blaue Gold" Trinkwasser ist dagegen knapp: keine Flüsse, keine Seen, kaum Niederschläge, das Grundwasservorkommen ist fast erschöpft. Gleichzeitig treiben das Bevölkerungswachstum sowie Landwirtschafts- und Aufforstungsprojekte den Wasserbedarf rapide in die Höhe. Schon heute liegt Abu Dhabi beim Pro-Kopf-Verbrauch an Trinkwasser weltweit an dritter Stelle. Die zunehmende Nachfrage nach Wasser lässt sich nur durch Meerwasserentsalzungsanlagen decken. Da gleichzeitig der Energiebedarf sprunghaft ansteigt, investiert das Emirat in den Aufbau einer leistungsfähigen Wasser- und Energieversorgung.

Eines der größten Infrastrukturprojekte in Abu Dhabi ist das von Siemens erstellte Gas- und Dampfturbinenkraftwerk Shuweihat S 1, das mit der leistungsfähigsten Entsalzungsanlage der Welt gekoppelt ist. Die Anlage befindet sich etwa 250 Kilometer westlich von Abu Dhabi City, der Hauptstadt des Emirats und der gesamten Arabischen Emirate. Pro Tag produziert die Anlage 450.000 Kubikmeter Trinkwasser, das entspricht rechnerisch dem Bedarf von 900.000 Menschen. Langfristig ist der Ausbau des Anlagenkomplexes auf eine Leistung von 5.000 Megawatt und 1,4 Mio. Kubikmeter Trinkwasser täglich geplant.

Für die Entsalzung hat Siemens ein System entwickelt, das nach dem Prinzip der Mehrstufen-Entspannungsverdampfung funktioniert. Die Entsalzungsanlage besteht aus sechs parallel betriebenen, baugleichen Einheiten. In jeder davon durchläuft das Salzwasser aus dem Meer nacheinander mehrere Kammern, in denen es mit Hilfe der Kraftwerksabwärme teilweise verdampft. Der Dampf wird verflüssigt, das Kondensat – destilliertes Wasser – aufgefangen und mit Mineralien angereichert. So entsteht Trinkwasser höchster Qualität. Die Verträge über die ersten Nachfolgeprojekte in der Region hat Siemens bereits abgeschlossen.

Umsatzklasse Unternehmen [Mio. Euro]	2005-2007	2008-2010
<10	16% p.a.	15% p.a.
10-50	12% p.a.	10% p.a.
>50	12% p.a.	10% p.a.

Umsatzentwicklung in Deutschland – Vergangenheit und Zukunftsprojektion

Quelle: Roland Berger

Anlagenbauer verzeichnen. Mit einem überdurchschnittlichen Wachstum von etwa 18 % rechnen dieses Jahr vor allem Unternehmen im Bereich effizienter Wasserverbrauchstechnologien in der Landwirtschaft und dezentraler Wasseraufbereitungssysteme.

Auch im Bereich der Beschäftigung legten Unternehmen des Leitmarktes Nachhaltiger Wasserwirtschaft stark zu. Nur die kleinen Unternehmen mit einem Umsatz von weniger als 10 Mio. Euro stellten in den vergangenen zwei Jahren weniger Mitarbeiter ein als im Zeitraum 2004 bis 2006: Der Beschäftigungszuwachs in Höhe von 9 % reduzierte sich auf 3 %. Insgesamt sehen die Unternehmen aller Größenklassen die Zukunft optimistisch und erwarten einen größeren Beschäftigungszuwachs als noch in der Befragung 2006 prognostiziert. Die größte **Steigerung ihrer Mitarbeiterzahl** erwarten die mittleren Unternehmen mit einem Umsatz zwischen 10 und 50 Mio. Euro: Sie rechnen mit einem Plus von 17 % bei der Entwicklung ihrer Beschäftigtenzahl.

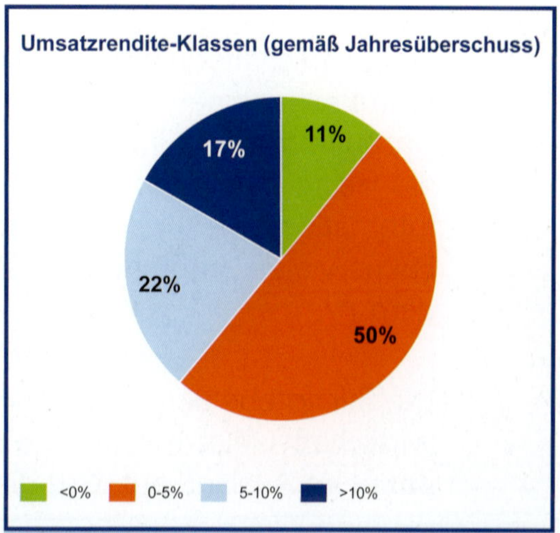

Rentabilität der Unternehmen
Quelle: Roland Berger

Umsatzklasse Unternehmen [Mio. Euro]	2005-2007	2008-2010
<10	3% p.a.	15% p.a.
10-50	15% p.a.	17% p.a.
>50	5% p.a.	4% p.a.

Mitarbeiterentwicklung in Deutschland – Vergangenheit und Zukunftsprojektion
Quelle: Roland Berger

Die **Unternehmen** im Leitmarkt Nachhaltige Wasserwirtschaft arbeiten **überwiegend profitabel**. 17 % der Unternehmen haben sogar eine Umsatzrentabilität von über 10 %. Im Vergleich zur letzten Befragung ist der Anteil der unprofitablen Firmen konstant bei 11 % geblieben. Die margenstärksten Unternehmen haben ihren Schwerpunkt im Bereich der Produktion und des Anlagenbaus. Die meisten Unternehmen der Stichprobe sind in den Bereichen Abwasserbehandlung (zentral und dezentral), Grundwasserreinigung, Wassergewinnung und Regenwassermanagement tätig. Über die Hälfte der Unternehmen bietet Planungs- und Beratungsleistungen an.

Internationalisierung – Der Weg ins Ausland erhöht die Rentabilität

Insbesondere im Bereich der nachhaltigen Wasserwirtschaft gibt es im Ausland, wie bereits aufgezeigt, **erhebliche Marktpotenziale**. Aber auch Unternehmen aus dem Ausland stärken ihre Position im internationalen Wettbewerb. Es gilt also, die internationalen Aktivitäten zu verstärken, um Produkte und Dienstleistungen weltweit abzusetzen.

Bei etwa 60 % der Unternehmen liegt der **geografische Schwerpunkt** ihrer Geschäftstätigkeit **in Deutschland**; davon setzt wiederum die Hälfte sogar einen Fokus auf lokale oder regionale Aktivitäten. Von den Unternehmen mit internationalem Schwerpunkt konzentriert sich etwa die Hälfte auf Europa. Insgesamt zeigt die Stichprobe einen höheren Internationalisierungsgrad auf als noch in der letzten Befragung. Der Fokus vieler Unternehmen scheint sich also in das Ausland zu verlagern.

Die Stichprobe der Unternehmen des Leitmarktes Nachhaltige Wasserwirtschaft weist mit fast 15 % einen **relativ hohen Wertschöpfungsanteil** im Ausland auf. Gut die Hälfte der ausländischen Mitarbeiter ist dabei in Westeuropa beschäftigt, der Rest verteilt sich vor allem auf Osteuropa mit durchschnittlich 12 %, USA mit durchschnittlich 10 % und China mit durchschnittlich 8 %.

Deutschland kommt als Standort aus Sicht der Unternehmen dennoch die höchste Bedeutung zu. Mit einem Bedeutungsindex von meist über 70 überwiegt Deutschland bei weitem sämtliche ausländische Märkte.

Aufgrund der nationalen Ausrichtung ist Europa und insbesondere Deutschland heute noch der wichtigste Absatzmarkt für die Unternehmen der Wasserwirtschaft. In Zukunft werden vor allem **Osteuropa und China an Bedeutung gewinnen**, während Deutschland leicht an Relevanz als Absatzmarkt verliert. Insgesamt bestätigen sich die Ergebnisse der Befragung 2006, auch wenn die Ausprägungen weniger signifikant sind (siehe Karte Seite 165).

Neben den Absatzchancen im Ausland erkennen Unternehmen der Stichprobe aber auch den **zunehmenden Stellenwert des internationalen Wettbewerbs**. Auch hier kommt den osteuropäischen Ländern die höchste Relevanz zu. Daneben werden auch China und Indien zunehmend als ernst zu nehmende Wettbewerber gesehen, deren Bedeutung bis 2020 signifikant zunehmen wird (siehe Karte Seite 165).

Unternehmen der Stichprobe mit internationaler Ausrichtung weisen seltener negative Umsatzrenditen aus. Auch der Anteil im Bereich 5–10 % Umsatzrentabilität ist bei internationalen Unternehmen stärker ausgeprägt. Die international agierenden Unternehmen zeigen damit im Schnitt eine **bessere Profitabilität** als die national fokussierten; Internationalisierung lohnt sich also auch in diesem Leitmarkt.

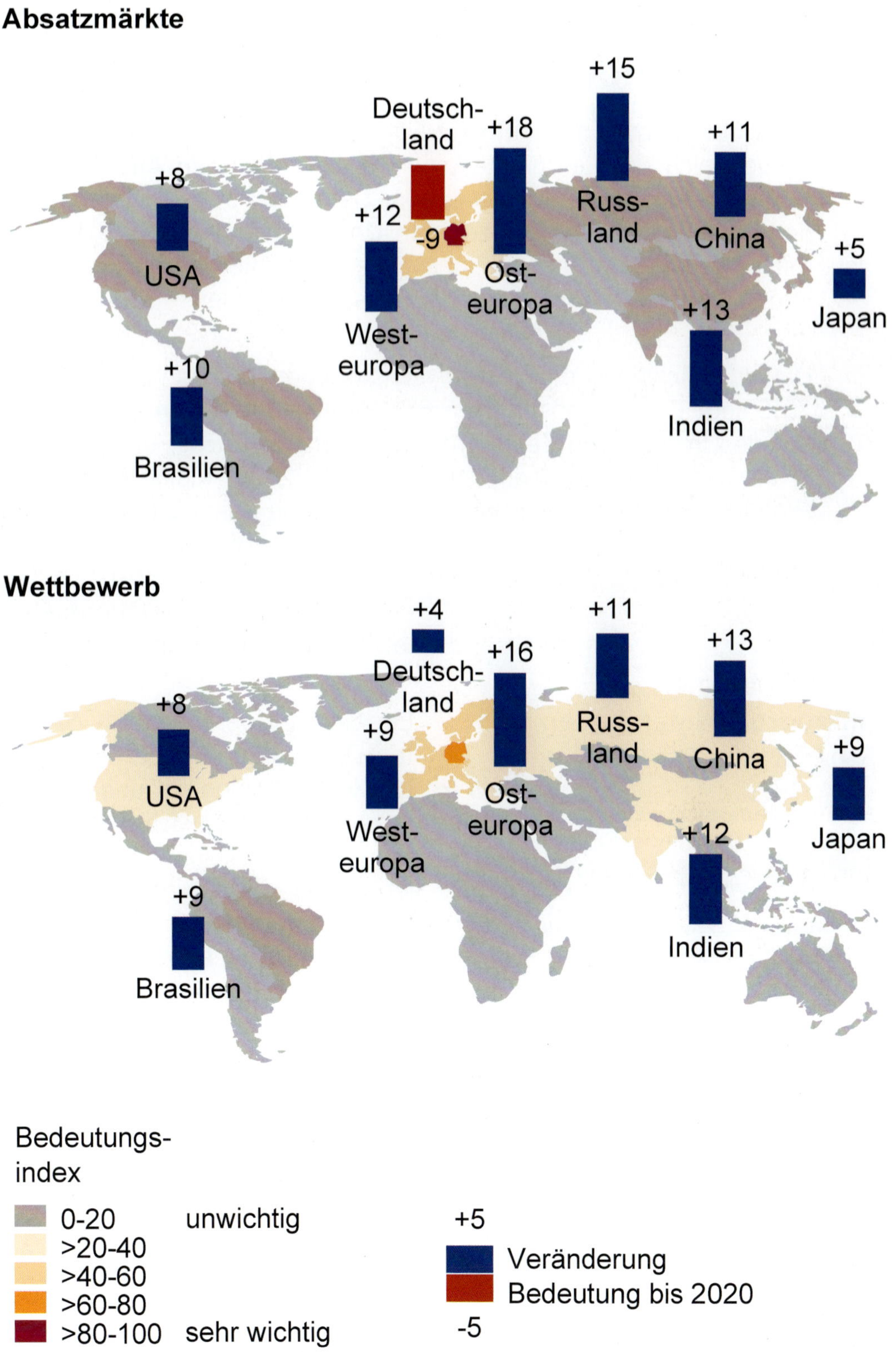

Bedeutung regionaler Absatzmärkte und Wettbewerb 2008 und 2020 für den Leitmarkt Nachhaltige Wasserwirtschaft

Innovation – Der Schlüssel zur Erhaltung von Technologievorsprüngen

Die Unternehmen im Leitmarkt Nachhaltige Wasserwirtschaft weisen im Vergleich der Leitmärkte einen **relativ niedrigen Anteil von Forschungsausgaben** am Umsatz aus. Der Anteil der Forschungsausgaben ist bei kleinen produzierenden Unternehmen und Anlagenbauern mit 18 % am größten, da innovative Kleinunternehmen versuchen, ihren technologischen Vorsprung weiter auszubauen.

Das durchschnittliche jährliche Wachstum der Forschungsausgaben bis 2010 liegt mit prognostizierten 6 % deutlich unter den Wachstumsraten des im gleichen Zeitraum erwarteten Umsatzes, entspricht aber in etwa den Vorhersagen der Befragung 2006. Kleine und mittlere Produktionsunternehmen wollen auch hier in Zukunft noch stärker in Forschung und Entwicklung investieren und erwarten ein überdurchschnittliches Wachstum der Forschungsausgaben von etwa 7 %, was dennoch hinter den Vorhersagen der letzten Befragung zurückbleibt.

Ein Großteil der öffentlich geförderten Forschungsvorhaben im Bereich Umwelttechnologien und Nachhaltigkeit beschäftigt sich mit der Wasserwirtschaft. Hauptförderinstitution ist hierbei das Bundesministerium für Bildung und Forschung. Beinahe die **Hälfte aller Fördergelder fließt den Hochschulen zu**. Nur etwa ein Viertel der Fördermittel ging im Zeitraum 2003 bis 2006 direkt an Unternehmen. Eine Befragung von Forschungseinrichtungen ergab, dass Hochschulen und außeruniversitäre Forschungszentren im Leitmarkt Nachhaltige Wasserwirtschaft mindestens auf nationaler Ebene und oft auch auf internationaler Ebene Kooperationen eingehen. Diese **Forschungskooperationen** bestehen zumeist aus Forschungseinrichtungen, Behörden sowie der Privatwirtschaft.

Biotechnologie: Mikroorganismen bauen Schadstoffe ab

Die Umweltbiotechnologie („graue Biotechnologie") umfasst biotechnologische Verfahren zur Aufbereitung von Trinkwasser, Reinigung von Abwasser, Sanierung kontaminierter Böden oder zur Reinigung von Abluft beziehungsweise von Abgas. Dies geschieht zum Beispiel in sogenannten Bioreaktoren, in denen Mikroorganismen für den Schadstoffabbau eingesetzt werden.

Auch für das Aufspüren und Analysieren von Umweltschadstoffen können biotechnologische Ansätze eingesetzt werden. Da Mikroorganismen zum Beispiel empfindlich auf Schadstoffe reagieren, lassen sie sich als Biosensoren zur Analyse von Verunreinigungen in ihrer Umgebung einsetzen.

Damit profitieren Unternehmen mittelbar von der Forschungsförderung der Hochschulen. Der Hochwasserschutz, die Wasserversorgung und die Abwasserentsorgung sowie das dezentrale Wassermanagement sind dabei die Forschungsschwerpunkte.

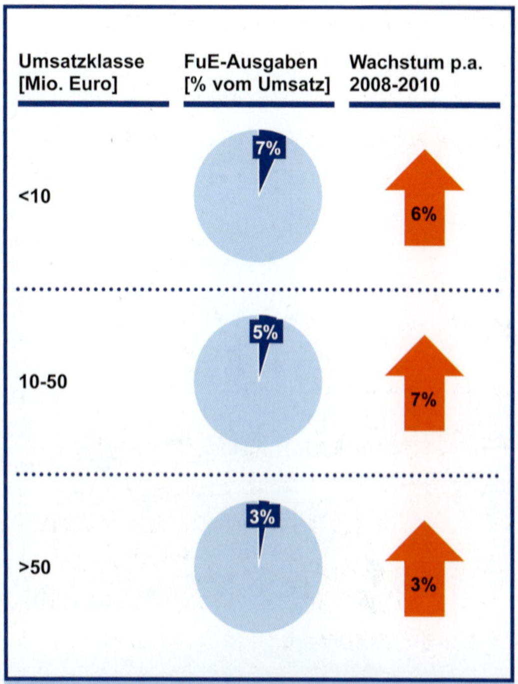

Forschungsausgaben der Unternehmen in Deutschland im Leitmarkt Nachhaltige Wasserwirtschaft

Quelle: Roland Berger

Forschung, Kooperation, Cluster – Partnerschaftliche Systementwicklung

Zwei Drittel der Unternehmen im Leitmarkt Nachhaltige Wasserwirtschaft engagieren sich in **Kooperationen und Netzwerken**. Besonders großen Unternehmen sind Kooperationen wichtig. Mehr als die Hälfte der Unternehmen, die sich in Netzwerken organisieren, kooperiert im Bereich der nachhaltigen Wasserwirtschaft mit Hochschulen und außeruniversitären Forschungseinrichtungen. Die Hälfte dieser Kooperationen ist dabei zumindest national, wenn nicht international ausgerichtet.

Wenn es eine klare Koordinationsrolle innerhalb eines Netzwerkes gibt, fällt diese mehrheitlich einem Unternehmen zu. Als **Hauptmotive für Kooperationen** geben die Unternehmen Informationsaustausch sowie die Erschließung neuer Märkte an. Nach eigener Ansicht profitieren die Unternehmen heute von Kooperationen besonders durch den Austausch von Informationen sowie durch die Bindung von Kunden und Lieferanten, die in solche Netzwerke einbezogen werden.

Auf der Deutschlandkarte (siehe Seite 168) sind die befragten Unternehmen gemäß ihrer Größe sowie relevante Forschungseinrichtungen aus dem Leitmarkt Nachhaltige Wasserwirtschaft abgebildet. Die Einfärbung der Bundesländer zeigt, wo die meisten Mitarbeiter in Unternehmen dieses Leitmarktes beschäftigt werden. So wird deutlich, dass in Bayern und Nordrhein-Westfalen besonders viele Menschen im Leitmarkt Nachhaltige Wasserwirtschaft Arbeit finden.

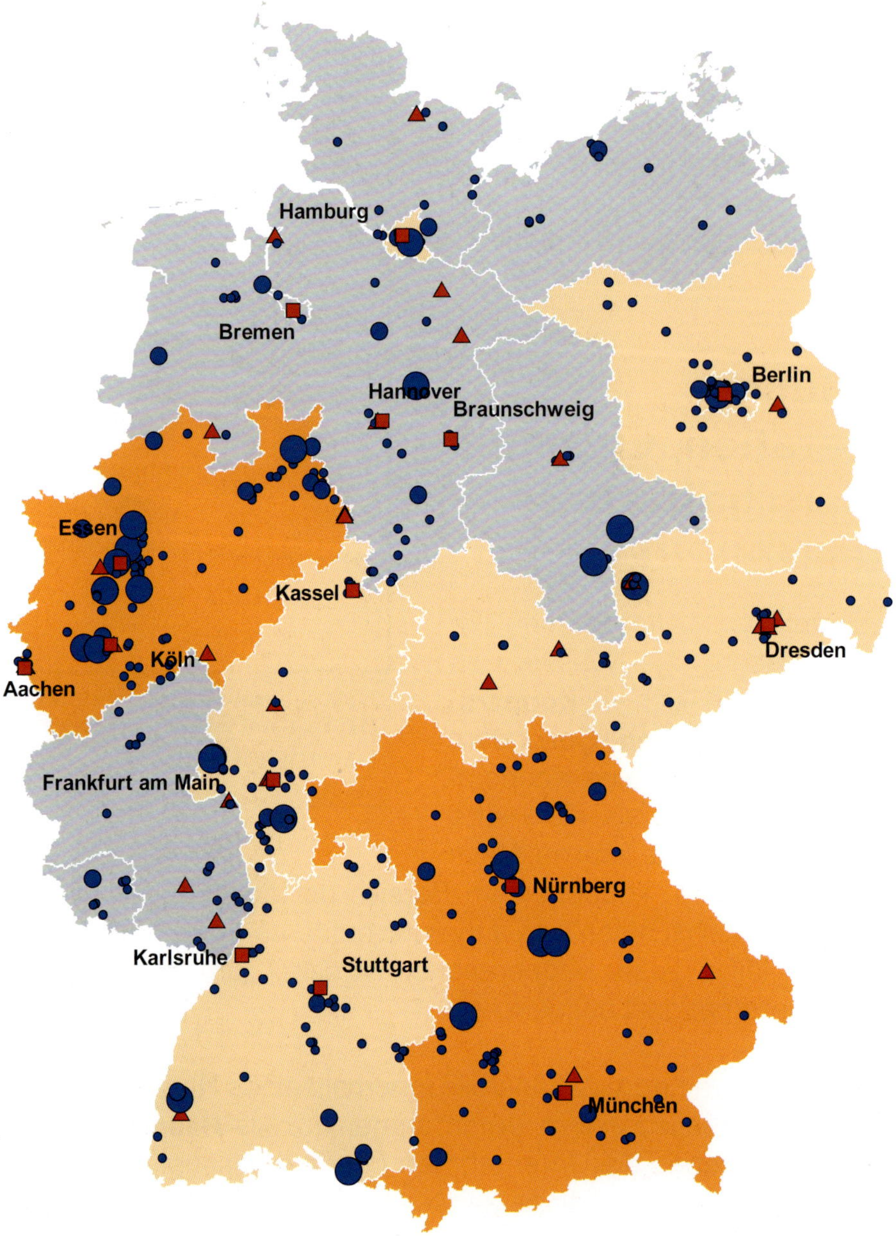

Unternehmensgröße nach Umsatz [Mio. Euro]

- <10
- 10-50
- >50
- Forschungseinrichtungen

Beschäftigungsvolumen im Leitmarkt je Bundesland

- niedrig
- mittel
- hoch

Regionale Verteilung der Firmen und Forschungseinrichtungen im Leitmarkt Nachhaltige Wasserwirtschaft

Besonders im Bereich Abwasserentsorgung sowie in der Wasserversorgung sind überdurchschnittlich viele Unternehmen in Bayern und Nordrhein-Westfalen ansässig. Im Hochwasserschutz forscht und entwickelt man vermehrt sowohl in Nordrhein-Westfalen als auch in Sachsen. In der Entwicklung von wassereffizienten Technologien sind die Bundesländer Baden-Württemberg, Bayern, Niedersachsen und Nordrhein-Westfalen führend.

Forschungsinstitute setzen vor allem auf die Schwerpunkte Abwasserbehandlung, Klärtechnik und Desinfektion, dezentrales Abwassermanagement und Grundwasserschutz. Kooperationen bestehen in erster Linie mit anderen Instituten innerhalb Europas.

Die nachfolgenden Beispiele zeigen, wie Unternehmen und Forschung bei der Entwicklung nachhaltiger Lösungen und innovativer Produkte für die nachhaltige Wasserwirtschaft zusammenarbeiten:

- Zur **Weiterentwicklung bestehender Kläranlagentechniken** kooperiert das Hamburger Landesinstitut für Lebensmittelsicherheit, Gesundheitsschutz und Umweltuntersuchungen mit der LimnoTec GmbH. Am Beispiel einer Kläranlage, die als kombinierte SBR (sequencing batch reactor; frei übersetzt: sequenzielles biologisches Reinigungsverfahren)-/Durchlaufanlage betrieben wird, werden zwei Anlagentypen im Hinblick auf die Eliminationsraten von pathogenen Mikroorganismen verglichen. Als pathogene Indikatororganismen werden Salmonellen, Campylo-

Die deutsche Wasserwirtschaft und -forschung bündeln ihre Kräfte in der German Water Partnership

Als gemeinsame Initiative des öffentlichen und privaten Sektors stellt die *German Water Partnership* eine Plattform für den Informationsaustausch zwischen ihren Mitgliedern aus dem Bereich der Wasserwirtschaft dar.

Diese Plattform trägt zur Steigerung der Wirtschaftskraft der deutschen Wasserwirtschaft durch die Bündelung von Aktivitäten und Initiativen in diesem Bereich bei. Darüber hinaus wird das Ziel verfolgt, die deutsche Expertise in der Wasserwirtschaft weltweit bekannt zu machen.

Die praktische Arbeit der Plattform findet in den drei Arbeitskreisen Geschäftsfeldentwicklung, Innovation und Information statt. Als Partner ihrer Tätigkeiten konnten dabei mittlerweile vier Bundesministerien gewonnen werden.

Ende des Jahres 2008 waren 173 Mitglieder aus den unterschiedlichsten Bereichen der Wasserwirtschaft in diesem Netzwerk vereinigt, darunter private und öffentlich-rechtliche Unternehmen, Fachverbände und Wissenschaftseinrichtungen. Weitere Details siehe unter www.germanwaterpartnership.de.

bacter, Rotaviren und Norwalkviren untersucht. Das Forschungsvorhaben soll Aufschluss darüber geben, ob bestimmte Verfahrenstypen zur verbesserten Elimination von pathogenen Organismen führen und somit die Umwelt geringer belasten. Das Projekt wird von der Deutschen Bundesstiftung Umwelt gefördert.

- Mit der **Reinigung von Ballastwasser** von Schiffen befassen sich das Bundesamt für Seeschifffahrt und Hydrographie, die Hamann AG und die Degussa GmbH. Der Innovationskern entwickelte ein umweltverträgliches Verfahren, das sich durch hohe Effizienz auszeichnet. Für die Reinigung von Ballastwasser haben die Innovationspartner eine neuartige Kombination aus mechanischen und chemischen Reinigungsstufen entwickelt, die das Ballastwasser sowohl von Sedimenten als auch von Bakterien und Krankheitserregern, wie beispielsweise der Vogelgrippe, reinigt. Die Gefahr einer weltweiten Krankheitsverbreitung durch Ballastwasser wird mit dieser Methode erheblich verringert.
- Ein **Forschungscluster** der Universität Kassel (Bodenkunde), der Universität Hannover (Siedlungswasserwirtschaft), der Deutschen Vereinigung für Wasserwirtschaft, Abwasser und Abfall, der Deutschen Vereinigung des Gas- und Wasserfachs sowie der Länderarbeitsgemeinschaft Wasser befasste sich mit dem **Gefahrenpotenzial von Sekundärrohstoffdünger** (zum Beispiel Klärschlamm oder Bioabfallkompost) für das Grundwasser. Das Projekt bewertete dabei Anforderungen eines vorsorgenden Boden- und Gewässerschutzes. Neben den Nährstoffen treten in „Biodünger" auch eine Vielzahl unerwünschter anorganischer und organischer Stoffe auf. In naher Zukunft werden daher Veränderungen der rechtlichen Rahmenbedingungen einen vorsorgenden Bodenschutz noch stärker als bisher unterstützen, indem unter anderem die Qualitätsanforderungen an die landwirtschaftliche Verwertung von Klärschlämmen verschärft werden.

Mit dem Roboter durch den Abwasserkanal

Sowohl zur Diagnose als auch zur Behebung von Schäden in der Kanalisation werden heute Roboter eingesetzt. Durch Kombination verschiedener Prüfungsverfahren können schadhafte Stellen im Abwassersystem automatisiert ermittelt und repariert werden. Wie dringlich eine technologische Weiterentwicklung in diesem Bereich ist, zeigt der Blick auf aktuelle Zahlen: Nach einer Hochrechnung versickern in der Bundesrepublik Deutschland jährlich rund 20 % des Abwassers aus beschädigten Kanalisationssystemen in den Untergrund. Die Vorteile der Robotersanierung liegen auf der Hand: Der volle Querschnitt des Kanals bleibt erhalten. Die Dichtigkeit und Tragfähigkeit der Rohrleitungen sind wiederhergestellt, und die Kosten betragen nur rund die Hälfte der gewöhnlichen Reparaturleistung.

- Den **umweltverträglichen Hochwasserschutz für die Einzugsgebiete** von Fulda und Diemel verbessert eine Kooperation zwischen dem Fachgebiet Wasserbau und Wasserwirtschaft der Universität Kassel, dem Hessischen Ministerium für Umwelt, ländlichen Raum und Verbraucherschutz und dem Verband für Abwasserbeseitigung und Hochwasserschutz Baunatal-Schauenburg. Das Projekt erarbeitet mit Hilfe von innovativen Simulationsmethoden **Hochwasserschutzkonzepte** für die betroffenen Einzugsgebiete. Dabei werden moderne Werkzeuge der Geoinformationstechnik mit hydrodynamisch-numerischen Simulationswerkzeugen gekoppelt. Im Ergebnis entsteht ein effektives Entscheidungs-Unterstützungs-System für ein modernes Hochwassermanagement.

Der Beitrag der Politik – Wasserschutz als Chance im Wettbewerb

Zum Schutz der Gewässer wurden seit Mitte der 80er Jahre verschiedene Normen erlassen, die den jeweiligen Stand der Technik zum obligatorischen Mindeststandard für die Industrie beschreiben. Dies betrifft zum Beispiel den Bereich der Abwassereinleitungen. Es blieb jedoch nicht bei der Setzung von Regeln: Es wurden auch die Bemühungen verstärkt, fortschrittliche Techniken zur Schadensvermeidung einzusetzen. Mit der Einführung der Abwasserabgaben wurde Anfang der 80er Jahre ein Instrument entwickelt, das die Integration von Wirtschafts- und Umweltpolitik nachhaltig gefördert hat. Die Inanspruchnahme der Gewässer durch die Einleitung von Abwasser wurde damit vom Gesetzgeber direkt berücksichtigt.

Nanotechnologie: Stark in der Wasserreinigung

Die Nanotechnologie kann im Leitmarkt Nachhaltige Wasserwirtschaft, insbesondere bei der Optimierung von Prozessen, bei Aufbereitungs- und Filterungsschritten und der dafür notwendigen Mess- und Regeltechnik, wichtige Beiträge dazu liefern, Wasserverschmutzungen zu verhindern oder zu beseitigen.

Zum Einsatz kommen hier vor allem die Prinzipien der Stofftrennung und der Katalyse. So trennen nanoporöse Membranen selektiv Schadstoffe und auch Ionen aus Wasser und kommen in vielen Bereichen – von der Abwasserbehandlung bis zur Wasserentsalzung – zum Einsatz. An Nanokatalysatoren, in denen nanoskalige Eisenpartikel und -verbindungen kontaminiertes Grundwasser reinigen, werden ebenfalls hohe Erwartungen geknüpft. Auch viele Nanomaterialien wie magnetische Nanopartikel werden heute für den Einsatz in der Wasserreinigung untersucht.

Im Gewässerschutz verfolgt auch die Europäische Union ambitionierte Ziele. Im Dezember 2000 ist die neue Wasser-Rahmenrichtlinie in Kraft getreten. Diese hatte die Novellierung des deutschen Wasserhaushaltsgesetzes im Jahr 2002 zur Folge, das neue Konzepte der Gewässerbewirtschaftung eingeführt hat. Im Hinblick auf die Gewinnung von Trinkwasser fordert die Richtlinie eine niedrigere Konzentration an Nitrat und Pflanzenschutzmitteln. Für die Umsetzung dieser Ziele stehen auch EU-Fördermittel bereit. Wasserschutz als Teil des Umweltschutzes hat europaweit Priorität. Die Technologieführer aus Deutschland können daher auch zukünftig mit guten Marktchancen im Ausland rechnen.

Nachhaltige Mobilität

Deutsche Unternehmen wie die Deutsche Bahn AG gehören zu den weltweit führenden Anbietern im stark wachsenden internationalen Logistikmarkt. Sie organisieren für ihre Kunden **komplexe Logistikketten** über die verschiedenen Verkehrsträger hinweg und verbessern deren Effizienz fortlaufend.

Marktchancen – Dynamische Wachstumssektoren

Schon heute machen Produkte und Dienstleistungen, die einen Beitrag zur nachhaltigen Mobilität leisten, einen Weltmarkt von 200 Mrd. Euro aus. Bis 2020 wird erwartet, dass dieser auf über 300 Mrd. Euro anwächst. Die Märkte für Technologien wie effiziente Otto- und Dieselmotoren oder Schienenfahrzeugbau bzw. Schieneninfrastruktur wachsen dabei eher moderat. Andere innovative Umwelttechnologien im Verkehrsbereich werden sich bis 2020 dynamischer entwickeln. Dies gilt zum Beispiel für **Hybridantriebstechnologien**, deren Umsatz um 9 % pro Jahr wächst. Bis zum Jahr 2020 sollen laut Bundesumweltministerium allein in Deutschland bereits eine Millionen am Stromnetz aufladbare Elektrofahrzeuge und Plugin-Hybrid-Fahrzeuge auf den Straßen unterwegs sein. Zudem werden weltweit circa 34 Millionen Fahrzeuge mit Dieselpartikelfiltern ausgerüstet sein. Mit über 25 % jährlich verzeichnet seit 2008 jedoch der **Markt für NOx-Filtersysteme** das stärkste Wachstum. Aber auch in reiferen Märkten wie der **Verkehrstelematik** ist bei einem jährlichen Wachstum von 6 % mit einer Verdopplung des Marktvolumens bis 2020 zu rechnen (siehe Abbildung Seite 183).

Deutsche Unternehmen sind dabei in vielen Sektoren ausgezeichnet positioniert. So produzieren sie fast die

Energiesparampeln in Berlin: Heller, sparsamer, langlebiger

Seit Januar 2006 werden die Ampeln in Berlin von einem Dienstleister gewartet und erneuert. 744 Ampeln sollen gegen neue Anlagen mit Licht-Emittierender-Dioden-Technik (LED) ausgetauscht werden.

Die Umrüstung auf LED führt zu Energieeinsparungen bis zu 70 % gegenüber der heutigen Technik. In absoluten Zahlen bedeutet dies für die 100 im Jahr 2006 ausgetauschten Lichtschaltanlagen eine Ersparnis von etwa 1 Mio. Kilowattstunden. Nach der Modernisierung, die Mitte 2009 abgeschlossen sein soll, wird eine jährliche Energieeinsparung von 6 Mio. Kilowattstunden erwartet. Außerdem haben LED-Signalgeber eine zehnfach höhere Lebensdauer als die herkömmliche Technik. Die wesentlich bessere Leuchtstärke der LED-Ampeln lässt außerdem eine erhöhte Verkehrssicherheit bei Sonnenlicht erwarten.

Hälfte der Filter- und Katalysatorsysteme. Im Bereich Verkehrstelematik vereinen die einheimischen Firmen ein Fünftel des Weltmarktes auf sich. In anderen Bereichen mit noch wenig entwickelten Märkten ist Deutschland in der Produktentwicklung führend (siehe Abbildung unten).

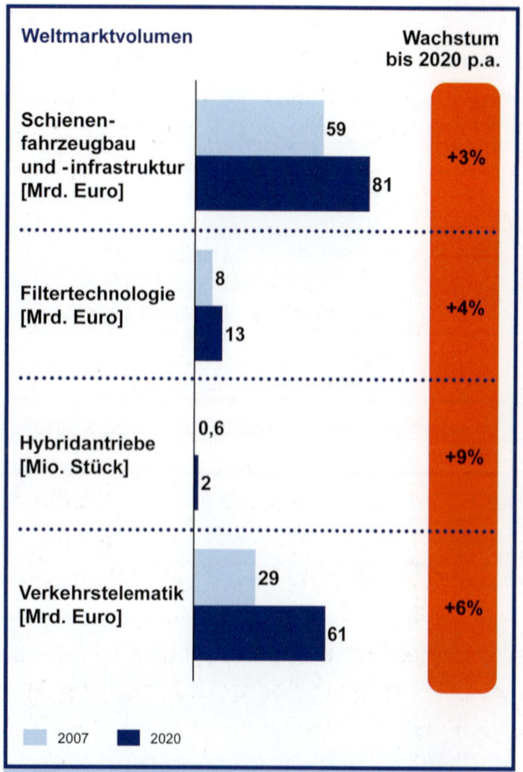

Weltmarktprojektionen in Kernsektoren
Quelle: Roland Berger

Umsatz und Beschäftigung – Kleine und mittlere Unternehmen als Spitzenreiter

Die befragten Unternehmen im Leitmarkt Nachhaltige Mobilität sind zu fast 80 % **kleine und mittelständische Betriebe** mit einem Jahresumsatz unter 50 Mio. Euro. Es handelt sich dabei rund zur Hälfte um Dienstleistungsfirmen im Bereich Planung und Beratung. 23 % der Firmen im Leitmarkt gehören zur Kategorie Produktion und Anlagenbau. Als Handelsunternehmen bezeichnen sich rund 6 % der Firmen.

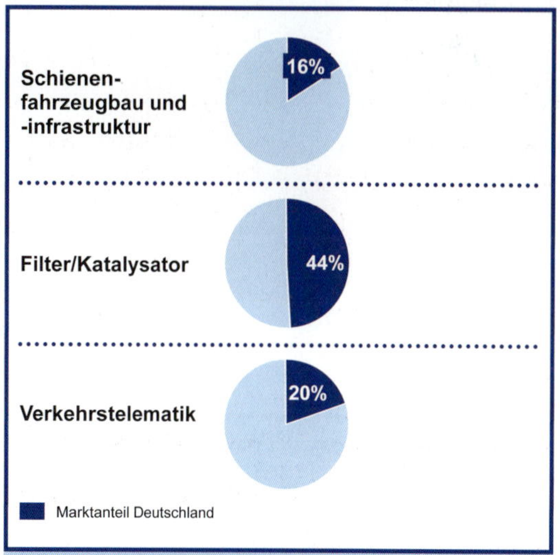

Weltmarktanteile deutscher Unternehmen
Quelle: Roland Berger

Im Schnitt sind die Unternehmen der repräsentativen Stichprobe zwischen 2005 und 2007 **dynamisch gewachsen**. Das größte nominelle Wachstum erreichten dabei mittlere Firmen: Sie haben jährlich im Schnitt einen Umsatzzuwachs von mehr als einem Drittel erreicht. Auch die großen Firmen konnten ihren Umsatz im Schnitt um 16 % pro Jahr steigern. Mit Blick auf das Umsatzwachstum in naher Zukunft sind die kleinen Unternehmen jedoch dreimal so

Umsatzklasse Unternehmen [Mio. Euro]	2005-2007	2008-2010
<10	9% p.a.	21% p.a.
10-50	37% p.a.	14% p.a.
>50	16% p.a.	7% p.a.

Umsatzentwicklung in Deutschland – Vergangenheit und Zukunftsprojektion
Quelle: Roland Berger

Umsatzklasse Unternehmen [Mio. Euro]	2005-2007	2008-2010
<10	13% p.a.	27% p.a.
10-50	-4% p.a.	30% p.a.
>50	4% p.a.	3% p.a.

Mitarbeiterentwicklung in Deutschland – Vergangenheit und Zukunftsprojektion
Quelle: Roland Berger

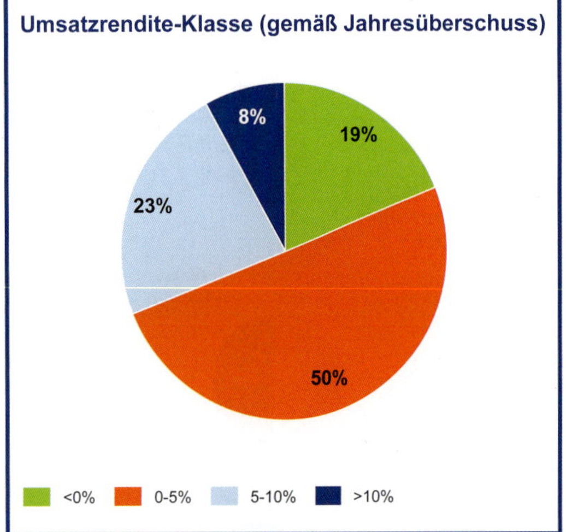

Rentabilität der Unternehmen in Deutschland
Quelle: Roland Berger

optimistisch wie Großunternehmen. Mittelständische Unternehmen gehen bis 2010 von einem zweistelligen Wachstum aus, das jedoch nur rund ein Drittel so hoch ist wie in der Vergangenheit.

Nachdem 2004 bis 2005 überwiegend mittelständische Firmen Arbeitsplätze geschaffen haben, mussten diese in den Folgejahren die Mitarbeiterzahl zum Teil wieder reduzieren. Dadurch entstanden in den Jahren 2005 bis 2007 die meisten Arbeitsplätze bei den kleinen Unternehmen. Der **Gesamttrend** bei der **Beschäftigungsentwicklung** weist jedoch weiterhin **nach oben**, sodass sich der Leitmarkt Nachhaltige Mobilität durchaus zum Beschäftigungsmotor entwickeln kann. Vor allem kleine und mittelständische Unternehmen wollen die Mitarbeiterzahl bis 2010 jährlich um fast ein Drittel steigern. In Anbetracht der Wirtschaftskrise bleibt abzuwarten, ob sich diese Absichten verwirklichen lassen.

Die Hälfte der befragten Firmen hat 2007 eine **Umsatzrendite** von bis zu 5 % erreicht, 31 % der Unternehmen lagen darüber. In die letztgenannte Kategorie fielen im betrachteten Zeitraum überdurchschnittlich viele Großunternehmen. Bei den Mittelständlern und Großbetrieben fällt der Anteil der Unternehmen mit negativen Jahresüberschüssen höher aus als bei den kleinen Firmen im Leitmarkt. Der Anteil von Unternehmen mit negativen Jahresüberschüssen liegt mit 19 % im Vergleich der Leitmärkte relativ hoch.

Internationalisierung – Fokus auf Europa

Der Leitmarkt Nachhaltige Mobilität ist im Vergleich zu den anderen Leitmärkten bereits stärker auf das Ausland ausgerichtet, wobei Internationalisierung und Wettbewerb in der Branche weiter zunehmen werden. Über 40 % der befragten Unternehmen setzen den Schwerpunkt ihrer Geschäftstätigkeit nicht mehr national, sondern innerhalb der Europäischen Union oder global. Vor dem Hintergrund der Industriestruktur mit vielen kleineren Unternehmen ist die **Internationalisierung** damit schon **weit vorangeschritten**. In keinem anderen Leitmarkt liegt der Anteil der Unternehmen, die international aktiv sind, höher. Auch der Anteil der Wertschöpfung, den die Unternehmen 2007 im Ausland erbracht haben, liegt bei der Nachhaltigen Mobilität mit 10 % über dem Durchschnitt der sechs Leitmärkte. Dennoch beschränken sich noch knapp 60 % der Firmen auf regionale und lokale Absatzmärkte – erwartungsgemäß sind die meisten von ihnen Kleinstunternehmen und Dienstleistungsfirmen.

Der **Produktionsstandort Deutschland** ist für die Unternehmen im Leitmarkt nach wie vor sehr attraktiv. Interessant ist, dass die Firmen des Leitmarktes Nachhaltige Mobilität die einzigen aus den sechs Leitmärkten sind, die dem Produktionsstandort Deutschland bis 2010 sogar eine steigende Attraktivität bescheinigen. Dies ist sicherlich auch ein positives Signal für den Erhalt von Arbeitsplätzen in Deutschland.

Fast die Gesamtzahl der im Ausland beschäftigten Arbeitnehmer entfällt auf **Westeuropa**. Hier zeichnet sich bereits die – nach Deutschland – **starke Bedeutung** dieser Region für die Unternehmen im Leitmarkt ab, was sich auch bei den Absatzmärkten und der Wettbewerbsintensität bestätigt.

Deutschland ist jedoch nach wie vor der wichtigste Absatzmarkt und erzielt im Schnitt 96 von 100 Punkten auf dem Bedeutungsindex. Diesen hohen Stellenwert wird es auch bis 2020 beibehalten. Allerdings büßt die Bundesrepublik künftig an Bedeutung ein, während alle anderen Weltregionen an Gewicht zulegen. Folgt heute mit 55 Punkten auf dem Bedeutungsindex **Westeuropa** als **wichtigste Absatzregion außerhalb Deutschlands**, so weist diese für 2020 bereits 71 Bedeutungspunkte auf. Osteuropa als drittwichtigste Absatzregion wird heute mit 36 Indexpunkten bewertet und wird bis 2020 am stärksten von allen Weltregionen an Bedeutung gewinnen. Der Absatz konzentriert sich somit heute wie 2020 auf Deutschland und Europa. Mit Blick auf 2020

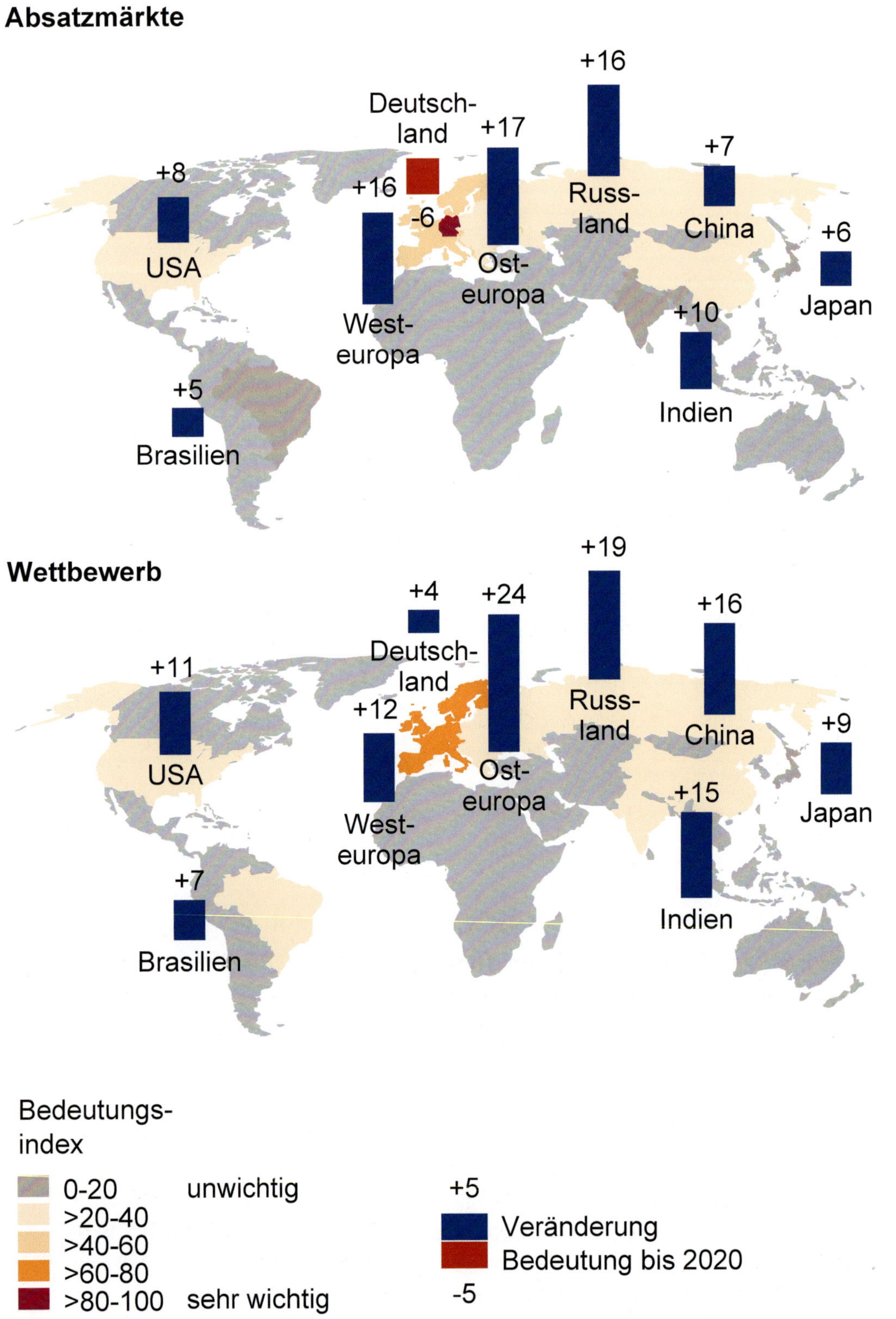

Bedeutung regionaler Absatzmärkte und Wettbewerb 2008 und 2020 für den Leitmarkt Nachhaltige Mobilität

folgt Russland als viertwichtigster Markt, während die USA, Indien und China etwa gleichauf an fünfter Stelle liegen.

Der Blick auf die nationale und internationale Konkurrenz, der deutsche Unternehmen heute und 2020 ausgesetzt sein werden, zeigt: Der Wettbewerb mit inländischen Anbietern, vor allem aber auch der **Wettbewerb mit Anbietern aus dem Ausland** wird bis 2020 deutlich an Schärfe gewinnen. Während für die Unternehmen heute die stärksten Wettbewerber aus Deutschland kommen, wird für 2020 erwartet, dass die stärksten Konkurrenten aus Westeuropa kommen werden. Zudem werden mit Blick auf 2020 Wettbewerber aus Osteuropa und Russland als starke Konkurrenten wahrgenommen.

Auffällig ist, dass die Unternehmen im Leitmarkt Nachhaltige Mobilität den zukünftigen Wettbewerb mit Firmen aus Asien (China und Indien) als deutlich stärker einschätzen als jenen durch die US-Konkurrenz. Somit zeichnet sich eine **Verschiebung innerhalb der Triade** ab.

Die Befragung zeigt klar: **Internationalisierung lohnt sich**. Während der Anteil hochrentabler Firmen (das heißt mit einer Umsatzrendite von über 10 %) bei den international aktiven Firmen bei 20 % liegt, erreichen diese Kategorie kaum Firmen, die sich nur auf den nationalen Markt beschränken.

Innovation – Starkes Engagement für Forschung und Entwicklung

Die befragten Firmen im Leitmarkt Nachhaltige Mobilität sind im Vergleich zu den Unternehmen der anderen Leitmärkte sehr innovationsorientiert: Im Durchschnitt über alle Firmen werden mit 10 % des Umsatzes **überdurchschnittlich** viele Mittel in **Forschung und Entwicklung** investiert. Damit bestätigte sich das Ergebnis aus der Befragung 2006. Am stärksten engagieren sich mittelgroße Unternehmen; bei ihnen beträgt der durchschnittliche Anteil der Forschungs- und Entwicklungsausgaben fast 24 %. Weniger wird dagegen von den großen Firmen investiert. Sie geben im Schnitt fast 7 % ihres Umsatzes für Forschung und Entwicklung aus, was einer Verdopplung des Anteils zur letzten Befragung entspricht (siehe Abbildung Seite 188).

Die Unternehmen mit den höchsten Wachstumsraten geben dabei alle mehr als 10 % ihres Umsatzes für Forschung und Entwicklung aus –

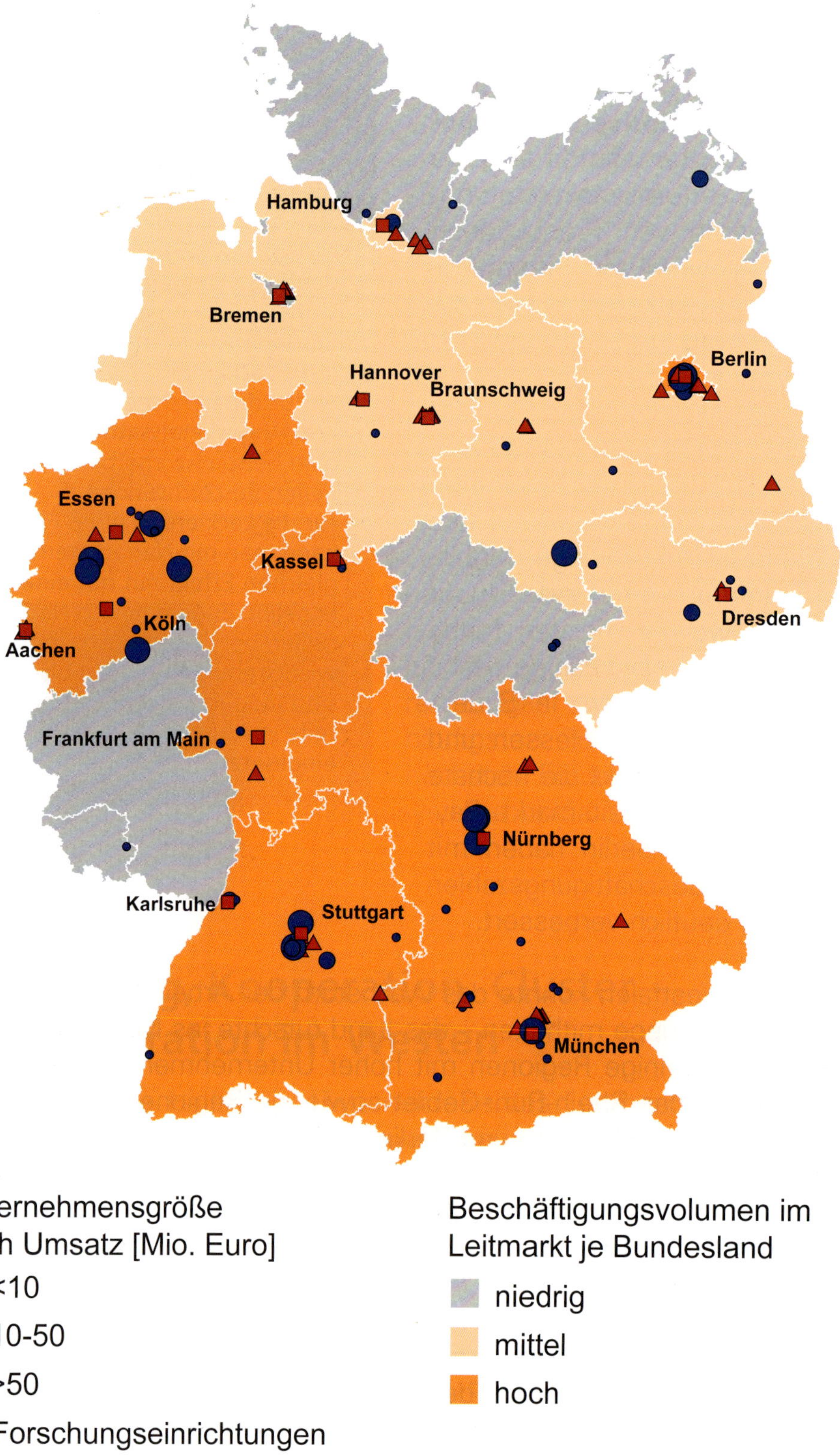

Regionale Verteilung der Firmen und Forschungseinrichtungen im Leitmarkt Nachhaltige Mobilität

- Rund um die **Ruhruniversität Bochum** haben sich die APS GmbH (Europäisches Zentrum für Mechatronik) aus Aachen und die beiden rheinland-pfälzischen Unternehmen SAT Straßensanierung und Wirtgen zusammengeschlossen, um die **Wiederverwertung von Straßenbelägen** weiterzuentwickeln. Resultat ist der sogenannte Kaltrecyclingprozess, bei dem während der Straßensanierung 100 % der ausgebauten Mineralstoffe wiederverwendet werden – das spart Zeit und Material. Die Methode reduziert somit die Umwelt- und Lärmbelastung und spart gleichzeitig Kosten.
- Im Rahmen des **Projekts *Linieneinsatz eines 18-m-Hybridbusses*** begleitete das Fraunhofer-Institut für Verkehrs- und Infrastruktursysteme in Dresden 2006 bis 2007 den Demonstrationseinsatz zwei der ersten Hybridbusse in Deutschland. In Zusammenarbeit mit den Dresdner Verkehrsbetrieben wurden zwei Busse der Firma Solaris über 12 Monate repräsentativ im Linieneinsatz getestet sowie eine Kosten-Nutzen-Analyse durchgeführt. Das Ergebnis wies eine Wirtschaftlichkeit aus, die zwar leicht unter der eines Dieselbusses lag. Dennoch war eine hervorragende Ökobilanz des Busses zu verzeichnen.

EU-weite CO_2-Auflagen für die Automobilindustrie geplant

Unterhändler der EU-Staaten und des Europaparlaments haben sich Ende 2008 auf Klimaschutzauflagen für Autos geeinigt. Der Ausstoß des klimaschädlichen Treibhausgases Kohlendioxid soll von derzeit knapp 160 Gramm je Kilometer im Flottendurchschnitt auf 120 Gramm je Kilometer sinken. Die Autobauer müssen die neuen Grenzwerte für ihre Neuwagenflotte von 2012 bis 2015 schrittweise einhalten, wobei die Frist bis 2015 einen Kompromiss gegenüber der auf Oberklassewagen spezialisierten deutschen Automobilindustrie darstellt. 2012 sollen zunächst 65 % der Neuwagen eines Herstellers die Norm erfüllen, ein Jahr später 75 %, 2014 dann 80 % und ab 2015 schließlich alle Neuwagen. Hersteller, die diese Quoten überschreiten, müssen ab 2012 empfindliche Strafen zahlen. Geplant ist, die Autoproduzenten bis 2020 zu einer weiteren Reduktion des CO_2-Ausstoßes auf 95 Gramm je Kilometer zu verpflichten. Der Kompromiss muss noch die förmliche Zustimmung der EU-Staaten und des EU-Parlaments finden.

Der Beitrag der Politik – Gesetzliche Grundlagen als treibende Kraft für Innovationen

Die Politik leistete einen wichtigen Beitrag, die deutsche **Mobilitätswirtschaft stärker auf Nachhaltigkeit auszurichten**. Anfang der 90er Jahre wurde verbleites Benzin verboten, die Pflicht zu schwefelarmen Dieselkraftstoffen und die ersten Abgasgrenzwertregelungen nach der EURO-Norm wurden eingeführt. Von EURO-1 ausgehend wurden diese in den darauf folgenden Jahren ständig verschärft – die 2007 veröffentlichten EURO-5- und EURO-6-Normen werden 2009 und 2014 in Kraft treten.

In den letzten Jahren wurden weiterhin verschiedene **Gesetze zur Reduktion von schädlichen Emissionen** erlassen. Dazu gehören die steuerliche Begünstigung der Nachrüstung von Partikelfiltern für Dieselfahrzeuge seit April 2007, die Kennzeichnungspflicht für emissionsarme Fahrzeuge, die Einführung von Umweltzonen in vielen Städten sowie die Verpflichtung der Automobilindustrie, gegenüber dem Kunden den Kraftstoffverbrauch und die CO_2-Emissionen auszuweisen.

Gesetzliche Regelungen haben **Rahmenbedingungen** geschaffen, die frühzeitig Innovationen bei nachhaltigen Technologien ausgelöst haben. Die Unternehmen haben dadurch in einzelnen Feldern Wettbewerbsvorteile im Vergleich zu Konkurrenten aus Ländern erzielt, deren gesetzliche Rahmenbedingungen weniger anspruchsvoll gesetzt waren. Die Einflussmöglichkeiten der Politik auf den Leitmarkt Nachhaltige Mobilität sind somit groß.

Umwelttechnik in den Bundesländern

Heterogene Entwicklungen der Unternehmen in den verschiedenen Bundesländern

Mit dieser Neuauflage des Umwelttechnik-Atlas wurde die Betrachtung der deutschen Umwelttechnik-Branche um eine Ebene erweitert. Erstmals wird ein Blick auf die Gemeinsamkeiten und Unterschiede der 16 deutschen Bundesländer geworfen. **Zwei Perspektiven** werden dabei beleuchtet: zum einen die der **Unternehmen und Forschungseinrichtungen in den Ländern**, zum anderen die der **Ministerien der Länder**. Die beiden Perspektiven werden im Anschluss durch eine Zusammenfassung der wichtigsten Aktivitäten in den Bundesländern in Form eines Profils ergänzt, das auf zwei Quellen basiert: zum einen auf der im Kapitel *Der deutsche Umwelttechnik-Markt* bereits vorgestellten Befragung der deutschen Umwelttechnik-Branche und zum anderen auf einer Befragung der Landesumweltministerien, die im Herbst 2008 durchgeführt wurde.

Im Folgenden werden zuerst die **allgemeine Bedeutung der Umwelttechnologien** sowie die Bedeutung der **wesentlichen Leitmärkte aus der Sicht der einzelnen Bundesländer** näher betrachtet.

Die Auswertung der Befragung zeigt, abgesehen von Ballungszentren, eine ausgeglichene lokale Verteilung der Teilnehmer (siehe Karte Seite 195). Diese Homogenität ist jedoch nicht nur bei der geografischen Verteilung von Unternehmen und Forschungseinrichtungen gegeben: Auch das starke Wachstum der deutschen Umwelttechnik findet sich in allen Bundesländern wieder. Das heißt, dass die Unternehmen in keinem der Länder negative Wachstumserwartungen haben. Auch für die Zukunft rechnen Unternehmen in ganz Deutschland mit einer positiven Entwicklung ihrer Geschäftstätigkeit.

Die Angaben der Unternehmen spiegeln deutlich eine Heterogenität wider. Unterschiede konnten zwischen den einzelnen Ländern, zwischen Nord und Süd sowie zwischen Ost und West festgestellt werden. So haben Länder unterschiedliche Leitmarktschwerpunkte und Anbindungen ins Ausland. Dies wird besonders an den gezeigten Ansätzen, Strategien und Aktivitäten der Länderministerien sichtbar.

Auch bezüglich der Forschungseinrichtungen sind Unterschiede in den einzelnen Bundesländern festzustellen. Die Ausprägung der Schwerpunkte in den Ländern variiert sehr stark. Wie auch bei den Unterneh-

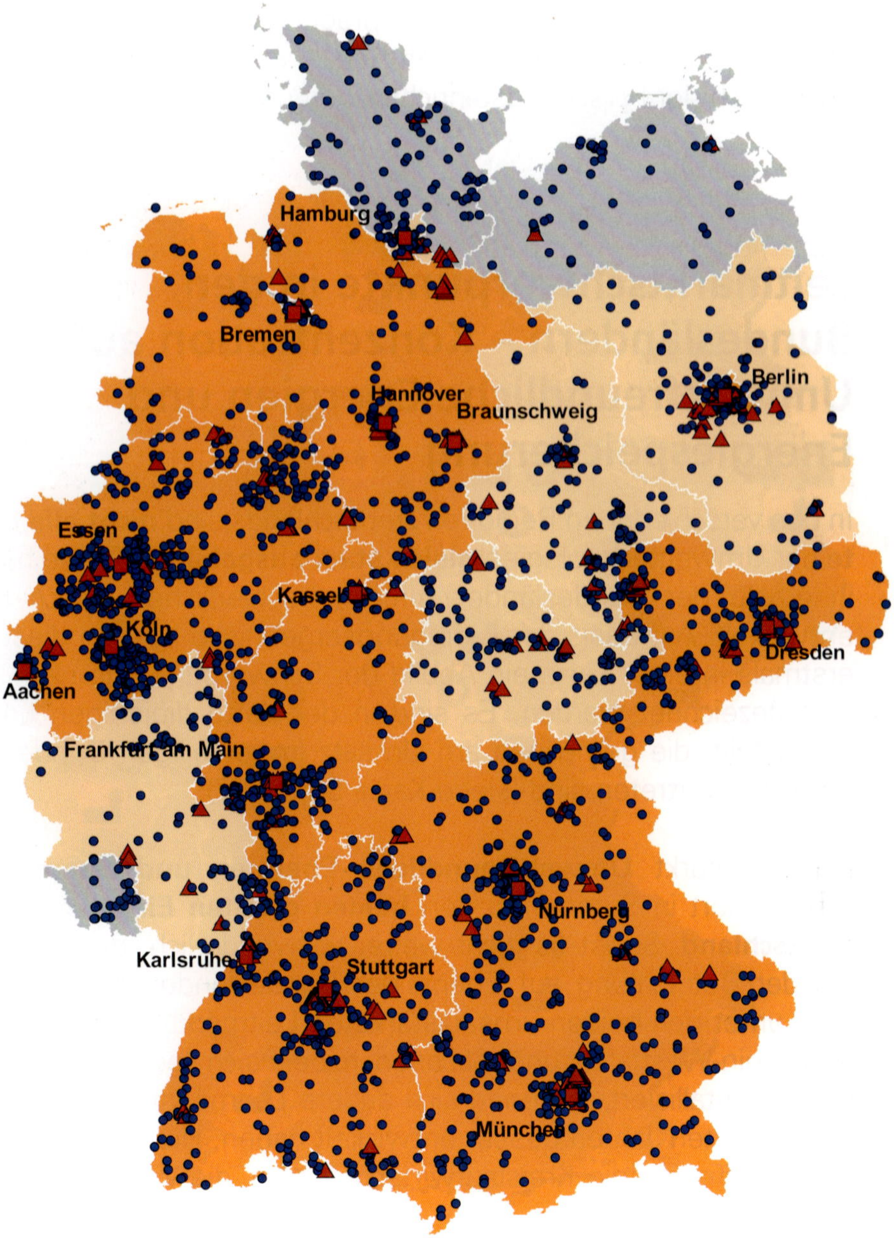

Standorte

- Unternehmen
- Forschungseinrichtungen

Beschäftigungsvolumen der Umwelttechnik je Bundesland

- niedrig
- mittel
- hoch

Regionale Verteilung der Unternehmen und Forschungseinrichtungen der Umwelttechnologie in Deutschland

nem wichtigen Leitmarkt aufgestiegen. In den Bundesländern Berlin und Mecklenburg-Vorpommern sind zudem überdurchschnittlich viele Unternehmen der **Nachhaltigen Mobilität** vertreten, sodass dieser Leitmarkt im Nordosten Deutschlands zu einer gewichtigen Größe der Umwelttechnik geworden ist.

Umsatzstärkere Unternehmen in den alten Bundesländern – Neue Bundesländer holen auf

Wie bereits im ersten Kapitel dargestellt, ist der Markt für Umwelttechnik in Deutschland relativ fragmentiert und kleinteilig. Dies gilt zunächst für alle Bundesländer gleichermaßen, jedoch mit unterschiedlichen Ausprägungen. So sind **Unternehmen in den alten Bundesländern tendenziell größer als in den neuen Bundesländern**. Insbesondere der Anteil der kleinen Unternehmen mit einem Umsatz unter 10 Mio. Euro fällt in den neuen Bundesländern mit 85 % um mehr als 10 Prozentpunkte größer aus als die Vergleichsgruppe in den alten Bundesländern. Gleichzeitig ist der Anteil der großen Unternehmen mit einem Umsatz von mehr als 50 Mio. Euro in den alten Bundesländern mit 13 % fast doppelt so hoch wie in den neuen Bundesländern.

Ein Vergleich der alten und neuen Bundesländer hinsichtlich des erwarteten Umsatzwachstums für 2008 und 2009 impliziert eine **Angleichung der Marktstrukturen**, denn **Unternehmen in den neuen Bundesländern erwarten** mit 24 % ein im Durchschnitt 3 % **schnelleres Wachstum als Unternehmen in den alten Bundesländern** (siehe Abbildung Seite 199). Damit nimmt die Größe der ostdeutschen Unternehmen im Durchschnitt stärker zu als die Größe der westdeutschen

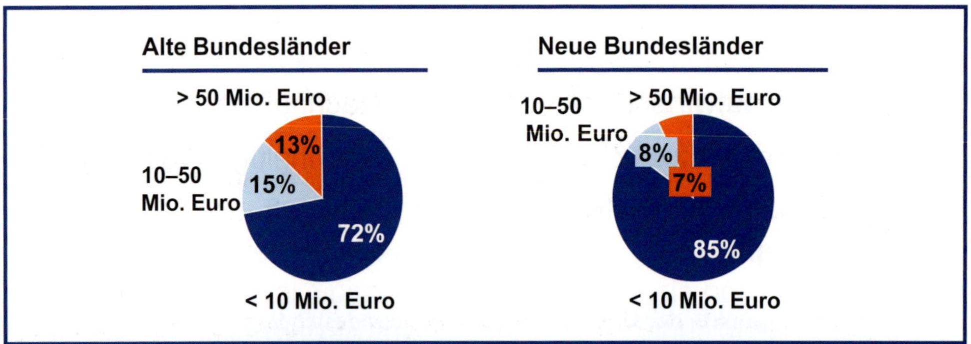

Verteilung nach Unternehmensgrößen in den alten und neuen Bundesländern im Vergleich

Quelle: Roland Berger

Unternehmen. Die neuen Bundesländer belegen damit Spitzenplätze im nationalen Vergleich. Unter den Top-5-Bundesländern mit in den Jahren 2006 und 2007 am schnellsten gewachsenen Unternehmen waren zwei neue Bundesländer vertreten, nämlich Sachsen-Anhalt und Mecklenburg-Vorpommern. (siehe Abbildung Mitte) Das schnellste Wachstum für 2008 und 2009 erwarten Unternehmen in Sachsen-Anhalt, Mecklenburg-Vorpommern, Baden-Württemberg, Thüringen und Rheinland-Pfalz. Damit sind unter den Top 5 sogar drei neue Bundesländer vertreten (siehe Abbildung unten).

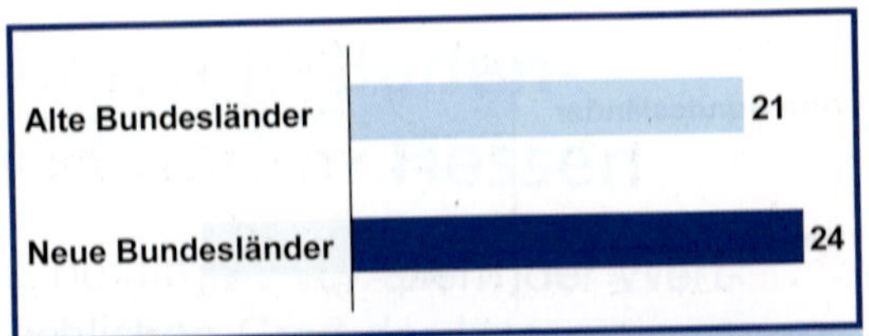

Erwartetes durchschnittliches Umsatzwachstum für 2008 und 2009 in den alten und neuen Bundesländern im Vergleich [%]
Quelle: Roland Berger

Bremen
Sachsen-Anhalt
Mecklenburg-Vorpommern
Rheinland-Pfalz
Hamburg

Die fünf Bundesländer mit dem größten Umsatzwachstum in den Jahren 2006/2007
Quelle: Roland Berger

Sachsen-Anhalt
Mecklenburg-Vorpommern
Baden-Württemberg
Thüringen
Rheinland-Pfalz

Die fünf Bundesländer mit dem größten prognostizierten Umsatzwachstum in den Jahren 2008/2009
Quelle: Roland Berger

Baden-Württemberg, Bayern und das Saarland beheimaten die meisten Unternehmen mit internationaler Geschäftsausrichtung

Innerhalb der Bundesländer sind große Unterschiede im Bereich der geografischen Geschäftsausrichtung der Unternehmen festzustellen. Die Vorteile einer internationalen Geschäftsausrichtung liegen für die Unternehmen dabei klar auf der Hand: International agierende Unternehmen können, so ein Ergebnis der Befragung, meist mit einer höheren Profitabilität aufwarten als ihre lediglich national agierenden deutschen Konkurrenten.

Im Vergleich der Bundesländer sind **zwei Tendenzen bei der Betrachtung des Internationalisierungsgrads** auffällig: Es lassen sich sowohl

Umwelttechnik – Ein Überblick

Das Land Baden-Württemberg ist nach seiner Wirtschaftsleistung (Bruttoinlandsprodukt) von rund 350 Mrd. Euro das drittgrößte Bundesland und ist in allen Leitmärkten der Umwelttechnik-Branche vertreten.

Am Umsatz der Unternehmen gemessen sind die wichtigsten Leitmärkte Umweltfreundliche Energien und Energiespeicherung sowie Energieeffizienz. Dies spiegelt sich auch im Bereich Forschung und Entwicklung wider, zahlreiche Forschungseinrichtungen haben hier den Schwerpunkt ihrer Tätigkeit.

Rund drei Viertel der Unternehmen erwirtschaften einen Jahresumsatz von 10 Mio. Euro oder weniger. Der Anteil großer Unternehmen mit einem Jahresumsatz von 50 Mio. Euro oder mehr liegt lediglich bei rund 12 %. Sowohl im Bereich des Umsatzes als auch bei den Mitarbeitern konnten die Unternehmen in der Vergangenheit jedoch zweistellige Wachstumsraten vorweisen. Ihr Umsatz in der Umwelttechnik-Branche wuchs in der Zeit zwischen 2005 und 2007 über alle Leitmärkte hinweg mit durchschnittlich 20 % (siehe Abbildung 2). Für die Jahre 2008 und 2009 wird sogar eine Steigerung des Umsatzwachstums auf 26 %

Unternehmen und Forschungseinrichtungen

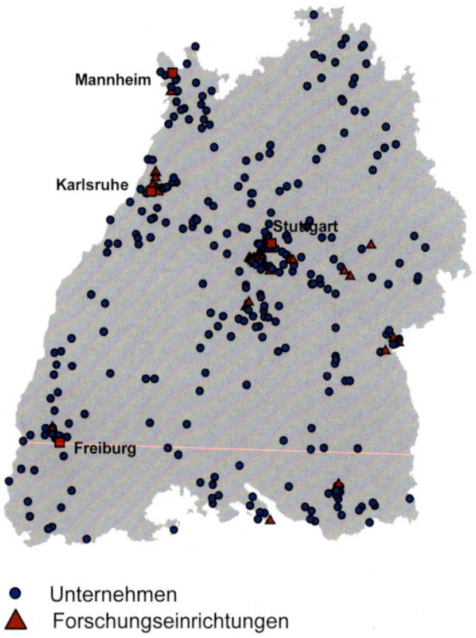

Leitmarktschwerpunkte im Land

Die wichtigsten Standortfaktoren aus Sicht der Unternehmen und Erfüllung

1. Fachkräfteverfügbarkeit	**50%**
2. Nachfragevolumen Markt	**54%**
3. Infrastruktur	**68%**

Abbildung 1

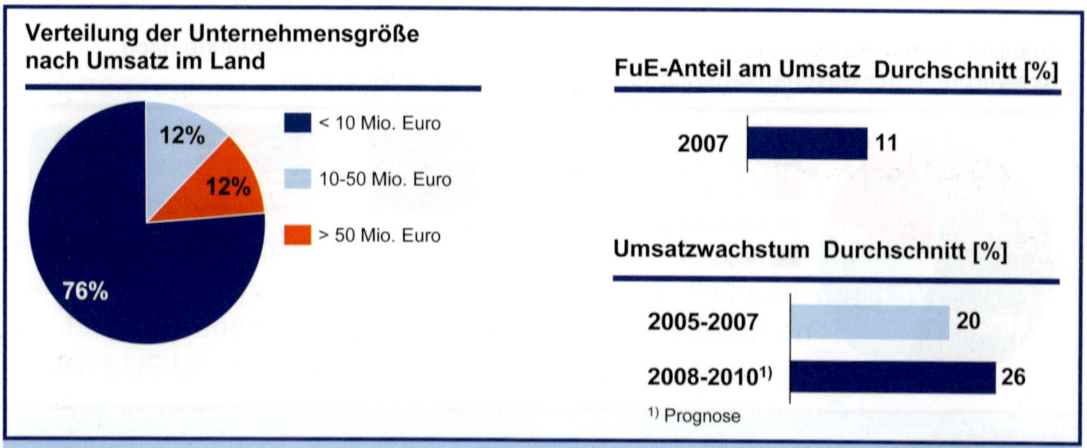

Abbildung 2

erwartet. Ebenfalls sehr stark wuchs im Zeitraum 2005 bis 2007 die Anzahl der Mitarbeiter der Unternehmen. Das durchschnittliche Mitarbeiterwachstum von etwa 15 % soll bis Ende 2009 nach Aussage der Unternehmen sogar auf rund 20 % ansteigen.

Knapp 40 % der in Baden-Württemberg ansässigen Unternehmen haben eine internationale Ausrichtung der Geschäftstätigkeit. Die wichtigsten Absatzmärkte liegen in Westeuropa, den USA, Osteuropa und China. In diesen Ländern beschäftigen die Unternehmen auch die meisten Mitarbeiter im Ausland. Gleichzeitig ist jedoch festzuhalten, dass über 35 % der Unternehmen ausschließlich regional tätig sind (siehe Abbildung 3).

Zu den wichtigsten Standortfaktoren für ein erfolgreiches Wirtschaften zählen aus Sicht der Unternehmen vor allem die Verfügbarkeit von Fachkräften, das Nachfragevolumen und die Infrastruktur. Insbesondere die Anforderungen an eine leistungsfähige Infrastruktur bewerten die Unternehmen in Baden-Württemberg als überdurchschnittlich gut erfüllt.

Die wirtschaftliche Bedeutung der Umwelttechnik-Branche deckt sich mit der Einschätzung des Landesministeriums und zeigt sich in der klaren Absicht, die Förderung der Branche zukünftig noch auszuweiten. Als wesentliches Instrument der Förderung werden derzeit insbesondere finanzielle Anreizsysteme genutzt, die vor allem in Form von Zuschüssen, teilweise aber auch als Darlehen und als Forschungsaufträge zur Anwendung kommen. Als Beispiele für die Aktivitäten können das Förderprogramm Betriebliche Umwelttechnik, die EFRE-Förderrichtlinie

- Techniken zur Feinstaubreduzierung
  - Techniken zur Reduzierung von Feinstaub aus industriellen Prozessen und Holzfeuerungsanlagen
  - Entwicklung von Abluftbehandlungssystemen und Optimierung der Prozessführung
- Thermische Energiespeicher
  - Wirtschaftliche und technische Lösungen für Speicher thermischer Energie

Schwerpunktthemen in den nächsten drei Jahren

- Ressourcenschonung
  - Erneuerbare Energien
  - Nachwachsende Rohstoffe
  - Energieeffizienz
- Materialeffizienz
  - Intelligente Mess-, Steuerungs- und Regeltechnik
  - Einsatz von Schlüsseltechnologien
  - Ersatz knapper Ressourcen und von Ressourcen mit geringer Reichweite
- Klima- und Umweltschutz
  - CO_2-Emissionsminderungstechniken (Carbon dioxide capture and storage, Brennstoffzelle)
  - Energiespartechniken zur Gebäudesanierung

Kontaktinformationen

Umweltministerium Baden-Württemberg
Kernerplatz 9
70182 Stuttgart
Internet: www.um.baden-wuerttemberg.de

Freistaat Bayern

Abbildung 3

gründung (BayTOU) und das Netzwerk Allianz Bayern Innovativ sollen den Wettbewerbsstandort stärken und dadurch hochqualifizierte Arbeitsplätze sichern und neu schaffen. Des Weiteren unterstützt die Bayerische Forschungsstiftung zukunftsweisende Forschungs- und Entwicklungsprojekte.

Darüber hinaus hat sich das Land zum Ziel gesetzt, den CO_2-Ausstoß bis 2010 auf 80 Mio. Tonnen zu reduzieren. Zu diesem Zweck gibt es Forschungsprojekte zum Klimaschutz durch effiziente Energieverwendung und Klimaanpassung, zur Nutzung erneuerbarer Energien und zur integrierten Produktpolitik und zum Stoffflussmanagement.

Die Schwerpunktthemen in den nächsten Jahren sind damit klar gesetzt. Neben dem originären Klima- und Umweltschutz steht ein nachhaltiges Ressourcenmanagement auch in Bezug auf umweltschonende Mobilität auf der Agenda.

Umwelttechnik – Förderung

Förderpolitische Strategie und strategische Ziele

- Anteil der Ausgaben für Forschung und Entwicklung am (bayerischen) BIP soll deutlich gesteigert werden
- Ziel: Senkung des CO_2-Ausstoßes auf 80 Mio. Tonnen bis zum Jahr 2010

Förderaktivitäten

- Bayerisches Technologieförderungsprogramm
  - Förderinstrument, das spezifisch auf die Bedürfnisse des Mittelstandes abgestimmt ist
- Technologieorientierte Unternehmensgründung (BayTOU)
  - Gründungen in zukunftsträchtigen Technologiebereichen; Schaffung hochqualifizierter Arbeitsplätze, Stärkung der Wettbewerbsfähigkeit
- Allianz Bayern Innovativ: Netzwerke für Bayerns Zukunft
  - unter anderem Cluster-Offensive
  - Bildung von Netzwerken und Clustern
- Bayerische Forschungsstiftung
  - Unterstützung zukunftsweisender FuE-Projekte; Transfer wissenschaftlicher Erkenntnisse in die wirtschaftliche Umsetzung

Förderung von Auslandsaktivitäten

Keine Angaben

Länderschwerpunkte der Förderung von Auslandsaktivitäten

Keine Angaben

Laufende und geplante Forschungsprojekte

- Klimaschutz durch effiziente Energieverwendung und Klimaanpassung
  - Verschiedene Projekte zum Thema Klimaschutz durch effiziente Energieverwendung sind Bestandteil des Klimaschutzkonzepts der Bayerischen Staatsregierung; daneben werden Anpassungsstrategien an den Klimawandel für Natur, Lebensraum und Wirtschaft entwickelt
- Erneuerbare Energien, Nutzung von Biomasse und Kraftstoffstrategie
  - Ermittlung von Rahmenbedingungen für umweltverträgliche Nutzung von Biomasse und zur Erarbeitung einer transparenten und kalkulierbaren Konzeption für den Einsatz wettbewerbsfähiger sauberer Kraftstoffe und innovativer Antriebstechnologien zur Mobilitätssicherung im Rahmen einer nachhaltigen Energieversorgung
- Integrierte Produktpolitik (IPP) und Stoffflussmanagement (SFM)
  - IPP-Projekte zum Umwelt-, Klima- und Ressourcenschutz; Kommunen und Volkswirtschaft profitieren von den Energieeinsparungen unmittelbar; zudem Untersuchungen klimarelevanter Stoff- und

Umwelttechnik – Ein Überblick

Der Stadtstaat Berlin liegt in Bezug auf das erwirtschaftete Bruttoinlandsprodukt (BIP) im Mittelfeld der Länder. Berlin ist in allen Leitmärkten der Umwelttechnik-Branche vertreten, es zeigt sich jedoch ein deutlicher Schwerpunkt auf den Leitmärkten Umweltfreundliche Energien und Energiespeicherung und Nachhaltige Mobilität.

Die Struktur der Umwelttechnik-Branche in Berlin ist gekennzeichnet durch einen hohen Anteil kleiner Unternehmen. Rund 85 % der Unternehmen erwirtschaften einen Umsatz von weniger als 10 Mio. Euro, nicht einmal ein Zehntel aller Unternehmen erzielt einen Umsatz von mehr als 50 Mio. Euro. Die Wachstumsraten der Unternehmen zeigen dabei einen stabilen Verlauf. So lag das durchschnittliche Umsatzwachstum der Jahre 2005 bis 2007 bei 19 %, und für die Jahre 2008 und 2009 erwarten die Berliner Unternehmen einen Anstieg der Wachstumsrate auf durchschnittlich 21 % (siehe Abbildung 2).

Unternehmen und Forschungseinrichtungen

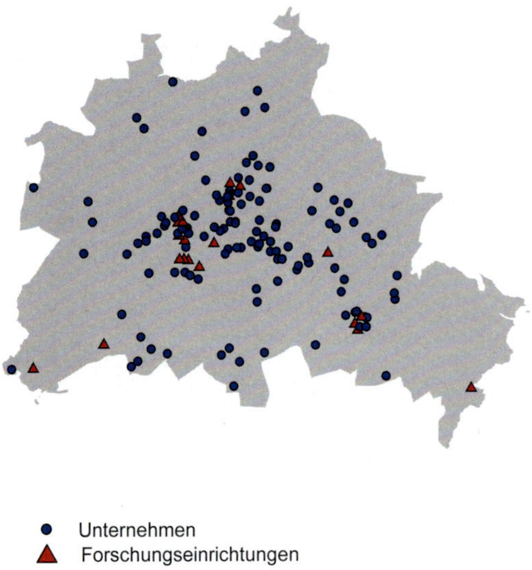

Leitmarktschwerpunkte im Land

Die wichtigsten Standortfaktoren aus Sicht der Unternehmen und Erfüllung

1. Fachkräfteverfügbarkeit	**64%**
2. Nachfragevolumen Markt	**55%**
3. Infrastruktur	**75%**

Abbildung 1

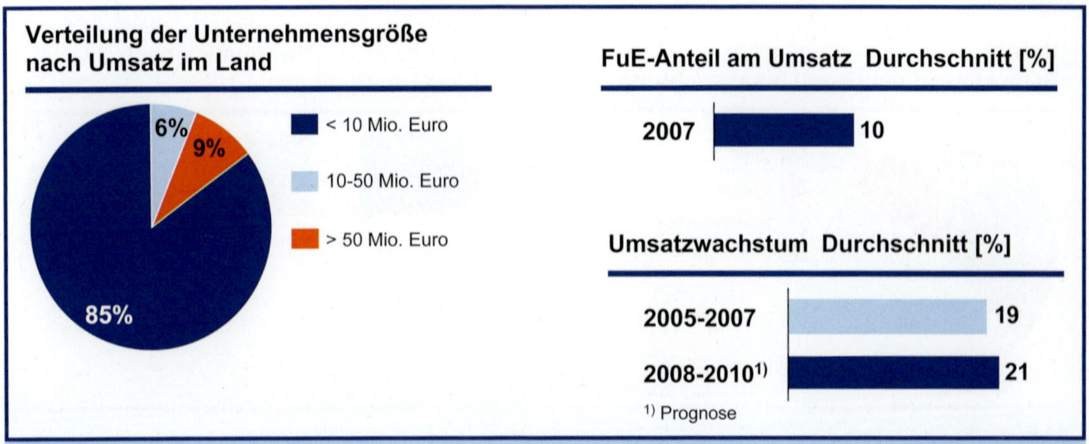

Abbildung 2

Die Forschungsaktivitäten im Bereich der Umwelttechnik spielen in Berlin zudem ein wichtige Rolle. Das zeigt sich auch am Anteil des Umsatzes, den die Unternehmen für Forschung und Entwicklung investieren; dieser liegt bei rund 10 %.

Die wichtigsten Standortfaktoren für die Unternehmen des Stadtstaates sind die Verfügbarkeit von Fachkräften, das Nachfragevolumen des Marktes und die Infrastruktur. Berlin bietet hier den Unternehmen insbesondere bezüglich der Verfügbarkeit von Fachkräften und den infrastrukturellen Gegebenheiten vergleichsweise gute Rahmenbedingungen.

Die Unternehmen in Berlin sind stark regional und national ausgerichtet. Insgesamt liegt lediglich bei knapp einem Viertel der Unternehmen der Schwerpunkt der Geschäftsausrichtung außerhalb Deutschlands. Absatzmarktschwerpunkte im Ausland sind hauptsächlich west- und osteuropäische Länder, Russland und die USA (siehe Abbildung 3).

Das Landesministerium sieht in der Entwicklung, Produktion und Vermarktung moderner Umwelttechnologien ein beachtliches Beschäftigungspotenzial und verfolgt daher das Ziel, Innovationskraft und Wettbewerbsfähigkeit zu stärken und dazu insbesondere die Kooperation zwischen Wissenschaft und Wirtschaft zu intensivieren.

Zu diesem Zweck werden unterschiedliche Förderungsinstrumente genutzt, die besonders auf kleine und mittlere Unternehmen ausgerichtet sind. Der Aufbau von Kooperationsnetzwerken wird gefördert, und Delegationsreisen oder Messebeteiligungen für kleine und mittlere

Abbildung 3

Unternehmen werden bezuschusst. Darüber hinaus werden Innovationen gefördert, einerseits unmittelbar durch Darlehen, Zuschüsse oder Bürgschaften aus dem Programm ProFIT, andererseits auch durch die Einstellung von Innovationsassistenten/-assistentinnen als Mittel, kleine und mittlere Unternehmen mit neuen technischen Lösungen vertraut zu machen.

Weitere Auslandsaktivitäten werden beispielsweise durch den Arbeitskreis Berliner Wasserplenum oder die Asien-Pazifik-Wochen unterstützt. Der Schwerpunkt der Förderung liegt neben dem asiatischen Bereich auf der Mittelmeer-Anrainer-Region und Osteuropa.

Schwerpunkte in den nächsten drei Jahren liegen insbesondere auf den Leitmärkten Nachhaltige Wasserwirtschaft, Umweltfreundliche Energien und Energiespeicherung sowie Energieeffizienz. Neben der weiteren Forschung in diesen Bereichen steht die Nutzung der bereits vorhandenen Potenziale dieser Leitmärkte im Fokus.

Umwelttechnik – Förderung

Förderpolitische Strategie und strategische Ziele

- Die Wirtschaft der Hauptstadtregion profitiert von der Entwicklung, Produktion und Vermarktung moderner Umwelttechnologien; sie verfügt mit 47.000 Mitarbeitern über ein beachtliches Beschäftigungspotenzial

- Stärkung der Innovationskraft und Wettbewerbsfähigkeit der Berliner Wirtschaft – dazu gehört insbesondere die Intensivierung der Kooperationsbeziehungen zwischen Wissenschaft und Wirtschaft

Förderaktivitäten

- Kooperationsnetzwerke
  - Förderung des Aufbaus von Kooperationsnetzwerken für technologieorientierte kleine und mittlere Unternehmen aus relevanten Branchen der Umweltwirtschaft
- Auslandsmarkterschließung
  - Die Realisierung von Delegationsreisen oder Messebeteiligungen für kleine und mittlere Unternehmen wird bezuschusst
- Innovationsförderung
  - Förderung von Innovationsprojekten von kleinen und mittleren Unternehmen mittels Darlehen, Zuschüssen oder Bürgschaften aus dem Programm ProFIT
- Innovationsassistentin/-assistenten
  - Einstellung von Innovationsassistenten/-assistentinnen als Mittel, kleine und mittlere Unternehmen mit neuen technischen Lösungen vertraut zu machen
- Standortmarketing
  - Energietechnik ist ein wesentliches Technologiecluster in Berlin und wird damit auch im Standortmarketing hervorgehoben

Förderung von Auslandsaktivitäten

- Arbeitskreis Berliner Wasserplenum
- Delegationsreisen, Messebeteiligung, Programm „Neue Märkte erschließen"
- Asien-Pazifik-Wochen

Länderschwerpunkte der Förderung von Auslandsaktivitäten

- Asien, Mittelmeer-Anrainer-Region, Osteuropa

Laufende und geplante Forschungsprojekte

- Innovationsförderung für kleine und mittlere Unternehmen aus dem Bereich Erneuerbare Energien/Umwelttechnologien nach dem Programm ProFIT mittels Zuschüssen, Darlehen oder stillen Beteiligungen

- Förderung von kleinen und mittleren Unternehmen aus dem Technologiefeld Erneuerbare Energien/Umwelttechnologien mit dem Programm „Innovationsassistent/Innovationsassistentin"

Schwerpunktthemen in den nächsten drei Jahren

- Wasser
  - Wassermanagement
  - Trinkwasserversorgung und Abwasserentsorgung
- Regenerative Energien
  - Verbesserung der Leistungsparameter bei Wind- und Sonnenenergie erleichtert und verbilligt deren Marktstellung
- Energieeffizienz
  - Erschließung der Einsparpotenziale im Energieverbrauch vor allem im Gebäudebestand und der Infrastruktur

Kontaktinformationen

Senatsverwaltung für Wirtschaft, Technologie und Frauen
Martin-Luther-Straße 105
10825 Berlin
Internet: www.berlin.de/sen/wtf

Brandenburg

Umwelttechnik – Ein Überblick

Das Land Brandenburg verfügt über eine Wirtschaftsleistung (BIP) von 53 Mrd. Euro. Die wichtigsten Leitmärkte der Umwelttechnik-Branche sind die Umweltfreundliche Energien und Energiespeicherung, die Kreislaufwirtschaft und die Nachhaltige Wasserwirtschaft.

Die wichtigsten Standortfaktoren für brandenburgische Unternehmen sind die Verfügbarkeit von Fachkräften, von Kapital und das Nachfragevolumen des Marktes. Insbesondere die gesetzten Erwartungen an die Marktnachfrage empfinden die Unternehmen jedoch als noch unterdurchschnittlich erfüllt.

Der Anteil kleiner Unternehmen, die einen Umsatz von 10 Mio. Euro oder weniger erwirtschaften, liegt in Brandenburg bei 82 %. Der Anteil großer Unternehmen mit einem Umsatz von mehr als 50 Mio. Euro liegt dagegen bei 11 % (siehe Abbildung 2).

In Brandenburg ist die Umwelttechnik-Branche durch ein dynamisches Wachstum gekennzeichnet. So lag das Umsatzwachstum der Unter-

Unternehmen und Forschungseinrichtungen

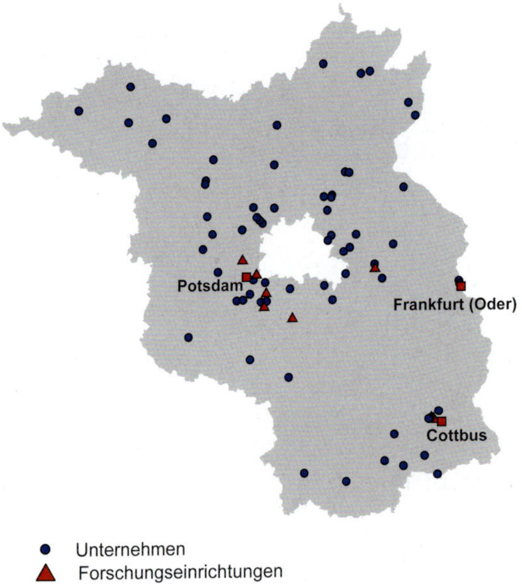

Leitmarktschwerpunkte im Land

Die wichtigsten Standortfaktoren aus Sicht der Unternehmen und Erfüllung

1. Fachkräfteverfügbarkeit	**46%**
2. Kapitalverfügbarkeit	**46%**
3. Nachfragevolumen Markt	**36%**

Abbildung 1

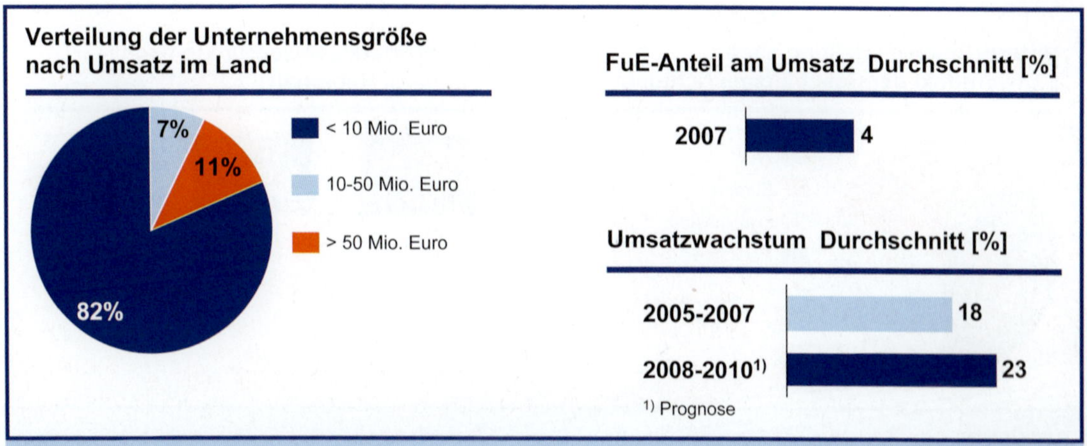

Abbildung 2

nehmen in den Jahren 2005 bis 2007 durchschnittlich bei 18 %. Für die Jahre 2008 und 2009 wird eine Wachstumssteigerung auf durchschnittlich 23 % erwartet. Gleichzeitig sind auch deutliche Impulse für den Arbeitsmarkt zu erwarten. Mit einem prognostizierten Mitarbeiterwachstum von durchschnittlich rund 24 % in den nächsten beiden Jahren übernimmt die Umwelttechnik-Branche in Brandenburg eine wichtige Rolle zur Beschäftigungssicherung. Dieser Wachstumstrend bestätigt sich auch in der sehr positiven Bewertung der derzeitigen und zukünftigen Geschäftslage der Unternehmen.

Fast 70 % der brandenburgischen Unternehmen haben den Schwerpunkt ihres Geschäfts innerhalb Deutschlands. Mehr als die Hälfte dieser Unternehmen konzentrieren sich dabei auf eine regionale Marktbearbeitung. Dagegen sind insgesamt rund 30 % der Unternehmen bereits international ausgerichtet. Die wichtigsten Absatzregionen außerhalb Deutschlands sind West- und Osteuropa sowie Russland (siehe Abbildung 3).

Die Förderpolitik des Landes Brandenburg hat sich mit der „Energie- und Klimaschutzstrategie 2020" zum Ziel gesetzt, den Anteil der Erneuerbaren Energien auf 20 % zu erhöhen und die CO_2-Emissionen um 40 % zu senken. Dabei unterstützt das Land insbesondere den bisher in Brandenburg kaum ausgeprägten Leitmarkt Nachhaltige Mobilität.

Konkrete Förderaktivitäten umfassen Unternehmensnetzwerke der Bereiche Weiße Biotechnologie, Energietechnologie und Mineralöl- und Biokraftstoffe sowie das REN-Programm des Ministeriums für Wirtschaft zur Förderung von Energieeffizienzprojekten und zur Er-

Abbildung 3

höhung des Anteils an erneuerbaren Energien. Des Weiteren sollen Umweltschutz-Richtlinien des Umweltministeriums innovative Projekte unterstützen. Forschungsprojekte wie die 30 Megawatt Oxyfuelanlage im Vattenfall-Kraftwerk Schwarze Pumpe und der Probebetrieb zur CO_2-Verpressung CO_2-Sink unterstützen das Ziel der Emissionsreduzierung und tragen dazu bei, die Forschungs- und Entwicklungstätigkeit in Brandenburg zu erhöhen.

Auch in den nächsten Jahren liegen die Forschungsschwerpunkte der Ministerien im Bereich Energietechnologien. Darüber hinaus steht der Leitmarkt Kreislaufwirtschaft im Mittelpunkt zukünftiger Arbeit.

Um das Potenzial in der Marktnachfrage auszuschöpfen, fördern die Ministerien zudem Auslandsaktivitäten. Durch die Beteiligung am europäischen EEN-Netzwerk (Enterprise Europe Network) soll den Unternehmen Zugang zu neuen Märkten ermöglicht werden. Darüber hinaus unterstützen die Förderrichtlinien „Außenwirtschafts- und Innovationsassistent" und „Beratung" Aktivitäten im Ausland. Derzeit liegen die Schwerpunkte der Förderung auf Mittel- und Osteuropa, China und Südostasien.

Umwelttechnik – Förderung

Förderpolitische Strategie und strategische Ziele

- Die Landesregierung Brandenburg hat im Mai 2008 die „Energie- und Klimaschutzstrategie 2020" verabschiedet

- Zentrale Ziele sind: Erhöhung des Anteils erneuerbarer Energien auf 20 %, Senkung der CO_2-Emissionen um 40 %
- Im Mobilitätsbereich verfolgt die Landesregierung das Ziel, umweltschonende Verkehrstechnologien und Antriebe stärker zur Anwendung kommen zu lassen
- Die Förderpolitik ist auf die Umsetzung dieser fachpolitischen Strategien gerichtet

Förderaktivitäten

- Förderung von Unternehmensnetzwerken (GA-Netzwerke)
  - Davon profitieren Unternehmenscluster in den Bereichen Weiße Biotechnologie, Energietechnologie, Mineralöl- und Biokraftstoffe, WaterPN
- REN-Programm des Ministeriums für Wirtschaft
  - Landesprogramm zur Förderung von Energieeffizienzprojekten und zur Erhöhung des Anteils an erneuerbaren Energien
- Umweltschutz-Richtlinie des Umweltministeriums
  - Förderung innovativer Projekte im verkehrsbezogenen Immissionsschutz, im Energiebereich und in der Abfallwirtschaft
- Konversionsförderung
  - Förderung von Sanierungs- und Entsorgungsmaßnahmen in konversionsbetroffenen Kommunen

Förderung von Auslandsaktivitäten

- Beteiligung am europäischen EEN-Netzwerk (Enterprise Europe Network)
- Förderrichtlinie „Außenwirtschafts- und Innovationsassistent" (MW)
- Förderrichtlinie „Beratung" (MW) für Auslandsaktivitäten

Länderschwerpunkte der Förderung von Auslandsaktivitäten

- Mittel- und Osteuropa
- China, Südostasien

Laufende und geplante Forschungsprojekte

- 30 Megawatt Oxyfuelanlage im Vattenfall-Kraftwerk Schwarze Pumpe
  - Erprobung von Komponenten und Werkstoffen unter anderem zur CO_2-Abscheidung, -verdichtung und -verflüssigung
- CO_2-Sink

- Probebetrieb zur CO_2-Verpressung im Untergrund eines ehemaligen Erdgasspeichers bei Ketzin durch das Geoforschungszentrum Potsdam (Helmholtz-Gemeinschaft)

• Geothermische Tiefenbohrungen
  - Abteufung von zwei Tiefenbohrungen bis circa 4.500 Meter (Versuchsbetrieb zur untertägigen Klüftung und damit zur Herstellung eines Kreislaufes zur Zirkulation circa 150-grädigen Tiefenwassers) durch das Geoforschungszentrum Potsdam

Schwerpunktthemen in den nächsten drei Jahren

• Energietechnologien
  - CO_2-neutrale Braunkohleverstromung
  - Biokraftstoffproduktion (2. Generation)
  - Solartechnologie
  - Ausbau und Repowering von Windkraftanlagen
• Industrielle Biotechnologie
  - Innovative Schnittmengen zu zahlreichen Branchen
• Abfallwirtschaft und Recycling
  - Optimierung der stofflichen und energetischen Nutzung von Wertstoffen mit einem hohen Beschäftigungspotenzial

Kontaktinformationen

Ministerium für Ländliche Entwicklung, Umwelt und Verbraucherschutz
Albert-Einstein-Straße 42–46
14473 Potsdam
Internet: www.mluv.brandenburg.de

Ministerium für Wirtschaft
Heinrich-Mann-Allee 107
14473 Potsdam
Internet: www.mw.brandenburg.de

Freie Hansestadt Bremen

Umwelttechnik – Ein Überblick

Bremen erwirtschaftet mit 26 Mrd. Euro das geringste Bruttoinlandsprodukt aller Bundesländer. Im Verhältnis dazu sind Unternehmen der Umwelttechnik-Branche in Bremen relativ stark vertreten. Insbesondere Unternehmen, die dem Leitmarkt Kreislaufwirtschaft zuzuordnen sind, bilden einen Schwerpunkt. Daneben sind auch die Märkte Umweltfreundliche Energien und Energiespeicherung sowie Nachhaltige Wasserwirtschaft hervorzuheben, während der Leitmarkt Material- und Rohstoffeffizienz bisher kaum eine Rolle spielt.

Die wichtigsten Standortfaktoren aus Sicht der Bremer Unternehmen sind das Nachfragevolumen des Marktes, eine leistungsfähige Infrastruktur und die Verfügbarkeit von Fachkräften.

Unter den betrachteten Unternehmen sind vergleichsweise viele mittlerer Größe. Knapp ein Drittel der Unternehmen erwirtschaftet Umsätze im Bereich zwischen 10 und 50 Mio. Euro. Mit über 60 % stellen die Unternehmen mit einem Umsatz kleiner 10 Mio. Euro dennoch den größten Anteil (siehe Abbildung 2).

Unternehmen und Forschungseinrichtungen

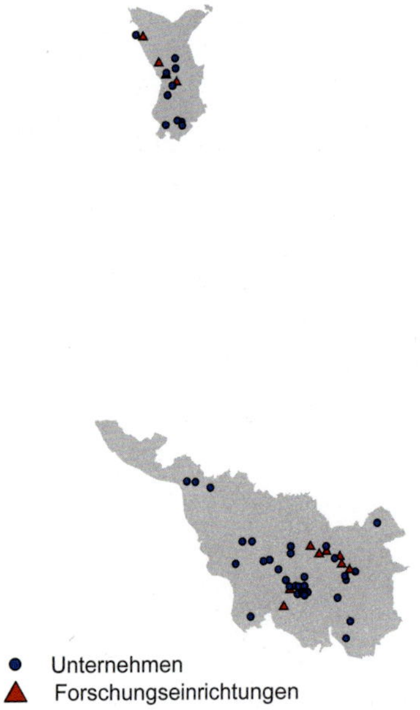

Leitmarktschwerpunkte im Land

Die wichtigsten Standortfaktoren aus Sicht der Unternehmen und Erfüllung

1. Nachfragevolumen Markt	**49%**
2. Infrastruktur	**68%**
3. Fachkräfteverfügbarkeit	**46%**

Abbildung 1

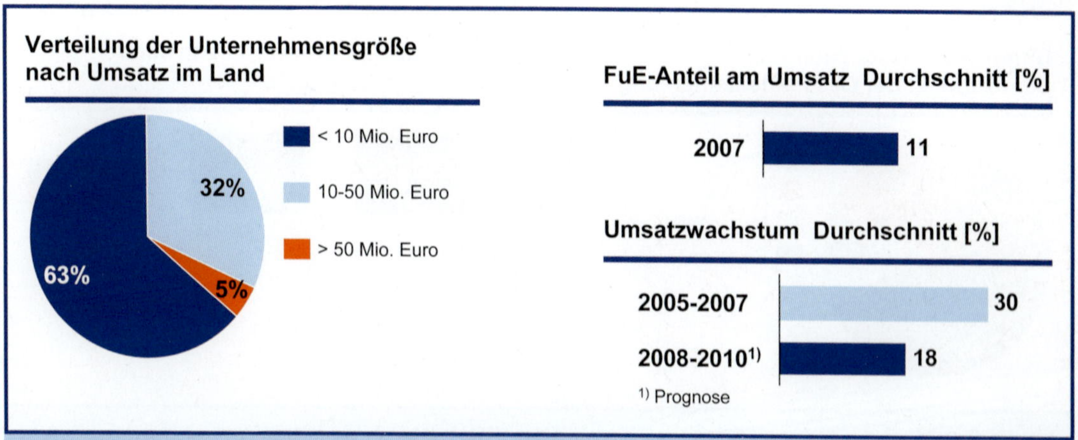

Abbildung 2

Dabei sind Bremer Unternehmen in den Jahren 2005 bis 2007 sehr stark gewachsen. Das durchschnittliche Umsatzwachstum lag bei 30 %. Für die Jahre 2008 und 2009 erwarten die Unternehmen jedoch einen Rückgang des Wachstums auf durchschnittlich nur noch 18 %.

Charakteristisch für die Hansestadt sind die ausgeprägten Forschungsaktivitäten in der Umwelttechnik. Die Unternehmen investieren durchschnittlich rund 11 % des Umsatzes in Forschung und Entwicklung.

Die Analyse der Geschäftsausrichtung zeigt, dass der Anteil der Unternehmen, die ihren Schwerpunkt außerhalb Europas haben, mit 22 % vergleichsweise hoch ist. Zusätzlich sind 17 % der Unternehmen außerhalb Deutschlands in Europa tätig. Die wichtigsten Absatzmärkte neben Deutschland sind West- und Osteuropa sowie Russland (siehe Abbildung 3).

Das übergeordnete Ziel des Bremer Senators für Umwelt, Bau, Verkehr und Europa ist das Erreichen von Umweltentlastungen bei gleichzeitiger Stärkung der Beschäftigungswirkung und Wachstumspotenziale der Umweltwirtschaft. Dazu wird der Bereich der Umwelttechnik/Umweltinnovation im Land Bremen durch alle Phasen der Forschung, Innovation und Distribution gezielt unterstützt und begleitet. Dies geschieht durch Förderprogramme, Netzwerkaktivitäten, institutionelle Unterstützung und Schaffung innovationsfreundlicher Rahmenbedingungen. Spezielle Förderprogramme sind beispielsweise die „initiative umwelt unternehmen", in der Fördermaßnahmen, Kampagnen und umweltbezogene Wirtschaftsaktivitäten gebündelt und koordiniert werden, und das Förderprogramm Angewandte Umweltforschung, das innovative Wissenschaftsprojekte mit Unternehmenskooperationen fördert.

Abbildung 3

Gleichzeitig werden auch Auslandsaktivitäten gezielt unterstützt. Dies geschieht zum Beispiel über Auslandsniederlassungen, Außenwirtschaftsberatung und Messebeteiligungen.

Durch konkrete Forschungsprojekte in den Leitmärkten Umweltfreundliche Energien und Energiespeicherung sowie Energieeffizienz soll die Umweltwirtschaft weiter gestärkt und die Umwelt langfristig entlastet werden. Diese Leitmärkte stehen auch in den nächsten Jahren im Fokus. Zusätzliche Schwerpunkte werden im Bereich Material- und Rohstoffeffizienz gesetzt. Außerdem soll die Außenwirtschaft noch umfassender gestärkt werden.

Umwelttechnik – Förderung

Förderpolitische Strategie und strategische Ziele

- Ziel der Umweltinnovationsstrategie ist das Erreichen von Umweltentlastungen bei gleichzeitiger Stärkung der Beschäftigungswirkung und Wachstumspotenziale der Umweltwirtschaft
- Durch Förderprogramme, Netzwerkaktivitäten, institutionelle Unterstützung und Schaffung innovationsfreundlicher Rahmenbedingungen wird der Bereich der Umwelttechnik/Umweltinnovation im Land Bremen durch alle Phasen der Forschung, Invention, Innovation und Distribution gezielt unterstützt und begleitet

Förderaktivitäten

- initiative umwelt unternehmen (iuu)
  - Bündelung und Koordination von Fördermaßnahmen, Kampagnen und umweltbezogenen Wirtschaftsaktivitäten

- Förderprogramm Angewandte Umweltforschung (AUF)
  - Förderung innovativer Wissenschaftsprojekte mit Firmenkooperationen
- Programm zur Förderung Anwendungsnaher Umwelttechniken (PFAU)
  - Technologieförderung
  - Markterschließung
- Windenergie-Agentur Bremerhaven/Bremen (wab)
  - Kompetenznetzwerk zur Unterstützung des Ausbaus der Windenergie (www.windenergie-agentur.de)
- Programm für rationelle Energienutzung (REN)
  - Sparsame und rationelle Energienutzung in Unternehmen

Förderung von Auslandsaktivitäten

- Auslandsniederlassungen, Außenwirtschaftsberatung
- Messebeteiligung, Marktstudien
- Einzelprojekte, Informationsveranstaltungen

Länderschwerpunkte der Förderung von Auslandsaktivitäten

Keine Angaben

Laufende und geplante Forschungsprojekte

- FT-Generator
  - Entwicklung und Erprobung fehlertoleranter Umrichter-Generatorsysteme für Windenergieanlagen (FT-Generator), um Anlagenstillstände und Ertragsausfall aufgrund von Generatorschäden zu vermeiden
- Gebäude-Kerndämmung
  - Ziel ist die Herstellung eines alternativen Dämmmaterials aus Produktionsrückständen/-überschüssen
- Falt-Wärmetauscher
  - Ziel ist es, exemplarisch für den Anwendungsfall der Wärmerückgewinnung bei einem Wohnungslüftungsgerät die Idee eines effektiven und kostengünstigen Falt-Wärmetauschers umzusetzen

Schwerpunktthemen in den nächsten drei Jahren

- Erneuerbare Energien/Energieeffizienz
  - hinsichtlich erneuerbarer Energien insbesondere Windenergie
- Ressourceneffizienz
  - Material, Wertstoffe

  - Energie
  - Wasser
- Außenwirtschaft/Clustermanagement
  - Unterstützung der bremischen Umweltwirtschaft verstärkt durch Instrumente der Außenwirtschaftsförderung sowie des Clustermanagements

Kontaktinformationen

Der Senator für Umwelt, Bau, Verkehr und Europa
Ansgaritorstraße 2
28195 Bremen
Internet: www.umwelt.bremen.de
www.umwelt-unternehmen.bremen.de

Freie und Hansestadt Hamburg

Umwelttechnik – Ein Überblick

Das Bruttoinlandsprodukt des Stadtstaats Hamburg beträgt circa 89 Mrd. Euro; das Land ist in allen Leitmärkten vertreten. Insbesondere die Energieeffizienz sowie die Umweltfreundlichen Energien und Energiespeicherung bilden die Schwerpunkte im Land. Darüber hinaus nimmt auch der Leitmarkt Kreislaufwirtschaft eine wichtige Stellung ein, wohingegen der Leitmarkt Rohstoff- und Materialeffizienz eine geringere Rolle spielt.

Die wichtigsten Standortfaktoren für die Hamburger Unternehmen sind das lokale Nachfragevolumen, die Infrastruktur und die geografische Lage. Der Erfüllungsgrad ist für alle Faktoren überdurchschnittlich hoch. Vor allem die gute geografische Lage und die hervorragende Infrastruktur sind klare Stärken des Standorts Hamburg.

Knapp zwei Drittel der Unternehmen sind vergleichsweise klein und erwirtschaften einen Umsatz von weniger als 10 Mio. Euro. Etwa ein Achtel der Hamburger Umwelttechnik-Unternehmen erzielt einen Umsatz von mehr als 50 Mio. Euro. Gleichzeitig wachsen Unternehmen in

Unternehmen und Forschungseinrichtungen

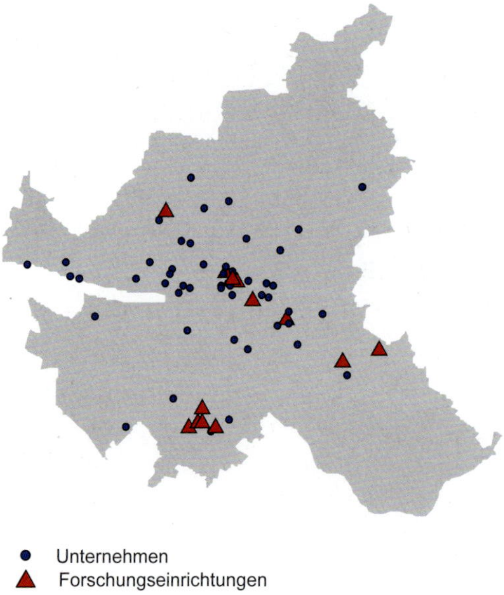

Leitmarktschwerpunkte im Land

Die wichtigsten Standortfaktoren aus Sicht der Unternehmen und Erfüllung

1. Nachfragevolumen Markt	**62%**
2. Infrastruktur	**73%**
3. Geografische Lage	**71%**

Abbildung 1

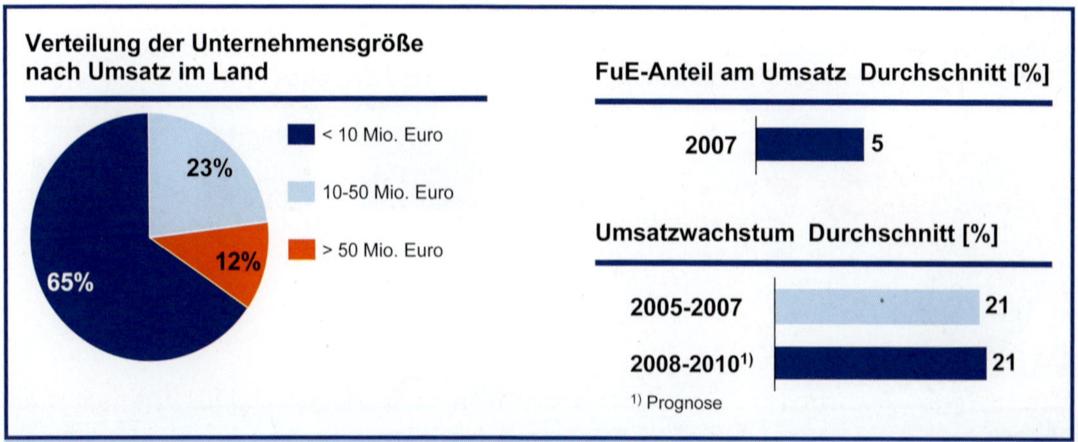

Abbildung 2

Hamburg aber überdurchschnittlich stark und belegten 2005 bis 2007 den fünften Platz im bundesweiten Vergleich. Dies wird sich in den nächsten zwei Jahren aller Wahrscheinlichkeit nach kaum verändern. Mit dem Umsatzwachstum entwickeln sich die Mitarbeiterzahlen. Auch hier positioniert sich Hamburg im oberen Drittel in Deutschland.

Die gute Anbindung des Schienenverkehrs und Vernetzung nach Osteuropa spiegelt sich in den internationalen Absatzschwerpunkten wider. Neben Osteuropa sind Westeuropa und Russland die wichtigsten internationalen Absatzmärkte. In der Ausrichtung des Schwerpunkts der Geschäftstätigkeit ist etwa ein Viertel der Unternehmen international positioniert. Etwa die Hälfte aller Unternehmen fokussiert sich auf den Standort Hamburg (siehe Abbildung 3). Der durchschnittliche Anteil von Forschung und Entwicklung am Umsatz beträgt 5 %. Die Unternehmen in Hamburg liegen damit leicht unter dem Bundesdurchschnitt.

Das wichtigste strategische Ziel der Behörde für Stadtentwicklung und Umwelt ist die Initiierung von Investitionen im Bereich der Leitmärkte Energieeffizienz, Rohstoff- und Materialeffizienz und Umweltfreundlichen Energien und Energiespeicherung. Zu diesem Zweck sollen Modernisierungshemmnisse abgebaut werden und vereinfachte Umweltmanagementsysteme die Hilfe zur Selbsthilfe fördern.

Eine Vielzahl von speziellen Förderprogrammen soll helfen, dieses Ziel zu erreichen.

Darüber hinaus werden Forschungsprojekte wie „Technologien zur Erschließung der Ressource Mikroalgen" unterstützt.

Unternehmensverteilung nach Schwerpunkt der Geschäftsausrichtung

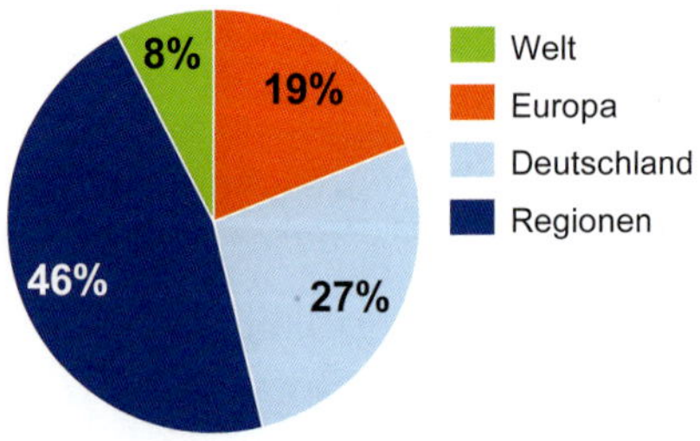

Absatzmarktschwerpunkte nach Ländern/Regionen

Abbildung 3

In Zukunft soll außerdem eine Hamburger Energieagentur zur Abdeckung der bisher von Beratung und Förderung ausgeschlossenen Gesellschaftsbereiche und Themenfelder aufgebaut werden.

Bis 2012 sollen so jährlich 2 Mio. Tonnen CO_2 vermieden werden. Dies ist das Ziel des „Hamburger Klimaschutzkonzeptes 2007–2012".

Umwelttechnik – Förderung

Förderpolitische Strategie und strategische Ziele

- Initiierung von Investitionen im Bereich der Energie- und Ressourceneffizienz, der Bioenergie sowie erneuerbarer Energien
- Abbau von Modernisierungshemmnissen
- Ersatz von Ressourcenverbrauch durch Ingenieurleistung
- Förderung der Hilfe zur Selbsthilfe (vereinfachte Umweltmanagementsysteme)

Förderaktivitäten

- Unternehmen für Ressourcenschutz
  - Förderung von Investitionen der Hamburger Unternehmen in den Ressourcenschutz (www.hamburg.de/ressourcenschutz)
- Erneuerbare Energien
  - Förderprogramme: Solarthermie und Heizung, Bioenergie, Photovoltaik
  - Cluster erneuerbare Energien (www.hamburg.de/erneuerbare)

- Energieeffizientes Bauen
  - Förderprogramme: Hamburger Energiepass, Wärmeschutz im Gebäudebestand (www.hamburg.de/arbeitundklimaschutz)
- UmweltPartnerschaft Hamburg
  - Förderung: QUB, ÖKOPROFIT, Integrierte Produktpolitik (www.hamburg.de/umweltpartnerschaft)
- Hamburger Förderprogramm für Umwelttechnologie
  - Förderung: Markteinführung neuer Umwelttechnologien (www.hamburg.de/ressourcenschutz)

Förderung von Auslandsaktivitäten

Keine gezielte Förderung

Länderschwerpunkte der Förderung von Auslandsaktivitäten

Keine gezielte Förderung

Laufende und geplante Forschungsprojekte

- Technologien zur Erschließung der Ressource Mikroalgen
  - Unterstützung des Forschungsprojekts zur Produktion von Biomasse durch Bindung von CO_2 durch die Errichtung einer Pilotanlage

Schwerpunktthemen in den nächsten drei Jahren

- CO_2-Vermeidung: 2 Mio. Tonnen pro Jahr bis 2012
  - Ziel des „Hamburger Klimaschutzkonzeptes 2007–2012"
- Hamburger Energieagentur
  - Schaffung einer Hamburger Energieagentur zur Abdeckung der bisher von Beratung und Förderung ausgeschlossenen Gesellschaftsbereiche und Themenfelder

Kontaktinformationen

Behörde für Stadtentwicklung und Umwelt
Stadthausbrücke 8
20355 Hamburg
Internet: www.hamburg.de/umwelt

Hessen

Umwelttechnik – Ein Überblick

Mit einem Bruttoinlandsprodukt von 217 Mrd. Euro ist Hessen das viertstärkste Bundesland und in allen Leitmärkten, wenn auch unterschiedlich stark, präsent. Die Leitmärkte Umweltfreundliche Energien und Energiespeicherung sowie Energieeffizienz bilden die Säulen der hessischen Umwelttechnik.

Die wichtigsten Standortfaktoren aus Unternehmenssicht sind das Nachfragevolumen des Marktes, die Verfügbarkeit von Fachkräften und die Infrastruktur. Diese Faktoren sehen die Unternehmen als gut erfüllt an, insbesondere die Anforderungen an die infrastrukturelle Situation bewerten die Unternehmen als überdurchschnittlich erfüllt. Überdurchschnittlich gut schätzen die hessischen Unternehmen auch ihre derzeitige Geschäftslage ein.

Etwa drei Viertel der Unternehmen erwirtschaften dabei einen Umsatz von weniger als 10 Mio. Euro. Dem steht jedoch ein Anteil von 15 % an Unternehmen gegenüber, die einen Umsatz von mehr als 50 Mio.

Unternehmen und Forschungseinrichtungen

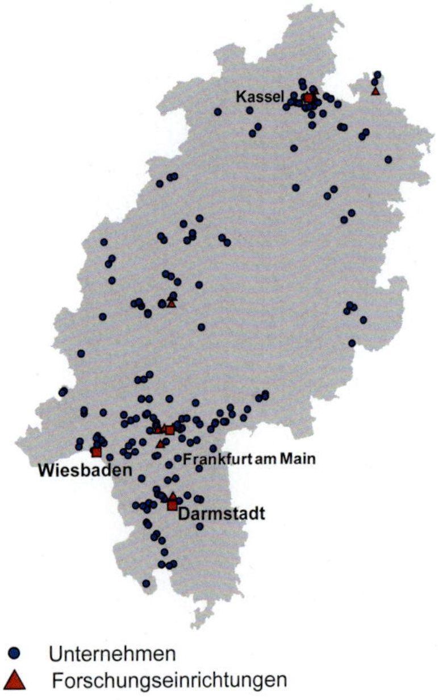

Leitmarktschwerpunkte im Land

Die wichtigsten Standortfaktoren aus Sicht der Unternehmen und Erfüllung

1. Nachfragevolumen Markt	**56%**
2. Fachkräfteverfügbarkeit	**52%**
3. Infrastruktur	**68%**

Abbildung 1

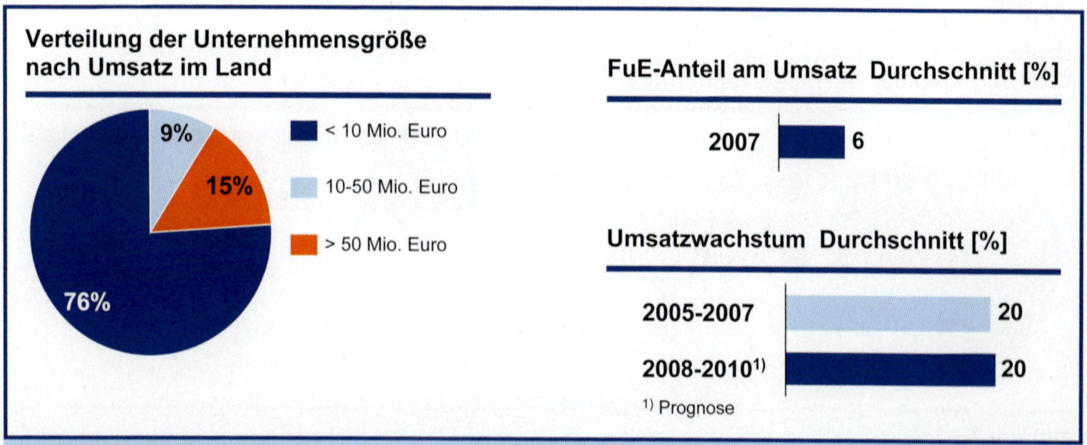

Abbildung 2

Euro ausweisen. Damit erreicht Hessen im bundesdeutschen Vergleich einen Spitzenplatz.

Die Wachstumsraten der Unternehmen lassen schließen, dass Hessen diese Position auch in Zukunft erfolgreich verteidigen kann. So lag das durchschnittliche Umsatzwachstum der Jahre 2005 bis 2007 mit 20 % im Bundesdurchschnitt. Das gleiche Wachstum wird auch für die kommenden Jahre erwartet. Auffällig ist in diesem Zusammenhang, dass der Mitarbeiteraufbau in den hessischen Unternehmen mit etwa 15 % deutlich niedriger liegt.

Fast zwei Drittel der hessischen Unternehmen sind schwerpunktmäßig auf Deutschland oder Hessen ausgerichtet. Etwa die Hälfte dieser Unternehmen hat jedoch einen nationalen Schwerpunkt der Geschäftstätigkeit und beschränkt sich nicht ausschließlich auf das Bundesland. Der Anteil internationaler Unternehmen liegt damit bei etwa einem Drittel. Global ausgerichtete Unternehmen sind mit einem Anteil von etwa 15 % der Grundgesamtheit durchaus häufig vertreten (siehe Abbildung 3). Dies findet sich auch in der Bewertung der Absatzmärkte wieder. Zwar sind auch hier die wichtigsten internationalen Absatzmärkte West- und Osteuropa, jedoch werden China, Russland, Japan, Indien, Brasilien und die USA als gleich wichtig eingestuft. Der Länderfokus ist damit vielfältig. Ein weiteres Indiz für einen relativ hohen Internationalisierungsgrad, insbesondere der Großunternehmen, zeigt sich in dem hohen Wertschöpfungsanteil im Ausland. Hessen belegt hier im nationalen Vergleich den dritten Platz.

Abbildung 3

Die Hessischen Ministerien für Umwelt, ländlichen Raum und Verbraucherschutz und für Wirtschaft, Verkehr und Landesentwicklung haben sich zum Ziel gesetzt, die Wettbewerbsfähigkeit und Innovationskraft der Umwelttechnologie-Unternehmen weiter zu stärken. Dies geschieht über die Förderung von Forschungs- und Entwicklungsprojekten ebenso wie durch geförderte Beratung. In Übereinstimmung damit soll zusätzlich der Primärenergiebedarf reduziert werden. Dazu werden Maßnahmen der Energieeffizienz und zusätzlicher produktionsintegrierter Umweltschutz gefördert.

Laufende und geplante Forschungsprojekte zu diesem Thema sind zum Beispiel das Projekt „Staufreies Hessen 2015", das die Staudauer auf den Autobahnen drastisch reduziert, und ein Forschungsprojekt zu Klein-Kraft-Wärme-Kopplung.

Des Weiteren werden Auslandsaktivitäten aktiv unterstützt. Dies geschieht beispielsweise durch Messen, Orientierungshilfen und Delegationsreisen. Den Fokus der Förderung bilden dabei China, Russland und die USA.

Umwelttechnik – Förderung

Förderpolitische Strategie und strategische Ziele

- Stärkung der Wettbewerbsfähigkeit und Innovationskraft der Hessischen Umwelttechnologie-Unternehmen unter anderem durch Forschungs- und Entwicklungsprojekte sowie geförderte Beratung

- Stärkung der Wettbewerbsfähigkeit der Umwelttechnologie-Anwender insbesondere durch produktionsintegrierten Umweltschutz
- Nachhaltige Reduzierung des Primärenergiebedarfs insbesondere mittels Förderung von Maßnahmen der Energieeffizienz im Gebäudesektor und in der Stromanwendung

Förderaktivitäten

- Aktionslinie Hessen-Umwelttech
  - Unterstützung der hessischen Umwelttechnologie durch Information und Beratung, Technologietransfer und Kompetenzmarketing
- Hessen-PIUS
  - Geförderte betriebliche PIUS-Beratung für kleine und mittlere Unternehmen ab 2009
- Innovationsförderung – LOEWE/MPP
  - Unterstützung kleiner und mittelständischer Unternehmen bei forschungs- und entwicklungsintensiven Verbundprojekten
- Klima E3 geplant – Modellprojekte Klimaneutralität
  - Klimaeffizienz in Produktionsprozessen und Produkten für Wirtschaft und Hochschulen
  - CO_2-neutrale Fabrik, CO_2-neutrale Kommunen, Hessische Klimapartner
- Transferstelle Internationaler Emissionshandel Hessen Focal Point CDM/JI
  - Initiative des Umweltministeriums als Infostelle bei Fragen zur Identifizierung und Konzeption sowie zur Durchführung von CDM-/JI-Projekten

Förderung von Auslandsaktivitäten

- Messen
- Orientierungshilfen Erstinformation Hessen in sieben Sprachen, Broschüre „Auslandsmärkte"
- Delegationsreisen nach China, in die Russische Föderation, USA und nach Vietnam

Länderschwerpunkte der Förderung von Auslandsaktivitäten

- China
- Russische Föderation
- USA

Laufende und geplante Forschungsprojekte

- Staufreies Hessen 2015
  - Durch die temporäre Seitenstreifenfreigabe, bauliche Beseitigungen von Engstellen, dynamische Informationstafeln und ein innovatives Baustellenmanagement konnte die Staudauer auf Hessens Autobahnen von 2003 bis 2007 bereits um 70 % reduziert werden
- Innovative Klein-Kraft-Wärme-Kopplung
  - Pilot- und Demonstrationsvorhaben zur Förderung des Einbaus von Mikrogasturbinen und Stirlingmotoren
- Modernisierung mit passivhaustauglichen Komponenten
  - Modernisierung von Geschosswohnungsbauten in Frankfurt Rotlintstraße mit dem Ziel, einen Heizwärmebedarf von 25 Kilowattstunden pro Quadratmeter pro Jahr zu erreichen
  - Förderung der investiven Mehrkosten und der wissenschaftlichen Begleitung

Schwerpunktthemen in den nächsten drei Jahren

- Produktionsintegrierter Umweltschutz, Ressourcen-/Energieeffizienz
- Nachhaltige energetische Modernisierung des Gebäudebestandes
- Klimaeffizienz

Kontaktinformationen

Hessisches Ministerium für Umwelt, ländl. Raum und Verbraucherschutz
Mainzer Straße 80
65189 Wiesbaden
Internet: www.hmulv.hessen.de

Hessisches Ministerium für Wirtschaft, Verkehr und Landesentwicklung
Kaiser-Friedrich-Ring 75
65189 Wiesbaden
Internet: www.wirtschaft.hessen.de
Internet: www.hessen-umwelttech.de

Mecklenburg-Vorpommern

Abbildung 3

Zu diesem Zweck werden im Rahmen von bestehenden Programmen wie der Dorferneuerung oder der Abfallverwertung umweltpolitische Maßnahmen aktiv gefördert. Ebenso wird die Forschung im Bereich Umweltfreundliche Energien unterstützt.

Auch mit dem Ziel, neue Märkte zu erschließen werden Auslandsaktivitäten gefördert. Dies geschieht zum einen über Zuschüsse zu konkreten Projekten und zum anderen durch das Industrienetzwerkprojekt enviMV e.V.

Schwerpunktthema für die nächsten Jahre ist für das Land die Stärkung von Netzwerken, um so eine nachhaltige Wirtschaftsentwicklung zu gewährleisten.

Umwelttechnik – Förderung

Förderpolitische Strategie und strategische Ziele

- Durch entsprechenden Strategien muss es zu einer Minimierung des Energieverbrauchs kommen
- Dies sollte zugleich einhergehen mit einer Steigerung von Energieeffizienzmaßnahmen
- Zudem wird eine erhöhte Nutzung von regenerativ erzeugter Energie angestrebt

Förderaktivitäten

- Dorferneuerung
  - Maßnahmen zur Verbesserung der Wärmedämmung, wenn dies integraler Bestandteil der Sanierung ortsbildprägender Gebäude ist
- Diversifizierung (DIV-B-RL M-V)
  - Nutzung nachwachsender Rohstoffe (Biogasanlagen, Schnellwuchsplantagen)
- Abfallverwertung
  - Förderung der Errichtung von Anlagen zur Abfallverwertung im Rahmen der Gemeinschaftsaufgabe „Verbesserung der regionalen Wirtschaftsstruktur": Vorhaben der gewerblichen Wirtschaft

Förderung von Auslandsaktivitäten

- Zuschuss für Biogasanlagenbau (MeckTom GmbH & CoKG)
- Industrienetzwerkprojekt enviMV e.V.

Länderschwerpunkte der Förderung von Auslandsaktivitäten

Keine Angabe

Laufende und geplante Forschungsprojekte

- Studie – Dezentrale Verwertung von Ersatzbrennstoffen und heizwertreichen Sortierresten in Mecklenburg-Vorpommern
  - Darstellung der technischen Lösung und wirtschaftlichen Bewertung für die dezentrale energetische Verwertung von Sekundärbrennstoffen in beispielhaften Anlagengrößen von 3,6 und 12 Megawatt thermischer Leistung unter Anwendung der stationären Wirbelschichttechnologie

Schwerpunktthemen in den nächsten drei Jahren

- Stärkung von Netzwerken
  - Funktionierende Netzwerke und Kooperationen zwischen Politik und Wirtschaft sind eine Grundlage für eine nachhaltige Wirtschaftsentwicklung des Landes, basierend auf einer innovativen Umwelttechnik

Kontaktinformationen

Ministerium für Landwirtschaft, Umwelt und Verbraucherschutz
Mecklenburg-Vorpommern
Paulshöher Weg 1
19061 Schwerin

Ministerium für Wirtschaft, Arbeit und Tourismus
Mecklenburg-Vorpommern
Johannes-Stelling-Straße 14
19053 Schwerin
Internet: www.regierung-mv.de

Niedersachsen

Umwelttechnik – Ein Überblick

Das Land Niedersachsen erwirtschaftet ein Bruttoinlandsprodukt von 207 Mrd. Euro. Die Leitmärkte sind im Land umfassend, jedoch unterschiedlich stark vertreten. Deutliche Schwerpunkte liegen im Bereich Umweltfreundliche Energien und Energiespeicherung, der Energieeffizienz und der Kreislaufwirtschaft.

Die wichtigsten Standortfaktoren für die Unternehmen in Niedersachsen sind das Nachfragevolumen, die Verfügbarkeit von Fachkräften und die Infrastruktur. Über sämtliche Standortfaktoren hinweg ist ein hoher Erfüllungsgrad feststellbar. Besonders hervorzuheben sind hier die geografische Lage, die regionale Clusterentwicklung und die Infrastruktur.

Etwa zwei Drittel der Unternehmen haben den Schwerpunkt ihrer Geschäftsausrichtung in Deutschland, davon wiederum sind zwei Drittel regional und ein Drittel überregional ausgerichtet. International sind die Unternehmen dennoch. In nur zwei Bundesländern ist der Anteil der Unternehmen mit europäischem Schwerpunkt der Geschäftstätigkeit

Unternehmen und Forschungseinrichtungen

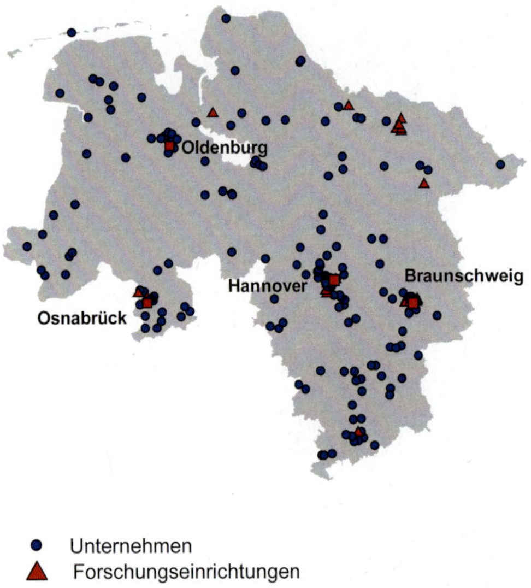

Leitmarktschwerpunkte im Land

Die wichtigsten Standortfaktoren aus Sicht der Unternehmen und Erfüllung

1. Nachfragevolumen Markt	**54%**
2. Fachkräfteverfügbarkeit	**50%**
3. Infrastruktur	**69%**

Abbildung 1

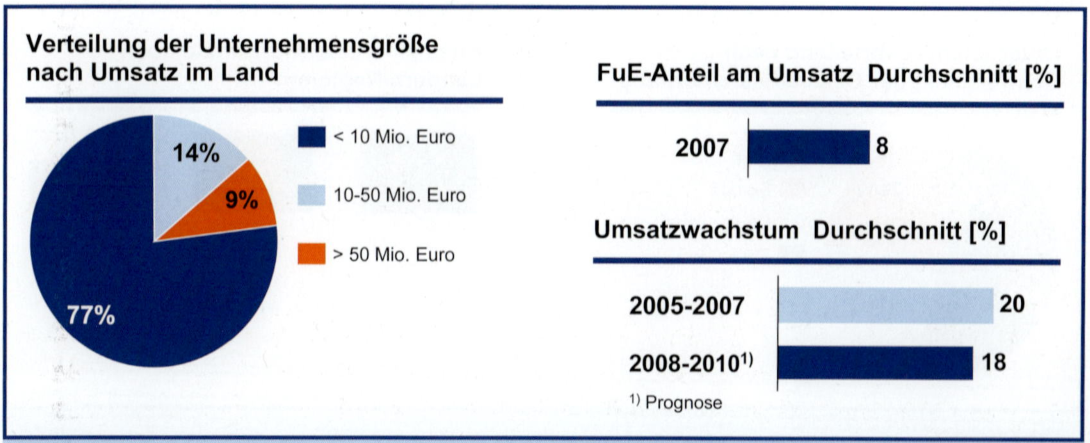

Abbildung 2

so hoch wie in Niedersachsen (siehe Abbildung 3). Entsprechend sind auch die wichtigsten internationalen Absatzmärkte West- und Osteuropa sowie Russland. Auffällig ist in diesem Zusammenhang jedoch, dass der ausländische Anteil an der Wertschöpfung lediglich durchschnittlich ist.

Mehr als drei Viertel der betrachteten Unternehmen sind mit einem Umsatz von unter 10 Mio. Euro als eher klein einzustufen. Die Umsatzverteilung folgt damit dem Bundesdurchschnitt. Immerhin 9 % der Grundgesamt kann diesbezüglich einen Umsatz von über 50 Mio. Euro vorweisen und fällt damit in den Bereich der größten Unternehmensklasse.

Auch das historische Umsatzwachstum folgt mit etwa 20 % dem Bundesdurchschnitt. Für 2008 und 2009 erwarten die Unternehmen jedoch einen leichten Rückgang der Wachstumsrate auf durchschnittlich 18 %. Dennoch schätzt ein großer Teil der Unternehmen seine Geschäftslage als gut ein. Nur in zwei anderen Bundesländern ist dieser Anteil ähnlich hoch angesiedelt. Dieser Optimismus findet sich auch im Forschungsbudget wieder. Der Anteil des Umsatzes, der Forschung und Entwicklung zugeschrieben werden kann, liegt bei rund 8 %.

Das Niedersächsische Ministerium für Umwelt und Klimaschutz trägt mit seiner Förderpolitik der Bedeutung der Umwelttechnologie Rechnung. Die wichtigsten Ziele dieser Politik sind die Stärkung des Marktes insbesondere für kleine und mittlere Unternehmen und ein nachhaltiger Klimaschutz.

Abbildung 3

Zur Erreichung dieser Ziele werden Forschungs- und Entwicklungsprojekte unter anderem durch Innovationsförderprogramme unterstützt. Zusätzlich existieren Forschungszentren, die hauptsächlich im Bereich der erneuerbaren Energien sowohl Grundlagenforschung als auch anwendungsorientierte Forschung durchführen.

In den nächsten Jahren soll das Innovationsförderprogramm im Bereich Energie fortgeführt werden. Dieses soll auch in der Wirtschaft Anreize für den weiteren Ausbau und die Förderung von Forschung und Entwicklung schaffen und so das Wachstum der Branche stärken.

Umwelttechnik – Förderung

Förderpolitische Strategie und strategische Ziele

- Die Realisierung innovativer FuE-Vorhaben soll dazu beitragen, die Voraussetzungen für die Verbesserung der Marktchancen kleiner und mittlerer Unternehmen zu schaffen
- Die Förderung soll auch der Entwicklung von Technologien zur Erreichung von Klimaschutzzielen und einer nachhaltigen Energieversorgung dienen

Förderaktivitäten

- Landesinitiative Brennstoffzelle Niedersachsen
  - www.brennstoffzelle-nds.de
  - 2004–2009 16 FuE-Projekte mit einem Landeszuschuss von ca. 6,5 Mio. Euro

- Innovationsförderprogramm
  - Innovative Vorhaben, die der Steigerung der Effizienz bei der Energieerzeugung und -nutzung sowie der Energieeinsparung dienen
  - Vorhaben, die die Erforschung und Entwicklung neuer Technologien zur Energieerzeugung und von erneuerbaren Energien zum Inhalt haben
- Energieeinsparung
  - Jährlich fünf regionale Veranstaltungen bzw. Messen
- Reinigungsverfahren zur Eliminierung von Arzneistoffen aus Abwässern
  - Die Universität Hannover führt ein Pilotprojekt zur Eliminierung von Arzneistoffen mittels Membranbelebungsverfahren in Abwässern durch

Förderung von Auslandsaktivitäten

- Forschungsauftrag „Rollende Landstraße" unter Einbindung in das Marco Polo-Programm der EU

Länderschwerpunkte der Förderung von Auslandsaktivitäten

Keine Angabe

Laufende und geplante Forschungsprojekte

- Niedersächsischer Forschungsverbund Nachhaltige Nutzung von Energie aus Biomasse
  - Wichtige Ziele sind die Umsetzung eines integrativen Energiepflanzenbaus, indem Pflanzenerträge unter Beachtung von bodenschonenden Fruchtfolgen, aber auch von Natur und Umwelt optimiert werden. Zusätzlich sollen bioenergetische Nutzungskonzepte für kontaminierte Standorte entwickelt werden
- Forschungs- und Kompetenzzentrum Windenergie (ForWind)
  - ForWind ist das gemeinsame Zentrum für Windenergieforschung der Universitäten Oldenburg und Hannover. Als wissenschaftliches Zentrum bündelt ForWind die Aktivitäten beider Universitäten in der Windenergieforschung mit einem breiten Spektrum im physikalischen und ingenieurwissenschaftlichen Bereich
- EFZN: Energie-Forschungszentrum Niedersachsen
  - Wird in Goslar von der TU Clausthal mit Beteiligung der Universitäten Göttingen, Hannover und Oldenburg errichtet. Das Forschungszentrum leistet Grundlagenarbeit für die Energieforschung – von der Gewinnung über Transport und Speicherung bis zur Endlagerung sowie zur Vorsorge von Rohstoffen

Schwerpunktthemen in den nächsten drei Jahren

- Fortführung Innovationsförderprogramm Bereich Energie
  - Weitere Förderung innovativer Entwicklungen und Prozesse in Unternehmen der gewerblichen Wirtschaft sowie Anreize für FuE-Aktivitäten für neue Produkte, Verfahren oder Dienstleistungen in den Bereichen erneuerbare Energien, innovative Energietechniken, Energieeffizienz und Energieeinsparung
- Landesinitiative Brennstoffzelle
  - Erweiterung der Landesinitiative in Richtung Batterie- und Stromspeichertechnologie; Systemintegration

Kontaktinformationen

Niedersächsisches Ministerium für Umwelt und Klimaschutz
Archivstr. 2
30169 Hannover
Internet: www.umwelt.niedersachsen.de

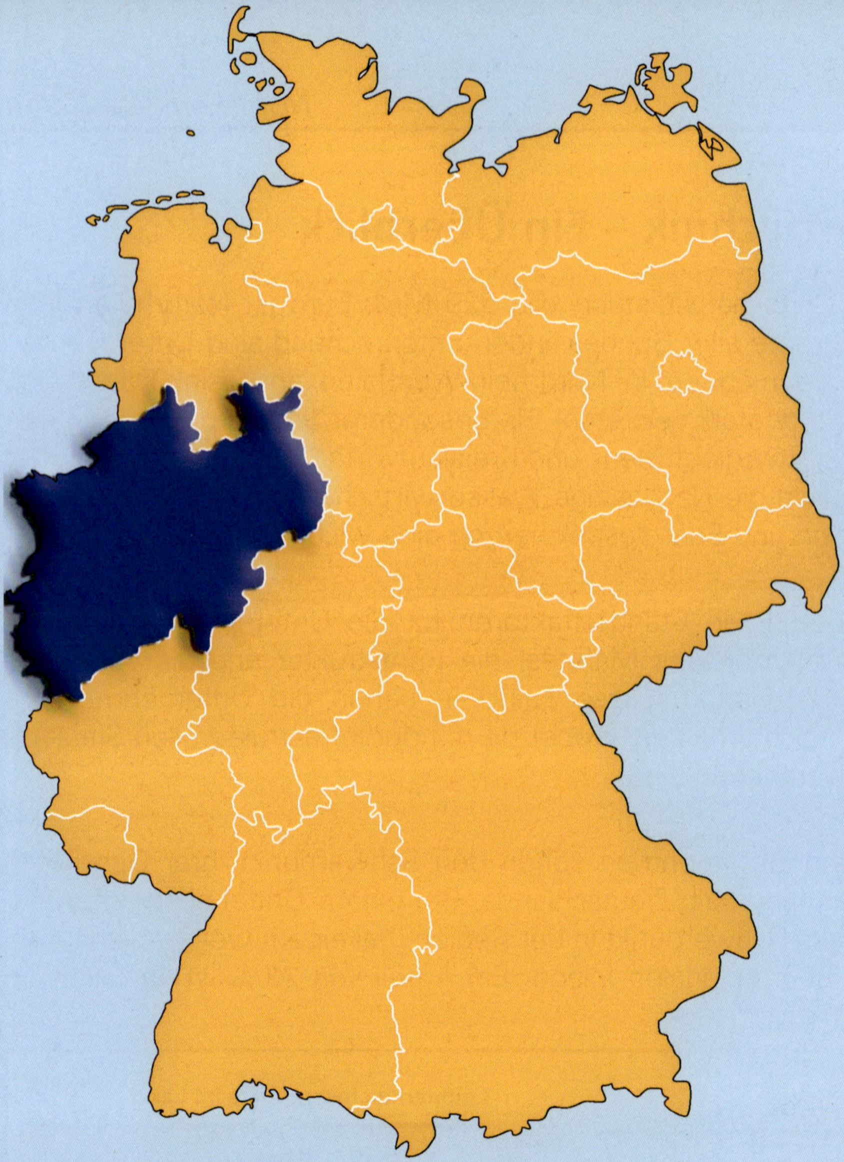

Nordrhein-Westfalen

Umwelttechnik – Ein Überblick

Mit einer Wirtschaftsleistung von 529 Mrd. Euro ist Nordrhein-Westfalen das größte aller Bundesländer. Entsprechend sind Unternehmen aus allen Leitmärkten in Nordrhein-Westfalen ansässig. Dabei sind alle Leitmärkte stark vertreten. Ein besonderer Schwerpunkt ist in den Märkten für Energieeffizienz und Kreislaufwirtschaft zu sehen. Darüber hinaus spielen die Nachhaltige Wasserwirtschaft und Umweltfreundliche Energien und Energiespeicherung eine wichtige Rolle.

Die bedeutendsten Standortfaktoren für die Unternehmen sind das Nachfragevolumen des Marktes, die Infrastruktur und die Verfügbarkeit von Fachkräften. Diese Faktoren sehen die Unternehmen als durchschnittlich erfüllt an, wobei sie mit der infrastrukturellen Situation besonders zufrieden sind.

Die meisten Unternehmen sehen den Schwerpunkt ihrer Geschäftsausrichtung innerhalb Deutschlands. Bei einem Drittel aller Unternehmen liegt der Schwerpunkt in der Region, bei einem weiteren knappen Drittel im überregionalen Inland. Ein Anteil von 23 % ist vor allem in

Unternehmen und Forschungseinrichtungen

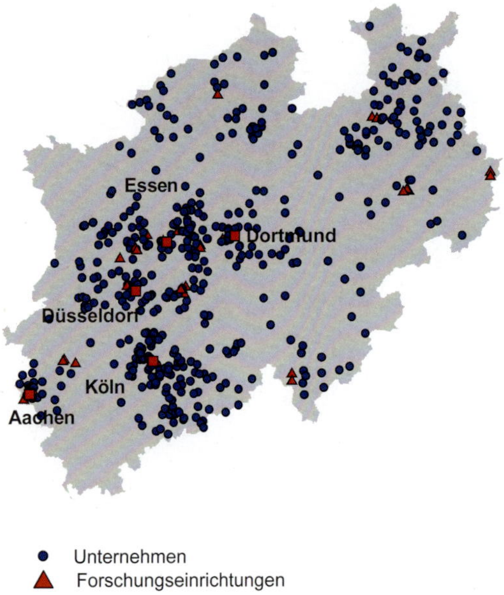

Leitmarktschwerpunkte im Land

Die wichtigsten Standortfaktoren aus Sicht der Unternehmen und Erfüllung

1. Nachfragevolumen Markt	**58%**
2. Infrastruktur	**73%**
3. Fachkräfteverfügbarkeit	**53%**

Abbildung 1

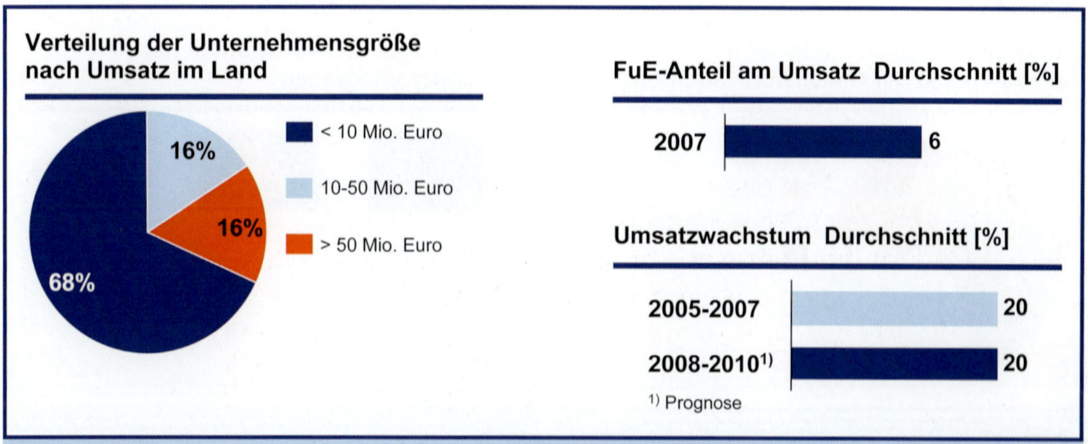

Abbildung 2

Europa tätig, während 12 % global ausgerichtet sind. Der Gesamtanteil international ausgerichteter Firmen ist im Bundesvergleich somit hoch (siehe Abbildung 3).

Die Bedeutung der internationalen Absatzmärkte ist entsprechend hoch. Im Mittelpunkt stehen West- und Osteuropa sowie Russland. Erwähnenswert ist außerdem, dass von keinem anderen Bundesland die Bedeutung Japans ähnlich hoch eingestuft wird. Die wirtschaftliche Nähe von Nordrhein-Westfalen zu Japan zeigt sich damit auch in der Umwelttechnik-Branche. Daneben beschäftigen die hiesigen Unternehmen überdurchschnittlich viele Mitarbeiter im Ausland. Besonders hervorzuheben ist der Anteil der ausländischen Mitarbeiter in Russland und den USA, der bei jeweils knapp 10 % liegt.

Mehr als zwei Drittel der betrachteten Unternehmen erwirtschaften einen Umsatz von weniger als 10 Mio. Euro. Unter den mittleren und großen Unternehmen erzielen 16 % ein Ergebnis von über 50 Mio. Euro. Nur ein anderes Bundesland kann einen ähnlich hohen Anteil großer Unternehmen aufweisen.

Das Umsatzwachstum lag dabei in den Jahren 2005 bis 2007 bei durchschnittlich 20 % und entspricht damit ungefähr dem Bundesdurchschnitt. Für die Jahre 2008 und 2009 wird eine identische durchschnittliche Wachstumsrate erwartet.

Die wirtschaftliche Bedeutung der Umwelttechnik-Branche wird vom Ministerium für Umwelt und Naturschutz, Landwirtschaft und Verbraucherschutz des Landes Nordrhein-Westfalen hoch eingeschätzt. Dies

Unternehmensverteilung nach Schwerpunkt der Geschäftsausrichtung

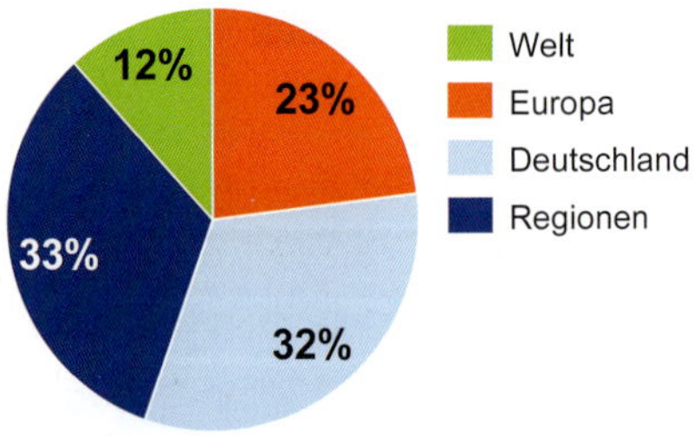

Absatzmarktschwerpunkte nach Ländern/Regionen

Abbildung 3

zeigt sich in der Förderpolitik des Landes, die insbesondere auf nachhaltiges Wirtschaften und Ressourceneffizienz zielt. Dadurch sollen positive Effekte für den Umweltschutz mit dem Erhalt und der Steigerung der Wettbewerbsfähigkeit der Wirtschaft verbunden werden.

Zur Umsetzung dieser Ziele wurden zahlreiche Förder- und Investitionsprogramme und Landescluster entwickelt. Außerdem wurde eine Effizienz-Agentur zur Unterstützung bei der Einführung von produktions- und produktintegriertem Umweltschutz gegründet.

Diese Agentur veranstaltet beispielsweise deutsch-japanische PIUS-Konferenzen und fördert so Auslandsaktivitäten der Firmen. Diese werden auch durch eine Partnerschaft mit Ungarn und eine deutsch-kanadische Forschungskooperation unterstützt. Länderschwerpunkte liegen derzeit neben Europa (Benelux, Ungarn, Polen) in China, Japan, Israel und Nordamerika.

Auch die Forschung wird gezielt vorangetrieben. Die Chancen und Handlungspotenziale im Feld der Umwelttechnologien wurden in verschiedenen Studien analysiert und so Handlungsvorschläge abgeleitet.

Damit ergibt sich als wichtigstes Schwerpunktthema in den nächsten Jahren die Weiterentwicklung der Cluster, um die Zusammenarbeit zwischen Wirtschaft und Wissenschaft weiter zu verbessern.

Umwelttechnik – Förderung

Förderpolitische Strategie und strategische Ziele

- Förderung des nachhaltigen Wirtschaftens und der Ressourceneffizienz (vor allem produkt- und produktionsintegrierter Umweltschutz) in Verbindung mit innovativen Technologien
- Dadurch sollen positive Effekte für den Umweltschutz, vor allem auch für den Klimaschutz, und gleichzeitig der Erhalt und die Steigerung der Wettbewerbsfähigkeit der Wirtschaft und die Sicherung von Arbeitsplätzen erzielt werden

Förderaktivitäten

- Cluster NRW.Umwelttechnologien
  - Zum Ausbau der starken Position des Landes in der Umweltwirtschaft wird das Landescluster UT entwickelt und erhält ein Clustermanagement
- Effizienz-Agentur NRW (EFA)
  - Die EFA unterstützt kleine und mittlere Unternehmen bei der Einführung von produktions- und produktintegriertem Umweltschutz mit verschiedenen Tools (www.efanrw.de)
- EFRE NRW Ziel 2-Programm 2007–2013
  - Ressourceneffizienzprogramm NRW, Umweltdienstleistungen, Investitionen, Umweltmanagementsystem, Forschung und Entwicklung mit Bezug zu Ressourceneffizienz, Vernetzungsvorhaben
- Cluster EnergieForschung.NRW
  - Clusterbildung zwischen Wirtschaft und Wissenschaft zur Umsetzung innovativer Projektideen (www.cef.nrw.de)
- Investitionsprogramm Abwasser NRW
  - Niederschlagsabwasserbeseitigung, innovativer produktionsintegrierter Umweltschutz, innovative Reinigungsverfahren kommunaler Kläranlagen

Förderung von Auslandsaktivitäten

- Partnerschaft mit Ungarn, Start eines Pilotprojekts
- Deutsch-japanische PIUS-Konferenzen der Effizienz-Agentur NRW
- Forschungskooperation Deutschland-Kanada

Länderschwerpunkte der Förderung von Auslandsaktivitäten

- China, Japan, Israel
- Europa (Benelux, Ungarn, Polen), Russland (geplant)
- USA, Kanada

Laufende und geplante Forschungsprojekte

- Studie „Kompetenzen, Cluster, Akteure und Handlungspotenziale in NRW im Feld Ressourcenmanagement/Umwelttechnik/Wasserwirtschaft"
  - Bestandsaufnahme der Umweltwirtschaft in NRW
  - Analyse der wichtigsten Trends
  - SWOT-Analyse
  - Handlungsvorschläge
- Studie „Chancen der Nanotechnologie für den Umweltschutz und in der Umwelttechnik und Marktpotenziale für NRW"
  - Darstellung des Einsatzes von Nanotechnologie für den Umweltschutz generell und in NRW
  - Analyse der Chancen, Kompetenzen und Defizite
  - Entwicklung von Handlungsvorschlägen zur Unterstützung der Nanotechnologie für den Umweltschutz in NRW
- Cluster EnergieForschung.NRW
  - Das Cluster EnergieForschung.NRW besteht aus den drei Säulen zentrale Energieerzeugung, dezentrale Energieerzeugung und der biologischen Bereitstellung von Energieträgern und Rohstoffen (www.cef.nrw.de)

Schwerpunktthemen in den nächsten drei Jahren

- Cluster Umwelttechnologie
  - Entwicklung des Landesclusters Umwelttechnologie mit einem professionellen Clustermanager
  - Themen: (Ab-) Wassertechnologien, zukunftsorientierte Entsorgungs- und Luftreinhaltetechnologien, Bodensanierung, Mess- und Regeltechnik, Ressourceneffizienz und Dienstleistungen, Bio- und Nanotechnologien
- Cluster EnergieForschung.NRW
  - Die Gewinnung professioneller Clustermanager ist fast abgeschlossen
  - Zusammenarbeit von Wirtschaft und Wissenschaft ist auf gutem Wege

Kontaktinformationen

Ministerium für Umwelt und Naturschutz, Landwirtschaft und Verbraucherschutz des Landes Nordrhein-Westfalen
Schwannstraße 3
40476 Düsseldorf
Internet: www.umwelt.nrw.de

Rheinland-Pfalz

Umwelttechnik – Ein Überblick

Das Land Rheinland-Pfalz erwirtschaftet ein Bruttoinlandsprodukt von 104 Mrd. Euro. Nicht alle Leitmärkte sind für das Land relevant. Schwerpunkte bilden insbesondere Umweltfreundliche Energien und Energiespeicherung und Kreislaufwirtschaft. Darüber hinaus sind Unternehmen im Leitmarkt Energieeffizienz und etwas weniger stark im Leitmarkt Nachhaltige Wasserwirtschaft tätig.

Die wichtigsten Standortfaktoren sind aus Unternehmenssicht das Nachfragevolumen des Marktes, die Verfügbarkeit von Fachkräften und die Infrastruktur. Die Anforderungen an die Nachfrage und die infrastrukturellen Bedingungen sehen die Unternehmen als sehr gut erfüllt an. Lediglich die Verfügbarkeit von Fachkräften und die staatliche Förderpolitik werden als ausbaufähig bewertet.

Eine große Mehrheit der Unternehmen erwirtschaftet einen Umsatz unterhalb von 10 Mio. Euro. Immerhin ein Drittel der Unternehmen erzielt jedoch höhere Erlöse, wobei 19 % der Grundgesamtheit einen Umsatz von mehr als 50 Mio. Euro erwirtschaften. Insgesamt erwirt-

Unternehmen und Forschungseinrichtungen

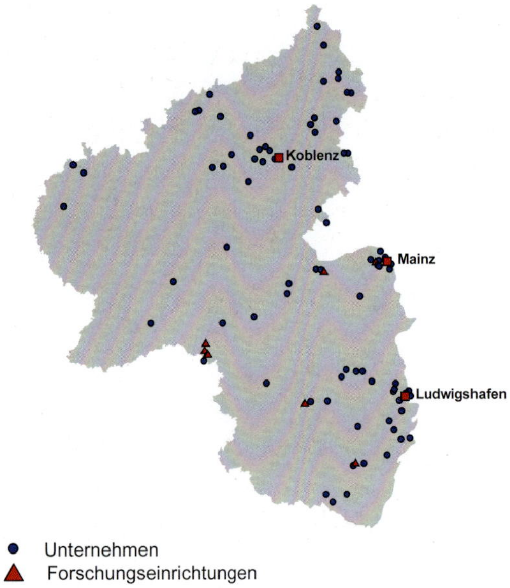

Leitmarktschwerpunkte im Land

Die wichtigsten Standortfaktoren aus Sicht der Unternehmen und Erfüllung

1. Nachfragevolumen Markt	**62%**
2. Fachkräfteverfügbarkeit	**48%**
3. Infrastruktur	**69%**

Abbildung 1

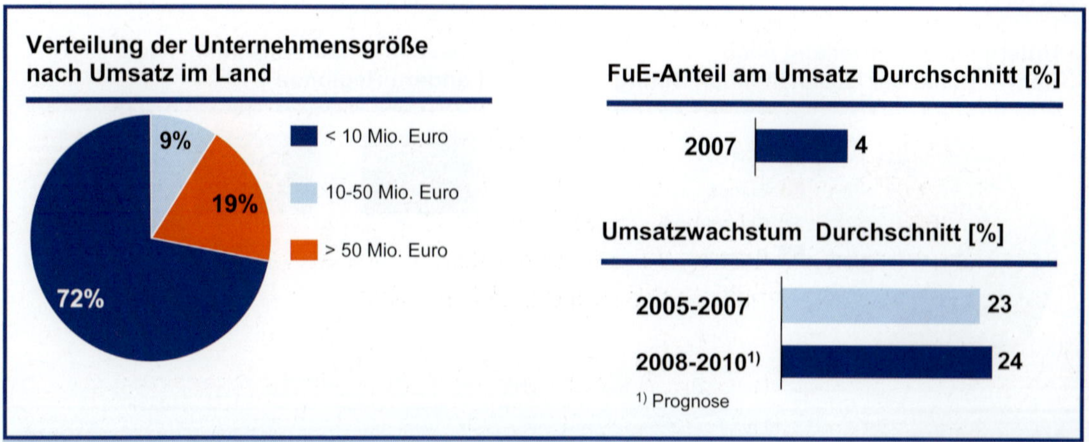

Abbildung 2

schaften dabei über 80 % der Unternehmen ein positives Betriebsergebnis.

Das durchschnittliche Umsatzwachstum lag in den Jahren 2005 bis 2007 bei 23 %. Für die Jahre 2008 und 2009 wird sogar ein leichter Anstieg des Wachstums erwartet. Damit kann sich das Land im nationalen Vergleich auf den oberen Plätzen positionieren. Außerdem ist die Umwelttechnik-Branche hier ein Beschäftigungsmotor. Dies gilt umso mehr in der Zukunft, denn in den nächsten zwei Jahren planen die Unternehmen ihre Mitarbeiterzahl um rund ein Viertel zu erhöhen. Dies schafft nur ein weiteres Bundesland im nationalen Vergleich.

Die Unternehmen in Rheinland-Pfalz sind international ausgerichtet. Knapp 20 % aller Unternehmen gibt an, einen globalen Schwerpunkt der Geschäftstätigkeit zu haben. Neben West- und Osteuropa sind die USA und Russland wichtige Absatzmärkte (siehe Abbildung 3). Die Internationalität der Branche zeigt sich außerdem in einem relativ hohen ausländischen Wertschöpfungsanteil von rund 10 %, auch wenn der Anteil der im Ausland beschäftigten Mitarbeiter eher niedrig ist.

Die Wichtigkeit der Umwelttechnik-Branche unterstreicht das Ministerium für Umwelt, Forsten und Verbraucherschutz von Rheinland-Pfalz durch seine strategische Zielsetzung. Erneuerbare Energien sollen ausgebaut, die Energieeffizienz gesteigert und die Energieinfrastruktur im Strom- und Wärmebereich weiterentwickelt werden. Dazu werden Information und Beratung genauso gefördert wie innovative Pilot- und Demonstrationsprojekte.

Unternehmensverteilung nach Schwerpunkt der Geschäftsausrichtung

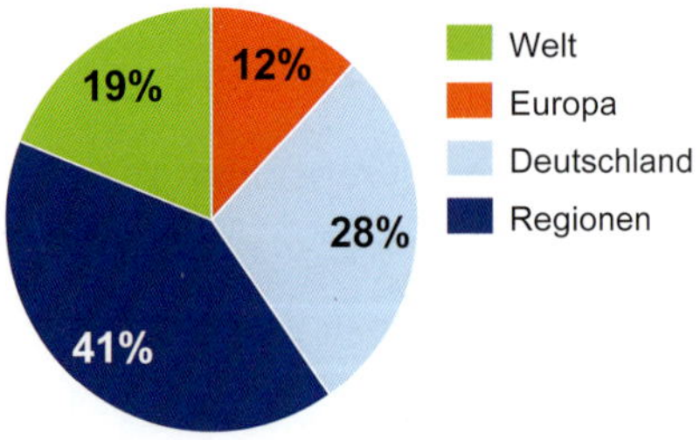

Absatzmarktschwerpunkte nach Ländern/Regionen

Abbildung 3

Darüber hinaus werden Auslandsaktivitäten der Unternehmen durch konkrete Unternehmensförderungen und projektbezogene Förderungen unterstützt. Dies geschieht in enger Zusammenarbeit mit dem Ministerium für Wirtschaft, Verkehr, Landwirtschaft und Weinbau. Länderschwerpunkte liegen derzeit in Nordafrika auf den Maghreb-Staaten, in China und in Mittel- und Osteuropa.

In den nächsten Jahren liegt der Schwerpunkt weiterhin in den genannten Bereichen der erneuerbaren Energien und Energieeffizienz. Dazu sollen alle regenerativen Energien weiter ausgebaut und die Energieinfrastruktur an die dezentrale Energieerzeugung angepasst werden. Im Bereich Energieeffizienz steht insbesondere der Gebäudesektor im Fokus.

Umwelttechnik – Förderung

Förderpolitische Strategie und strategische Ziele

- Förderung von Information und Beratung sowie von innovativen Pilot- und Demonstrationsprojekten mit überdurchschnittlichen energetischen Standards
- Ausbau der erneuerbaren Energien, Steigerung der Energieeffizienz im Gebäudesektor, Industrie, Gewerbe und Kommunen, Ausbau der Kraft-Wärme-Kopplung, Weiterentwicklung der Energieinfrastruktur im Strom- und Wärmebereich

Förderaktivitäten

- Energiesparkampagne „Unser Ener"
  - Energetische Sanierung, energetisch anspruchsvolle Neubauten
  - Nutzung erneuerbarer Energien im Wärmebereich, Förderung zukunftsweisender Konzepte
- Effizienznetz Rheinland-Pfalz EffNet
  - Internetbasierte Informations-und Beratungsplattform unter anderem zur Umwelttechnik für kleine und mittlere Unternehmen und Kommunen
  - Energie- und Umweltnetzwerk, Wegweiser
- EffCheck PIUS-Analysen in Rheinland-Pfalz
  - Fachliche Begleitung von Betriebsanalysen zur Steigerung der Energie- und Materialeffizienz in kleinen und mittleren Unternehmen durch PIUS
- Kraft-Wärme-Kopplungs-Offensive
  - Verstärkte Einführung von Kraft-Wärme-Kopplung-Technologien
  - Ersatz herkömmlicher Gas- und Ölkessel durch stromerzeugende Heizungen
  - Abwärmenutzung
- Stoffstrommanagement
  - Landesweite Umsetzung von Stoffstrommanagement-Konzepten in den kommunalen Gebietskörperschaften

Förderung von Auslandsaktivitäten

- Konkrete Unternehmensförderungen über das Ministerium für Wirtschaft, Verkehr, Landwirtschaft und Weinbau (MWVLW)
- Projektbezogene Förderung in Zusammenarbeit mit dem MWVLW
- Einrichtung und Ausbau von transnationalen Kooperationsvereinbarungen

Länderschwerpunkte der Förderung von Auslandsaktivitäten

- Nordafrika und Maghreb-Staaten
- China
- Mittel-und Osteuropa

Laufende und geplante Forschungsprojekte

- Keramik Membrankläranlage
  - Bau einer Nano-Keramik-Membranbelebungsanlage (in Vorbereitung)

- Terra Preta
  - Analyse mobilisierbarer Abfallströme
  - Neues Verfahren zur vollständigen Verwertung anfallender Bioabfälle
  - Ziel ist die Herstellung einer unbelasteten „künstlichen Schwarzerde"

- Geothermie-Forschungsprojekt
  - Forschungsgegenstand ist die Risikominimierung sowohl auf der Vorerkundungsskala (zum Beispiel Ressourcenatlas Rheinland-Pfalz) als auch auf der Reservoirskala (zum Beispiel optimaler Einsatz verschiedener geophysikalischer Explorationsverfahren)

Schwerpunktthemen in den nächsten drei Jahren

- Energieeffizienz im Gebäudesektor
  - Energetisch anspruchsvolle Neubauten als Standard, energetische Sanierung von Bestandsgebäuden, Stromverbrauch in Haushalten
  - Einbindung der erneuerbaren Energien im Wärmebereich
  - Ausbau von Information und Erstberatung vor Ort
- Ausbau der erneuerbaren Energien
  - Gleichrangiger Ausbau aller regenerativer Energien
  - Verstärkte Erschließung der hohen tiefengeothermischen Potenziale, gebietsbezogene Ermittlung und nachhaltige Nutzung der Biomassepotenziale, natur- und landschaftsverträglicher Ausbau der Windkraft, Ausbau der Solarenergie im Wärmebereich und in der Stromerzeugung
- Anpassung der Energieinfrastruktur an dezentrale Energieerzeugung
  - Eine zunehmende Stromerzeugung aus regenerativen Energien in dezentralen Anlagen macht eine Anpassung der bestehenden Energieinfrastruktur zur Erhaltung der Netzstabilität notwendig
  - Die bei der Stromerzeugung anfallende Prozesswärme soll verstärkt zu Heizzwecken genutzt werden

Kontaktinformationen

Ministerium für Umwelt, Forsten und Verbraucherschutz
Kaiser-Friedrich-Str. 1
55116 Mainz
Internet: www.mufv.rlp.de

Saarland

Umwelttechnik – Ein Überblick

Das Saarland ist gemessen an seiner Wirtschaftsleistung mit einem Bruttoinlandsprodukt von etwa 30 Mrd. Euro das kleinste Bundesland Deutschlands. Nach dem Umsatz sind die wichtigsten Leitmärkte Umweltfreundliche Energien und Energiespeicherung, Kreislaufwirtschaft und Nachhaltige Wasserwirtschaft.

Nur etwas mehr als die Hälfte der Befragungsteilnehmer aus dem Saarland, nämlich etwa 57 %, generieren 10 Mio. Euro Umsatz pro Jahr oder weniger. Der Anteil von Unternehmen, die einen Umsatz zwischen 10 und 50 Mio. Euro jährlich erwirtschaften, liegt im Saarland bei 29 %. Einen Umsatz von mehr als 50 Mio. Euro erzielen 14 % der Unternehmen. Die Unternehmen weisen jedoch im Gegensatz zu anderen Bundesländern ein relativ geringes Umsatzwachstum auf. Für den Zeitraum zwischen 2005 und 2007 lag das Wachstum der Unternehmen im Saarland bei durchschnittlich 8 % pro Jahr. Auch für die Jahre 2008 bis 2010 wird keine bemerkenswerte Veränderung der Wachstumsgeschwindigkeit erwartet.

Unternehmen und Forschungseinrichtungen

Leitmarktschwerpunkte im Land

Die wichtigsten Standortfaktoren aus Sicht der Unternehmen und Erfüllung

1. Fachkräfteverfügbarkeit	**64%**
2. Nachfragevolumen Markt	**72%**
3. Infrastruktur	**87%**

Abbildung 1

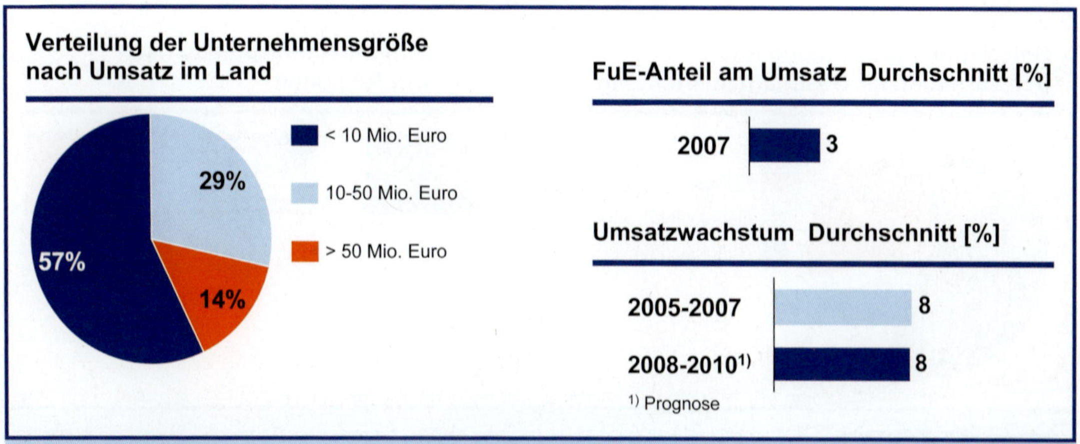

Abbildung 2

Das Saarland ist zudem das einzige Bundesland, das im Zeitraum 2005 bis 2007 im Durchschnitt eine negative Mitarbeiterentwicklung aufweist: Die Umwelttechnik-Unternehmen haben ihre Belegschaften im Schnitt um 5 % verkleinert. In den nächsten zwei Jahren erwarten die befragten Unternehmen jedoch einen Anstieg ihrer Mitarbeiterzahl von rund 10 %.

Die saarländische Umwelttechnik-Branche besitzt jedoch durch den hohen Grad schwerpunktmäßig international tätiger Unternehmen eine sehr gute Ausgangsposition für ein nachhaltiges Wachstum. Insgesamt geben über 40 % der Unternehmen an, den geografischen Tätigkeitsschwerpunkt außerhalb Deutschlands zu haben. Der durchschnittliche Wertschöpfungsanteil im Ausland liegt im Bundesland Saarland bei knapp 14 %. Dabei beschäftigen die Unternehmen ausländische Mitarbeiter vor allem in Westeuropa, den USA und China. Hier liegen auch die wichtigsten Absatzmärkte saarländischer Unternehmen.

Den Standortfaktoren Verfügbarkeit von Fachkräften, Nachfragevolumen und Infrastruktur wird die höchste Bedeutung beigemessen. Der Erfüllungsgrad ist über alle Faktoren hinweg überdurchschnittlich hoch.

Die Förderung durch die Landesministerien misst der Umwelttechnik bereits heute, aber auch in der Zukunft, eine hohe Bedeutung bei. Besonders wichtig sind aus Sicht des Ministeriums die Leitmärkte Rohstoff- und Materialeffizienz und Nachhaltige Mobilität. Die wirkungsvollsten Fördermechanismen aus Sicht des Landesministeriums sind finanzielle Anzreizsysteme, die Schaffung von Preis-/Mengenme-

Abbildung 3

chanismen sowie das Durchsetzen von existierenden Regelungen. Die finanziellen Anreizsysteme der Förderung werden im Saarland insbesondere durch Zuschüsse, teilweise aber auch durch Darlehen und Bürgschaften realisiert. Als Beispiele der Förderaktivitäten können das Zukunftsenergieprogramm Technik, Zukunftsenergieprogramm kommunal, Technologieprogramm Saar (TPS), Innovationsprogramm des Saarlandes, Dezentrale Energieversorgung (DENVER) genannt werden. Die Förderung von Auslandsaktivitäten forciert die Länder Frankreich und Luxemburg. Zukünftiges Ziel ist es, den Wirtschaftsbereich Umwelttechnik stärker auszubauen. Eine Vision ist die Deckung eines möglichst großen Anteils des im Saarland erforderlichen Energiebedarfs durch kostengünstige und umweltfreundliche Energie. Eine zweite Vision ist die Neuansiedlung weiterer Unternehmen der Umwelttechnik-Branche im Saarland. Die Schwerpunkte sind zukünftig vor allem der Klima- und Umweltschutz, Biodiversität, Wasser-, Boden- und Luftreinhaltung.

Umwelttechnik – Förderung

Förderpolitische Strategie und strategische Ziele

- Projektbezogene Förderung von Entwicklungs-, Pilot- und Demonstrationsanlagen, die erneuerbare Energien nutzen und in denen Energie rationell eingesetzt wird
- Des Weiteren erfolgt – wie auch für alle anderen Wirtschaftsbereiche – eine Wirtschaftsförderung von Umwelttechnologie-Unternehmen durch das Ministerium für Wirtschaft und Wissenschaft (MWW)

- Durch die Unterstützung des Instituts für Zukunftsenergiesysteme wird die Forschungsaktivität in diesem Bereich gestärkt

Förderaktivitäten

- Zukunftsenergieprogramm Technik
  - Entwicklungs-, Pilot- und Demoanlagen, die erneuerbare Energien nutzen und in denen Energie rationell genutzt wird (im Gewerbe)
- Zukunftsenergieprogramm kommunal
  - Entwicklungs-, Pilot- und Demoanlagen (im Kommunalbereich)
- Technologieprogramm Saar (TPS)
  - (MWW) Förderung von Forschungspersonal, technische Durchführbarkeitsstudien, Entwicklung innovativer Produkte, Pilot- und Demoanlagen mit neu entwickelten Technologien (allgemein)
- Innovationsprogramm des Saarlandes
  - (MWW) Förderung von anwendungsbezogenen Forschungs- und Entwicklungsprojekten für neue Produkte, Verfahren und wissensintensive Dienstleistungen in kleinen und mittleren Unternehmen (allgemein)
- Dezentrale Energieversorgung (DENVER)
  - Arbeitsgemeinschaft aus Unternehmen, Forschungseinrichtungen und Energieversorgern, um die Brennstoffzellentechnologie und Formen von Mikro-Kraft-Wärme-Kopplung im Saarland zu etablieren

Förderung von Auslandsaktivitäten

- RUBIN: Projekt zur Prüfung der Möglichkeiten zur grenzüberschreitenden Biomassenutzung von Deutschland, Frankreich und Luxemburg
- IGNIS: Inwertsetzung von Siedlungsabfällen in Addis Abeba (Äthiopien)
  - „Clean Development Mechanism" (CDM) und „Joint Implementation" (JI) Projekte

Länderschwerpunkte der Förderung von Auslandsaktivitäten

- Zusammenarbeit mit Frankreich und Luxemburg

Laufende und geplante Forschungsprojekte

- Nanostir
  - Verbesserung der technischen Eigenschaften eines Stirlingmotors zum Einsatz von Biogas

  - Das Projekt wird von dem durch das Ministerium für Umwelt des Saarlandes unterstützte Institut für Zukunftsenergiesysteme (IZES) durchgeführt
- TRIG (Trigeneration)
  - Erprobung einer neuartigen Kraft-Wärme-Kopplungsanlage
  - Diese mit fester Biomasse betriebene Anlage soll in der Lage sein, Biomasse, die bislang nur in geringem Umfang oder gar nicht genutzt werden konnte, zu verwerten
- DEMS (Decentralized Energy Management System)
  - Entwicklung eines Managementsystems für die Vernetzung von kleinen, dezentralen Kraft-Wärme-Kopplungsanlagen auf der Basis von erneuerbaren Energieträgern (siehe unter anderem: www.izes.de)

Schwerpunktthemen in den nächsten drei Jahren

- Klimaschutz und Energieversorgung
  - Umweltfreundliche Energieerzeugung und Versorgung der Bevölkerung und der Industrie mit Energie
  - Klimaschutz als eine der größten Herausforderungen für die heutige Generation
- Biodiversität
  - Um die Artenvielfalt zu erhalten, ist es wichtig, Technologien zu entwickeln, die die natürliche Lebensgrundlage und den Lebensraum der unterschiedlichen Arten nicht gefährden
- Wasser-, Boden- und Luftreinhaltung
  - Umwelttechnologien zur Wasser-, Boden- und Luftreinhaltung müssen weiterentwickelt und eingesetzt werden

Kontaktinformationen

Ministerium für Umwelt
Keplerstraße 18
66117 Saarbrücken
Internet: www.saarland.de

Freistaat Sachsen

Umwelttechnik – Ein Überblick

Das Bruttoinlandsprodukt des Freistaat Sachsen liegt bei 94 Mrd. Euro. Die Leitmärkte sind unterschiedlich stark ausgeprägt, wobei, gemessen am Umsatz, die Schwerpunkte im Land auf den Märkten Energieeffizienz, Kreislaufwirtschaft und Nachhaltige Wasserwirtschaft liegen.

Als wichtigste Standortfaktoren geben die Befragten aus Sachsen das Nachfragevolumen des Marktes, die Verfügbarkeit von Fachkräften und die infrastrukturellen Gegebenheiten an. Mit der Erfüllung dieser Faktoren sind die Unternehmen zufrieden. Hervorgehoben wird insbesondere die gute sächsische Infrastruktur.

Bei der Internationalisierung der Umwelttechnik-Branche übernimmt Sachsen zusammen mit Bayern eine führende Rolle. Knapp 40 % der Unternehmen sind international ausgerichtet. Motivation zur Internationalisierung ist unter anderem die Erschließung neuer Märkte. Die wichtigsten internationalen Absatzmärkte sind daher West- und Osteuropa, aber auch China (siehe Abbildung 3).

Unternehmen und Forschungseinrichtungen

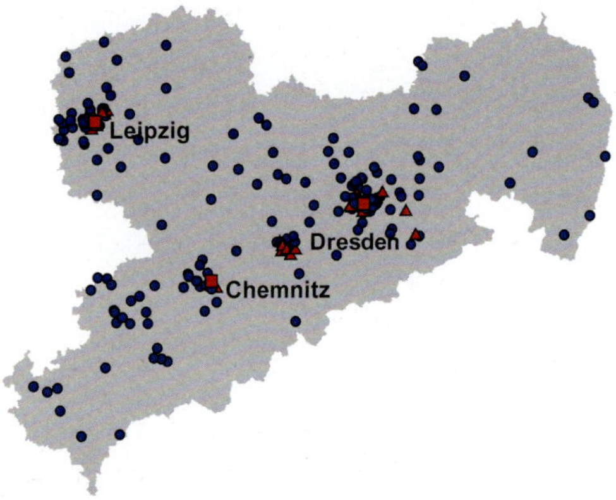

Leitmarktschwerpunkte im Land

Die wichtigsten Standortfaktoren aus Sicht der Unternehmen und Erfüllung

1. Nachfragevolumen Markt	**52%**
2. Fachkräfteverfügbarkeit	**56%**
3. Infrastruktur	**65%**

Abbildung 1

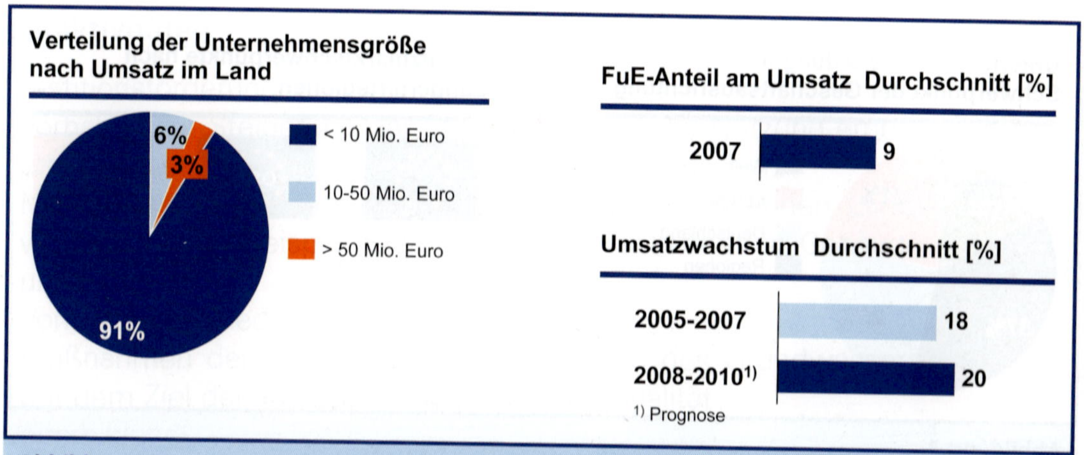

Abbildung 2

Ein sehr großer Anteil der Unternehmen erzielt Umsätze von weniger als 10 Mio. Euro, nur 9 % der Unternehmen erwirtschaften höhere Erlöse. Umsätze von mehr als 50 Mio. Euro erwirtschaften sogar nur 3 % der Unternehmen. Dies spiegelt sich allerdings nur bedingt in den Ausgaben für Forschung und Entwicklung wider, die in Anbetracht der starken Fragmentierung der Umwelttechnik-Branche im Freistaat auf einem beachtlichen Niveau liegen: Mit einem Anteil der FuE-Ausgaben am Umsatz von 9 % gehören sächsische Unternehmen im nationalen Vergleich zur Spitzengruppe. Gleiches gilt für die Wachstumszahlen der Belegschaften. Auch hier zählt Sachsen mit mehr als 24 % in den Jahren 2005 bis 2007 zum Spitzentrio. Das Wachstum des Umsatzes kann da jedoch nicht mithalten. Zwar werden zweistellige Wachstumsraten erzielt, jedoch liegen diese hinter dem bundesdeutschen Durchschnitt zurück. Die durchschnittliche Wachstumsrate der Jahre 2005 bis 2007 lag in Sachsen bei 18 %. Für die Jahre 2008 und 2009 erwarten die Unternehmen einen leichten Anstieg des Wachstums auf dann 20 %.

Das Sächsische Staatsministerium für Umwelt und Landwirtschaft misst der Umwelttechnik-Branche eine wichtige Bedeutung zu und hat sich zum Ziel gesetzt, diesen Wirtschaftszweig weiter zu stärken. Dies geschieht durch Förderung von Maßnahmen zur Erhöhung der Energieeffizienz, des Einsatzes umweltfreundlicher Techniken in der Landwirtschaft, der Erzeugung und Nutzung erneuerbarer Energien und von Maßnahmen zur Verbesserung des chemischen und ökologischen Gewässerzustandes. Darüber hinaus wird die berufliche Weiterbildung unterstützt, um die Beschäftigungsmöglichkeiten zu verbessern.

Schwerpunktthemen in den nächsten drei Jahren

- Kreislaufwirtschaft, Wasserwirtschaft sowie umweltfreundliche Energieumwandlung und -speicherung sind Schwerpunkte für die künftige Markterschließung im In- und Ausland
- Marktschwerpunkte in Mittel- und Osteuropa (einschließlich Russland), Asien und Nordamerika sowie ausgewählten Schwellenländern. Neben den üblichen Instrumenten der Außenwirtschaftsförderung unterstützt das SMUL die Unternehmen der Umwelttechnik-Branche insbesondere bei der direkten Markterschließung im Ausland und zur allgemeinen Stärkung der Marktposition der Unternehmen bei der Netzwerk- und Clusterbildung im Inland

Kontaktinformationen

Sächsisches Staatsministerium für Umwelt und Landwirtschaft
Archivstraße 1
01097 Dresden
Internet: www.smul.sachsen.de

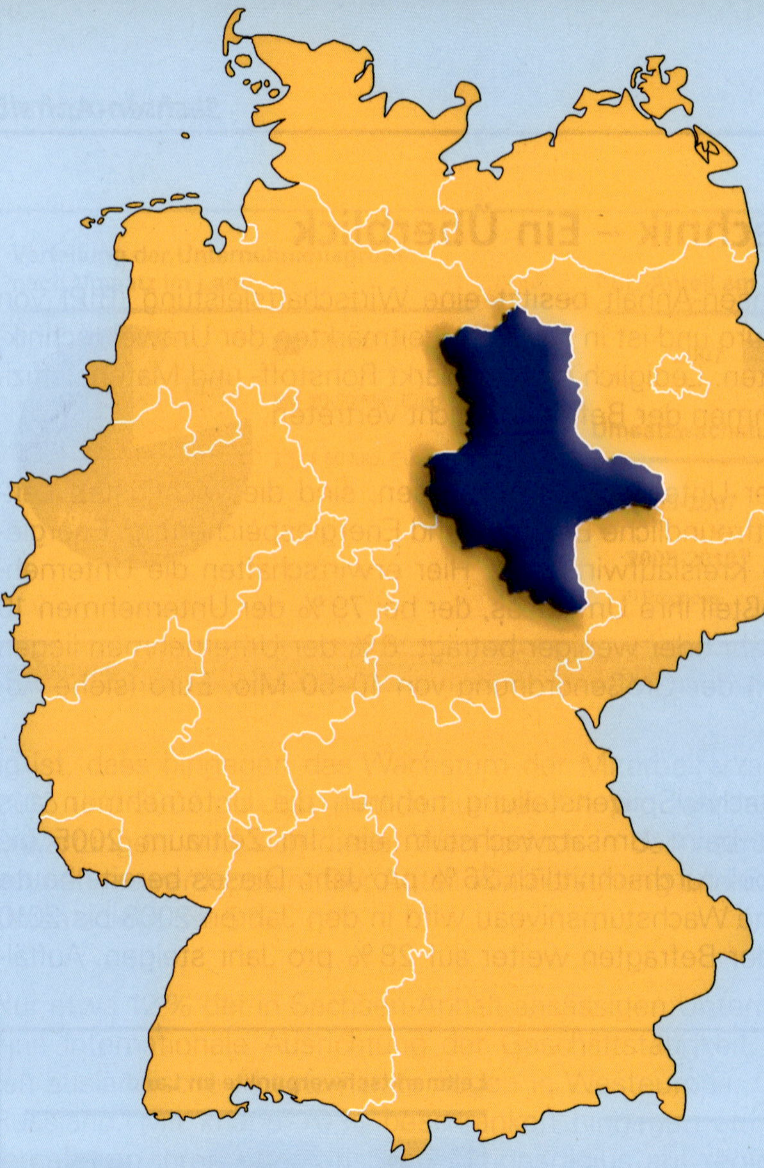

Sachsen-Anhalt

Abbildung 3

se und Darlehen sowie Beratungsleistungen eingesetzt. Als Beispiele für Förderaktivitäten können das Förderprogramm „Einzelbetriebliche FuE-Förderung", Förderung des Clustermanagements, Beratungshilfeprogramm und Förderprogramm „Wissens- und Technologietransfer" genannt werden. Hinsichtlich der Auslandsförderung werden die Regionen China, Vietnam, Israel, Polen, Rumänien, Estland, Litauen, Ukraine und Altai fokussiert. Delegations- und Unternehmensreisen sowie die Unterstützung bei Messeauftritten sollen die Auslandsvernetzung der Umwelttechnik-Unternehmen erhöhen.

Die strategische Zielsetzung der Förderung von Umwelttechnik soll bewirken, dass dieser Bereich seine Rolle als bedeutender Wirtschaftsfaktor für Sachsen-Anhalt weiter festigt. Diese Unterstützung kann weiterhin durch eine Förderung von FuE-Vorhaben und von Clustermanagementaktivitäten erfolgen. Langfristig soll sich aus der Förderung sukzessiv zurückgezogen werden. Die Kernaktivitäten der nächsten Jahre liegen insbesondere in den Bereichen erneuerbare Energien und Energieeffizienz, Energiespeichertechnologien sowie der Außenwirtschaft und dem Clustermanagement.

Umwelttechnik – Förderung

Förderpolitische Strategie und strategische Ziele

- Eine ausschließlich auf die Umwelttechnik ausgerichtete förderpolitische Strategie verfolgt das Land Sachsen-Anhalt nicht
- Die Förderung der Umwelttechnik ordnet sich in die allgemeine innovationspolitische Strategie des Landes ein

- Eine zu einseitige Ausrichtung der Förderpolitik engt den Handlungsspielraum des Landes zu sehr ein (Operationelles Programm 2007–2013 mit seinen Nachhaltigkeitskriterien)

Förderaktivitäten

- Förderprogramm „Einzelbetriebliche Forschung und Entwicklung – Förderung"
  - Gefördert werden Einzelprojekte, Gemeinschaftsprojekte mehrerer Unternehmen und Verbundprojekte (Projekte zwischen kleinen und mittleren Unternehmen und Hochschulen)
- Förderung des Clustermanagement
  - Zielgerichtet wird die (über-)regionale Zusammenarbeit zwischen Unternehmen und wirtschaftsnahen Einrichtungen unterstützt
- Beratungshilfeprogramm
  - Spezifische Beratungen zu betriebswirtschaftlichen, finanziellen, personellen, technischen und organisatorischen Problemen der Unternehmensführung
- Förderprogramm „Wissens- und Technologietransfer"
  - Verbesserung des Technologietransfers zwischen Innovationsmittlern und Technologienutzern und Verminderung des wirtschaftlichen und technischen Risikos
- Die Programme findet man auf der Internetseite www.ib-sachsen-anhalt.de/sites/wirtschaft.html

Förderung von Auslandsaktivitäten

- Organisation von Delegationsreisen
- Organisation von Unternehmensreisen
- Förderung von Messeteilnahmen

Länderschwerpunkte der Förderung von Auslandsaktivitäten

- China, Vietnam, Israel
- Polen, Rumänien, Estland, Litauen, Ukraine und Altai

Laufende und geplante Forschungsprojekte

- Biomassepotenzialstudie
  - http://www.sachsen-anhalt.de/LPSA/fileadmin/Elementbibliothek/Master-Bibliothek/Landwirtschaft_und_Umwelt/B/Biomasse/Biomassepotenzialstudie/Biomassepotenzialstudie_2007/Kurzfassung_neu.pdf

- Clusterstudie „Forst und Holz LSA"
  - http://www.sachsen-anhalt.de/LPSA/fileadmin/Elementbibliothek/Master-Bibliothek/Landwirtschaft_und_Umwelt/F/Forst/Erl__uterungen_zur_Clusterstudie_Forts_und_Holz_-_04–2008.pdf
- Spitzencluster Solarvalley
  - Anfang 2008 wurde mit Sachsen und Thüringen die Spitzenclusterinitiative „Solarvalley Mitteldeutschland" gebildet
  - Der Bund wird in den kommenden fünf Jahren 40 Mio. Euro und das Land 10 Mio. Euro Fördermittel für den Ausbau des aufstrebenden Wirtschaftsbereiches bereitstellen

Schwerpunktthemen in den nächsten drei Jahren

- Erneuerbare Energien/Energieeffizienz
  - Zum Beispiel Erreichung der Netzparität für Solarstrom in den nächsten fünf Jahren; weitere Erhöhung des Anteils der Erneuerbaren Energien an der Nettostromerzeugung (Ende 2007 bereits 32 %)
- Energiespeichertechnologien
  - Entwicklung leistungsfähiger Energiespeichertechnologien
- Außenwirtschaft und Clustermanagement
  - Verstärkte Nutzung der Angebote zur Förderung der Außenwirtschaftsförderung und des Clustermanagements

Kontaktinformationen

Ministerien für Landwirtschaft und Umwelt/Wirtschaft und Arbeit
Olvenstedter Str. 4
39104 Magdeburg
Internet: www.sachsen-anhalt.de/LPSA/index.php?id=1743

Schleswig-Holstein

Umwelttechnik – Ein Überblick

Das Land Schleswig-Holstein besitzt eine Wirtschaftsleistung (BIP) von rund 72 Mrd. Euro. Das Land ist in allen Leitmärkten der Umwelttechnik-Branche vertreten, wobei klare Schwerpunkte auf den Leitmärkten Umweltfreundliche Energien und Energiespeicherung, Energieeffizienz sowie Kreislaufwirtschaft liegen.

Auch Schleswig-Holsteins Unternehmensstruktur ist von vielen kleinen Unternehmen gekennzeichnet: Rund 74 % der Unternehmen erwirtschaften einen Jahresumsatz von 10 Mio. Euro oder weniger. An der Befragung hat kein Unternehmen aus Schleswig-Holstein mit einem Umsatz von über 50 Mio. Euro teilgenommen (siehe Abbildung 2).

Die Wachstumsraten des Umsatzes der Unternehmen zwischen den Jahren 2005 und 2007 lagen bei durchschnittlich 20 % pro Jahr. Auf diesem bereits hohen Niveau wird für den Zeitraum 2008 bis 2010 nochmals eine leichte Steigerung der Wachstumsgeschwindigkeit auf 21 % pro Jahr erwartet. Das Wachstum der Mitarbeiteranzahl zwischen 2005 und 2007 lag durchschnittlich bei 14 % pro Jahr. Die Erwartungen

Unternehmen und Forschungseinrichtungen

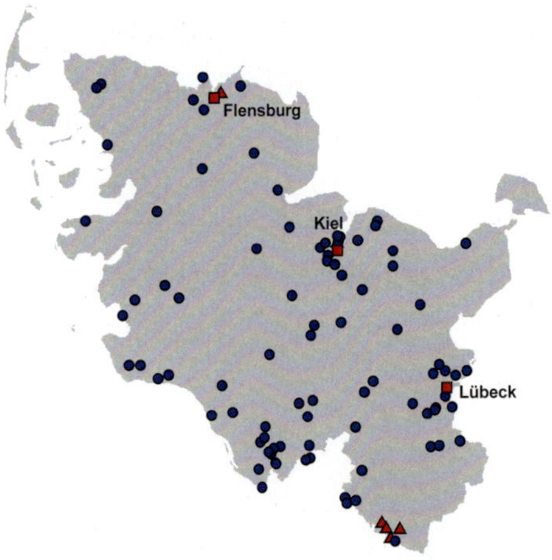

● Unternehmen
▲ Forschungseinrichtungen

Leitmarktschwerpunkte im Land

Die wichtigsten Standortfaktoren aus Sicht der Unternehmen und Erfüllung

1. Nachfragevolumen Markt	**54%**
2. Fachkräfteverfügbarkeit	**55%**
3. Kapitalverfügbarkeit	**51%**

Abbildung 1

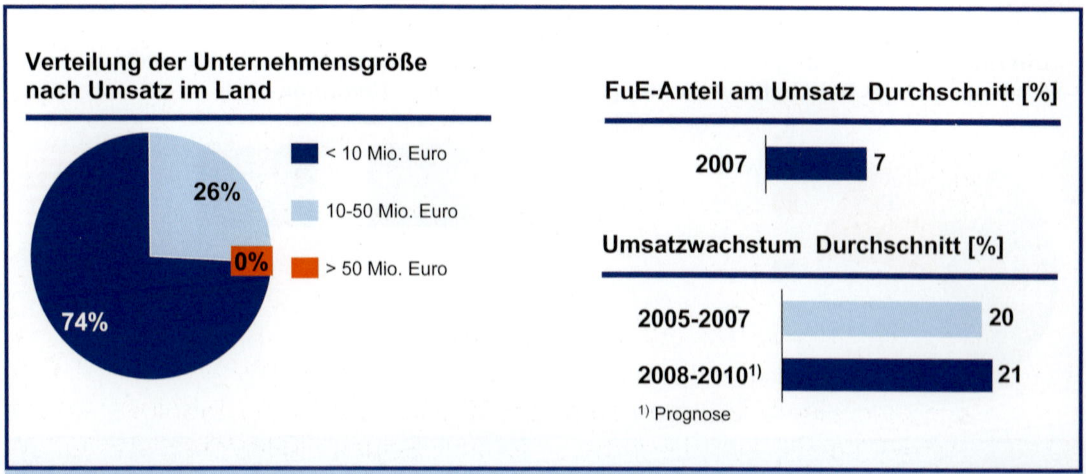

Abbildung 2

für die kommenden zwei Jahre orientieren sich an diesem Wert. Mit Forschungsausgaben, die circa 7 % des Umsatzes der Unternehmen repräsentieren, liegt Schleswig-Holstein im Mittelfeld der Bundesländer.

Etwa 35 % der in Schleswig-Holstein ansässigen Unternehmen haben eine internationale Ausrichtung der Geschäftstätigkeit. Klarer Fokus der Tätigkeiten dieser Unternehmen ist die EU.

Die für die Umwelttechnik-Unternehmen aus Schleswig-Holstein wichtigsten Standortfaktoren sind das Nachfragevolumen, die Verfügbarkeit von Fachkräften und die Verfügbarkeit von Kapital. Nachbesserungsbedarf sehen die Unternehmen vor allem im Bereich der Kapitelverfügbarkeit im Bundesland.

Die wirtschaftlichen Bedeutung der Umwelttechnik-Branche deckt sich auch mit der Einschätzung des Landesministeriums und zeigt, dass die Bedeutung zukünftig steigen wird. Die Leitmarktschwerpunkte der Unternehmen decken sich im Wesentlichen mit den Förderschwerpunkten des Landesministeriums.

Als wesentliche Instrumente der Förderung werden derzeit Gebote und Verbote, finanzielle und steuerliche Anreizsysteme sowie Transparenz fördernde Maßnahmen genutzt. Finanzielle Anreize werden in Form von Zuschüssen, Darlehen und Beteiligungen realisiert. Als Beispiele für Förderaktivitäten können die Förderung Umweltinnovationen, Kompetenzzentrum Biomasse, Windcom und Forschungsplattform FINO 3 genannt werden. Zum Portfolio der Förderung gehört auch die Unter-

Abbildung 3

stützung von Auslandsaktivitäten. Regionale Schwerpunkte liegen im Baltikum, Dänemark, China und Marokko. Präferierte Instrumente der Auslandsförderung sind Wirtschaftsreisen, Messeförderung und Clusterbildung.

Die strategische Zielsetzung der Förderung von Umwelttechnik soll zukunftsorientierten Techniken und Verfahren zum Durchbruch und zur Akzeptanz am Markt verhelfen und deren Anwendung bzw. Entwicklung in den Unternehmen vorantreiben. Verbunden mit einer solchen Förderung ist das Ziel, neue Arbeitsplätze zu schaffen bzw. bestehende Arbeitsplätze zukunftssicher zu machen und zu erhalten. Die Schwerpunktthemen liegen in den Bereichen erneuerbare Energien, Energieeffizienz und Rohstoff- und Materialeffizienz.

Umwelttechnik – Förderung

Förderpolitische Strategie und strategische Ziele

- Durch die Umwelt-Innovationsförderung soll zukunftsorientierten Techniken und Verfahren zum Durchbruch und zur Akzeptanz am Markt verholfen werden, deren Anwendung bzw. Entwicklung wegen ökonomischer Risiken in den Unternehmen ohne Hilfe nicht möglich ist
- Verbunden mit einer solchen Förderung ist das Ziel, neue Arbeitsplätze zu schaffen bzw. bestehende Arbeitsplätze zukunftssicher zu machen und zu erhalten

- Einen weiteren Schwerpunkt nimmt die Fokussierung auf thematische Cluster ein

Förderaktivitäten

- Förderung Umweltinnovation
  - Es soll zukunftsfähigen Techniken und Verfahren zum Durchbruch am Markt verholfen werden. Dadurch sollen Arbeitsplätze geschaffen bzw. zukunftssicher gemacht werden
- Kompetenzzentrum Biomasse
  - Es werden Themen der Biomassenutzung institutionell und interdisziplinär wissenschaftlich bearbeitet. Technologie- und Wissenstransfer
- Windcom
  - Windcom ist Partner für Firmen u. Institute, die ihre Aktivitäten im Bereich Windenergie haben oder in diesen Markt einsteigen wollen
- Klimaschutz in Förderprogramme integrieren
  - Prüfung und Integration von Aspekten und Fragestellungen des Klimaschutzes in alle Förderprogramme des Landes
- Forschungsplattform FINO 3 – NEPTUN
  - Auf der FINO 3 werden meteorologische und ozeanographische Daten erhoben, der Vogelzug beobachtet, ökologische Folgen, technische Parameter, wie Windturbulenzen, Blitzschläge, untersucht und technischer Risiken von Offshore-Anlagen und Wechselwirkungen von Fundament und Boden gemessen

Förderung von Auslandsaktivitäten

- Projekt „POWER-Cluster": Entwicklung eines starken Offshore-Sektors in der Nordsee-Region
- Messeförderung
- Wirtschaftsreisen

Länderschwerpunkte der Förderung von Auslandsaktivitäten

- Baltikum, Dänemark, China, Marokko

Laufende und geplante Forschungsprojekte

- Forschungsplattform FINO 3 – NEPTUN
- Ecotrainbook
  - Unter Verwendung der Daten Streckenprofil, Fahrzeiten, Motorkenndaten etc. sollen im dieselbetriebenen Bahnverkehr die

Zuglaufzeiten so optimiert werden, dass der Zug möglichst oft im verbrauchsgünstigsten Bereich fährt, aber dennoch den Fahrplan einhalten kann. Versuchsstrecke Hamburg – Westerland
- Holzvergaser Kraftwerk
  - Stellvertretend für die thermochemische Umwandlung (Vergasung) von fester Biomasse in Strom und Wärme wird eine Pilot- und Demonstrationsanlage mit einer Leistung von 180 kW elektr. und 300 kW therm. mit vollautomatischer Beschickung und Entaschung mit Waldholzhackschnitzeln betrieben

Schwerpunktthemen in den nächsten drei Jahren

- Ausbau der erneuerbaren Energien
  - Konsequente Forschung und Weiterentwicklung eines möglichst breiten Mix der erneuerbaren Energien
  - Stärkere europäische/internationale Zusammenarbeit, um die Potenziale der erneuerbaren Energien bestmöglich zu gewinnen, zu verteilen und zu speichern
- Effizienzsteigerung
  - Deutliche Erhöhung der Energieeffizienz (Faktor 10), sie marktfähig machen, ineffiziente Geräte vom Markt nehmen
  - Eine Steigerung der Effizienz in der Wärmeversorgung der Bestandsgebäude ist die wohl wichtigste Aufgabe neben der Erschließung von Effizienzen im Bereich Produktion und Dienstleistung
  - Zusammenarbeit von Wirtschaft und Wissenschaft ist auf gutem Wege
- Materialeffizienz steigern
  - Die Kommunikation und Marktdurchdringung über die Möglichkeiten der Materialeffizienz verbessern
  - Zusammenschluss von Firmen einer Region, Branche oder Wertschöpfungskette zu einem Materialeffizienz-Netzwerk
  - Stärkere Mehrfachnutzung, Reparaturfreundlichkeit und technischen Upgrade von Produkten vorantreiben

Kontaktinformationen

Ministerium für Landwirtschaft, Umwelt und ländliche Räume
Mercatorstraße 3
24106 Kiel
Internet: www.schleswig-holstein.de

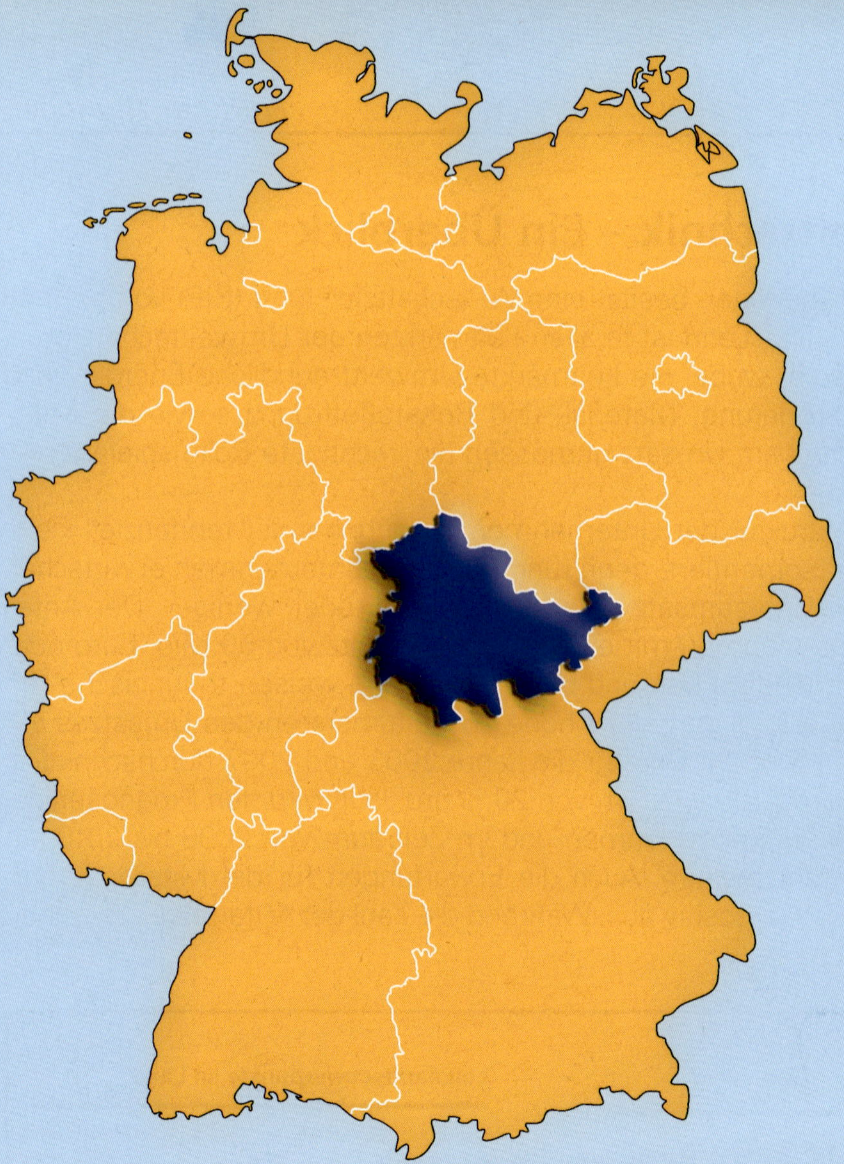

Freistaat Thüringen

Umwelttechnik – Ein Überblick

Das Land Thüringen besitzt eine Wirtschaftsleistung (BIP) von rund 48 Mrd. Euro. Das Land ist in allen Leitmärkten der Umwelttechnik-Branche vertreten, wobei die Leitmärkte Umweltfreundliche Energien und Energiespeicherung, Material- und Rohstoffeffizienz sowie die Kreislaufwirtschaft am Umsatz gemessen die wichtigste Rolle spielen.

Die Marktstruktur der Unternehmen in Thüringen ist tendenziell kleinteilig und fragmentiert, denn rund 80 % der Unternehmen erwirtschaften einen Jahresumsatz von 10 Mio. Euro oder weniger. Der Anteil großer Unternehmen mit einem Jahresumsatz von 50 Mio. Euro oder mehr liegt lediglich bei rund 6 %. Gleichzeitig weisen thüringische Unternehmen allerdings relativ hohe Wachstumsraten des Umsatzes auf (siehe Abbildung 2). Das für die Jahre 2005 und 2007 durchschnittlich erreichte Umsatzwachstum von 20 % pro Jahr wird den Prognosen zufolge sogar weiter zunehmen und im Zeitraum von 2008 bis 2010 auf 26 % pro Jahr steigen. Auch die Erwartungen für die Mitarbeiterentwicklung sehen positiv aus. Während die Zahl der Mitarbeiter zwischen

Unternehmen und Forschungseinrichtungen

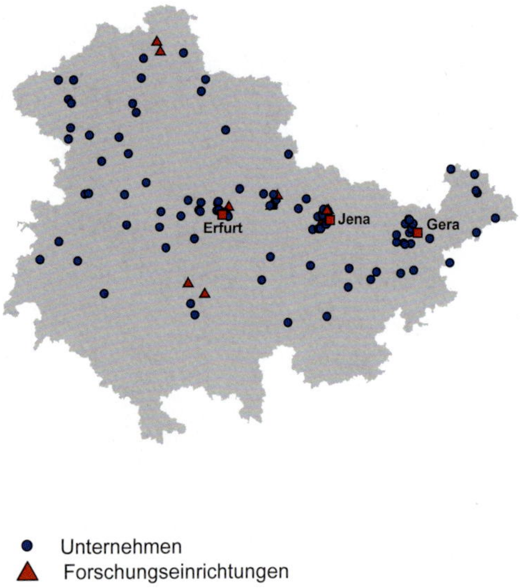

Leitmarktschwerpunkte im Land

Die wichtigsten Standortfaktoren aus Sicht der Unternehmen und Erfüllung

1. Nachfragevolumen Markt	**48%**
2. Fachkräfteverfügbarkeit	**47%**
3. Infrastruktur	**68%**

Abbildung 1

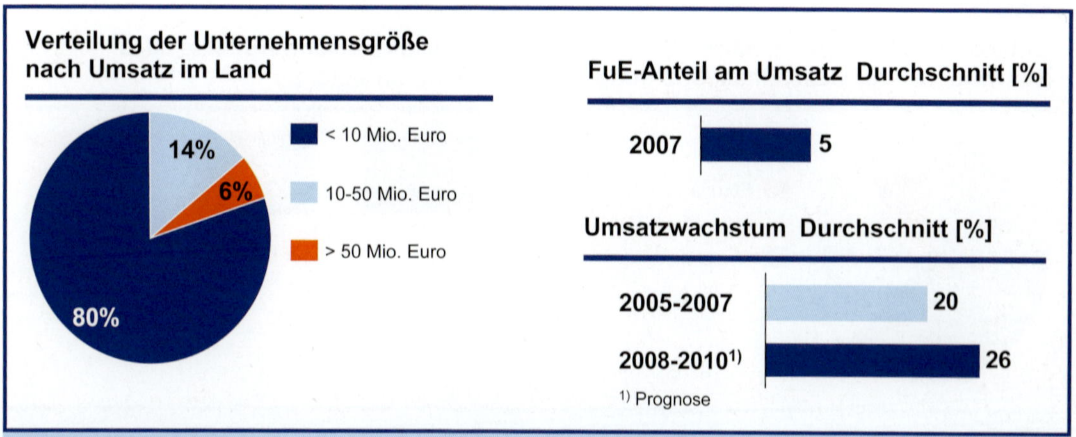

Abbildung 2

2005 und 2007 um durchschnittlich 7 % pro Jahr zulegte, wird für die nächsten beiden Jahre eine deutliche Steigerung auf rund 15 % pro Jahr erwartet.

Vergleichsweise niedrig ist hingegen die internationale Geschäftsausrichtung der Unternehmen aus Thüringen. Lediglich 14 % der Befragten gab an, schwerpunktmäßig auf internationalen Märkten zu agieren. Wohingegen mit 60 % sehr viele Unternehmen ihre Tätigkeiten auf die eigene Region beschränken (siehe Abbildung 3). Die im Ausland aktiven Unternehmen haben im Durchschnitt einen ausländischen Wertschöpfungsanteil von 5 %, wobei der überwiegende Teil davon in West- und Osteuropa erwirtschaftet wird. Identisch hierzu sind auch die Angaben zu den wichtigsten Absatzmärkten für die Unternehmen. Auch hier werden Westeuropa und Osteuropa auf den vorderen beiden Plätzen genannt.

Als wichtigste Standortfaktoren für ein erfolgreiches Wirtschaften zählen aus Sicht der Unternehmen vor allem das Nachfragevolumen, die Verfügbarkeit von Fachkräften und die Infrastruktur. Insbesondere die Anforderungen an eine leistungsfähige Infrastruktur bewerten die Unternehmen in Thüringen als überdurchschnittlich erfüllt. Nur innerhalb des Durchschnitts liegen die Ausgaben der Unternehmen bezüglich Forschung und Entwicklung, wofür lediglich etwas mehr als 5 % des Umsatzes aufgewendet werden.

Die wirtschaftliche Bedeutung der Umwelttechnik-Branche deckt sich auch mit der Einschätzung des Landesministeriums und zeigt, dass die Bedeutung auch zukünftig hoch bleiben wird. Die Leitmarktschwerpunkte der Unternehmen decken sich im Wesentlichen auch mit den

Unternehmensverteilung nach Schwerpunkt der Geschäftsausrichtung

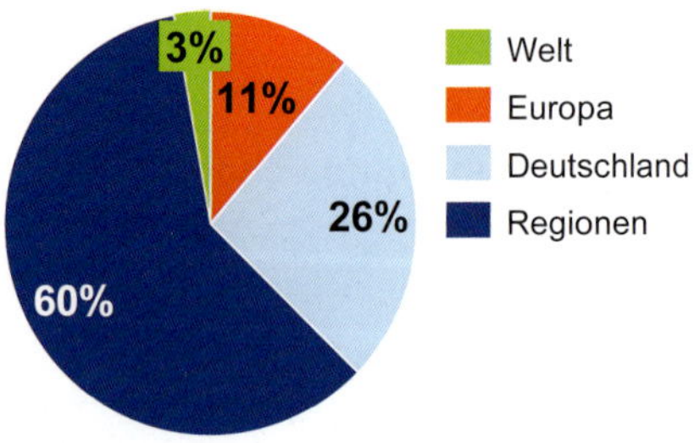

Absatzmarktschwerpunkte nach Ländern/Regionen

Abbildung 3

Förderschwerpunkten des Landesministeriums. Lediglich der Bereich Rohstoff- und Materialeffizienz wird von den Ministerien mit einer „mittleren Bedeutung" bewertet. Als wesentliches Instrument der Förderung werden derzeit insbesondere Preis-/ Mengenmechanismen genutzt. Werden finanzielle Anreizsysteme genutzt, geschieht dies vor allem in Form von Zuschüssen. Als Beispiele für Förderbereiche können Forschung und Entwicklung, Investitionen, Personal und Netzwerke/Cluster genannt werden. Zum Portfolio der Förderung gehört auch die Unterstützung von Auslandsaktivitäten. Hierbei gibt es keine Länderschwerpunkte. Die wichtigsten Instrumente sind Unternehmensreisen, Messeteilnahmen und Beratungen.

Die strategischen Ziele der Förderung fokussieren die weitere Etablierung Thüringens als Kompetenzträger im Bereich Umwelttechnik. Für die Umsetzung der Strategie stehen als Schwerpunktthemen der nächsten drei Jahre die Forcierung der Bereiche erneuerbare Energien, Energieeffizienz sowie die Vernetzung von Wertschöpfungsteilnehmern im Bereich der Umwelttechnik im Vordergrund.

Umwelttechnik – Förderung

Förderpolitische Strategie und strategische Ziele

- Stärkung der technologischen Kompetenz Thüringer Unternehmen, Forschungseinrichtungen und Hochschulen sowie Unterstützung der Zusammenarbeit und Netzwerkbildung zwischen diesen Partnern
- Stärkung der internationalen Wettbewerbsfähigkeit der Unternehmen sowie der Leistungsfähigkeit von Forschungseinrichtungen und

Hochschulen, Schaffung neuer wettbewerbsfähiger Arbeitsplätze, Profilierung des Standortes Thüringen

Förderaktivitäten

- Forschung und Entwicklung (FuE)
  - Einzelbetriebliche FuE-Vorhaben sowie FuE-Verbundprojekte von Unternehmen, Forschungseinrichtungen und Hochschulen
- Investition
  - Investitionen zum Beispiel zur Einführung neuester Technologien
- Personal
  - FuE-Personal (z. B. Stipendium, Innovationsassistent/-innen)
- Netzwerke/Cluster
  - Bildung von Netzwerken und Clustern
- Kommunikation
  - Gesprächskreis und Forum Thüringer Umweltwirtschaft

Förderung von Auslandsaktivitäten

- Unternehmerreisen
- Messeteilnahmen
- Beratungen

Länderschwerpunkte der Förderung von Auslandsaktivitäten

Derzeit keine Länderschwerpunkte

Laufende und geplante Forschungsprojekte

- Wärmenutzung aus natürlichen exothermen Reaktionen im Grundwasser
  - Im Rahmen des Projekts soll die Gewinnung von regenerativer Energie durch oberflächennahe Wärmenutzung auf Quellen ausgedehnt werden, in denen auf Grund biogener Vorgänge in kontaminierten Altlastenbereichen eine erhöhte Grundwassertemperatur festzustellen ist
- Wärmespeichergranulate
  - Herstellung innovativer Wärmespeichergranulate: Es sollen Phase Change Materialien (PCM – Latentwärmespeicher) direkt, d. h. ohne die bisher erforderliche Verkapselung, in das Polymer eingebracht werden
- Verfahren zur kostengünstigeren Herstellung von Silizium-Materialien

- Untersuchungen zu den Defekt bestimmenden Materialeigenschaften von Solarsilizium mit dem Ziel der präzisen materialwissenschaftlichen Charakterisierung von spezifischem Solarsilizium, insbesondere der Defekte, sowie der Entwicklung geeigneter Messverfahren

Schwerpunktthemen in den nächsten drei Jahren

- Erneuerbare Energien – Weitere Stärkung des Solarstandortes Thüringen:
  - Entwicklung neuer Technologien
  - Steigerung der Effizienz von Solarzellen und Kostenreduktion
  - Innovative Verbindung mit Speichertechnologien
  - Intelligente bauliche Integration
- Energieeffizienz
  - Intelligente Nutzung von Abwärme
  - Intelligente Haustechnik
  - Systemlösungen für energieeffiziente Produktionstechniken
- Vernetzung
  - Initiierung von Netzwerken und Clusterbildungsprozessen

Kontaktinformationen

Thüringer Ministerium für Wirtschaft, Technologie und Arbeit
Max-Reger-Straße 4–8
99096 Erfurt
Internet: www.thueringen.de/de/tmwta

Umwelttechnik international

Die Neuauflage dieser Publikation trägt der fortschreitenden Internationalisierung der Umwelttechnik-Branche Rechnung und beleuchtet sechs wichtige Länder, die aufgrund ihrer heutigen Position auf dem Weltmarkt oder wegen ihres zukünftigen Potenzials ausgewählt wurden. Mit den USA und Japan werden zwei etablierte Industrienationen betrachtet, die aufbauend auf ihrem bereits hohen Know-how heute in bestimmten Technologielinien der Umwelttechnik-Branche führend sind. Hinzu kommt mit Russland ein Transformationsland, das zwar im Bereich GreenTech noch kaum Marktanteile besitzt, jedoch als größter Flächenstaat der Welt enormes Potenzial aufweist. Mit Brasilien, Indien und China folgen die großen Schwellenländer, bei denen insbesondere die asiatischen in den letzten Jahren signifikant Technologiewissen aufgebaut und Marktanteile hinzugewonnen haben. Dadurch sind sie bereits in einigen Technologielinien als Anbieter wie auch Nachfrager unter den Top-10-Nationen der Welt vertreten.

Als etablierte beziehungsweise aufstrebende Wirtschaftsnationen spiegeln diese sechs Ländermärkte auch die zukünftigen Megatrends der gesellschaftlichen Entwicklungen wider: Steigender Energieverbrauch in Kombination mit anwachsenden Treibhausgasemissionen sind die Folgen des globalen Bevölkerungswachstums und der fortschreitenden Globalisierung. Der Einfluss der ausgewählten Länder ist dabei unterschiedlich. China und Indien werden bis 2020 ökonomisch stark wachsen und damit erheblich zu den entwickelten Industrienationen aufholen. Das rapide Wirtschaftswachstum führt aber auch zu einer Annäherung der CO_2-Emissionen je Einwohner. Geht man von einem „Business-as-usual-Szenario" aus, so steigen die CO_2-Emissionen in China um fast 80 %, in Indien um fast 60 % im gleichen Zeitraum. Japan ist das einzige Land, dass seinen CO_2-Austoß bis 2020 voraussichtlich verringern wird. Die Steigerung der CO_2-Emissionen geht meist mit einer entsprechenden Steigerung des Primärenergieverbrauchs einher. Auch wenn die Steigerungsraten der Schwellenländer hoch sind, so ist insbesondere für Japan und die USA zu bedenken, dass sich die Wachstumsbasis bereits auf sehr hohem Niveau befindet (siehe Karte Seite 311).

Im Folgenden werden die politischen Rahmenbedingungen gerade in Bezug auf die Umwelttechnik für jedes Land einzeln dargestellt, außerdem wird ein kurzer Überblick über die ökonomische Situation gegeben. Anschließend wird dann näher auf die Angebotsseite und somit die Umsatz- und Wettbewerbsstärke der GreenTech-Produzenten aus den jeweiligen Ländern eingegangen. Gleichzeitig berücksichtigt diese erweiterte Neuauflage aber auch die Nachfrage nach Umwelttechnik-

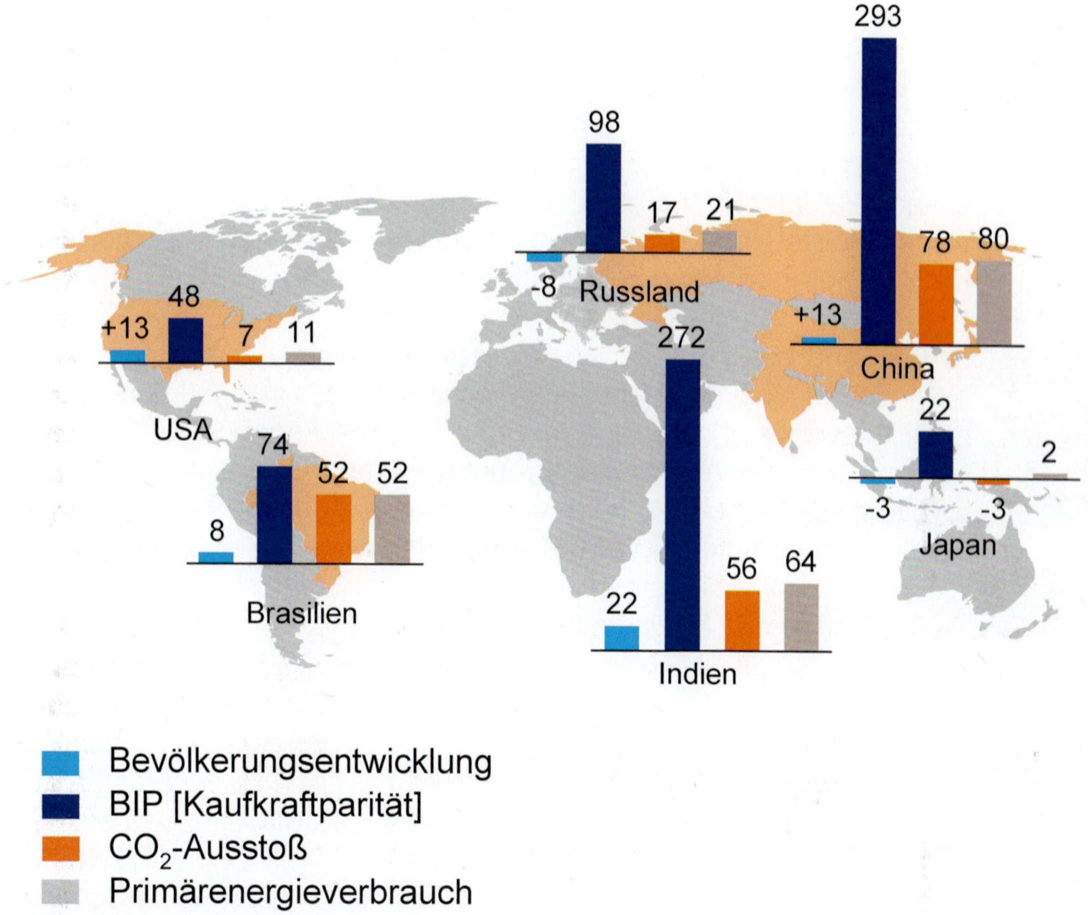

Megatrends in den ausgewählten Ländermärkten bis 2020 unter Annahme eines „Business-as-usual-Szenarios" [Veränderungen in %]

Quelle: EIA

Gütern in den sechs Nationen, wie zum Beispiel die Neuinstallationen von Technologien zur Energieerzeugung.

Seit der letzten Ausgabe des Umwelttechnik-Atlas vollzog die Umwelttechnik weltweit eine sehr dynamische Entwicklung. Einige Schwellenländer haben sich so rasant entwickelt, dass sie den etablierten Industrienationen technologisch ebenbürtig und in einigen Bereichen sogar führend sind. So ist Brasilien zum Beispiel weltweit führend in der Produktion von Biokraftstoffen auf Ethanolbasis. Aufgrund der günstigen geografischen Verhältnisse und der politischen Förderung hat sich in diesem Bereich eine Industrie entwickelt, die über alle Wertschöpfungsstufen als technologisch führend in der Welt gilt. Über 80 % der heute in Brasilien zugelassenen Pkw können sowohl mit Benzin als auch mit Ethanol fahren. In Indien hat es beispielsweise das Unternehmen Suzlon geschafft, unter die Top-10 der größten Windkraftanlagenhersteller aufzusteigen und ist gerade dabei, einen der größten deutschen Hersteller, die REpower, zu übernehmen. Die bemerkenswerteste Entwicklung in den letzten Jahren hatte allerdings China. In wenigen Jahren baute es eine Photovoltaik-Industrie auf, die heute in einigen Feldern als weltweit führend gilt. China ist damit schon heute der größte Hersteller von Solarzellen weltweit und exportiert über 98 % seiner Produktion vornehmlich nach Europa.

Jedes Land hat seine Technologieschwerpunkte. Diese können sich nach Bedarf und Produktion unterscheiden, wie das Beispiel Chinas eindrucksvoll zeigt. Denn dem umfangreichen Angebot der Produzenten und den enormen lokalen Produktionskapazitäten im Bereich Photovoltaik steht eine Nachfrage gegenüber, die gerade mal 2 % dessen beträgt, was produziert wird. Die Schwerpunkte der einzelnen Länder werden in der Abbildung „Regionale Ländermarktschwerpunkte nach Technologielinien" dargestellt.

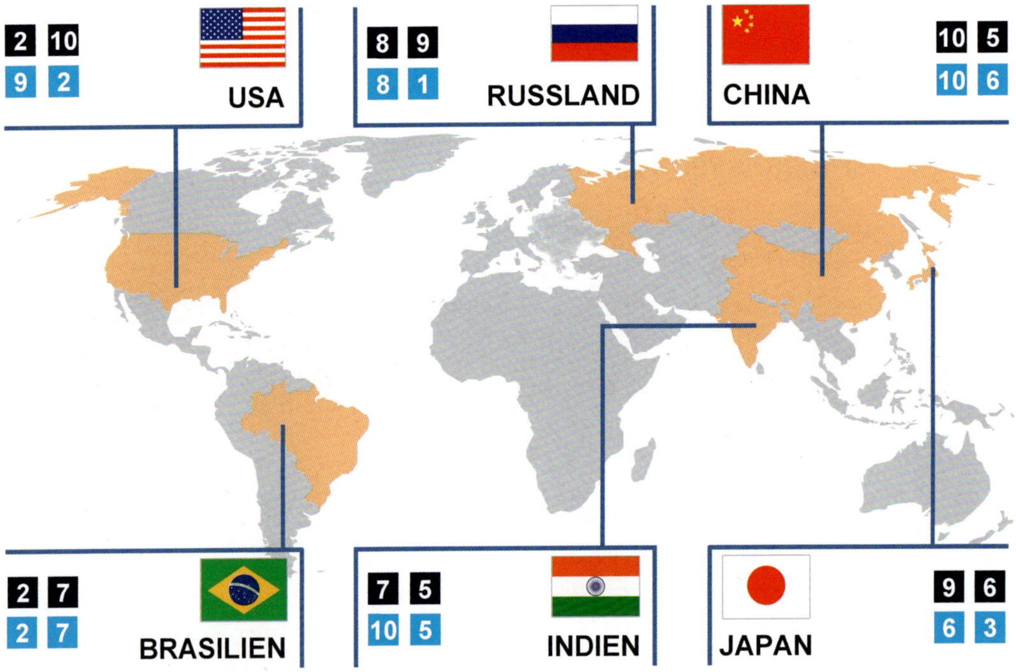

Produktionsschwerpunkte (blau) — Bedarfsschwerpunkte (schwarz)

1 Geothermie
2 Anlagen für Biokraftstoffe
3 Anlagen für Biogas
4 Heiz- und Klimatechnik
5 Solarthermie
6 Photovoltaik (Zellen)
7 Wasserkraft
8 Wärmedämmung
9 Effiziente Weiße Ware
10 Windkraft

Regionale Länderschwerpunkte nach Technologielinien

Aus den unterschiedlichen Länderschwerpunkten, den politischen und gesellschaftlichen Rahmenbedingungen sowie den strukturellen Gegebenheiten eines Landes lassen sich wesentliche Charakteristika im Hinblick auf die lokalen Umwelttechnik-Märkte ableiten. Diese wiederum determinieren mögliche Markteintrittsstrategien für deutsche Unternehmen (siehe Karte unten).

Die **USA** bieten in fast allen Leitmärkten ein großes Marktpotenzial. Dennoch gibt es Technologieschwerpunkte. Diese liegen vor allem in den Bereichen energieeffizienter Weißer Ware und Windkraftanlagen auf der Produktionsseite. Bedarfsschwerpunkte decken sich zumindest teilweise mit der Produktionsseite und liegen in den Bereichen Windkraft und Biokraftstoffe. Amerikanische Märkte sind meist stark von inländischen Unternehmen dominiert. Erfolgreiche **deutsche Unternehmen sind** vor allem **Nischenanbieter** und verfügen über hervorragendes Wissen in ihrem Kompetenzbereich.

In **Japan** liegen Produktionsschwerpunkte vor allem im Bereich hochtechnologischer Erzeugnisse. Auf dem Gebiet der Photovoltaik nehmen die einheimischen Unternehmen weltweit Spitzenpositionen ein. Deckungsgleich mit den Produktionsschwerpunkten sind die Nachfrageschwerpunkte Japans. Hier werden vor allem Produkte der

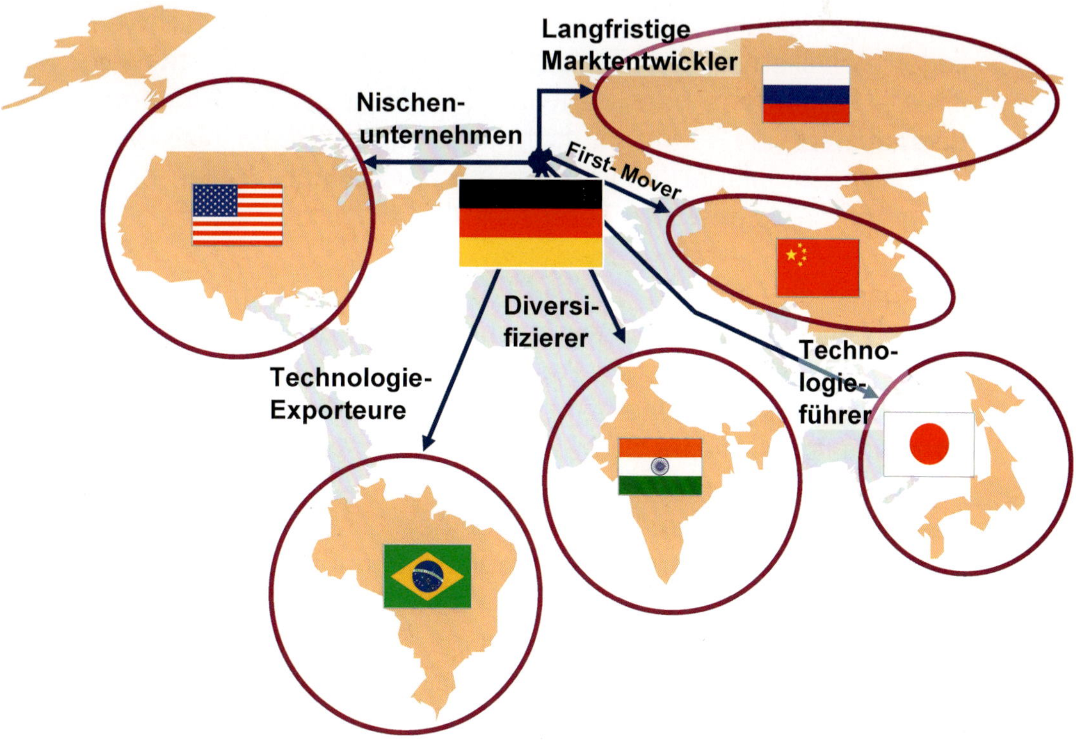

Mögliche Markteintrittsmodelle für deutsche Unternehmen in den betrachteten Ländermärkten

Photovoltaik und der energieeffizienten Weißen Ware nachgefragt. **Deutsche Unternehmen**, die erfolgreich im japanischen Markt agieren, **sind Technologieführer** und besitzen einen Know-how-Vorsprung auf ihrem Gebiet.

Auch in **Brasilien** sind Biokraftstoffe sowohl Bedarfs- als auch Produktionsschwerpunkte. Gleichsam deckt sich der Bedarfsschwerpunkt Wasserkraft mit dem lokalen Produktionsschwerpunkt. Erfolgreiche deutsche Unternehmen sind damit vor allem in Märkten aktiv, die in Deutschland nur bedingt vorzufinden sind. **Deutsche Unternehmen** in Brasilien **sind „Technologie-Exporteure"**. Sie transferieren Technologien und Technologie-Know-how aus Deutschland.

In **Russland** steht der Markt für Umwelttechnik noch in den Anfängen. Heute konzentriert sich der Bedarf vor allem auf Wärmedämmung und energieeffiziente Weiße Ware. Russische Unternehmen sind in der Wärmedämmung aktiv und im Bereich Geothermie. Erfolgreiche **deutsche Unternehmen sind langfristige Marktentwickler**. Sie orientieren sich vor allem an den Potenzialen und vermarkten deutsche Technologien lokal. Ein gutes Netzwerk und die Bereitschaft, langfristig zu investieren, helfen dabei, die Potenziale zu heben.

Indien ist ein Markt voller Unterschiede und Vielfalt mit regional fragmentierten Bedürfnissen und Strukturen. Produktionsschwerpunkte liegen vor allem in den Bereichen Windkraft und Solarthermie. Hier ist die Konkurrenz hoch. Erfolgreiche **deutsche Unternehmen sind diversifiziert** und können auf unterschiedliche Bedürfnisse eingehen. Zu ihrem Produktportfolio gehört die Wasserkraft. Indien besitzt hier geografisch explorierbare Potenziale.

Die massiven Umweltprobleme in **China** haben sich nur teilweise in einen Bedarfsmarkt für Umwelttechnik übersetzt. Die Produktionsseite hat sich jedoch in den letzten Jahren rasant entwickelt. Die entsprechenden Industrien sind sehr wettbewerbsfähig und haben bereits internationales Niveau. Schwerpunkte liegen hier vor allem in den Bereichen Photovoltaik und Windkraft. Erfolgreiche **deutsche Unternehmen sind „First Mover"**. Sie können schnell auf Marktgegebenheiten reagieren und sind bereit, Risiken einzugehen.

Die Analyse der Auslandsmärkte zeigt: Der Markt für Umwelttechnik ist global. Dies trifft nicht nur auf den Bedarf zu, sondern auch auf die Produktion. Im Folgenden wird auf die Länder und deren Schwerpunkte im Detail eingegangen.

Weitere Informationen über die Ländermärkte können unter folgenden Internetdressen bezogen werden:

- www.bmu.de
- www.gtai.de
- www.auswaertiges-amt.de
- www.bmz.de

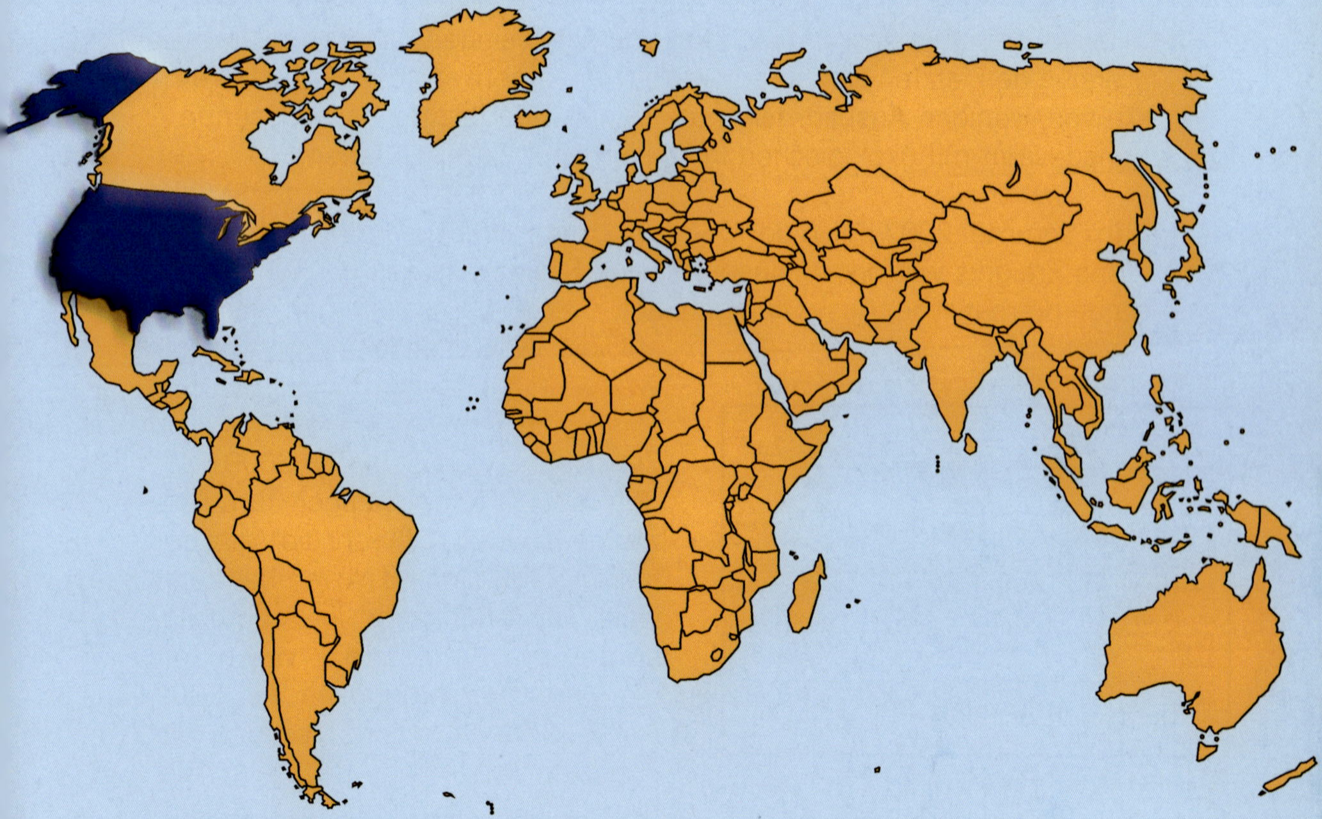

USA

Das Thema Umweltschutz gehörte bislang nicht zu den Prioritäten der US-Politik. Auch in der Bevölkerung hat sich das Bewusstsein für den umfassenden und nachhaltigen Schutz der Umwelt erst in den letzten Jahren entwickelt. Die amerikanische Politik hat sich – von wenigen Ausnahmen in einzelnen Bundesstaaten abgesehen – insgesamt mit ökologischen Initiativen eher zurückgehalten.

Im Sommer 2007 brach der US-Immobilienmarkt zusammen – und dieses Ereignis war der Auslöser für eine Finanzkrise, die bis heute nicht nur dramatische Auswirkungen auf die US-Wirtschaft hat, sondern auf die wirtschaftliche Entwicklung weltweit.

USA

	Einheit	2005	2006	2007	2008	2010[1)]
Reales BIP-Wachstum	%	2,9	2,8	2,0	1,8	1,7
Reales BIP [Preise von 2005]	Mrd. Euro	9.785	10.060	10.261	10.443	10.690
Reales BIP je Einwohner [Preise von 2005]	Euro	33.087	33.698	34.073	34.367	34.555
Arbeitslosenquote	%	5,1	4,6	4,6	5,6	5,6
Bevölkerung	Mio.	295,7	289,4	301,1	303,9	309,3

1) Prognose

Ökonomische Kennzahlen

Quelle: Economist Intelligence Unit

Auf einen Blick

Die USA sind der **größte Verbraucher** von Primärenergie weltweit und der **zweitgrößte CO_2-Emittent.**

Der angekündigte „Kurswechsel" der neuen Regierung hin zu einer **klimabewussten Umgestaltung der Wirtschaft** verspricht positive Impulse und Rahmenbedingungen für die Umwelttechnik-Branche.

Angebotsseitig sind amerikanische Unternehmen führend in den Bereichen der **energieeffizienten Weißen Ware** und **Bioethanole.**

Nachfrageseitig bieten vor allem **Biokraftstoffe, Windenergie und Wasser-/Abwassertechnik** vielversprechende Absatzmärkte.

Zum Jahreswechsel 2008/2009 wurden die USA von heftigen Turbulenzen geschüttelt. Obwohl die Wahl der neuen Regierung im November 2008 viele US-Amerikaner in Aufbruchsstimmung versetzte, verheißen die Wirtschaftsprognosen für 2009 nichts Gutes: Unisono rechnen die Experten mit einem Rückgang des Bruttoinlandsproduktes, die Spannbreite der Vorhersagen reicht dabei von –0,3 % bis –1,8 %. Umfangreiche Konjunkturpakete – geplant ist ein Volumen von 800 Mrd. US-Dollar – sollen dazu beitragen, die US-Wirtschaft so schnell wie möglich wieder auf Wachstumskurs zu bringen.

Besorgniserregende makroökonomische Daten wie das schrumpfende Bruttoinlandsprodukt ändern jedoch nichts daran, dass die USA ein ökonomisches Schwergewicht der Weltwirtschaft bleiben. Trotz Finanzkrise und Rezession zählen die Vereinigten Staaten zu den wettbewerbsfähigsten Ländern der Welt.

Nicht nur in der Wirtschaftspolitik, sondern auch in der Umweltpolitik sehen viele US-Amerikaner den neuen Präsidenten Barack Obama als Hoffnungsträger. Seine Wahlkampagne führte er mit dem Slogan „Change". Getreu diesem Motto wird ein Kurswechsel der Vereinigten Staaten in der Umwelt- und Klimapolitik erwartet. Viele Anzeichen sprechen dafür, dass die US-Administration ein Nachfolge-Abkommen des Kyoto-Protokolls unterzeichnen wird. Anders als die letzte Regierung tritt die neue Administration für verbindliche Obergrenzen für den Schadstoffausstoß ein und strebt eine Reduktion von Treibhausgasemissionen bis zum Jahr 2050 um 80 % an. Das Denkschema, das auf einem Widerspruch zwischen ökologischen und ökonomischen Interessen basiert, will die neue Regierung überwinden und setzt bei der Überwindung der Rezession auf die klimabewusste Umgestaltung der Wirtschaft. Vom Ausbau der regenerativen Energien verspricht sich die neue Regierung langfristig fünf Millionen neue Arbeitsplätze.

CO_2-Emissionen – Kontinuierlicher Anstieg seit drei Jahrzehnten

Mit über 300 Millionen Einwohnern stellen die USA etwa 4,5 % der Weltbevölkerung. Ihr Anteil am weltweiten Verbrauch an Primärenergieträgern von derzeit 2.560 Mio. Tonnen Öleinheiten entspricht dagegen 21,8 % des Weltverbrauchs, Tendenz steigend: Bei einer Fortsetzung des derzeitigen Energiekonsumverhaltens wird bis 2030 eine Steigerung des Anteils der Vereinigten Staaten am weltweiten Verbrauch an Primärenergieträgern auf 23 % prognostiziert. Nur durch eine effizientere Nutzung von Energieträgern kann die vorausgesagte jährliche Wachstumsrate von durchschnittlich 1,2 % in Zukunft unterschritten werden.

Der CO_2-Ausstoß der USA liegt bei 6,3 Mrd. Tonnen pro Jahr, was einem Anteil von 20,4 % am globalen CO_2-Ausstoß entspricht und ihnen jahrelang den ersten Platz auf der Liste der weltweit größten Emittenten einbrachte. Im Jahr 2008 wurden sie von China auf dem Spitzenplatz abgelöst. Die CO_2-Emissionen der Vereinigten Staaten sind in den letzten 30 Jahren kontinuierlich gestiegen. Zurückzuführen ist dies vor allem auf die Konzentration auf Öl, um die Energienachfrage im Verkehrssektor zu decken. Im Bereich der Stromerzeugung ist der Anteil der kohlenstoffreichen fossilen Energieträger seit dem Jahr 2000 sogar leicht rückläufig und liegt nunmehr bei 71 %.

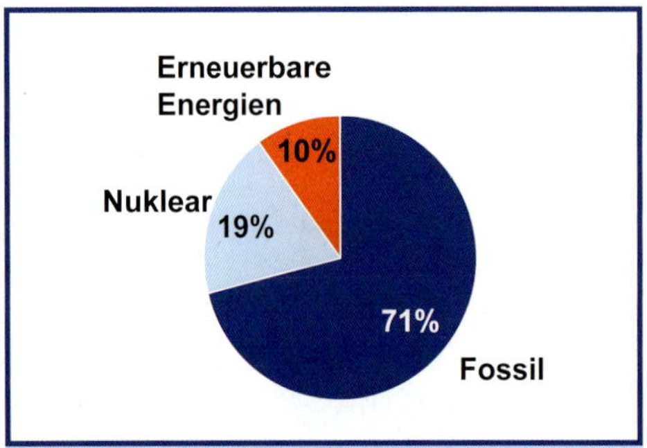

Anteile der Primärenergieträger an der Stromerzeugung in den USA

Quelle: EIA

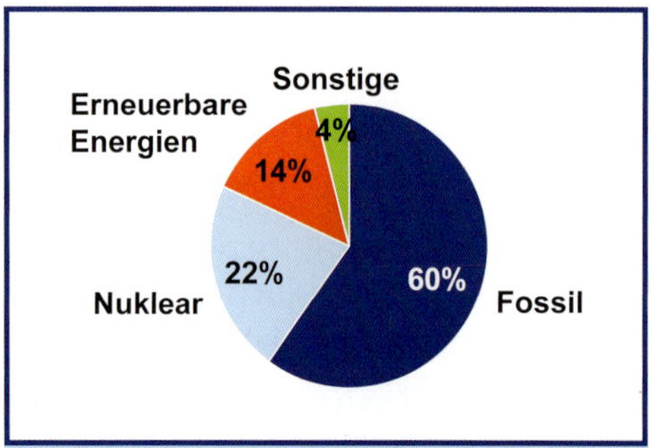

Anteile der Primärenergieträger an der Stromerzeugung in Deutschland

Quelle: Deutsche Energie Agentur

Dennoch ist der Sektor Stromerzeugung größter CO_2-Emittent der USA; auf ihn entfallen 40 % aller CO_2-Emissionen. Im Vergleich zu Deutschland ist in den USA die CO_2-intensive Stromproduktion in Kraftwerken, die mit fossilen Energieträgern betrieben werden, signifikant höher (siehe Abbildung oben). Auch der Sektor der privaten Haushalte schlägt in den USA mit einem Anteil von circa 21 % wesentlich stärker in der Bilanz des CO_2-Ausstoßes zu Buche als in Deutschland. Hier sind die Haushalte lediglich für 13,3 % des CO_2-Gesamtausstoßes verantwortlich.

Das Beispiel von Industrieländern wie Deutschland oder Japan zeigt auch, dass das Wirtschaftswachstum einer Nation nicht zwangsläufig mit einer Steigerung des CO_2-Ausstoßes einhergehen muss: Die Wirtschaft in Deutschland ist seit 1996 im Mittel um 1,6 % jährlich gewachsen, während sich der CO_2-Ausstoß pro Jahr um durchschnittlich 0,6 % reduzierte. Im selben Zeitraum war das Wirtschaftswachstum der USA von durchschnittlich 3 % pro Jahr mit einer Zunahme des CO_2-Ausstoßes um durchschnittlich 0,9 % pro Jahr verbunden.

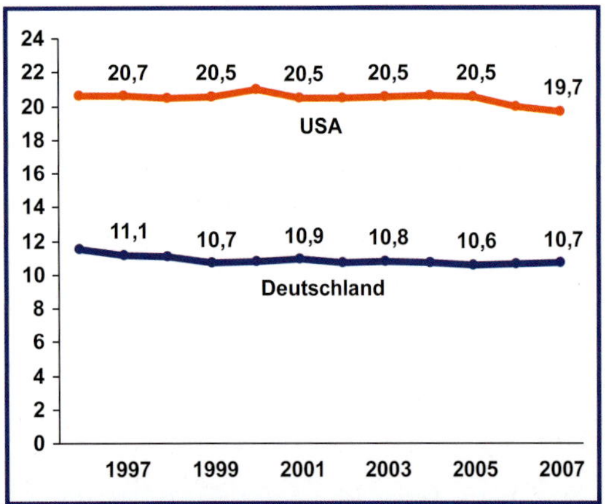

CO_2-Ausstoß pro Kopf [Tonnen pro Jahr]

Quelle: Roland Berger, Economist Intelligence Unit

Ein weiterer Indikator für das effizientere deutsche Wirtschaften mit Energieträgern lässt sich aus dem CO_2-Ausstoß je Einwohner ableiten. Bei nahezu identischem Wirtschaftswachstum im Jahr 2007 liegen die USA mit einem Ausstoß von 19,7 Tonnen CO_2 pro Einwohner fast 85 % über den deutschen Emissionen.

Politische Rahmenbedingungen – Klimawandel in Washington?

Auf der internationalen politischen Bühne haben sich die USA während der zwei Amtsperioden von Präsident Bush geweigert, verbindliche Grenzen für die Emission von Treibhausgasen anzuerkennen. Die noch in der Clinton-Ära getroffenen Vereinbarungen im Kyoto-Protokoll sahen ursprünglich vor, dass die Vereinigten Staaten bis 2012 ihren CO_2-Ausstoß um 7 % reduzieren. Die Bush-Administration verweigerte jedoch ihre Unterschrift, damit waren die Reduktionsverpflichtungen hinfällig. Die USA begründete ihre ablehnende Haltung vor allem mit dem Argument, dass das Klimaschutzabkommen die einheimische Wirtschaft gegenüber schnell wachsenden Volkswirtschaften wie China oder Indien benachteilige. Aufgrund ihres Status als Schwellenländer wurden für diese beiden Staaten keine Reduktionsziele festgelegt.

Vor diesem Hintergrund wird deutlich, dass die Entwicklung neuer Technologien zur Reduktion der Treibhausgasemissionen in den USA bislang nicht durch Verpflichtungen gegenüber der internationalen Staatengemeinschaft motiviert war. Stattdessen sollte der Einsatz von Fördermitteln als Treiber dienen, um Innovationen in der Umwelttechnologie zu forcieren und deren Konkurrenzfähigkeit am Markt zu stärken. Auf diesem Weg soll eine Verringerung des CO_2-Ausstoßes erreicht werden.

Seit dem Amtsantritt der neuen Administration zeichnet sich jedoch ein Kurswechsel in der US-Klimapolitik ab. Schon im Wahlkampf machte Präsident Barack Obama deutlich, dass er den Klimawandel für „die wichtigste Herausforderung dieses Zeitalters" hält und deshalb für eine klimapolitische Wende eintritt. Dazu gehören die drastische Reduzierung der Treibhausgasemissionen sowie die Förderung erneuerbarer Energien. Auf dem internationalen Parkett sollen die Vereinigten Staaten im Kampf gegen den Klimawandel eine politische Führungsrolle einnehmen. Als gewichtiger Grund für den Ausbau regenerativer Energien und die Steigerung der Energieeffizenz kommt hinzu, dass die Vereinigten Staaten ihre Abhängigkeit von ausländischem Erdöl reduzieren wollen.

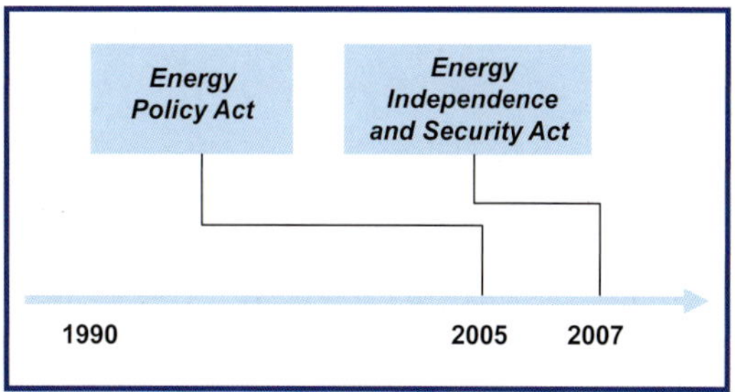

Chronologie der Initiativen der US-amerikanischen Regierung zum Klimaschutz
Quelle: Roland Berger

Politische und ökologische Motive gehen also Hand in Hand, wenn die USA künftig auf „grüne" Technologien setzen.

Hauptverantwortlich handelnde Institution im Bereich der Energiepolitik ist das *U.S. Department of Energy (DoE)*. Seine Aufgaben sind die Überwachung der einheimischen Energieproduktion und die Unterstützung von Forschungsaktivitäten im Bereich von Energietechnologien. Als ergänzende und unabhängig vom *DoE* handelnde Institution ist die *U.S. Environmental Protection Agency* als Staatsbehörde mit dem Schutz von Umwelt und Einwohnern der USA betraut.

Die derzeitige staatliche Förderung technologischer Entwicklungen im Bereich der umweltfreundlichen Energien und Energiespeicherung und der Energieeffizienz basiert im Wesentlichen auf zwei Gesetzen.

Der *Energy Policy Act of 2005 (EPAct)* setzte als erste langfristige Strategie der USA seit 1992 Anreize auf den Feldern Energieeinsparung und Erhöhung der Energieeffizienz. Von der Verabschiedung dieses Gesetzes versprachen sich die Verantwortlichen vor allem eine Reduzierung der Abhängigkeit von ausländischen Energiequellen. Erst im weiteren Verlauf wird der Umweltschutz als Ziel genannt.

Wichtigste Maßnahmen in Bezug auf die Leitmärkte Umweltfreundliche Energien und Energiespeicherung bzw. Energieeffizienz waren:

- **Förderung der Entwicklung neuer Technologien** im Bereich der Biokraftstoffherstellung durch ein Drei-Jahres-Programm in Höhe von 160 Mio. US-Dollar,
- Kreditprogramme in Höhe von 2 Mrd. US-Dollar zur **Förderung und Besicherung nicht-staatlicher Investitionen in neue Energietechnologien,** wie beispielsweise erneuerbare Energien,
- Ausweitung staatlicher Kredite zur **Steigerung der Stromproduktion durch erneuerbare Energien;** zu den ersten Ergebnissen gehört eine größere Anzahl von Projekten zur geothermischen Energiegewinnung,
- Verabschiedung **von Energieeffizienz-Standards für Haushaltsgeräte** und damit verbunden Steuererleichterungen für Käufer und Nutzer von „Energy-Star"-Produkten,
- Steuergutschriften von bis zu 2.000 US-Dollar beim Kauf und der **Installation von Photovoltaik-Anlagen für Privatabnehmer**,
- Autorisierung der Bundesbehörden, mit der Hilfe von privaten Contractoren die **Energieeffizienz in ihren Gebäuden** zu verbessern.

2006 wurden Verträge im Wert von 86 Mio. US-Dollar abgeschlossen,

- **Beschleunigung der Entwicklung fortgeschrittener Solartechnologien** durch die *Solar America Initiative*. Bis 2015 sollen diese in puncto Kosten mit anderen erneuerbaren Energien konkurrieren können; Auflage eines entsprechenden Förderprogramms in Höhe von 170 Mio. US-Dollar bis 2009.

Als Ergänzung und Erweiterung des EPAct 2005 konzentriert sich der *Energy Independence and Security Act of 2007 (EISA)* in erster Linie auf die **Produktionssteigerung alternativer Kraftstoffe.**

Die durch den *EISA* implementierten Maßnahmen werden nach Prognosen der *Environmental Protection Agency* bis zum Jahr 2022 zu einem Anstieg der Ethanolproduktion in den USA von derzeit 6 Mrd. Gallonen/Jahr auf 36 Mrd. Gallonen/Jahr führen. Auch Energieeffizienzmaßnahmen, vor allem in Bundesgebäuden, werden gefördert: So sollen zum Beispiel ab 2013 ausschließlich durch das *Energy-Star-Programm* zertifizierte Leuchtmittel und Elektrogeräte zur Anwendung kommen und somit eine Senkung des Energieverbrauchs um 30 % bis 2015 erreicht werden.

Dennoch gibt es in der Entwicklung der politischen Diskussion auch Rückschläge zu verzeichnen: Von der im Rahmen des Gesetzes ursprünglich geplanten Verpflichtung der Stromerzeuger, ihren Anteil an erneuerbaren Energien auszuweiten, wurde ebenso abgesehen wie von der Kürzung der Steuererleichterungen für die einheimische Ölindustrie in Höhe von circa 13 Mrd. US-Dollar. Im Bundeshaushalt gekürzt wurden auch Fördermittel, die Haushalte mit geringem Einkommen bei der energieeffizienten Umrüstung ihrer priva-

Fazit einer Unternehmerreise: Beste Chancen für deutsche Umwelttechnologie

Von der neuen Aufgeschlossenheit der amerikanischen Gesprächspartner für die Themen Umweltschutz und Energieeinsparung konnte sich eine Wirtschaftsdelegation aus der Metropolregion Nürnberg überzeugen, die im Dezember 2008 die Stadt Atlanta besucht hat. Ein Ziel dieser von der Industrie- und Handelskammer Nürnberg organisierten Unternehmerreise bestand darin, zukünftige gemeinsame Aktivitäten in der Umwelttechnik-Branche zu identifizieren und projektbezogen umzusetzen. Die Firmen aus Mittelfranken sind optimistisch, von der steigenden Nachfrage nach Umwelttechnik zu profitieren. Da in den USA bisher Erfahrungen mit strengen Emissionsstandards fehlen, haben deutsche Unternehmen mit ihrem Know-how beste Chancen auf dem wachsenden Markt der Filtertechnologien und der Messtechnik. Gute Geschäftsmöglichkeiten, so die Erfahrung der Wirtschaftsdelegation, bestehen auch in den Bereichen Abwasserbehandlung und Abfallmanagement.

ten Immobilien unterstützen sollten. Vom Senat abgelehnt wurde im Sommer 2008 auch der *America's Climate Security Act*, der die erste verbindliche Festschreibung von CO_2-Reduktionszielen in den USA implementieren sollte.

Die Wahlergebnisse vom November 2008 könnten allerdings auch beim Thema erneuerbare Energien zu einem Kurswechsel führen: Die neue Sitzverteilung im Kongress ermöglicht eine Mehrheit für die Zustimmung zu einem nationalen *Renewable Portfolio Standard*, einer Richtlinie für einen gesetzlich festgelegten Anteil „grünen" Stroms an der Gesamtstromerzeugung eines Energieversorgers. Demnach soll bis 2025 insgesamt ein Viertel der Elektrizität aus erneuerbaren Quellen gewonnen werden.

Die Besonderheit im US-amerikanischen System des bewusst nur wenig kooperativ gestalteten Förderalismus zwischen den einzelnen Bundesstaaten und der Republik bringt auch eine besondere Rolle der Bundesstaaten im Klimaschutz mit sich. Unabhängig vom Handeln der Regierung gruppieren sich immer mehr Staaten in überregionalen Klimaschutzbündnissen und setzen immer mehr eigene Klimaschutzziele. Vorreiter dieser Bewegung sind vor allem die vom fortschreitenden Klimawandel betroffenen Staaten an der Westküste der Vereinigten Staaten.

Unternehmen und Technologien – Weltmarktführer bei effizienten Haushaltsgeräten

Bei der Produktion von **energieeffizienter Weißer Ware** haben sich die USA erfolgreich an die Spitze des Weltmarktes geschoben. Unter den fünf weltweit führenden Herstellern von Elektrogeräten, die unter die Gruppe der energieeffizienten Weißen Ware fallen, befinden sich zwei Unternehmen aus den Vereinigten Staaten: Whirlpool Corporation und General Electric. Zusammen halten sie einen Anteil von 16,1 % des 103 Mrd. Euro großen Weltmarktes; alleine auf den Marktführer Whirlpool Corporation entfallen 11,5 % des Weltmarktes.

Sowohl im Inland als auch im Ausland expandiert die Whirlpool Corporation kräftig. Durch Beteiligungen an Unternehmen in Europa, Südamerika und Asien konnte sie den Umsatz seit 2005 um fast die Hälfte erhöhen. Sie beschäftigt rund 80.000 Mitarbeiter in über 60 Fabriken und Technologiezentren weltweit. Seit 2003 hat die Whirlpool Corporation die Themen Nachhaltigkeit und Energieeffizienz in den Fokus der Wertschöpfung gestellt.

Energieeffiziente Weiße Ware
US-amerikanische Unternehmen in weltweit führender Position bei der Herstellung von energieeffizienter Weißer Ware

Windkraft
Hohe Inlandsnachfrage treibt Wachstum der einheimischen Unternehmen und positioniert diese in der Weltmarktspitze

Produktionsschwerpunkte der Technologielinien in den Vereinigten Staaten von Amerika

Quelle: Roland Berger

Als weltweit erster Hersteller von Haushaltsgeräten verpflichtete sich das Unternehmen mit Stammsitz in Benton Harbor im US-Bundesstaat Michigan zur Reduktion der Treibhausgasemissionen sowohl bei der Produktion als auch im Endverbrauch seiner Geräte. Seitdem konnte das Unternehmen seinen Anteil am wachsenden Weltmarkt weiter ausbauen. Ihre Innovationskraft stellte die Whirlpool Corporation vor allem durch die Verknüpfung der europäischen Frontlader-Ausführung von Waschmaschinen mit US-amerikanischem Design unter Beweis. Damit sollte das Interesse der Konsumenten an energieeffizienten Geräten der Weißen Ware geweckt werden.

Auf dem Markt der **Windenergieindustrie** ist mit General Electric (GE) ebenfalls ein amerikanisches Unternehmen in der Weltspitze vertreten. Von den 28 Mrd. Euro Weltmarktvolumen konnte das US-Unternehmen im Jahr 2007 über 3,4 Mrd. Euro verbuchen. Seit der Einführung des Geschäftsmodells *Ecomagination* 2003 konzentriert sich das Unternehmen mit einem Teil seines Produktportfolios nicht nur auf Windkraft, sondern auch auf die steigende Nachfrage nach energiesparenden Produkten und Dienstleistungen. Der Umsatz mit dieser Produktpalette stieg seit 2003 auf 14 Mrd. US-Dollar und verzeichnete 2007 einen Zuwachs von 15 % im Vergleich zum Vorjahr. Die finanzielle Förderung von Aktivitäten im Bereich Forschung und Entwicklung ließ sich der Konzern 2007 rund 1 Mrd. US-Dollar kosten.

Neben der Windenergie ist ein weiterer Forschungsschwerpunkt des

Energy Star Excellence Award für Whirlpool

Als erster Hersteller von Haushaltsgeräten hat sich die Whirlpool Corporation 2003 Reduktionsziele für die Treibhausgasemissionen seiner Produkte gesetzt. Als aktiver Partner des Energy-Star-Programms wurde das Unternehmen für seine Aktivitäten zur Senkung des Ressourcenverbrauchs in den Jahren 2006 bis 2008 vom U. S. Department of Energy und der Environmental Protection Agency mit dem *Energy Star Excellence Award* ausgezeichnet.

Ecomagination-Programms von GE die CO_2-Sequestrierung **(CO_2-Abscheidung und Speicherung – CCS)**. Ziel dabei ist es, die Technologie der integrierten Kohlevergasung in Gas- und Dampfkraftwerken (IGCC – Integrated Gasification Combined-Cycle) um die Möglichkeiten der Kohlenstoffabscheidung zu erweitern und so eine umweltfreundliche Nutzung der Kohleverstromung zu ermöglichen. General Electric hat hier eine Allianz mit dem Unternehmen Schlumberger Carbon Services geschlossen. Noch ist dieser Markt mit rund 885 Mio. Euro weltweit relativ klein, dennoch könnte GE bei Eintritt der zweistelligen jährlichen Wachstumsprognosen schon bald in den Kreis der weltweit dominierenden Player aufsteigen.

Weitere aktuelle Forschungsschwerpunkte liegen in den USA auch im Bereich der **Nanotechnologie**, die jedoch als sogenannte Enabler-Technologie noch an den Anfängen ihrer Entwicklung steht. Wesentliches Forschungsziel zur Anwendung der Nanotechnologie im Bereich des Umweltschutzes ist die Verwendung nanoskaliger Beschichtungen, zum Beispiel in Photovoltaikanlagen, um Lichtreflektionen zu minimieren und dadurch die Effizienz zu steigern.

Mit einem prognostiziertem Weltmarktanteil von knapp 42 % im Jahr 2010 sind die USA der größte regionale Markt für Nanotechnologien. Insgesamt besaß der Weltmarkt im Jahr 2008 ein Größe von circa 93 Mrd. Euro und kann mit prognostizierten jährlichen Wachstumsraten von über 30 % aufwarten. Dass die USA über einen solch signifikanten Marktanteil verfügt, der letztlich auch den Wissensvorsprung der USA im Bereich der Nanotechnologie widerspiegelt, ist vor allem der finanziellen Unterstützung durch Politik und Investoren geschuldet. Weit mehr als 650 Mio. Euro an Forschungsgeldern gibt die US-Regierung jährlich in diesem Bereich aus.

Dem Forschungsbereich der **optoelektronischen Lichtquellen** traut man das Potenzial zu, sich als Alternative zu Energiesparlampen zu etablieren. Derzeit befinden sich die OLEDs (Organic Light Emitting Diodes) in der Phase der Markteinführung. Das jährliche Marktwachstum in diesem Bereich wird auf circa 20 % beziffert. Die Einsparpotenziale für die Endverbraucher bei der Nutzung von OLEDs belaufen sich nach Prognosen der amerikanischen Optoelektronischen Industrie auf bis zu 40 Mrd. US-Dollar pro Jahr.

Nachfrage und Investitionen – Ethanolproduktion und Windkraftleistung erreichen Rekordhöhen

Der *Renewable Fuel Standard*, eine im *Energy Policy Act of 2005* enthaltene Verordnung, die durch den *Energy Independence and Security Act 2007* modifiziert wurde, hat zum Ziel, den Gesamtverbrauch von Mineralöl durch die Erhöhung der Anteile von **Biokraftstoffen** zu reduzieren. Zu diesem Zweck soll die Ethanolproduktion bis 2022 auf 136 Mrd. Liter gesteigert werden. 2007 lag die Produktion bei 20,7 Mrd. Liter, das war das größte Volumen weltweit. Wesentlicher Treiber ist dabei vor allem die geografische Lage der USA, die durch eine hohe Verfügbarkeit landwirtschaftlicher Produktionsflächen gekennzeichnet ist.

Fast die gesamte US-amerikanische Biokraftstoffproduktion wird auf Maisbasis durchgeführt, sodass die Auswirkungen auf die Nahrungsmittelpreise erheblich sind. Deshalb wurde zur Entkopplung eine verpflichtende und ständig steigende Beimischungsquote für Kraftstoff verabschiedet, der aus zellulosehaltiger Biomasse gewonnen wird. Kommerzielle Anlagen für den Prozess der Kraftstoffgewinnung aus zellulosehaltiger Biomasse sind in den USA derzeit noch nicht in Betrieb, sollen aber 2009 zu Demonstrationszwecken mit der Herstellung von Biokraftstoffen beginnen.

Die Nachfrage nach Technologien zur Produktion von Biokraftstoffen wurde bisher überwiegend von privaten Haushalten getrieben: Farmer investierten in eigene Bioraffinerien und die Bewohner der Grundstücke in der Nachbarschaft beteiligten sich; die Bioraffinerien wurden in Eigenregie betrieben. Das weitere Wachstum dieser Kleinunternehmen wurde darauf aufbauend überwiegend durch Venture-Capital-Geber oder durch einen Börsengang finanziert. Auf Basis einer durchschnittlichen US-amerikanischen Bioraffinerie berechnete die Renewable Fuels Association im Jahre 2006, dass für potenzielle Investoren im Falle einer Beteiligung eine Dividende von bis zu 0,6 US-Dollar je produzierter Gallone zu erzielen sei. Zur Entwicklung

Anlagen für Biokraftstoffe
Staatliche Förderung und Gesetzgebung sind Basis für hohe Nachfrage nach Biokraftstoffen

Windkraft
Staatliche Förderung ist Treiber für den weltweit größten Nachfragemarkt im Bereich Windkraft

Bedarfsschwerpunkte der Technologielinien in den Vereinigten Staaten von Amerika
Quelle: Roland Berger

Investitionsbedarf im Bereich Wasseraufbereitungsanlagen wird auf knapp 33 Mrd. Euro, der für Wasserreservoire auf knapp 19 Mrd. Euro geschätzt. Anderen Schätzungen zufolge belaufen sich die nötigen Investitionen sogar auf fast 700 Mrd. Euro in den nächsten 20 Jahren. Auch im Abwasserbereich sind dringend Investitionen nötig. Das Spektrum der nachgefragten Produkte ist vielfältig. Chancen für deutsche Unternehmen bieten sich nicht nur im wettbewerbsintensiven öffentlichen Sektor, sondern auch im Privatsektor.

Fazit

Die USA bieten ein großes Marktpotenzial in allen Leitmärkten. Jedoch erschweren vorhandene inländische Technologien den Markteintritt für ausländische Umwelttechnik-Unternehmen. Erfolgreiche deutsche Markteinsteiger sind „Nischen-Player" und besitzen hohe Kompetenz in einem speziellen Bereich. Bestenfalls ist dieser Bereich in den USA noch nicht oder nur unzureichend vorhanden, wie beispielsweise Technologien zur Erzeugung von Biogas aus Deponien.

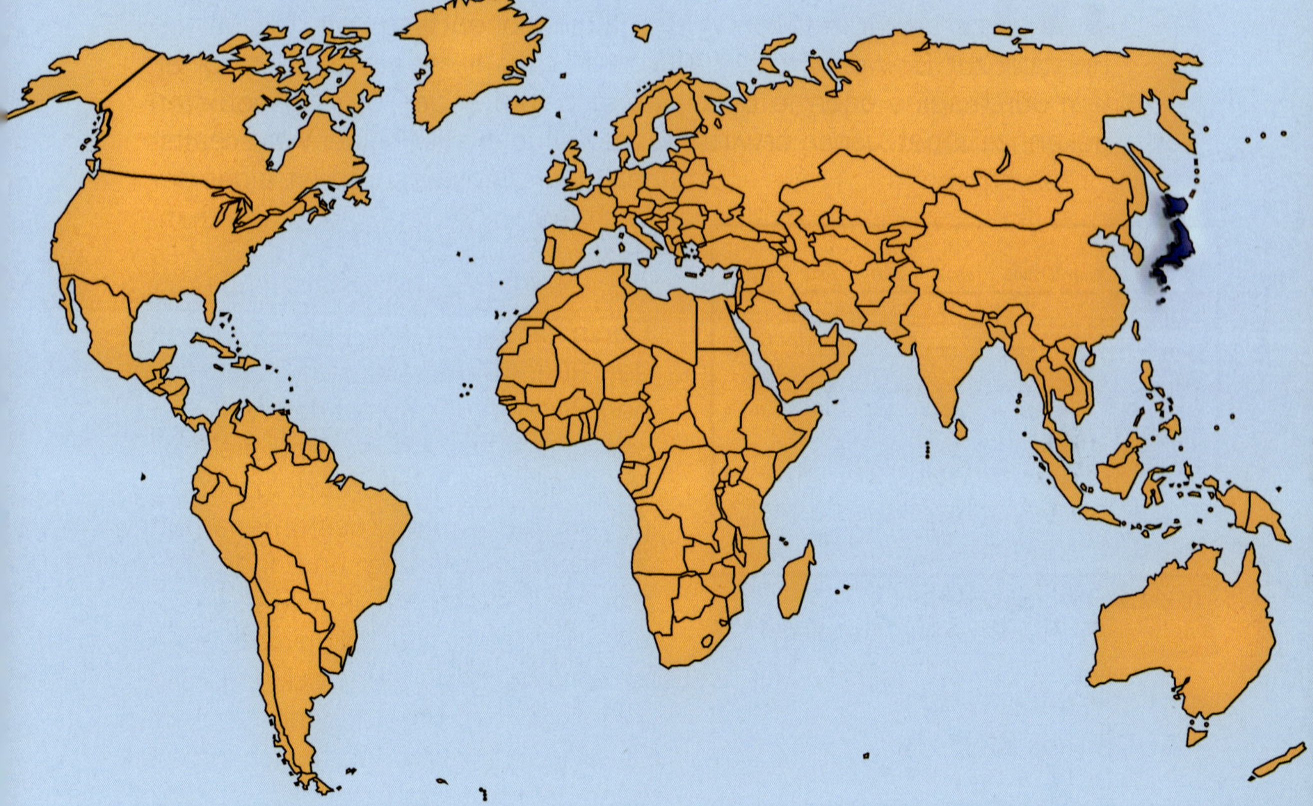

Japan

Mit einer Bevölkerung von 127 Millionen Menschen und einem Bruttoinlandsprodukt von rund 3,8 Bil. Euro gehört Japan zu den führenden Wirtschaftsnationen weltweit. Das in der Relation zur Einwohnerzahl flächenmäßig sehr kleine Land ist vor allem durch seine enorme Bevölkerungsdichte in den Ballungsgebieten gekennzeichnet. Japan erwirtschaftet knapp die Hälfte der Wirtschaftsleistung Ostasiens und ist einer der wichtigsten Akteure des Welthandels.

Japan

	Einheit	2005	2006	2007	2008	2010[1]
Reales BIP-Wachstum	%	1,9	2,4	2,1	0,8	1,6
Reales BIP [Preise von 2005]	Mrd. Euro	3.587	3.674	3.747	3.777	3.868
Reales BIP je Einwohner [Preise von 2005]	Euro	28.154	28.820	29.397	29.636	30.410
Arbeitslosenquote	%	4,4	4,1	3,8	4,1	4,4
Bevölkerung	Mio.	127,4	127,5	127,5	127,4	127,2

1) Prognose

Ökonomische Kennzahlen

Quelle: Economist Intelligence Unit

Auf einen Blick

Japan ist **fünftgrößter CO_2-Emittent und Verbraucher von Primärenergie weltweit.**

Japan gilt als **Vorreiter bei der Förderung der Energieeffizienz**. Fördermaßnahmen beschränken sich dabei nicht auf japanische Unternehmen.

Angebotsseitig ist japanische Umwelttechnik weltweit führend. Insbesondere **in den Bereichen Photovoltaik, Biogas, Geothermie, energieeffiziente Weiße Ware und Heiz-/Klimatechnik** belegen japanische Unternehmen weltweit Spitzenplätze.

Nachfrageseitig deckt sich der Bedarf zu großen Teilen mit dem inländischen Angebot. Wichtige Märkte liegen vor allem in den Bereichen **energieeffiziente Weiße Ware, Photovoltaik** und **nachhaltiges Bauen.**

Durch seine rasante Entwicklung in den 80er Jahren hat sich Japan seinen Platz an der Spitze der Weltwirtschaft erobert. Als wesentliche Faktoren des japanischen Erfolgskurses gelten die enge Zusammenarbeit zwischen Regierung und Industrie, das technologische Know-how sowie die relativ hohen Investitionen in Forschung und Entwicklung. Die aggressiv exportgetriebene Struktur der Wirtschaft veränderte sich in den 90er Jahren von einer Ausrichtung auf Gebrauchsgüter hin zur Produktion von modernster Hochtechnologie. Wie andere hoch industrialisierte Länder durchläuft auch Japan den Prozess des Strukturwandels: Die Bedeutung des verarbeitenden Gewerbes nimmt ab (2007 steuerte es etwa 26 % zum Bruttoinlandsprodukt bei), während der Dienstleistungssektor expandiert. Hier werden inzwischen fast drei Viertel des BIP erwirtschaftet.

Die wichtigsten Handelspartner Japans sind die USA, China, Korea sowie weitere Länder Asiens. Aufgrund der starken Exportabhängigkeit und der Verflechtung mit den globalen Märkten hat sich vor dem Hintergrund der Finanzkrise das Wirtschaftsklima eingetrübt. Doch selbst bei einer Verlangsamung oder Stagnation des Wirtschaftswachstums wird Japan weiterhin zu den wichtigsten Volkswirtschaften der Welt gehören.

Angesichts geringer eigener Energievorkommen legt Japan großen Wert auf die effiziente und effektive Nutzung von Ressourcen. Japan hat zwar unter den Industrieländern mit 9,8 Tonnen pro Jahr bereits den niedrigsten Emissionsgrad pro Einwohner erreicht (Deutschland: 9,9 Tonnen je Einwohner pro Jahr; USA: 19,8 Tonnen je Einwohner pro Jahr), es besteht aber weiterhin eine sehr starke Abhängigkeit von fossilen Brennstoffen.

CO_2-Emissionen – Ehrgeizige Reduktionsziele sollen durch innovative Technologien erreicht werden

Als Gastgeber der Kyoto-Konferenz zum Klimawandel 1997 ist Japan Unterzeichner des Kyoto-Protokolls und hat mit Erfolg politische Initiativen zur Eindämmung von Treibhausgasemissionen und zur Einschränkung der Nutzung von Energie aus fossilen Brennstoffen gefördert. Die Internationale Energie Agentur lobt Japan ausdrücklich als „a world leader in progressing energy and environmental policy". 2008 übernahm Japan den Vorsitz der G8 und richtete im Juli dieses Jahres das Gipfeltreffen in Toyako/Hokkaido aus. Umwelt und Klimawandel gehörten zu den zentralen Themen dieses Treffens der Staats- und Regierungschefs aus 16 Industrie- und Schwellenländern. Ein wichtiges Ergebnis des G8-Gipfels ist die *Declaration of Leaders Mee-*

Mehr Effizienz bei Transport und Verkehr: 60.000 Tonnen CO_2 weniger

Auf das Konto des Transportsektors gehen besonders hohe CO_2-Emissionen. In Toyota-City gibt es jetzt einen erfolgreichen Versuch, den Kohlendioxidausstoß zu senken: Das visionäre Toyota-City Transport & Stadtentwicklungsprojekt 2025 wird vom Ministerium für Land, Infrastruktur, Transport und Tourismus, dem Nationalen Polizeiverband und dem Ministerium für Energie (MOE) getragen. Ziel ist der Entwurf einer zukunftsfähigen Stadt, die die Lebensqualität ihrer Bewohner erhöht und mit der Umwelt behutsam umgeht. Dabei kommen Techniken wie ein Verkehrsnachfragemanagement (Traffic Demand Management) und ein intelligentes Transportsystem zum Einsatz. So konnte in der 350.000-Einwohner-Stadt auf der japanischen Hauptinsel Honshu die tägliche Nutzung öffentlicher Verkehrsmittel seit 2005 um etwa 18 % erhöht werden. Dies entspricht einem Emissionsrückgang von 60.000 Tonnen CO_2 im Jahr.

ting of Major economies on Energy Security and Climate Change, die Japan als Gastgeber koordinierte. In diesem Dokument verpflichten sich die Teilnehmer des G8-Gipfels, sich aktiv für eine Eindämmung des Klimawandels einzusetzen.

Als die Organisation Erdöl exportierender Länder (OPEC) 1973 die Fördermengen drosselte und damit die erste Ölkrise auslöste, bezog Japan noch 76 % seiner Energie aus Öl. Der Ölpreisschock gab den Anstoß, dass Japan noch im selben Jahr damit begann, seine Abhängigkeit vom Öl durch die Nutzung von Kernenergie, Erdgas und Kohle zu reduzieren. Nach der zweiten Ölkrise 1979 verstärkte Japan zudem die Entwicklung alternativer Energiequellen. So konnte das Land den Anteil des Öls an der Stromerzeugung bis zum Jahr 2006 auf 44 % senken – was im Vergleich zu Deutschlands 1,3 % allerdings immer noch als sehr hoch erscheint. Zeitgleich stiegen die japanischen Anteile von Kohle auf 21 %, Erdgas auf 17 % und Kernenergie auf 9 % an der Stromerzeugung. Erneuerbare Energiequellen erreichten lediglich einen Anteil von 9 %, wobei der größte Teil aus der Wasserkraft stammt.

Die Ölpreisschocks der 70er Jahre wirkten in Japan als Initialzündung, mit einem breit gefächerten Spektrum von Maßnahmen die Energieeffizienz zu steigern. Bereits 1979 wurde ein *Gesetz zur rationalen Nutzung von Energie* erlassen. Die Entwicklung von energieeffizienten Technologien wurde energisch vorangetrieben. Diese Bemühungen zeigten Resultate: In den 80er Jahren gelang es Japan, die Energieintensität der Wirtschaft deutlich zu senken.

Der größte CO_2-Emittent Japans im Jahr 2006 war die Industrie. Gleichzeitig war dies jedoch der einzige Sektor, der seinen CO_2-Ausstoß seit 1990 reduzieren konnte (um 4,6 %). Der Handel dagegen hat seinen CO_2-Ausstoß drastisch um fast 40 % erhöht. Die CO_2-Emissionen von Wohngebäuden stiegen um 30 % auf 166 Mio. Tonnen, und die Emissionen durch Transport und Verkehr nahmen im Referenzjahr 2006 gegenüber 1990 um 17 % zu (siehe Abbildung).

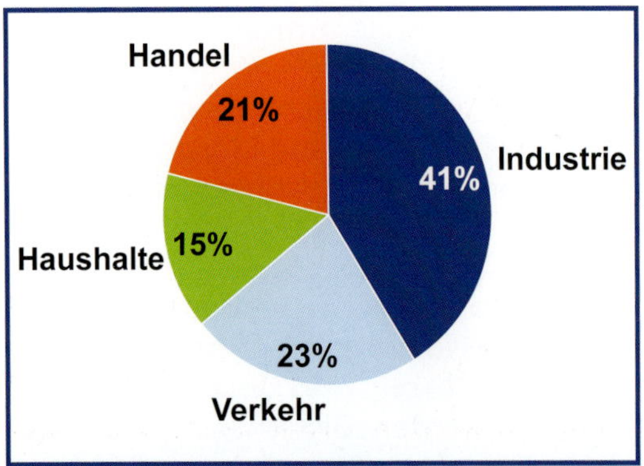

CO_2-Ausstoß nach Sektoren

Quelle: Roland Berger, IEA

Im Kyoto-Protokoll hat sich Japan verpflichtet, seine CO_2-Emissionen um 6 % im Vergleich zu 1990 zu senken. De facto ist der CO_2-Ausstoß jedoch seit 1990 um 6 % gestiegen. Will Japan das ursprüngliche Reduktionsziel noch erreichen, muss das Land seine CO_2-Emissionen bis 2012 um 12 %, bezogen auf 1990, reduzieren. Der damalige Präsident hat darüber hinaus im Vorfeld des G8-Gipfeltreffens im Sommer 2008 die „Fukuda Vision" formuliert: Sie sieht vor, dass Japan seine CO_2-Emissionen bis 2020 um 14 % gegenüber 2005 und bis 2050 sogar um 50–80 % vermindert. Um diese ambitionierten Ziele zu erreichen, soll ein umfassendes Maßnahmenpaket geschnürt werden, das vier Aktionsfelder enthält: innovative Technologien, Emissionshandel und steuerliche Anreize, Stärkung der Eigenversorgung in den Regionen und die Aktivierung der Bürger.

Politische Rahmenbedingungen – Zahlreiche Gesetze fördern die Energieeffizienz

Der enorme Überhang ölbefeuerter Kraftwerke zur Stromerzeugung setzt Japan gleich zweifach unter Druck, die Entkopplung des Landes von Ölimporten zu forcieren: Zum einen treibt die Entwicklung des Ölpreises die Kosten für die japanische Wirtschaft nach oben, zum anderen hintertreibt die Verbrennung dieses fossilen Energieträgers die Bemühungen zur CO_2-Reduktion. Die Motivation, den Anteil des Öls an der Energieversorgung zu vermindern, war nach den Ölpreisschocks in den 70er Jahren besonders hoch. Eine Reihe von Faktoren, wie zum Beispiel der stabile Ölpreis in den 80er Jahren, linderten jedoch den akuten Handlungsdruck: So verpuffte eine Reihe von Gesetzen und Maßnahmen zum Aufbau erneuerbarer Energien in dieser Zeit wirkungslos.

Der japanische Energiemarkt wird überwacht und gesteuert vom Ministerium für Wirtschaft, Handel und Industrie (*Ministry of Economy, Trade and Industry – METI*). Das Ministerium ist sowohl für die allgemeine Planung der Energiepolitik verantwortlich als auch für die Sicherung der Stromversorgung. Innerhalb dieses Ministeriums ist die *Agency of Natural Ressources and Energy (ANRE)* mit ihrer Abteilung New Energy Policy zuständig für die Entwicklung von Programmen und Maßnahmen zum Einsatz erneuerbarer Energien.

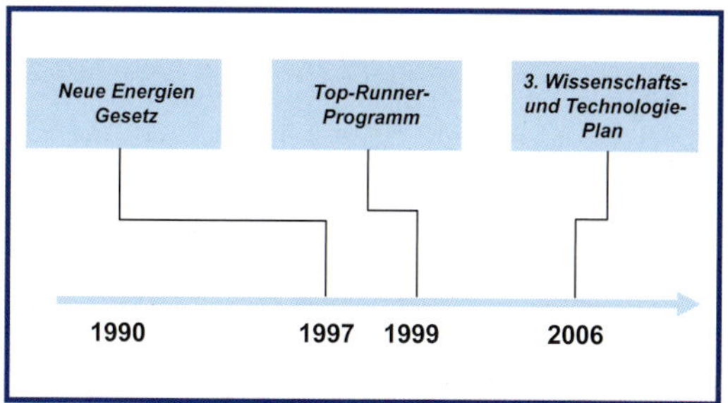

Chronologie der Initiativen der japanischen Regierung zum Klimaschutz

Quelle: Roland Berger

Obwohl sich Japan auf der internationalen politischen Bühne stets für die Themen Umweltschutz und Klimawandel eingesetzt hat und Gastgeberland der Konferenz von Kyoto war, dauerte es sehr lange, bis das dort verabschiedete Protokoll auch im eigenen Land ratifiziert wurde. So konnte erst im Jahr 2002 der Erfolg des Beitritts verbucht werden. Jedoch wurden bereits vorher wesentliche Maßnahmen und Gesetze zur Implementierung und Förderung der CO_2-Reduktion auf den Weg gebracht bzw. verabschiedet (siehe Abbildung Seite 335).

Mit den *Grundzügen der Einführung erneuerbarer Energien* veröffentlichte die japanische Regierung 1994 erstmals konkrete Zielwerte für die Implementierung erneuerbarer Energien und legte Maßnahmen fest, wie diese Vorgaben zu erreichen sind. 1997 wurden diese Maßnahmen dann im *Neue Energien Gesetz* auch gesetzlich verankert. Die Stromversorger wurden darin aufgefordert, zunehmend Strom aus erneuerbaren Energiequellen zu beziehen.

Kritiker bemängeln die Detailregelungen dieses Gesetzes: Die langfristige Zielsetzung sei zu niedrig. Außerdem wurden Energie-Selbstversorger, also Industrieunternehmen, die ihren Storm selbst erzeugen und somit autark sind, von den Regelungen des Gesetzes ausgenommen. Jedoch ist gerade diese Gruppe für 18 % des gesamten energiebedingten CO_2-Ausstoßes in Japan verantwortlich.

Die in diesen Gesetzen verankerten Unterstützungsmaßnahmen machen bei der Vergabe der Fördermittel keinen Unterschied zwischen in- und ausländischen Unternehmen. Zur Verbreitung der erneuerbaren

Ein dynamisches Innovationssystem: Das japanische Top-Runner-Programm

Das Programm wurde 1998/1999 in Japan vom berühmten METI-Ministerium mit dem Ziel eingeführt, den japanischen Primärenergieverbrauch bis 2010 auf das Niveau von 1996 zu senken. Die Idee: Das beste am Markt befindliche Produkt gibt im Hinblick auf die Verbrauchswerte den Standard vor, der von den anderen Produkten dieser Produktgruppe innerhalb einer bestimmten Frist erreicht werden muss. Produkte, die dies nicht schaffen, dürfen nach Ablauf der Frist nicht mehr auf den Markt gebracht werden. Die Erfolge sind beeindruckend: Im Bereich der Computer sollte so der Energieverbrauch bis zum Jahr 2005 gegenüber dem Basisjahr 1997 um 83 % gesenkt werden. Diese Zielmarke wurde bereits 2001 erreicht. Klimaanlagen, Kühlschränke, Fotokopierer und TV-Anlagen sind weitere Beispiele, bei denen die Zielmarken entweder schneller als geplant erreicht oder übererfüllt wurden. Die erzielten Fortschritte werden zur Grundlage einer neuen, zweiten Top-Runner-Runde, die wiederum die besten Benchmarks zum Standard erhebt: ein dynamisches vom Markt getriebenes, permanentes Innovationssystem.

Energien haben ausländische Investoren grundsätzlich dieselben Ansprüche auf Beteiligungen aus dem 1,6 Mrd. Euro starken Budget für Förderprogramme wie inländische. So ist das japanische Förderungssystem mit dem europäischer Staaten vergleichbar.

Die *New Energy and Industrial Technology Development Organization (NEDO)* ist für die Fördermittelbeantragung erste Anlauf- und Koordinationsstelle. Sie unterteilt die zu fördernden Forschungs- und Entwicklungsprojekte in Kategorien zur Steigerung von Energieeffizienz und zur Entwicklung umweltfreundlicher Umwandlungstechnologien. Auf diese Projektkategorien entfielen im Jahr 2006 mehr als 90 % der ausgeschütteten Mittel.

Eigens für die Förderung von Photovoltaikanlagen wurde das Programm *Field Test Project on New Photovoltaic Power Generation Technology* ins Leben gerufen. Sein Ziel ist, die Leistungsfähigkeit und Kostenstruktur mittlerer bis großer Anlagen (>10 Kilowatt) zu verbessern.

Der Windkraftsektor wird in Japan ebenfalls speziell gefördert. Werden diese Anlagen oder entsprechende Komponenten in Japan verkauft, so entfallen die Importzölle. Es ist lediglich eine Konsumsteuer in Höhe von 5 % zu entrichten. Die enormen Fördermittel für den Energiebereich im Allgemeinen und die erneuerbaren Energien im Besonderen belegen den hohen Stellenwert, den Japan der Forschung und Entwicklung einräumt. Im weltweiten Vergleich stellt Japan das höchste staatliche Energieforschungsbudget aller Länder zur Verfügung und gibt wesentlich mehr für Forschung und Entwicklung aus als die USA oder Europa.

Der *Third Science and Technology Basic Plan in Japan* sieht bis 2010 Ausgaben in Höhe von knapp 4 Mrd. Euro allein für Forschungsprojekte im Energiebereich vor. Besonders die Anstrengungen im Leitmarkt Energieeffizienz werden unterstützt und erhalten circa 350 Mio. Euro aus dem Fördertopf. Gleiches gilt für den Technologiebereich der Brennstoffzellen, dem insgesamt 190 Mio. Euro an Fördermitteln zur Verfügung stehen. Grob gerechnet, bilden allein die Ausgaben für Energieeffizienzfor-

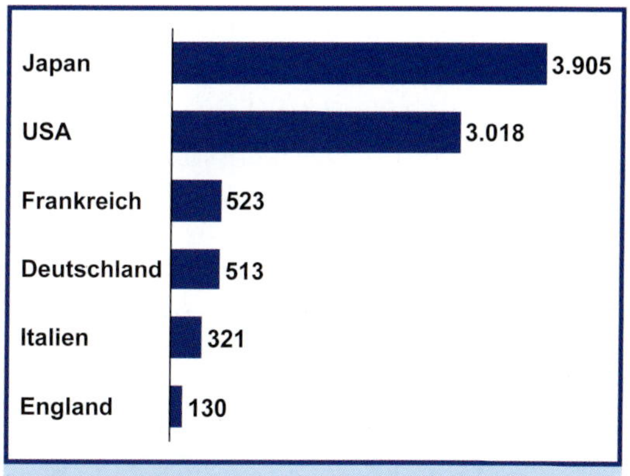

Staatliche Förderung des Energiesektors [Mio. USD]

Quelle: Roland Berger

schung Japans das gesamte deutsche Energieforschungsbudget des Jahres 2006 ab.

Die politisch gesetzten Anreize führen ebenfalls dazu, dass auch die privaten Investitionen für Forschung und Entwicklung im internationalen Vergleich außergewöhnlich hoch sind. Die Ergebnisse dieser Tätigkeiten spiegeln sich in einer hohen technische Entwicklungsgeschwindigkeit wider, die sich zunehmend auch in steigenden Umsatzzahlen auf dem Weltmarkt bemerkbar macht.

Ein wichtiger – und möglicherweise auch entscheidender – Unterschied zu Deutschland im Bereich erneuerbarer Energien liegt in der Abnahmeverpflichtung. Im Gegensatz zu Deutschland sind japanische Stromkonzerne nicht dazu verpflichtet, den von privaten Erzeugern generierten Strom aus erneuerbaren Quellen abzunehmen und ins Netz einzuspeisen.

Unternehmen und Technologien – Spitzenposition auf dem Weltmarkt für Photovoltaik

Japanische Unternehmen aus dem Bereich der Umwelttechnologie spielen auf den Weltmärkten vor allem ihre Stärke als technologische Vorreiter aus.

Zum ersten Mal wurde 2008 das japanische Unternehmen Sharp von der deutschen Q-Cells von seiner Spitzenposition im Bereich **Photovoltaik** verdrängt. Dies tut jedoch der Stärke Japans in diesem Technologiesegment insgesamt keinen Abbruch. Die japanische Regierung hat das Ziel ausgegeben, die Produktionskapazität bis 2020 auf das Zehnfache und bis 2030 gar auf das Vierzigfache der aktuellen Kapazität auszuweiten, um die Position als Weltmarktführer für Photovoltaik zurückzuerobern.

Derzeit ist Japan mit einem Weltmarktanteil von 22 % und etwa 932 Megawatt produzierten Zellen auf Platz zwei der Weltrangliste. Damit steht Japan hinter China, das seinen Weltmarktanteil allein im vergangenen Jahr von 15 % auf 28 % erhöhte, rangiert jedoch vor Deutschland. Während Deutschland seinen Marktanteil verteidigen konnte, musste Japan einen drastischen Anteil an andere asiatische Länder abgeben.

Dennoch befinden sich unter den zehn größten Herstellern der Welt immer noch drei japanische Unternehmen. Im internationalen Vergleich haben diese allerdings etwas von ihrem früheren Glanz eingebüßt: Sharp musste 2007 gar einen Produktionseinbruch von 16 % hinnehmen. Kyocera, Sanyo und Mitsubishi sind zwar gewachsen, konnten jedoch mit den übrigen Branchengrößen kaum Schritt halten. Selbst das zweistellige Wachstum (15 %) von Kyocera nimmt sich verglichen mit anderen Playern eher gering aus: Q-Cells legte 54 % zu, Suntech 110 % und First Solar verzeichnete einen Zuwachs von 233 %.

Produktionsschwerpunkte der Technologielinien in Japan

Quelle: Roland Berger

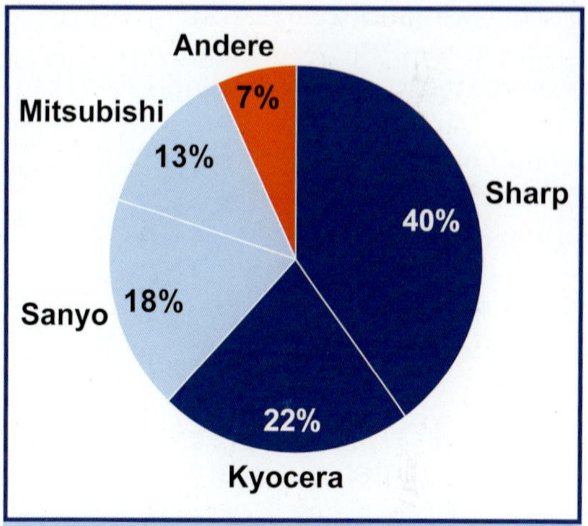

Anteile führender Unternehmen im japanischen Photovoltaik-Markt

Quelle: Roland Berger

Der Hauptgrund für die recht zurückhaltende Performance japanischer Unternehmen besteht darin, dass es nicht gelingt, ausreichende Siliziumvorräte sicherzustellen. Dieses Problem macht offenbar vor allem Sharp zu schaffen. Das Unternehmen hatte seine Produktionskapazitäten seit 2006 um 16 % erhöht, konnte dieses Niveau jedoch nicht halten. Um Engpässe beim Silizium-Nachschub künftig zu vermeiden, hat Sharp bereits Recycling-Anlagen errichtet. Nichtsdestotrotz hält Sharp an seinen Expansionsplänen fest: Gerade wird ein Werk zur Produktion von Flachbildschirmen gebaut, das auch Siliziumdünnschichtmodule mit einer Gesamtleistung von jährlich einem Gigawatt produzieren kann. Auch bei anderen Werken sollen die Kapazitäten ausgebaut werden.

Kyocera wiederum plant, seine Produktionskapazität für Solarzellen bis 2010 auf jährlich 500 Megawatt aufzustocken. Sanyo wird von 2008 bis 2010 rund 650 Mio. Euro in HIT-Solarzellen (Heterojunction with Intrinsic Thin layer) investieren und strebt eine Produktionskapazität von jährlich 650 Megawatt an. Sanyo befasst sich auch mit der Entwicklung

Wirkungsgrad der Spitzenklasse: Effizientes Wärmekraftwerk in Tokio

Der Energieversorger TEPCO begann 2008 mit der schrittweisen Inbetriebnahme einer hochmodernen Wärmekraftanlage. Die Emissions-Einsparungen sind beträchtlich: Der CO_2-Ausstoß lässt sich damit um 1,7 Millionen Tonnen pro Jahr reduzieren, sofern sich die durchschnittliche Wärmeeffizienz-Leistung des gesamten Kraftwerks um nur 1 % verbessert. Diese Technologie ist Teil des Wärmekraftwerks von Kawasaki und erreicht einen Wirkungsgrad von 59 % – einen der besten Werte weltweit. Dies untermauert die führende Stellung Japans in Fragen der Energieeffizienz.

einer Dünnschicht-Siliziumsolarzelle der nächsten Generation. Dies bestätigt den Ruf der Firma, im Bereich der Forschung und Entwicklung durchaus mit den Weltmarktführern mithalten zu können. Allerdings war das Unternehmen bisher nicht in der Lage, das in ihm schlummernde Potenzial voll auszuschöpfen – Schuld daran waren die unzureichenden Finanzierungsmöglichkeiten. Hier soll die Übernahme durch Panasonic in Zukunft Abhilfe schaffen.

Nachdem zunächst die Inlandsnachfrage – sie macht immerhin rund 17 % der weltweiten Nachfrage auf dem Photovoltaik-Markt aus – die Hauptrolle für den Absatz der japanischen Unternehmen spielte, orientieren sich diese inzwischen zunehmend am internationalen Markt. Hier könnten vor allem chinesische Hersteller Japan gefährlich werden. Zum Beispiel ist Suntech, der Weltmarktführer für Module, Sharp dicht auf den Fersen: Es zeichnet sich ab, dass das chinesische Unternehmen seinen japanischen Wettbewerber in den nächsten Jahren im Bereich der Zellproduktion überholen wird. Die chinesische Zellproduktion hat dabei weltweiten Einfluss, wirkt sich jedoch auf Japan, nicht zuletzt aufgrund der geografischen Nähe, besonders stark aus. Auch können chinesische Produkte in puncto Qualität mit japanischen Erzeugnissen dieses Sektors mithalten. Automatisierte Prozesse und ausgewogene Produktportfolios sind kein Differenzierungsmerkmal mehr und können den Japanern keinen Wettbewerbsvorteil mehr verschaffen.

Neben dem reifen Solarenergiemarkt gewinnen zunehmend andere erneuerbare Energiequellen an Bedeutung, und die heimischen Hersteller intensivieren hier ihre Aktivitäten. Mit **Biogas-Technologien** wird derzeit seitens der NEDO (*New Energy and Industrial Technology Development Organization*) experimentiert. Obwohl es sich um einen kleinvolumigen Markt handelt, besetzte das Unternehmen JFE Engineering 2007 mengenmäßig zwei Drittel des Marktes und arbeitet derzeit an einem integrierten 2.000-Kilowatt-Kraftwerk, dem größten Biogas-Kraftwerk in Japan. Diese Kraft-Wärme-Kopplungs-Anlage ist das erste Biomasse-gasbetriebene Kraftwerk Japans. Das System erlaubt den Einsatz verschiedener Sorten und Formen von Brennmaterial und kann somit vielfältig eingesetzt werden. Zwar wurden bislang erst 3 Megawatt verkauft, doch verfügt diese Technik über ein hohes Wachstumspotenzial. Für die kommenden zehn Jahre wird ein Anstieg auf 45 Megawatt prognostiziert, wobei von einer Marktführerschaft von JFE Engineering auszugehen ist.

Das Wachstum des Marktsegments hängt dabei stark von der Effizienz dieser Energieumwandlung ab. Bislang liegen die Kosten der Stromerzeugung zwischen 1,6 und 8 Cent/kWh. Um das angestrebte Wachstumsziel zu erreichen, müssen die Preise wettbewerbsfähiger werden – das heißt, die Kosten müssen auf 0,8–2 Cent/kWh sinken, denn der Markt wird künftig von Technologien bestimmt werden, die solche Werte erreichen.

Die Nachfrage nach heimischen Energiequellen als Ersatz für Rohölimporte hat auch die Entwicklung der **Geothermie** vorangetrieben, zumal geothermische Energie zu den wenigen wertvollen einheimischen Ressourcen des Landes zählt. Ansonsten ist Japan überwiegend vom Primärenergieimport abhängig. Die Gewinnung geothermischer Energie ist auf Regionen mit vulkanischer Aktivität wie bei Hokkaido, zwischen Tohoku und der Insel Izu und der Gegend um Kyushu begrenzt. Daher stagniert der heimische Markt für Geothermie. Dementsprechend bestimmte die Nachfrage aus dem Ausland den Absatz in den Jahren 2006 und 2007.

So erhielt Sumitomo Corporation 2006 von der indonesischen Stromgesellschaft den Zuschlag für die Entwicklung der weltweit größten

Wiederverwertung von Bauteilen bei Fuji Xerox: Wirtschaftlich erfolgreich, schonend für die Umwelt

Die Firma Fuji Xerox erreicht seit Markteinführung ihres farbdruckfähigen, multifunktionalen Druck- und Kopiergeräts „DocuCentre C2100" im Jahr 2006 eine Wiederverwertungsrate der Bauteile von 60 %. Durch den Abverkauf von 10.000 Einheiten dieses Geräts summiert sich die eingesparte Menge an CO_2-Emissionen auf 23.000 Tonnen. Das Projekt *Internationales Ressourcen Recycling System* wurde im Dezember 2004 für den asiatisch-pazifischen Markt gestartet; darauf folgte im Januar 2008 ein weiteres Projekt für China. Dieses System erwirtschaftete zusätzlich im Jahr 2006 einen Überschuss von 3,1 Mio. Euro; 2007 verringerte es den Ausstoß von Kohlendioxid um 25.000 Tonnen. Durch den derzeitigen Marktboom für Kopierer und Drucker in China ist für die nächsten Jahre noch mit einer Verstärkung dieses CO_2-Spareffektes zu rechnen.

schlüsselfertigen Geothermieanlage zur Erzeugung von 117 Megawatt. Fuji Electric Systems entwickelte für dieses Projekt die Dampfturbine sowie den Generator, und eine Maschinenbaufirma aus Indonesien übernahm den Aufbau. Mitsubishi Heavy Industries wiederum erhielt 2007 von der teilstaatlichen Kenya Electricity Generating Company den Auftrag, 100 Kilometer nordwestlich der Hauptstadt Nairobi ein Geothermie-Kraftwerk zu errichten. Für 2008 wird prognostiziert, dass japanische Firmen Anlagen zur Gewinnung von mehr als 200 Megawatt herstellen werden.

Die Energiegewinnung aus **Wasserkraft** nimmt in Japan ebenfalls eine zentrale Rolle ein und gewinnt seit den Ölkrisen in den 70er Jahren zunehmend an Bedeutung. Da jedoch geeignete Gebiete für die Errichtung großvolumiger Anlagen weitgehend verbaut sind, konzentriert sich die Kundennachfrage und damit auch der Fokus der Anbieter auf kleinere Anlagen. Mit einem Marktanteil von über 40 % ist Tanaka Suiryoku der größte Hersteller Japans. 2007 kamen die bisher größten Aufträge von öffentlichen Einrichtungen und beliefen sich auf Anlagen mit 400 Kilowatt, 350 Kilowatt sowie 70 Kilowatt. 2007 hat das Unternehmen In-Line-Francis-Turbinen in sein Produktportfolio aufgenommen, wodurch ein Einsatz bei größeren Fallhöhen möglich wird.

Auch im Bereich der Energieeffizienz zeigen sich japanische Unternehmen besonders wettbewerbsfähig und stoßen zum Beispiel zunehmend auf die vorderen Ränge des Weltmarktes für **energieeffiziente Weiße Ware** sowie **Heiz- und Klimatechnik** vor. Noch liegt Japans Energieverbrauch bei Weißer Ware etwa doppelt so hoch wie der in Deutschland. Hauptgrund ist die anhaltende Produktion und der Verkauf ineffizienter, energieintensiver Küchengeräte wie etwa Kühl-Gefrierkombinationen. Dies wiederum ist ein Indikator, dass Effizienz und Umweltfreundlichkeit in Japan derzeit noch nicht die wesentlichen Treiber für die Kaufentscheidung der Konsumenten sind. Um energiesparende Techniken voranzubringen und die Geräteeffizienz zu erhöhen, hat Japan eine klare Norm – den sogenannten Top Runner Standard – zur Förderung der Entwicklung energieeffizienter Geräte erlassen. Das Programm basiert auf dem Prinzip, dass die energieeffizientesten Geräte den Standard für das nächste Jahr setzen.

Vor allem die Unternehmen Matsushita Electric Industrial und Sharp setzen bei der Produktion auf energieeffiziente Weiße Ware. Da Matsushita auf den Absatzmärkten Europa und USA vor allem durch seine Marke Panasonic bekannt wurde, firmierte das Unternehmen im Oktober 2008 in Panasonic Corp. um. Dieser Wechsel des Namens soll den Nachteil im Vergleich zu anderen Herstellern durch den geringen Wiedererkennungseffekt der Marke Matsushita ausgleichen. Zugleich bildet er die Grundlage für eine expansive Geschäftsstrategie vor allem in Europa und den USA, mit der das Unternehmen seinen Weltmarktanteil von derzeit 3 % steigern will.

Mittlerweile setzen immer mehr japanische Hausgerätehersteller auf die Entwicklung energieeffizienterer Produkte. Sie haben damit begonnen, Weiße Ware für den asiatischen Markt mit der neuesten Technik zur Energieeinsparung auszustatten. Aufgrund ihres Fachwissens konnten die japanischen Hersteller so ihren Marktanteil weltweit auf über 7,5 % ausbauen.

Bei der Herstellung heiz- und klimatechnischer Anlagen zählen japanische Firmen ebenfalls zur Weltspitze. Die Unternehmen Hitachi und Mitsubishi befinden sich zwar derzeit noch nicht unter den Top-Playern, verringern jedoch kontinuierlich ihren Abstand zum deutschen Marktführer Siemens und zum US-amerikanischen Unternehmen General Electric. Einen Beweis dafür liefert die Summe der Exportwerte japanischer Unternehmen in diesem Bereich. Mit circa 4,2 Mrd. Euro lag der exportierte Warenwert im Jahr 2007 insgesamt fast doppelt so hoch wie der deutsche.

Auch die IT-Industrie setzt derzeit auf Initiativen für mehr Energieeffizienz. Aufgrund des großen Erfolgs ganzheitlicher IT-Dienste ist die Zahl der IT-Dienstleister in Japan deutlich gewachsen. Es wird prognostiziert, dass bis 2025 die Datenmenge verglichen mit 2005 um den Faktor zweihundert steigen wird. In Folge dieser „Informations-Explosion" ist mit einer Verfünffachung des Energieverbrauchs für IT-Infrastrukturen zu rechnen. Daher gewinnt das Thema Energieeinsparpotenziale für den IT-Sektor an Bedeutung.

Da es bislang keine verbindlichen Auflagen für IT-Unternehmen gibt, sind diese eigenständig auf der Suche nach lukrativen Geschäftsmodellen. Bisher nimmt jedes Unternehmen sein eigenes Green-IT-Projekt in Angriff. So wurde im Datenzentrum der SoftBank IDC ein *ColdMall-System* installiert, das große Nachfrage ausgelöst hat. In der NTT Gruppe hat NTT Comware mit *Power Usage Effectiveness (PUE)* einen Standard für Energieeffizienz gesetzt.

Japanische Banken lernen die Bedürfnisse der GreenTech-Industrie kennen

Es gibt immer mehr Veranstaltungen zur Wirtschaftsförderung, die Kontakte zwischen institutionellen Anlegern und Finanziers auf der einen und Umwelttechnologie-Firmen auf der anderen Seite knüpfen sollen. Beispielsweise führte die Mizuho Bank 2007 den Service ein, etwa 100.000 Handelsfirmen „grünes" Know-how und Umweltdienstleistungen vorzustellen. Etwa 800 Unternehmen beteiligten sich in Tokio an einer Umweltveranstaltung. Berichten zufolge wurden dort an einem einzigen Tag 1.600 Geschäftsverhandlungen geführt.

bisher nicht geplant. Der Markt wird damit stärker sich selbst überlassen und unterliegt gelockerten politischen und regulatorischen Rahmenbedingungen. Insgesamt betrachtet ist der Anteil der Photovoltaik-Anlagen, die im industriellen Sektor genutzt werden, am höchsten. Einige inländische Unternehmen bringen ihre Solaranlagen sogar gezielt gut sichtbar auf Fabrikgebäuden oder Warenhäusern an, um damit ihr Umweltbewusstsein zu demonstrieren. Zusammen mit Energieerzeugern machen gewerbliche Anwendungen 56 % des Marktes aus, der Anteil der Privathaushalte beläuft sich auf 35 % und der Rest entfällt auf staatliche Anwendungen.

Es wird erwartet, dass sich die Marktpenetration vor allem im Bereich der privaten Haushalte fortsetzt und sich auch auf Mehrfamilienhäuser ausweitet. Neubauten werden bereits mit installierten Standard-Photovoltaik-Systemen verkauft – und die Nachfrage steigt. Schon seit Anfang der 90er Jahre bezahlen Energieerzeuger Einspeisepreise an die Produzenten überschüssiger Photovoltaik-Energie. Darüber hinaus sind die Energieversorger verpflichtet, einen gewissen Anteil ihrer Strommenge bereits aus regenerativen Energien zu gewinnen. Auch ohne weitere Förderprogramme sind die Aussichten grundsätzlich gut. Die relativ hohen japanischen Strompreise und der geringe Bestand inländischer Rohstoffe tragen ihren Teil dazu bei. Das Wachstum wird sich bis 2010 im unteren zweistelligen Prozentbereich bewegen. Ein gewisses Risiko bleibt jedoch bestehen: Noch ist nicht absehbar, ob der Markt auch ohne staatliche Förderprogramme weiter wachsen kann.

Neben der Entwicklung neuer Technologien, direkten politischen Förderprogrammen und Nachfrageströmungen beeinflusst die Verfügbarkeit von Kapital die Entwicklung des japanischen Umwelttechnik-Marktes entscheidend. Neben dem Kapitalmarkt stellt der Handel von CO_2-Zertifikaten ein wesentliches Finanzinstrument dar, da nicht genutzte Emissionsrechte an andere Länder verkauft werden können. Darüber hinaus orientiert sich auch der Kapitalmarkt stärker an nachhaltigen Kriterien. Japanische Finanzinstitute nehmen eine Vorreiterrolle ein, indem sie Unternehmen mittels eines Management-Index in Bezug auf Umweltfreundlichkeit bewerten. Das japanische Ministerium für Wirtschaft, Handel und Industrie konzentriert sich wiederum auf folgende Themen, um Investitionen in den Umweltschutz zu fördern:

- Entwicklung von Auswertungskriterien zur Messung der Umweltverträglichkeit,
- neue Methoden zur Aufstellung eines Aktienindex zum Ausweis der Umweltverträglichkeit,
- neue Auflagen zur Auskunftspflicht zu Umweltthemen im Geschäftsbericht.

Der japanische Markt für Social Responsible Investments (SRI), also für nachhaltige Anlagemöglichkeiten, besteht seit der Einführung des Eco Fund im Jahr 1999, eines der ersten nachhaltigen Finanzprodukte in Japan. Der Wert aller offenen SRI Investment-Fonds lag Ende September 2007 bei 6,1 Mrd. Euro.

Fazit

Der japanische Markt ist ein wettbewerbsorientierter Markt. Hier konkurrieren die besten Hochtechnologieunternehmen der Welt miteinander. Dies gilt auch für die Umwelttechnik-Branche. Erfolgreiche deutsche Markteinsteiger entwickeln und bauen Spitzentechnologien, die vorbehaltlos mit den japanischen Technologien konkurrieren können. Die Inanspruchnahme der japanischen Fördermechanismen, die teilweise auch den deutschen Unternehmen zur Verfügung stehen, kann dabei behilflich sein.

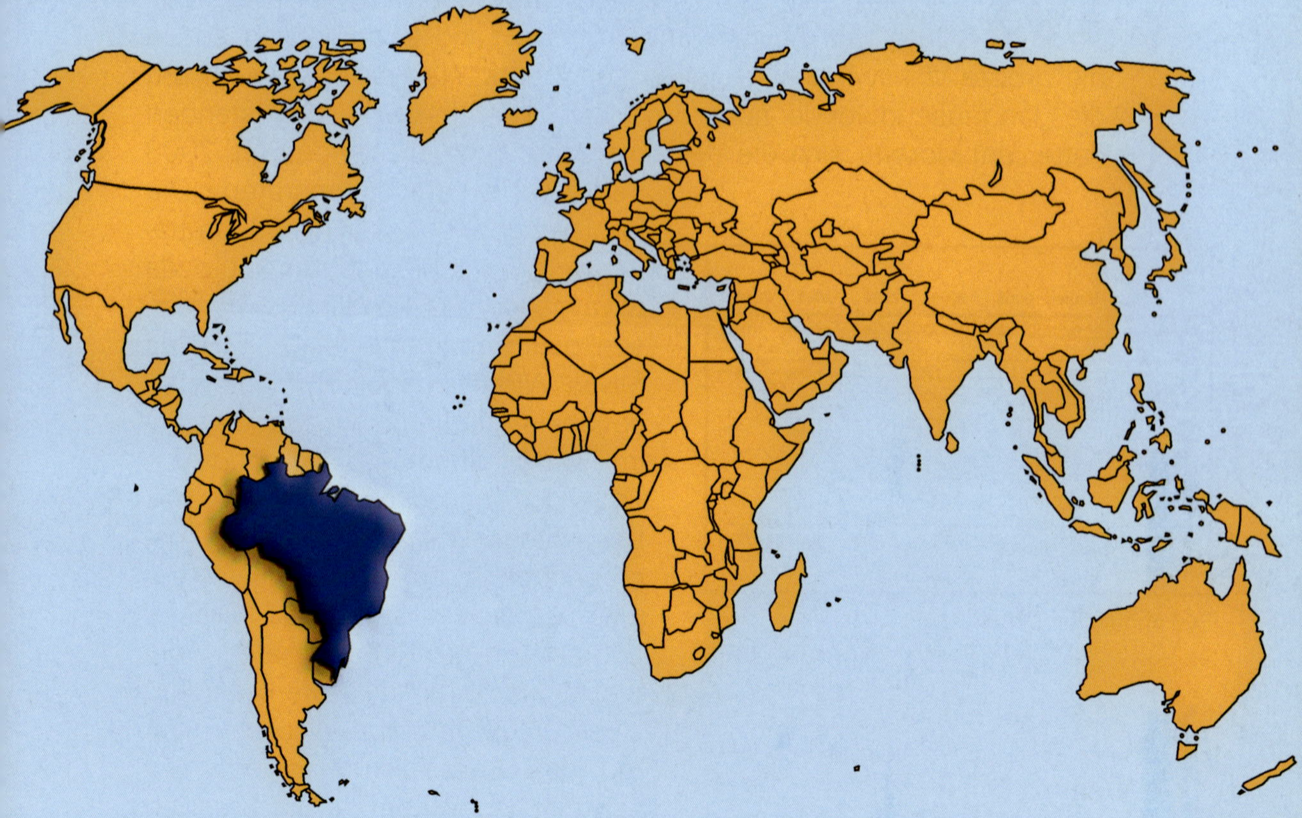

Brasilien

Mit einer Fläche von mehr als acht Millionen Quadratkilometern und fast 192 Millionen Einwohnern ist Brasilien das größte und bevölkerungsreichste Land Südamerikas sowie die größte Volkswirtschaft dieses Kontinents. Nachdem Brasilien um die Jahrtausendwende noch am Rand einer Finanzkrise gestanden hatte, entwickelte sich die Wirtschaft des Schwellenlandes bis 2008 mit stabilen Wachstumsraten. Die Regierungen des seit 2003 amtierenden Staatspräsidenten Luiz da Silva haben das Fundament für diesen positiven Trend gelegt. Lula da Silvas Wirtschaftspolitik findet internationale Anerkennung, zum Beispiel im Wirtschaftsmagazin *Economist*: „The current government [...] has been successful in consolidating macroeconomic stability, while stepping up social spending." Dieses Lob kommt nicht von ungefähr, wie die Wirtschaftsindikatoren zeigen: Überdurchschnittliche Wachstumsraten des Bruttoinlandsprodukts lassen die Realeinkommen in Brasilien steigen. Mit 4 % prognostiziertem Wirtschaftswachstum bis 2012 – weitgehend getragen von der Inlandsnachfrage – sieht die Zukunft des Landes stabil aus. Nachdem die Inflation jahrzehntelang eine Geißel der brasilianischen Wirtschaft war, ist die Landeswährung inzwischen stabil. Die Arbeitslosenrate geht stetig zurück.

Brasilien

	Einheit	2005	2006	2007	2008	2010[1]
Reales BIP-Wachstum	%	3,1	3,7	5,4	5,3	4,0
Reales BIP [Preise von 2005]	Mrd. Euro	695	720	760	800	860
Reales BIP je Einwohner [Preise von 2005]	Euro	3.771	3.857	4.011	4.169	4.370
Arbeitslosenquote	%	9,8	9,9	9,3	8,0	7,9
Bevölkerung	Mio.	184,1	186,7	189,3	191,8	196,8

1) Prognose

Ökonomische Kennzahlen

Quelle: Economist Intelligence Unit

Auf einen Blick

Brasilien ist **sechstgrößter Verbraucher von Primärenergie** und **CO_2-Emittent weltweit.**

Das Land gehört zu den **Unterzeichnern des Kyoto-Protokolls. CO_2-Reduktion** will Brasilien jedoch vor allem durch **Einschränkung der extensiven Brandrodung** erreichen.

Angebotsseitig ist Brasilien weltweit führend im Bereich der **Biokraftstoffproduktion** und nur hinter den USA. Weitere Aktivitäten verzeichnet das Land in den Bereichen **eenergieeffiziente Weiße Ware und regenerative Energien**.

Nachfrageseitig stützt das immense **Wasserkraftpotenzial** des Landes den entsprechenden Technologiemarkt. Darüber hinaus gibt es bereits etablierte Märkte in den Bereichen **Biokraftstoffe, Biomasse und erneuerbare Energien.**

Durch den wirtschaftlichen Aufschwung hat sich Brasilien von einem überwiegend landwirtschaftlich geprägten hin zu einem mehr und mehr industrialisierten Land entwickelt. Deutsche Unternehmen spielen dabei seit jeher eine wichtige Rolle. Schon früh investierten sie in Brasilien, hauptsächlich im Süden.

Bis heute gehören Unternehmen aus Deutschland zu den größten Arbeitgebern des Landes und unterstützen mit ihrem Technologietransfer die wirtschaftliche Entwicklung. So hat sich Brasilien als Produktionsstandort bewährt, und seine Bedeutung wird durch das Wachstum der Inlandsnachfrage weiter zunehmen.

Allerdings sind noch einige Probleme zu bewältigen. Armut und Arbeitslosigkeit haben sich zwar durch den Wirtschaftsaufschwung verringert, aber nach wie vor ist der Unterschied zwischen Arm und Reich in keinem anderen Land Lateinamerikas so ausgeprägt wie in Brasilien. Hinzu kommen Probleme der inneren Sicherheit: Insbesondere in den Großstädten ist die Kriminalität exorbitant hoch. Hier besteht in den nächsten Jahren dringender Handlungsbedarf.

CO_2-Emissionen – Energieeffizienz und erneuerbare Energien bremsen den Anstieg

Die CO_2-Emissionen Brasiliens stellen weltweit einen Sonderfall dar: Der Gesamtausstoß von Kohlendioxid betrug im Jahr 2007 rund 1.250 Mio. Tonnen. Damit nimmt Brasilien auf der Liste der weltweit größten Emittenten von Kohlendioxid den sechsten Platz ein. Allerdings ist für drei Viertel dieser CO_2-Emissionen die Brandrodung des Regenwaldes verantwortlich. Erst seit kurzer Zeit versucht die Regierung, gemeinsam mit der Industrie und Vertretern der Landwirtschaft dieses Problem effektiv anzugehen und hat ein Maßnahmenpaket zum Schutz des Regenwaldes vorgelegt.

Zur besseren Vergleichbarkeit mit anderen Ländern wird in diesem Kapitel nur der Teil der brasilianischen CO_2-Emissionen betrachtet, der durch die Energieumwandlung verursacht wird. Dieser lag im Jahr 2007 bei 330 Mio. Tonnen CO_2, das entspricht knapp über 1 % der weltweiten Emission. Mit diesem Wert ist Brasilien allerdings der größte CO_2-Emittent Südamerikas. Im Vergleich zu anderen Schwellenländern hat sich der energiebedingte Gesamtausstoß von CO_2 in den letzten zehn Jahren mit moderaten Wachstumsraten entwickelt. So nahm der CO_2-Ausstoß in diesem Zeitraum nur um durchschnittlich 2 % pro Jahr zu, während China auf ein durchschnittliches jährliches Wachstum von über 9 % kam. Seine Erfolge bei der Eindämmung der Treibhausgasemissionen erreichte Brasilien vor allem durch Effizienzsteigerung: Es ist gelungen, die Produktivität der Energieumwandlung zwischen 2001 und 2006 um fast ein Viertel zu erhöhen.

Der Energieverbrauch Brasiliens lag 2007 bei 239 Mio. Tonnen Öleinheiten, das sind etwa 2 % des weltweiten Energieverbrauchs. Im Vergleich zu 2006 wurden damit in Brasilien knapp 5 % mehr Energie verbraucht; diese Steigerung entspricht in etwa der Zunahme des Bruttoinlandsprodukts.

Im Unterschied zu anderen Schwellenländern, in denen sich der CO_2-Ausstoß pro Kopf immer stärker erhöht und sich dem Level der Industrieländer annähert, ist dieser Wert in Brasilien nahezu konstant. Er verharrte in den letzten Jahren auf einem nahezu gleich bleibenden Niveau von knapp 2 Tonnen pro Jahr und Einwohner, obwohl die brasilianische Wirtschaft in den letzten vier Jahren um durchschnittlich 4,5 % gewachsen ist. Selbst wenn das Bevölkerungswachstum herausgerechnet wird, ist nur ein marginaler Anstieg zu beobachten. Ein wesentlicher Grund dafür ist die gesteigerte Effizienz der Energienutzung, die durch die Substitution von schwach energieeffizienten Brennstoffen wie beispielsweise Holz erreicht wurde.

Brasilien ist der größte Produzent von erneuerbaren Energien weltweit. So bestreitet Brasilien 46 % seines Primärenergiebedarfs und sogar 84 % seiner Stromerzeugung aus regenerativen Energieträgern. Dabei ist die Wasserkraft mit Abstand der wichtigste Stromproduzent in dem südamerikanischen Land: Sie deckt 77 % der Gesamtstromnachfrage ab. Allerdings führt diese starke Abhängigkeit von einer Energiequelle auch zu Problemen, denn bei Dürre oder anderen unvorhersehbaren Naturereignissen kann es zu Versorgungsengpässen in der Stromversorgung kommen.

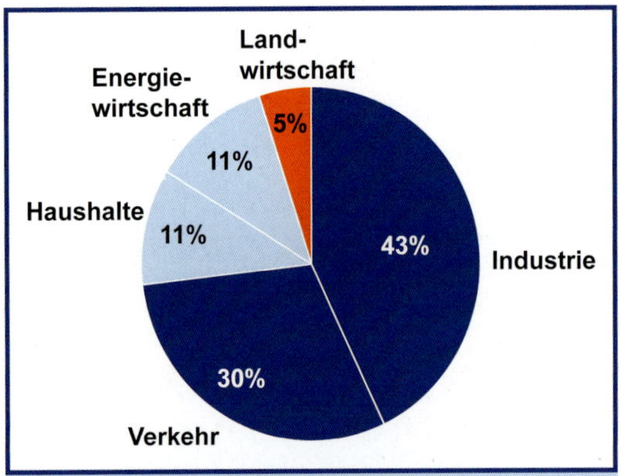

CO_2-Ausstoß nach Sektoren
Quelle: Roland Berger, IEA

Eine weitere Besonderheit Brasiliens ist der große Anteil von Zuckerrohr an der Energieversorgung. Zuckerrohr wird in vielfältiger Weise zur Energiegewinnung eingesetzt. So fahren 80 % der neu zugelassenen brasilianischen Autos heute schon mit Flex-Fuel-Motoren. Dieser Antrieb kann sowohl mit gewöhnlichem Benzin oder mit Ethanol betrieben werden, das aus Zuckerrohr hergestellt wird. Eine weitere Verwendung von Zuckerrohr ist die Verbrennung in Kraftwerken zur Energiegewinnung. Diese vielfältige Nutzung von Zuckerrohr ist vor allem seinen günstigen Herstellungskosten geschuldet.

Ein auffälliges Merkmal der Struktur der brasilianischen CO_2-Emission ist der äußerst geringe Anteil der Energiewirtschaft. Auf das Konto der Stromerzeugung gehen nur 11 % der gesamten Kohlendioxidemissionen des Landes (siehe Abbildung Seite 352). In Deutschland ist dieser Anteil etwa dreimal so groß. Dies zeigt die wichtige Rolle, die erneuerbarer Energien in der Stromerzeugung Brasilien spielen, was vor allem auf den hohen Anteil der Wasserkraft zurückzuführen ist.

Wie in anderen schnell wachsenden Volkswirtschaften ist auch in Brasilien die Industrie für einen großen Teil der Emissionen verantwortlich. In dem Land hat sich in den letzten Jahren ein leistungsfähiger Schwerindustriesektor mit einem hohen Energiebedarf gebildet, was mit erheblichen CO_2-Emissionen einhergeht. So macht der industrielle Sektor über 40 % des Gesamtausstoßes an Kohlendioxid aus.

Politische Rahmenbedingungen – Brasilien übernimmt beim Klimaschutz Vorreiterrolle unter den Schwellenländern

Brasilien zählt zu den 183 Unterzeichnerstaaten des Kyoto-Protokolls. Schwellenländern wie Brasilien, mit vergleichsweise geringen industriellen Kohlendioxidemissionen, wurden bisher keine verbindlichen Vorgaben zur CO_2-Verminderung gemacht. Dennoch kündigte das brasilianische Umweltministerium im Oktober 2008 an, ein Reduktionsziel festzulegen: Der CO_2-Ausstoß soll zwischen 2012 und 2020 um 10–20 % gegenüber 2004 gesenkt werden. Mit dem *Nationalen Plan zum Klimawandel*, den Staatspräsident Lula da Silva im Dezember 2008 präsentierte, setzt sich Brasilien als erstes Schwellenland quantifizierbare Ziele zur Verringerung seiner Treibhausgasemissionen. Das Konzept setzt vor allem bei den Emissionen durch Entwaldung an. Sie sollen bis 2017 schrittweise um 72 % gesenkt werden.

In Brasilien befassen sich viele Institutionen mit dem Bereich Umwelt und Umwelttechnologien. Einheimische und internationale Nichtregierungsorganisationen oder Institutionen spielen eine aktive Rolle beim Umweltschutz und bei der Förderung erneuerbarer Energien in Brasilien.

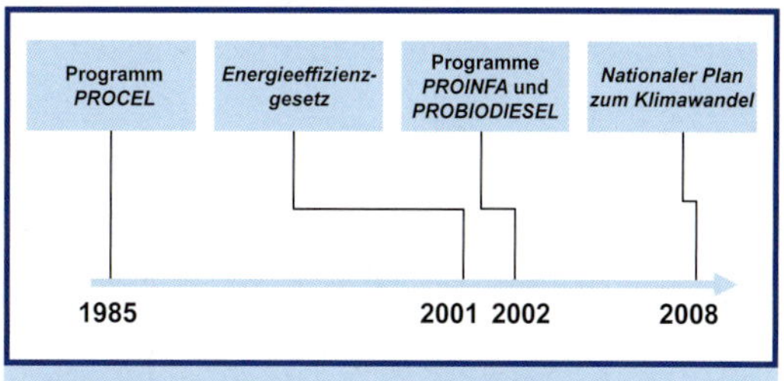

Chronologie der Initiativen der brasilianischen Regierung zum Klimaschutz

Quelle: Roland Berger

Investitionen steigern die Energieeffizienz

Nach dem Energieeffizienzprogramm müssen Unternehmen des Energiesektors 0,5 % ihrer Netto-Einnahmen in Projekte zur Steigerung der Energieeffizienz investieren. Um diese Verpflichtung zu erfüllen, führen die meisten Unternehmen Projekte bei wenigen Großkunden durch, die in der Regel zum staatlichen Sektor gehören oder an denen die öffentliche Hand beteiligt ist (zum Beispiel Straßen, Infrastruktur oder Krankenhäuser). Diese staatlichen oder halbstaatlichen Unternehmen weisen ein besonders hohes Einsparpotenzial auf. Beispielsweise hat die Gesellschaft Bandeirante Energia S.A. knapp 500.000 Euro investiert, um 5.370 Ampeln in der Stadt Guarulhos durch neue Ampeln mit LED-Technologie zu ersetzen. Durch diese Maßnahmen konnten 1.340 Megawattstunden pro Jahr eingespart werden.

Auf Regierungsebene sind verschiedene Stellen für die Regulierung, Finanzierung und die Aufstellung von Leitlinien für Umwelttechnologien zuständig.

Das *Umweltministerium* (*MMA*) trägt als Bundesbehörde die Verantwortung für die Umsetzung der nationalen Umweltpolitik, für die Regulierung und Überwachung der Politik in den Bereichen Schutz, Erhaltung und nachhaltige Nutzung von Ökosystemen. Dem *Ministerium für Wissenschaft und Technologie* (*MCT*) obliegt die Formulierung und Umsetzung der nationalen Politik auf dem Sektor für erneuerbare Energien; es unterstützt die Entwicklung in den Bereichen Windenergie, Solarenergie, kleine Wasserkraftanlagen und Biomasse.

Eine weitere wichtige Bundesbehörde mit Zuständigkeit für die Umweltpolitik ist das *Ministerium für Bergbau und Energie* (*MME*). Es ist für die Überwachung und Regulierung des Energiesektors zuständig, einschließlich der Bereiche Wasserkraft, Öl, Kraftstoffe und Elektrizität. Zusätzlich hat das MME die Aufsicht über die beiden großen halbstaatlichen Unternehmen Brasiliens auf dem Öl- bzw. Energiesektor, Petrobrás und Eletrobrás.

Im Jahr 2001 erließ das Ministerium für Bergbau und Energie ein Energieeffizienzgesetz und schuf damit einen rechtlichen Rahmen für die **Festlegung von Indikatoren und Bestimmungen für den Energieverbrauch**. Bis jetzt hat das *MME* Mindestnormen für Energieeffizienz (*Minimum Efficiency Performance Standards – MEPS*) für Drehstrom-Elektromotoren festgelegt und ist gerade dabei, MEPS für Kühlschränke, Klimaanlagen, Gasöfen und Gas-Warmwasserbereiter herauszugeben. Außerdem wird es sich mit dem Energieverbrauch durch Fahrzeuge und andere Geräte sowie in Gebäuden befassen.

Ebenso wie Deutschland und Spanien erließ auch Brasilien Gesetze zur **Förderung erneuerbarer Energien**. Das im Jahr 2002 verabschiedete Programm *PROINFA*, eine mit dem deutschen Erneuerbare-Energien-Gesetz vergleichbare Verordnung, wurde von der Nationalen Agentur für Elektrische Energie (*ANEEL*) koordiniert und dient der Förderung von Windenergie-, Biomasse- und kleinen/kleinsten Wasserkraftprojekten: Den Erzeugern werden **Stromabnahmeverträge** zu attraktiven Preisen garantiert. Damit wurde 2008 der Ausbau von 1.370 Megawatt Windenergie, 1.270 Megawatt kleine Wasserkraftanlagen und 660 Megawatt Biomasse unterstützt. Die erzeugte Energie wird von Eletrobrás im Rahmen eines Vertrags mit einer Laufzeit von 20 Jahren abgenommen. Durch diese Projekte kann ein Kohlendioxidausstoß von 2,5 Mio. Tonnen pro Jahr vermieden werden, was sich positiv auf den brasilianischen Emissionshandel auswirken wird. Die erforderlichen privaten Investitionen dürften sich auf circa 3,1 Mrd. Euro belaufen.

Eine Reihe von Gesetzen soll insbesondere die Energieeffizienz fördern. Das Energieeffizienzprogramm bildet den Rahmen für Verträge zwischen der *ANEEL* und Unternehmen, die in der Stromerzeugung, -verteilung und -übertragung tätig sind. Sie müssen 0,5 % ihrer Nettoeinnahmen in Initiativen zur **Erhöhung der Energieeffizienz** investieren, weitere 0,5 % fließen obligatorisch in die Forschung und Entwicklung im Bereich Energieeffizienz.

Ein anderes Programm zur **Verbesserung der Energieeffizienz** ist *PROCEL*, das 1985 ins Leben gerufen wurde und vom *MME* und dem staatlich kontrollierten Versorger Eletrobrás koordiniert wird. Hauptziel ist die Steigerung der Energieeffizienz, sowohl bei der Erzeugung als auch beim Verbrauch von Energie. Zu den langfristigen Zielen von *PROCEL* zählt die Reduzierung des Energieverbrauchs um 130 Mrd. Kilowattstunden bis zum Jahr 2015. Dies dürfte Einsparungen von rund 12,2 Mrd. Euro ermöglichen.

Im Jahr 2002 startete das Ministerium für Wissenschaft und Technologie ein Regierungsprogramm mit dem Namen *Probiodiesel*. Es enthält technische Spezifikationen und Erläuterungen zu den qualitativen und rechtlichen Aspekten von **Biodiesel**, zur sozialen, ökologischen und wirtschaftlichen Machbarkeit und zur technischen Wettbewerbsfähigkeit. Das Programm sieht vor, dass dem in Brasilien verkauften Dieselkraftstoff zwischen 2005 und 2013 mindestens 2 % und nach 2013 5 % Biodiesel beigemischt werden müssen.

Wissenschaftliches Know-how für die Landwirtschaft

Die halbstaatliche Aktiengesellschaft Embrapa ist die wichtigste Einrichtung für die Generierung von wissenschaftlichem Know-how und die Entwicklung von Produktionsverfahren für das Agrobusiness in Brasilien. Das 1973 gegründete landwirtschaftliche Forschungszentrum beschäftigt etwa 8.300 Mitarbeiter in fast allen brasilianischen Bundesstaaten. Die Einnahmen belaufen sich auf rund 400 Mio. Euro pro Jahr. Es unterhält Forschungsinstitute für die Entwicklung innovativer Technologien in den USA, Frankreich und den Niederlanden. Darüber hinaus ist es im Bereich erneuerbarer Energiequellen aktiv. Ein Beispiel dafür ist das Projekt *Energiewälder*, bei dem große Flächen für den nachhaltigen Anbau von Pflanzen mit hohem Zelluloseanteil genutzt werden sollen. Das Projekt umfasst auch die Erforschung und Entwicklung effizienterer Verfahren für die Umwandlung von Biomasse in Energie.

Obwohl die brasilianischen Unternehmen Weltmarktführer auf dem Gebiet der Biomasse und der Biokraftstoffe sind, ist der Markt für andere erneuerbare Energien, wie zum Beispiel **Windkraft** oder **Solarenergie**, noch ziemlich unterentwickelt. Den von der Regierung geschaffenen Anreizen und dem enormen Potenzial zum Trotz: Wind- und Solarenergie spielen derzeit in Brasilien als Energiequellen nur eine marginale Rolle. Die Förderung dieser alternativen Energien gestaltete sich bislang schwierig. Dies liegt hauptsächlich daran, dass der Schwerpunkt in der Vergangenheit auf andere Energiequellen gelegt wurde, beispielsweise auf Wasserkraft, die nach wie vor den Großteil der verfügbaren Stromkapazitäten abdeckt, sowie auf Thermoelektrik auf der Grundlage von Zuckerrohr-Bagasse. Außerdem liegen die Preise für Wind- und Solarenergie immer noch weit über denen für Wasserkraft. So ist Windenergie um 60 % teurer als Wasserkraft. Ein weiterer Grund, dass sich Sonne und Wind als Energiequellen nicht durchsetzen können, ist die fehlende Unterstützung durch die Regulierungsbehörden, vor allem hinsichtlich der Preisgestaltung. Dennoch hat sich in letzter Zeit einiges auf diesem Markt getan, insbesondere im Bereich der Windenergie. Im Februar 2008 kündigte die spanische Gruppe Fortuny den Bau von drei Windparks im Süden Brasiliens mit einer Gesamtkapazität von 223 Megawatt an. Weitere Windparks mit einer Kapazität von circa 500 Megawatt sind in Planung.

Brasilianische Unternehmen gehören nicht nur im Bereich der umweltfreundlichen Energien zur Weltspitze. Auch im Bereich der Effizienzsteigerung haben einige Weltmarktniveau erreicht, etwa bei **Weißer Ware**. In Brasilien war bei der Herstellung von Haushaltsgeräten zuletzt ein Wachstum von 3 % zu verzeichnen. Insgesamt wurden im Jahr 2007 in

Brasilien fast zehn Millionen Geräte hergestellt, wobei die Produktion im Wesentlichen im Süden und Südosten des Landes angesiedelt ist.

Das 1971 in Brasilien gegründete Unternehmen Embraco hat sich zum größten Produzenten von hermetischen Kältekompressoren entwickelt, die in jedem Kühlschrank zu finden sind. 2008 erhielt Embraco als eines von sieben Unternehmen die *Stars of Energy Efficiency*, eine wichtige Auszeichnung der internationalen Organisation *Alliance to Save Energy (ASE)*, die sich die Verbesserung der globalen Energieeffizienz zum Ziel gesetzt hat.

Seit 1992 leistete Embraco weltweit Pionierarbeit bei der Herstellung von Kompressoren mit Kältemitteln, die eine Alternative zu dem gefährlichen FCKW darstellen und unterzeichnete im Jahr 2004 den *Globalen Pakt der Vereinten Nationen*. Dafür wurde es von der deutschen Presse zu einem der fünf innovativsten Unternehmen Brasiliens gekürt. 2006 eröffnete Embraco an der *Universidade Federal de Santa Catarina (UFSC)* eines der fortschrittlichsten Forschungszentren der Welt im Bereich Kältetechnik und Thermophysik mit fünfzehn Labors. Das Unternehmen – es hält einen Weltmarktanteil von rund 25 % – produziert in Brasilien, Italien, der Slowakei und China und verkauft seine Produkte in 80 Länder. Einige technologische Innovationen der jüngsten Zeit brachten ihm internationale Anerkennung. So verfügt der Embraco VCC-Kompressor (Variable Capacity Compressor) über eine elektronische Steuerung, die es ermöglicht, die Kühlkapazität je nach Bedarf zu ändern und damit bis zu 40 % Energie einzusparen.

Nachfrage und Investitionen – Wasserkraft, Biokraftstoffe und Biomasse sind die Spitzenreiter

Brasilien verfügt nach Kanada und den USA über das größte Potenzial an **Wasserkraft** weltweit, nutzt davon allerdings nur 30 %. Der überwiegende Teil der aus Wasserkraft gewonnenen Energie (97 %) wird in großen Wasserkraftwerken erzeugt, während die restlichen 3 % in kleinen Kraftwerken und in Kleinstkraftwerken produziert werden.

Auch wenn die Wasserkraft als umweltverträgliches Verfahren zur Stromerzeugung gilt, hat sie erhebliche negative ökologische und soziale Folgen, etwa die Überflutung fruchtbaren Landes und die

Wasserkraft

Das große Potenzial der Wasserkraft in Brasilien wird bis heute nur teilweise ausgeschöpft

Biokraftstoffe

Weiteres Wachstum der bereits sehr hohen Nachfrage durch Adaption von Autos und Maschinen erwartet

Bedarfsschwerpunkte der Technologielinien in Brasilien

Quelle: Roland Berger

Zerstörung der Flora und Fauna in dem gefluteten Gebiet. Aufgrund dieser Auswirkungen und des Mangels an Flächen, die problemlos für diesen Zweck genutzt werden können, stößt die Errichtung großer Wasserkraftwerke zunehmend auf ökologische Bedenken. Vor diesem Hintergrund wird ein signifikantes Wachstum der Wasserkraft künftig durch kleine Wasserkraftanlagen getragen werden. Gegenwärtig sind nur drei große Kraftwerke geplant, während sich mehr als 240 kleine Anlagen im Bau befinden. Brasilien hat das Potenzial, 12,3 Gigawatt in kleinen Wasserkraftwerken zu erzeugen, nutzt davon jedoch nur 23 %. Daher werden derzeit mehr als 370 Projekte von Kleinkraftwerken geprüft. Das von der brasilianischen Regierung gestartete Programm zur Beschleunigung des Wirtschaftswachstums (PAC) sieht den Bau mehrerer großer und kleiner Wasserkraftwerke bis 2011 vor, die zusammen eine Leistung von 6.450 Megawatt erbringen sollen.

Nach zwei Jahrzehnten langsamen Wachstums stieg der Ethanolverbrauch Brasiliens im Jahr 2007 auf den Rekordwert von 13 Mrd. Liter, der sich im Jahr 2008 voraussichtlich auf 22 Mrd. Liter erhöht. Aufgrund der großen Anbauflächen, der reichen Wasservorkommen, der Unterstützung durch die Regierung und der Kostenvorteile gegenüber anderen Energiequellen hat sich der Bereich **Biokraftstoffe** in Brasilien sehr positiv entwickelt. Die gestiegene Nachfrage ist zum einen auf einen höheren Absatz von Flex-Fuel-Fahrzeugen zurückzuführen; zum anderen sind die Preise für Biokraftstoffe auf ein wettbewerbsfähiges Niveau gefallen, weil die Herstellungskosten durch eine größere Effizienz in der Produktion gesunken sind. Derzeit sind 80 % der in Brasilien neu zugelassenen Fahrzeuge mit Flex-Fuel-Motoren ausgestattet, die sowohl mit Ethanol als auch mit Benzin betrieben werden können. Auf Ethanol entfallen gegenwärtig mehr als 40 % des Kraftstoffverbrauchs, und dieser Anteil dürfte in den nächsten Jahren aufgrund des hohen Ölpreises noch ansteigen. Die unzureichende Verkehrsinfrastruktur und die stärker auf soziale als auf wirtschaftliche Ziele ausgerichteten politischen Schwerpunkte könnten sich jedoch negativ auf das Wachstum dieses Sektors auswirken.

Globales Kompetenzzentrum für Wasserkraftwerke

Siemens Brasilien ist einer der wichtigsten Hersteller von Ausrüstungen für Wasserkraftwerke in Brasilien und stellt dort nicht nur Generatoren, Transformatoren und Umspannwerke her, sondern auch Anlagen für die Überwachung und Kontrolle von Kraftwerken. Die wichtigste Produktionsanlage befindet sich in São Paulo und gilt als weltweites Kompetenzzentrum. Etwa 30 % der brasilianischen Wasserkraft wird durch Anlagen bereitgestellt, die von Siemens entwickelt wurden. Für den 1997 fertiggestellten Guilman-Amorin-Damm im Bundesstaat Minas Gerais produzierte Siemens vier Generatoren mit je 35 Megawatt und drei 80-MVA-Umspannwerke. Die Realisierung dieses Projekts nahm 30 Monate in Anspruch, wobei 95 % der Ausrüstungen in Brasilien gefertigt wurden. Dies gilt als wichtige Leistung für die Wasserkrafterzeugung in Brasilien, da es dem Land die fast vollständige technologische Unabhängigkeit ermöglicht.

Für die große Bedeutung der **Biomasse** in der Energie-Wertschöpfungskette Brasiliens gibt es mehrere Gründe. Biomasse ist in Brasilien fast überall verfügbar und kann sehr preisgünstig produziert werden. Außerdem liegen die für Biomasse erforderlichen Investitionen in der Regel unter den Beträgen, die für andere Arten sauberer Energiegewinnung aufgebracht werden müssen, wie zum Beispiel Windenergie oder Geothermie. Vor diesem Hintergrund nimmt die Zahl der Kraftwerke, die Biomasse zur Stromerzeugung einsetzen, kontinuierlich zu. Gegenwärtig sind 267 Kraftwerke in Betrieb, die insgesamt 3,7 Gigawatt produzieren. Acht neue Kraftwerke werden gebaut, und 31 Lizenzen wurden bereits vergeben.

Auch wenn die Biomasse gegenwärtig nur marginal zum gesamten brasilianischen Energieaufkommen beiträgt, deuten die ökonomischen, technologischen und institutionellen Treiber auf eine Zunahme ihres Anteils hin. Brennholz ist immer noch die wichtigste Form der Biomasse in der brasilianischen Energiematrix. Bis 1950 war Brennholz die dominierende Energiequelle, und auch heute noch liegt sein Anteil an der gesamten Energieproduktion bei 12 %. Aufgrund der durch die Brennholznutzung verursachten Zerstörung der Wälder ist langfristig mit einer Reduzierung des Verbrauchs zu rechnen. Eine weitere wichtige Quelle für Biomasse ist heute Zuckerrohr, das als Rohstoff in 60 % der Biomasseprojekte eingesetzt wird und einen Energiebeitrag von bis zu 4,3 Megawatt liefert. Zur weiteren Effizienzsteigerung bei der Energieproduktion und Reduzierung der Emissionen werden gegenwärtig effektivere Umwandlungstechnologien entwickelt.

In Brasilien sind die **Investitionen in erneuerbare Energien** im Jahr 2007 hauptsächlich in den Ethanol-Sektor geflossen. Im Bereich der Anlagenfinanzierung wurden Mittel in Höhe von 4,8 Mrd. Euro bereitgestellt, was einer Zunahme um 40 % gegenüber 2006 entspricht. Damit wurden hauptsächlich Biokraftstoff-Projekte (Ethanol und Biodiesel) und kleine Wasserkraftanlagen finanziert. Fast alle Investitionen in erneuerbare Energien, die 2007 in Lateinamerika getätigt wurden, flossen nach Brasilien. Venture-Capital- bzw. Private-Equity-Investitionen in Höhe von 520 Mio. Euro bestanden fast vollständig aus Finanzierungen für die Ausweitung der Ethanolproduktion. Zu den wichtigen Transaktionen des Jahres 2007 gehörte zum Beispiel die Beschaffung von 160 Mio. Euro durch das neue Unternehmen Brenco, das namhafte Investoren für Investitionen in die brasilianische Ethanolproduktion gewinnen konnte. Im Oktober 2007 investierte Goldman Sachs 175 Mio. Euro in den Zucker- und Ethanolproduzenten Santelisa Vale, ein Unternehmen, das aus einer Fusion zwischen zwei brasilianischen Ethanolkonzernen hervorgegangen ist.

Fazit

Brasilien wird durch seine umfangreichen natürlichen Ressourcen geprägt. Die günstige geografische Lage („Sun Belt") eröffnet ein hervorragendes Potenzial für Photovoltaik und solarthermische Anlagen. Auch für Wasserkraft ergeben sich aufgrund der landschaftlichen Besonderheiten große Potenziale, die teilweise schon heute genutzt werden. Erfolgreiche deutsche Markteinsteiger verfügen über hohe Kompetenz im Bereich der Kraftwerkstechnik und erneuerbaren Energien. Sie sind Technologie-Exporteure und erschließen Märkte, die sie in Deutschland nicht oder nur bedingt vorfinden.

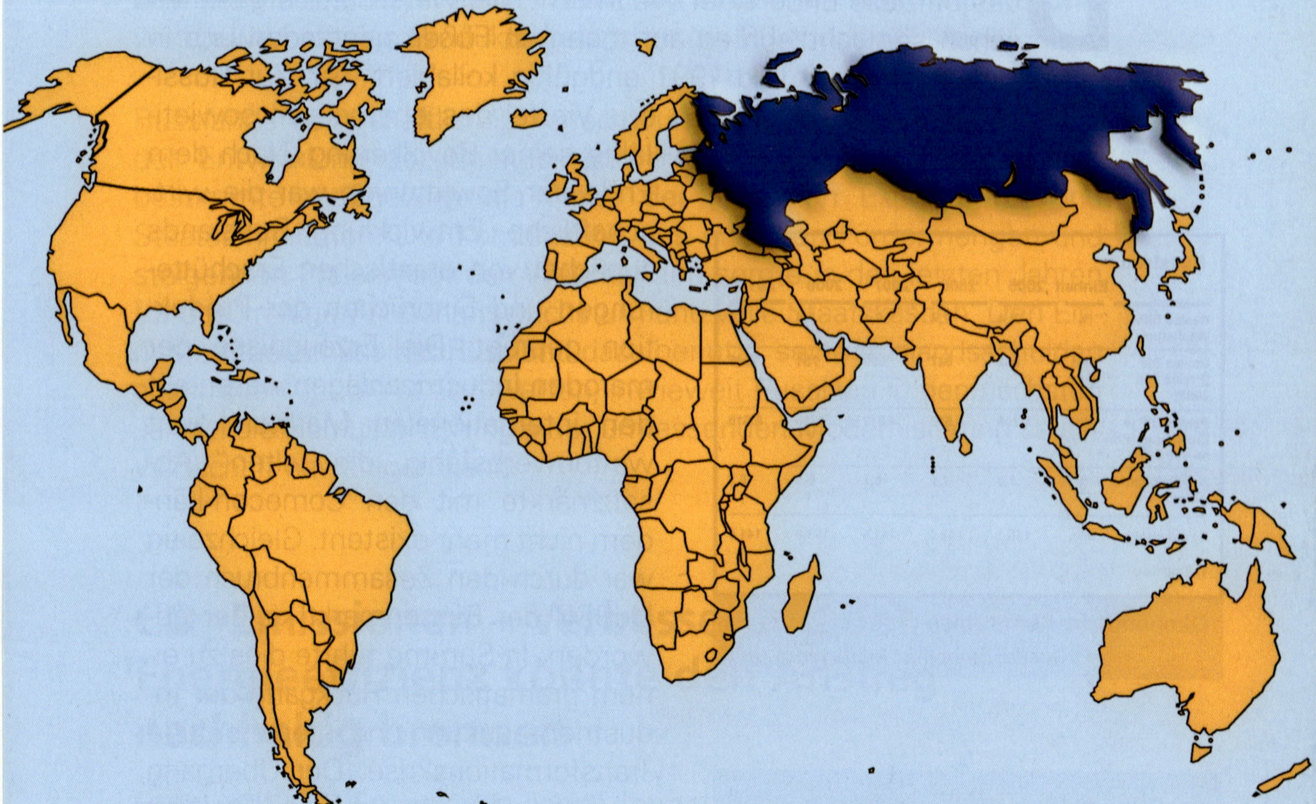

Russland

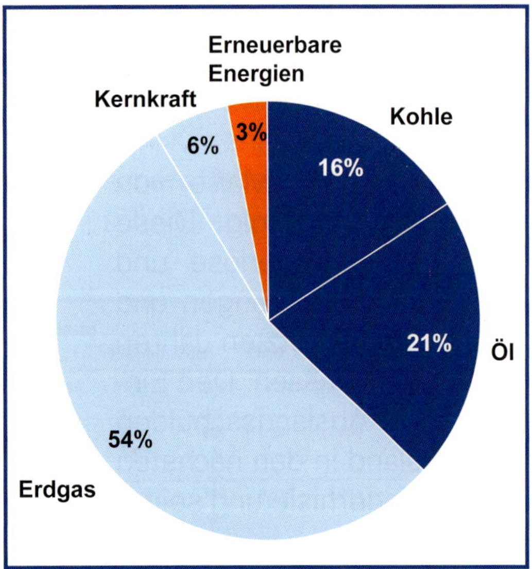

Anteil der Primärenergieträger am Primärenergieverbrauch in Russland
Quelle: BP Statistical Review of World Energy

Öl zurückgegangen. Die Energieintensität ist zwar seit 2000 deutlich gesunken, liegt aber immer noch wesentlich höher als in westlichen Industriestaaten oder im globalen Vergleich: Die Energieintensität des russischen Bruttoinlandsprodukts liegt bei 1,8 Kilowattstunden je US-Dollar, der weltweite Durchschnitt ist mit 0,9 Kilowattstunden je US-Dollar nur halb so groß. Die russische Regierung rechnet, ohne den effizienteren Einsatz von Energieträgern, bis ins Jahr 2020 mit einem Anstieg des Energieverbrauchs um 20 %. Jedoch lag die Steigerung der letzten Jahre bereits deutlich über der offiziellen Prognose. Der starke Verbrauchszuwachs führt inzwischen zu Kapazitätsengpässen. Neue Verbraucher können nur mit Mühe an das Netz angeschlossen werden, und in Großstädten wie Moskau fällt wegen der Netzüberlastung nicht selten der Strom aus.

In absoluten Zahlen ist Russland sogar der drittgrößte Energiekonsument der Welt. Der Industriesektor verbraucht mit einem Anteil von über 36 % den meisten Strom, knapp gefolgt von den Haushalten, die etwa ein weiteres Drittel konsumieren. Der Anteil der Wärmeversorgung am Primärenergieverbrauch liegt bei über 45 %. Die Ineffizienzen bei der Gewinnung, dem Transport und der Nutzung von Energie sind kolossal. So beziffert eine aktuelle Studie der Weltbank das russische Energieeinsparpotenzial mit 45 % oder 290–300 Mio. Tonnen Öleinheiten. Damit verschwendet Russland die Menge an Energie, die dem gesamten Energieverbrauch eines Jahres in Frankreich entspricht.

Russland verfügt über den größten Strommarkt in Europa und den viertgrößten weltweit. Im Fokus der nationalen Energiediskussion stand in den vergangenen Jahren vor allem die Marktliberalisierung. Erst heute, nachdem das staatliche Elektrizitätsmonopol aufgelöst wurde und die graduelle Liberalisierung des Marktes bis 2011 beschlossene Sache ist, werden die Themen Energieeffizienz und erneuerbare Energien auch in der russischen Öffentlichkeit stärker wahrgenommen. Dies ist nicht zuletzt eine Folge der Liberalisierung, weil diese zu einem erheblichen Preisanstieg für Elektrizität führt, vor allem für die privaten Verbraucher:

2008 sind die Stromkosten um 14 % gestiegen; zwischen 2009 und 2011 sollen sie jährlich um weitere 25 % angehoben werden.

Mit einem Anteil von etwa zwei Dritteln leisten Wärmekraftwerke den größten Beitrag zur Stromerzeugung, gefolgt von Wasserkraft (17,7 %) und Atomkraft (15,8 %). Der Anteil von Solar-, Windenergie und Geothermie an der Stromerzeugung ist mit unter 1 % (oder 991 Mrd. Kilowattstunden) noch sehr gering. Die einzige bisher nennenswerte regenerative Energiequelle zur Stromgewinnung ist somit die Wasserkraft, die allerdings größtenteils in ökologisch umstrittenen Großkraftwerken produziert wird.

Politische Rahmenbedingungen – Schwerpunkt liegt auf der Förderung der Energieeffizienz

Russland hat das Kyoto-Protokoll 2004 ratifiziert und damit den Weg für sein Inkrafttreten frei gemacht: Dies war nämlich erst möglich, wenn die ratifizierenden Staaten mindestens 55 % der Industrieländer-Emissionen repräsentieren. Um diese Hürde zu nehmen, mussten sich entweder Russland oder die USA zur Ratifizierung durchringen. Russland ist seit 1994 Unterzeichner der Europäischen Energiecharta. Die Duma, das russische Parlament, hat das Dokument allerdings bis heute nicht ratifiziert. Dies scheiterte an der Transit-Klausel, die ausländischen Firmen den Zugang zum russischen Pipeline-Netz ermöglicht hätte.

Die politischen Leitlinien für die aktuelle und künftige Energiepolitik werden vom russischen Energieministerium (*Minenergo*) und dem Ministerium für Industrie und Energie (*Minpromenergo*) bestimmt. Im August 2003 veröffentlichte die russische Regierung die *Nationale Energiestrategie*. Dieses Grundsatzpapier beinhaltet die energiepolitischen Pläne der Russischen Föderation bis zum Jahr 2020. Allerdings hat sich bereits gezeigt, dass die darin enthaltenen quantitativen Annahmen schnell von der Wirklichkeit überholt wurden. So sieht die Strategie beispielsweise vor, die Energieintensität Russlands bis 2010 um

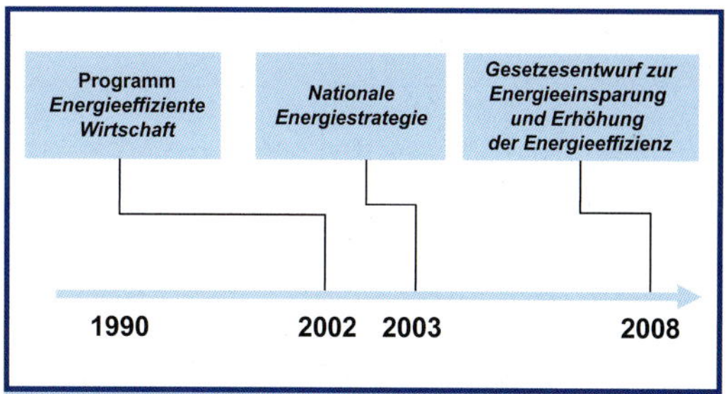

Chronologie der Initiativen der russischen Regierung zum Klimaschutz

Quelle: Roland Berger

bis zu 27 % und bis 2020 sogar um bis zu 55 % gegenüber dem Level von 2000 zu senken. Erneuerbaren Energien misst die Strategie – abgesehen von der Vorgabe, ihren Anteil bis 2010 zu verdoppeln – noch keinerlei strategische Bedeutung bei.

Neben der Nationalen Energiestrategie war für den Zeitraum von 2002 bis 2006 das Föderale Programm *Energieeffiziente Wirtschaft* maßgeblich. Darin wird das gesamte Einsparpotenzial über alle Sektoren der Wirtschaft auf 360–430 Mio. Tonnen Öleinheiten geschätzt. Das Programm wird gerade neu aufgelegt und bis zum Jahr 2015 fortgeschrieben. Das bis dahin einzusparende Potenzial wird mit 100 Mio. Tonnen Öleinheiten beziffert, die daraus resultierende Reduzierung der Energieintensität mit bis zu 12 %. Damals wie heute stehen im Fokus dieses Programms vor allem die effizientere Gewinnung und der rationelle Umgang mit Energie. Erneuerbare Energien werden nicht ausdrücklich berücksichtigt.

Fragen der Energieeffizienz gewinnen in Russland zunehmend an Bedeutung. Die gesetzlichen Energieverbrauchsnormen sollen in Zukunft verschärft und alle strombetriebenen Anlagen zertifiziert werden. Alle staatlichen Unternehmen wurden verpflichtet, künftig regelmäßige Energie-Audits durchzuführen. Im Juni 2008 warnte der russische Präsident bereits, dass die schlechte Energieeffizienz die Wettbewerbsfähigkeit des Landes gefährde. Mit seinem Erlass „Maßnahmen zur Erhöhung der energetischen Effizienz und ökologischen Effizienz der russischen Wirtschaft" forderte er die Regierung zur Ausarbeitung eines *Gesetzes zur Energieeinsparung und Erhöhung der Energieeffizienz* auf. Der Entwurf wurde Mitte Oktober 2008 der Duma vorgelegt. Er sieht neben der **Förderung von alternativen Energien** auch staatliche Finanzierungen und Subventionen für Unternehmen vor, die an der **Entwicklung und Einführung energieeffizienter Technologien** arbeiten. Bezogen auf das Jahr 2007 soll die Energieintensität der russischen Wirtschaft bis 2020 um mindestens 40 % gesenkt werden. Der Weg zu diesem Ziel ist aber noch weit. Expertenschätzungen gehen aktuell von einem Anteil der Energieeffizienztechnologien am Gesamtwert der verwendeten Technik von höchstens 0,006 % aus.

Im Gegensatz zur Energieeffizienz gibt es bis heute noch **kein föderales Gesetz zur Förderung erneuerbarer Energien**. Der erste Anlauf, ein solches Gesetz zu schaffen, wurde 1999 vom Präsidenten verhindert. Später wurde im Auftrag der Regierung durch das Ministerium für Industrie und Energie in Kooperation mit dem damaligen Monopol RAO EES Rossij ein neuer Gesetzentwurf erarbeitet, der eigentlich schon im

Herbst 2005 in die Staatsduma eingebracht werden sollte. Die Veröffentlichung des Gesetzentwurfs wurde aber immer wieder verzögert. Zuletzt hieß es, das neue Gesetz werde bis Ende 2007 im Parlament verabschiedet – doch es blieb bei dieser Ankündigung.

Eckpunkte des Entwurfs sehen eine Erhöhung des Anteils erneuerbarer Energien auf 3 % bis 2015 und 4 % bis 2020 vor. Um dieses Ziel zu erreichen, ist die Einführung einer landesweit geltenden staatlichen Einspeisevergütung im Gespräch, allerdings nur für solche Erzeuger regenerativer Energie, die in den liberalisierten Markt einspeisen (also nicht zum Eigenbedarf). Über die Höhe der Zulage wurde noch nichts bekannt. Einspeisende Erzeuger sollen jedoch ein *Grünes Zertifikat* erhalten. Dieses Zertifikat ist zum einen die Voraussetzung, um die staatliche Vergütung zu erhalten; andererseits unterwirft es die Erzeuger aber auch staatlicher Kontrolle. Beabsichtigt ist, auf Grundlage der so gewonnenen Informationen ein zentrales Kontroll- und Informationssystem über erneuerbare Energien aufzubauen. Darüber hinaus sollen Betreiber von Kleinkraftwerken erneuerbarer Energien mit einer Leistung bis 25 Megawatt gefördert werden.

Obwohl eine umfassende föderale Gesetzgebung zu erneuerbaren Energien noch fehlt, ist bereits heute eine Reihe regionaler Investitions- und Förderprogramme für die Produktion und Nutzung von Bioenergieträgern entwickelt worden – oft im Rahmen von Public-Private-Partnership-Projekten. Zudem wurde für den föderalen Regierungsbezirk Nordwest ein Programm zur Entwicklung der Bioenergetik erarbeitet.

Jedoch existiert noch keine für Gesamtrussland geltende Vergütungsregelung für erneuerbare Energien. Allerdings gibt es Ausnahmen. Eines der fortschrittlichsten Beispiele stellt die vom restlichen Landesgebiet abgetrennte Sonderwirtschaftszone Kaliningrad dar. Hier wurde bereits 2002 ein *Sondergesetz über erneuerbare Energie* verabschiedet, das mittels einer jährlich anpassbaren Einspeisevergütung eine Amortisierung der Anlagen innerhalb von zehn Jahren gewährleisten soll. Regionale Sonderregeln gibt es auch in der Region Krasnodar, wobei dort konkrete Vorgaben zur Vergütung fehlen.

Förderung und vergünstigte Kredite werden derzeit noch hauptsächlich von internationalen Institutionen angeboten. Unterstützung für die Entwicklung erneuerbarer Energien erhält Russland zum Beispiel durch den Globalen Umweltfonds der Weltbank. Diese koordiniert mit ihrem Dachprogramm *Russia – Renewable Energy Project (RREP)* ver-

Ökologie in Russland – Grünes Licht am Horizont?

Traditionell spielte die Ökologie in der russischen Politik und Gesellschaft kaum eine Rolle: Die sozialistische Planwirtschaft ging rücksichtslos mit der Umwelt um und richtete viel Schaden an; die Altlasten sind noch heute ein schweres Erbe für die Nachfolgestaaten der UdSSR. Der Überfluss an Erdöl- und Erdgasvorräten trug dazu bei, dass das Bewusstsein für einen schonenden Umgang mit natürlichen Ressourcen lange Jahre nur gering ausgeprägt war. Es gab keinerlei Anreize Energie zu sparen – weder für Endverbraucher, die lediglich eine kleine Pauschale für Elektrizität und warmes Wasser zahlen mussten, noch für die Industriekombinate. Umweltschutz galt vielen Russen als eine Erfindung aus dem Westen, die mit ihrem Land nichts zu tun hat.

Es mehren sich die Zeichen, dass sich diese Einstellung verändert, sowohl in der Bevölkerung als auch auf Seiten der Politik: So hat in einer Umfrage des großen russischen Meinungsforschungsinstituts Romir etwa die Hälfte der Befragten ihre Bereitschaft bekundet, für „grünen Strom" mehr zu bezahlen. Die Stadtregierung von Moskau hat in einer Plakataktion mit verschiedenen Slogans zu umweltschonendem Verhalten aufgerufen (Beispiel: „Wenn du Treibstoff sparst, schonst du die Umwelt"). Und die erneuerbaren Energien treten aus ihrem bisherigen Schattendasein ins Licht der politischen Bühne: Im Oktober 2008 fand im Moskau die Konferenz *Alternative Energiequellen für große Städte* statt, an der zahlreiche Wissenschaftler und Manager teilnahmen.

schiedene nationale und internationale Projekte, die günstige Kredite zur Verfügung stellen. Für Russland sollen so 70–90 Mio. US-Dollar pro Jahr von der Weltbank, der russischen Regierung und der Wirtschaft bereitgestellt werden.

Eine zweite Unterstützungslinie seitens der Weltbank wird durch die *International Finance Corporation (IFC)* vertreten, in der Russland seit 1993 Mitglied und Anteilseigner ist. Die IFC fördert nachhaltiges Wirtschaftswachstum in Transformations- und Entwicklungsländern durch die Finanzierung von Restrukturierungs- und Entwicklungsprojekten im Bereich der Privatwirtschaft sowie durch die Beratung von Unternehmen und staatlichen Institutionen. Lag der Fokus der unterstützten Projekte im Bereich der Umwelttechnik bisher vor allem auf Energieeinsparung und Effizienzverbesserungen, sieht die IFC ihre Verantwortung zunehmend auch im Bereich erneuerbarer Energien.

Als in Russland überaus aktiver internationaler Kreditgeber ist auch die *Europäische Entwicklungsbank (EBRD)* zu nennen, die im Bereich der erneuerbaren Energien vor allem Windkraftprojekte finanziert. Sie förderte Projekte in der Region Kaliningrad und 2002 einen 2,5-Megawatt-Park auf der Halbinsel Tschukotka. 1997 vergab sie einen Kredit von 100 Mio. US-Dollar für das 50-Megawatt-Geothermiekraftwerk in Mutnowskij auf der Halbinsel Kamtschatka. 2006 hat die EBRD ihr Förderprogramm für Energieeffizienz noch einmal deutlich ausgeweitet. Unter anderem hat sie die Modernisierung der Wolga-Kama-Kaskade mit einem Kredit in Höhe von 185 Mio. Euro unterstützt: Mit einer Gesamtleistung von 12 Gigawatt gehören die Wasserkraftwerke bzw. Stauseen der Wolga und ihres Nebenflusses Kama zu den größten Erzeugern von Hydro-Energie in der Russischen Föderation.

Unternehmen und Technologien – Entwicklung steht noch am Anfang

Trotz der enormen Potenziale sowohl bei der Einsparung als auch der Erzeugung von Energie spielen Umwelttechnologien im heutigen Russland noch immer eine untergeordnete Rolle. Durch Rohstoffreichtum, subventionierte Energiepreise, fehlende Gesetze und unzureichenden politischen Willen ist der größte Flächenstaat der Welt im Bereich der nachhaltigen Energiewirtschaft international ein Zwerg geblieben. Dennoch gingen die globalen Entwicklungen nicht spurlos an dem Land vorbei. Die Themen Umweltschutz und Energieeffizienz werden in der Öffentlichkeit stärker wahrgenommen und treten aus dem Schattendasein heraus, das sie bisher in Politik und Wirtschaft gefristet haben. So konnten sich in Russland die für das Land wohl aussichtsreichsten Branchen – **Dämmung**, **Geothermie** und **Photovoltaik** – in Ansätzen bereits entwickeln.

Russland ist ein Netto-Importeur von **Dämmstoffen**. Allerdings verfügt das Land über Produktionskapazitäten, die – abhängig vom Material – bis zu 95 % der heimischen Nachfrage decken könnten, würde nicht gleichzeitig Dämmmaterial ins umliegende Ausland exportiert. Die russische Inlandsproduktion hat einen geschätzten Weltmarktanteil von 3–4 %. Derzeit produzieren etwa 60 Fabriken in Russland Dämmstoffe für die Bauindustrie. Die größten Hersteller sind Tochtergesellschaften internationaler Konzerne wie Ursa Ewrasija (Uralita), Rockwool Russia, Saint-Gobain Rus oder Knauf Insu-

Wärmedämmung
Subventionierte Energiepreise ließen bisher eine Entwicklung russischer Unternehmen in diesem Bereich nur bedingt zu. Steigende Inlandsnachfrage kann nur durch Importe befriedigt werden

Geothermie
Erneuerbare Energien spielen bisher nur eine untergeordnete Rolle. Einheimische Unternehmen bedienen derzeit nur die schwache Inlandsnachfrage

Produktionsschwerpunkte der Technologielinien in Russland
Quelle: Roland Berger

1992 in Moskau gegründete Bau- und Entwicklungsgesellschaft – baut derzeit für 250 Mio. Euro in Krasnodar ein Forschungszentrum sowie eine Produktionshalle für Module zur photovoltaischen Stromerzeugung. Konti arbeitet bei dem Projekt mit den etablierten Unternehmen „Sonnenwind“ und Kwark zusammen. Die Geschäftsführung möchte die Produktion 2012 aufnehmen.

Größtes Hindernis für die Entwicklung der Photovoltaik-Branche in Russland ist die fehlende Industriebasis für die Herstellung von preiswertem Silizium. Um die Kosten zu senken, müssten die Produktionsmengen von Silizium um ein Vielfaches erhöht werden. Die Ausgangsbedingungen dafür sind gut. Russland verfügt über reichhaltige Lagerstätten an hochreinem Quarz und Graphit.

Nachfrage und Investitionen – Enormer Bedarf eröffnet ausländischen Unternehmen gute Chancen

Die russische Binnennachfrage nach Energieeffizienztechnologien oder erneuerbaren Energien wächst, inzwischen sogar oft deutlich schneller als das Angebot. Dennoch steht die Entwicklung erst ganz am Anfang. Ausländische Anbieter entsprechender Technologien haben beste Chancen, schon heute – also noch vor der erwarteten Verabschiedung einer gesamtstaatlichen Förderung – erfolgreich in den russischen Markt einzusteigen. Dies gilt vor allem in den Bereichen **Dämmung** und **Heiztechnik, energieeffiziente Weiße Ware, Windenergie** und **Biokraftstoffe.**

Wärmedämmung
Sehr großes Potenzial im Bereich der Energieeinsparung im Wohnungswesen

Energieeffiziente Weiße Ware
Liberalisierung der Strommarktes könnte mittelfristig zu steigender Nachfrage nach effizienten Haushaltsgeräten führen

Bedarfsschwerpunkte der Technologielinien in Russland

Quelle: Roland Berger

Die Bauwirtschaft in Russland wird auch in den nächsten Jahren hohe Wachstumsraten verzeichnen können. Jährlich kommen rund 50 Mio. Quadratmeter neue Wohnfläche hinzu. Nach Einschätzungen russischer Politiker liegt der tatsächliche Bedarf noch höher: Mittelfristig braucht das Land einen Zuwachs von mindestens 100 bis 150 Mio. Quadratmetern jährlich. Als Motor für die Branchen **Dämmung und Heiztechnik** werden sich die Energieeinsparmöglichkeiten im Wohnungswesen Russlands auswirken, die angesichts der klimatischen Verhältnisse und der Altersstruktur des Gebäudeparks gigantisch sind. Die Hälfte des gesamten Wohnungsbestandes von 3 Mrd. Quadratmetern muss saniert werden. Etwa 100 Mio. Quadratmeter gelten als abbruchreif. Zudem steigen die Heizkosten auch in Russland in bisher unbekannter Dynamik. Der Bedarf an energetischer Gebäudesanierung ist deshalb enorm, da andernfalls die Verbraucher bei stetig steigenden Energiepreisen die Betriebskosten nicht mehr aufbringen können. Entsprechend dynamisch wächst Russlands Markt für Dämmstoffe derzeit zwischen 20 und 30 % pro Jahr; Branchenkenner erwarten, dass er bis 2017 von derzeit rund 500 Mio. Euro auf 1,2 Mrd. Euro anwachsen wird.

Die Weltbank sieht die Hälfte des gesamten energetischen Einsparpotenzials bei den Haushalten, insbesondere bei deren Beheizung. In den kommenden Jahren müssten in Russland in Wohnhäusern und Industriegebäuden die veralteten Heizanlagen gegen zeitgemäße ausgetauscht werden. Positiv wirkt sich dabei die Reform der kommunalen Wohnungswirtschaft aus. Im Land aktive deutsche Heizungstechnik-Hersteller konnten bereits 2006 und 2007 Zuwachsraten von bis zu 70 % gegenüber dem Vorjahr verzeichnen. Insgesamt wächst hier der Markt mit 10–15 % jährlich.

Schweizer Know-how für russische Solarbatterien

Die Oerlikon Corporation AG will das Potenzial der Photovoltaik-Branche in Russland nutzen: Im Oktober 2008 hat das Schweizer Unternehmen eine Kooperationsvereinbarung mit *Rosnano* unterzeichnet, die in der Rechtsform einer staatlichen Körperschaft Russlands Aktivitäten in der Nanotechnologie bündeln und forcieren soll. Schwerpunkte der Zusammenarbeit zwischen Oerlikon und *Rosnano* sind die Bereiche dünnhäutige Nanobeschichtungen und Solarenergie. Der Schweizer Technologiekonzern plant die Entwicklung und Produktion von Solarbatterien mit Nanobeschichtungen in Russland. Dabei ergeben sich Synergien mit der russischen Investment-Gesellschaft Renova, die als strategischer Investor 39 % der Oerlikon-Aktien hält. Renova besitzt bereits ein Werk zur Silizium-Herstellung im Gebiet Nowosibirsk mit einer Kapazität von 5.000 Tonnen pro Jahr. Eine weitere Silizium-Fabrik mit einem Investitionsvolumen von 640 Mio. Euro wird derzeit gebaut, die Produktion soll im Sommer 2009 anlaufen. Laut Renova werden die Selbstkosten für die Siliziumproduktion zu den weltweit niedrigsten gehören.

Weiße Ware ist bereits seit Jahren ein rasant wachsender Markt in Russland. Die hohen Zuwachsraten der vergangenen Jahre werden zwar in Zukunft nicht mehr erreicht werden, dennoch ist der Markt

FCKW-freie Kältetechnik aus Sankt Petersburg

Im Gewerbegebiet „Neudorf Strelna" am Stadtrand von Sankt Petersburg hat die BSH Bosch und Siemens Hausgeräte GmbH im Juli 2007 eine neue Kältefabrik eröffnet. Das Investitionsvolumen belief sich auf rund 50 Mio. Euro. Die BSH, die zu den weltweit führenden Hausgeräteherstellern gehört, ist bereits seit 1994 mit einer Gesellschaft in Russland vertreten. Das Geschäft in diesem Land entwickelte sich sehr positiv und konnte eine zweistellige Umsatzsteigerung vorweisen. Etwa 500 Mitarbeiter produzieren in dem Werk Kühl-Gefrierkombinationen für den russischen und osteuropäischen Markt. Hier werden die ersten komplett FCKW- und FKW-freien Kältegeräte auf dem russischen Markt gefertigt. Ein zweites Werk in Sankt Petersburg ist bereits in Planung: 2009 soll die Waschmaschinenproduktion anlaufen.

schon heute beachtlich: Branchenbeobachter nennen Zahlen zwischen 3 und 4 Mrd. Euro (zum Vergleich: das entspricht dem aktuellen Marktvolumen in China). Angesichts der früher relativ günstigen Strompreise spielten Energieverbrauch bzw. die Energieeffizienz der Geräte bei der Kaufentscheidung für russische Konsumenten eine untergeordnete Rolle. Dies wird sich wohl ändern, wenn die Strompreise wie prognostiziert im Zuge der Liberalisierung des Strommarktes in den nächsten Jahren dramatisch steigen. Experten rechnen damit, dass sich Russland mittelfristig zum größten Markt für Hausgeräte in Europa entwickeln wird – dementsprechend wird auch die Nachfrage nach energieeffizienter Weiße Ware steigen. Von diesem Trend wollen auch deutsche Hersteller profitieren.

Bis heute sind weniger als ein Dutzend **Windparks** mit einer Gesamtkapazität von nur 30 Megawatt in Betrieb genommen worden. Das ist etwa 770-mal weniger als in Deutschland und rund 200-mal weniger als in China. Allerdings beginnt sich die Entwicklung auch in Russland zu beschleunigen. Derzeit sind etwa ein Dutzend Projekte in Planung, die den Abstand Russlands zur Windenergiekapazität in anderen Ländern deutlich verringern werden. An den meisten dieser Projekte sind Firmen aus Deutschland, Dänemark, den Niederlanden, Norwegen oder Tschechien beteiligt – entweder als Berater oder bei der Ausführung. So haben zum Beispiel die Regierung im Gebiet Murmansk und die holländische Windlife Energy eine Absichtserklärung zur Gründung eines Joint Ventures unterzeichnet. Windlife Energy plant, auf der Kola-Halbinsel einen Windpark mit 200 Megawatt zu bauen.

Bemerkenswert ist auch ein Offshore-Projekt im Finnischen Meerbusen. Das St. Petersburger Unternehmen Elektrosfera will dort einen Windpark mit einer Kapazität von 100 Megawatt errichten; die Kosten

Lebendige bilaterale Umweltpolitik: Intensiver Austausch auf allen Ebenen

Es gibt eine Reihe von Institutionen, die die deutsch-russische Kooperation bei der Energieeffizienz und dem Einsatz regenerativer Energien unterstützen: Mit dem *energieforum.ru* hat die Deutsche Energie-Agentur (dena) ein zweisprachiges Informationsportal mit dem Fokus auf Energieeffizienz und Nutzung erneuerbarer Energiequellen in Deutschland und Russland geschaffen. Mit diesem Angebot will die dena Anwender, Hersteller und Anbieter in den beiden Ländern besser vernetzen.

Die Deutsch-Russische Außenhandelskammer hat im Juli 2008 die *Arbeitsgruppe Energie und Energieeffizienz* gegründet. Sie versteht sich als Informationsplattform für Mitglieder und hat sich vorgenommen, den Technologietransfer zu fördern.

Im Oktober 2008 fand in Moskau das erste deutsch-russische Umweltforum statt. Unter anderem wurde die engere Zusammenarbeit von Universitäten in der Umwelt- und Energieeffizienzforschung vereinbart. Außerdem wurden Pläne für den Ausbau der Modellregion Jaroslawl konkretisiert. Dort soll der Energieverbrauch um die Hälfte reduziert werden, zum Beispiel durch eine verbesserte Isolierung von Wohn- und Geschäftshäusern sowie den Aufbau eines geschlossenen Heizweges mit dezentraler Wärmeproduktion.

sollen sich auf 240 Mio. Euro belaufen. Dazu sollen in den nächsten drei bis vier Jahren 33 Windräder mit einer Höhe von 80 bis 100 Metern im Wasser aufgestellt werden. So könnten pro Jahr 500 Mio. Kilowattstunden Strom erzeugt werden. Die Windräder sollen von der finnischen Firma Win Wind geliefert werden.

Der russische Markt für **Biokraftstoffe** gewinnt gerade an Fahrt. Bereits 2007 hatte das russische Landwirtschaftsministerium angekündigt, mittelfristig Biokraftstoffe nach Europa exportieren zu wollen. Im Vorfeld hat das russische Kabinett ein Rahmenkonzept für ein staatliches Programm zur Förderung der Biokraftstoffproduktion bis 2010 verabschiedet, das unter anderem den Bau von 30 Bioethanol-Fabriken vorsieht. Derzeit liegen etwa 20 Mio. Hektar ertragreiches Ackerland brach, das für den Anbau von Energiekulturen (Raps, Getreide, Mais etc.) genutzt werden könnte. Russland wäre laut seines Landwirtschaftsministers in der Lage, die Rapsanbaufläche bis 2010 auf bis zu 10 Mio. Hektar auszudehnen.

Die Produktion von Bioethanol für den russischen Markt wird noch durch hohe Verbrauchssteuern beschränkt. Der Export der Produktion ist bisher der einzige Weg, die Steuer zu umgehen. Beobachter erwarten jedoch eine baldige Gesetzesänderung, denn die Regierung hat die Nutzung von Biokraftstoffen im Inland zu einer Angelegenheit von strategischer Bedeutung erklärt. Fachleute beziffern das Potenzial des Binnenmarktes auf 650.000 Tonnen jährlich. Die Chancen für ausländische Anlagenbauer werden als beträchtlich eingeschätzt. Allerdings wird ein solcher Markt nur langsam entstehen. Die besten Perspektiven für den Absatz russischen Bioethanols bestehen aktuell auf dem EU-Markt und in Japan. Größtes Hindernis sind allerdings die von der EU erhobenen Zölle, weshalb Lieferungen nach Westeuropa derzeit nur wenig profitabel sind. Beobachter gehen jedoch davon aus, dass die russische Regierung die Problematik im Rahmen der bevorstehenden Verhandlungen zum neuen Partnerschaftsabkommen mit der EU thematisieren wird.

Fazit

Russland stellt derzeitig auf dem Weltmarkt für Umwelttechnik weder im Bereich der Nachfrage noch beim Angebot einen Player mit Marktmacht dar. Dennoch werden, wenn es nach dem Willen der Zentralregierung geht, große Anstrengungen zur Verbesserung der Energieeffizienz unternommen werden. Ohne ausländische Expertise und Technologien wird das nicht gehen. Aus Sicht der russischen Führung stehen deutsche Unternehmen ganz oben auf der Liste der Wunschpartner. Erfolgreiche deutsche Markteinsteiger sind Marktentwickler und besitzen ein umfangreiches wertschöpfungsketten-übergreifendes Netzwerk. Sie sind langfristig orientiert und besitzen bestenfalls bereits Erfahrung in Märkten, die sich in einem frühen Entwicklungsstadium befinden.

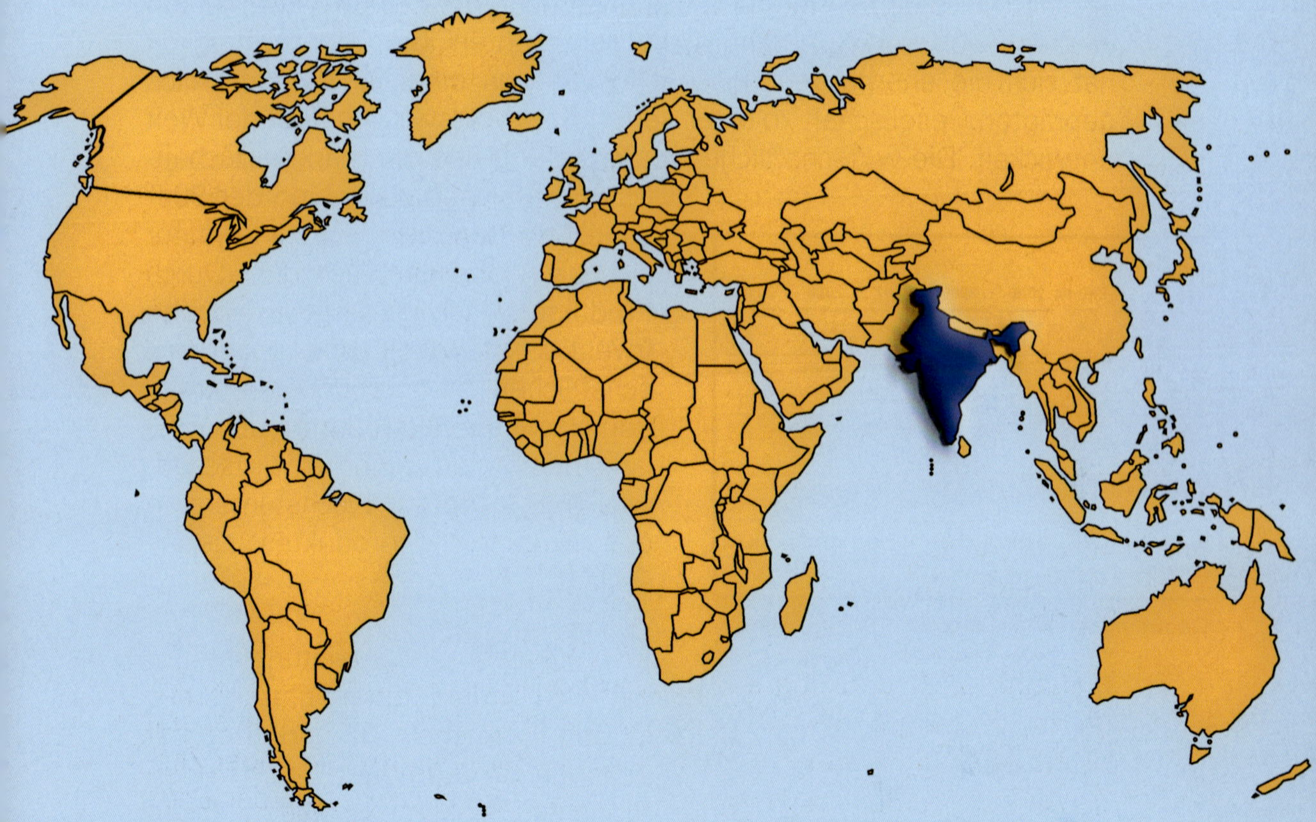

Indien

Indien ist eine unabhängige demokratische Republik mit mehr als einer Milliarde Einwohnern, das entspricht etwa einem Sechstel der Weltbevölkerung. In den sechs Jahrzehnten ihrer Unabhängigkeit hat sich die ehemalige britische Kolonie von einer landwirtschaftlich geprägten Gesellschaft zu einer der größten Volkswirtschaften der Welt entwickelt. Die wirtschaftliche Liberalisierung und die marktwirtschaftlichen Reformen zu Beginn der 90er Jahre wirkten wie ein Katalysator auf das Wirtschaftswachstum. Durch Produktivitätssteigerungen, lebhafte Investitionstätigkeit des privatwirtschaftlichen Sektors und der kräftigen Nachfrage aus dem In- und Ausland boomt die indische Wirtschaft, was sich in hohen Wachstumsraten des Bruttoinlandsproduktes niederschlägt.

Indien

	Einheit	2005	2006	2007	2008	2010[1)]
Reales BIP-Wachstum	%	9,2	9,7	8,7	7,6	7,4
Reales BIP [Preise von 2005]	Mrd. Euro	637	699	762	818	939
Reales BIP je Einwohner [Preise von 2005]	Euro	590	638	686	727	813
Arbeitslosenquote	%	8,1	7,6	7,2	6,8	6,4
Bevölkerung	Mio.	1.080,3	1.095,4	1.110,4	1.125,4	1.155,0

1) Prognose

Ökonomische Kennzahlen

Quelle: Economist Intelligence Unit

Auf einen Blick

Indien ist **fünftgrößter Verbraucher von Primärenergie** und **drittgrößter CO_2-Emittent weltweit.**

Bisher ist **umweltorientiertes Denken eher wenig** in der **indischen Gesellschaft verankert**. Mittelfristig könnte sich dies durch diverse **politische Initiativen und aufgrund von Versorgungsproblemen** ändern.

Angebotsseitig ist Indien einer der führenden **Windkrafthersteller** weltweit. Weitere Aktivitäten mit hohem Potenzial liegen in den Bereichen **Solarenergie, effiziente IT und Wasserkraft**.

Nachfrageseitig werden vor allem **regenerative Energien** an Bedeutung gewinnen. Das steigende Volkseinkommen führt langfristig auch zu einer gesteigerten Nachfrage nach **energieeffizienter Weißer Ware, Dämmung und Heiz-/Klimatechnik.**

Im globalen Dienstleistungssektor hat sich Indien eine Führungsrolle in den Bereichen IT- und Prozess-Outsourcing erarbeitet. Auch in den Branchen Telekommunikation, Eisen und Stahl sowie Pharma hat sich das Land zum Global Player entwickelt. Indische Konzerne gehen weltweit auf Einkaufstour – 2005 gaben sie 12 Mrd. US-Dollar aus, um weltweit Firmen aufzukaufen – und verstärken ihre Auslandsinvestitionen. Ein prominentes Beispiel dafür ist Tata Motors: Der Konzern übernahm im März 2008 die britischen Autohersteller Jaguar und Land Rover.

Der Wirtschaftsboom ist jedoch nur eine Seite der indischen Realität: den blühenden Oasen der Dienstleistungszentren stehen stark zurückgebliebene landwirtschaftliche Regionen gegenüber. Zwar profitieren immer mehr Menschen von der wirtschaftliche Entwicklung, aber längst nicht alle Teile der indischen Bevölkerung bekommen den steigenden Wohlstand zu spüren: Unterernährung und Analphabetismus sind nach wie vor drängende Probleme der gesellschaftlichen Entwicklung Indiens.

Bei einer durchschnittlichen jährlichen Wachstumsrate von über 8 % seit 2001 verzeichnet die indische Wirtschaft das zweitgrößte Wachstum weltweit. Angesichts dieser Entwicklung wird die Energienachfrage des Landes zukünftig voraussichtlich um circa 3,6 % pro Jahr wachsen. Um diesen Bedarf zu befriedigen, wird Indien bis 2030 über eine Billion US-Dollar in die Infrastruktur seiner Energiewirtschaft investieren. Ein erheblicher Teil dieser Mittel dürfte zwar in den Ausbau konventioneller Energiequellen fließen, aber auch alternative Energiequellen werden wohl erheblich ausgebaut.

CO_2-Emissionen – Zunahme durch wachsenden Energiebedarf zu erwarten

In Indien wurden 2007 etwa 7 % mehr Strom erzeugt als im Vorjahr. Hand in Hand mit diesem Anstieg ging eine Erhöhung des CO_2-Ausstoßes, der ebenfalls um 7 % zugelegt hat. Der Primärenergieverbrauch in Indien lag 2007 bei circa 416 Mio. Tonnen Öleinheiten, das entsprach einem Anteil von 3,5 % am weltweiten Verbrauch. Ohne einen effizienteren Einsatz der Ressourcen wird der Energiebedarf des Landes in Zukunft noch zunehmen: Mit einer prognostizierten jährlichen Wachstumsrate von 3,2 % wird Indien bis zum Jahr 2030 seinen Verbrauch von Primärenergieträgern nahezu verdoppeln.

Mit einem Ausstoß von 2,47 Mrd. Tonnen CO_2 verursachte Indien 2007 knapp 8 % der globalen CO_2-Emissionen; damit steht das Land auf Platz drei der Liste der größten CO_2-Emittenten der Welt. Noch ist es Indien nicht gelungen, sein Wirtschaftswachstum vom Anstieg des CO_2-Ausstoßes zu entkoppeln. Im Durchschnitt der letzten zehn Jahre ist das Bruttoinlandsprodukt real um 7,5 % gewachsen, die jahresdurchschnittliche Steigerung des CO_2-Ausstoßes in diesem Zeitraum bezifferte sich auf 3,6 %.

Der Vergleich des Pro-Kopf-Ausstoßes von CO_2 zwischen Indien und Deutschland zeigt, dass derzeit noch ein erheblicher Abstand zwischen den Werten beider Länder liegt (siehe Abbildung Seite 382). Allerdings entwickeln sich die Trends in beiden Ländern gegenläufig: In Deutsch-

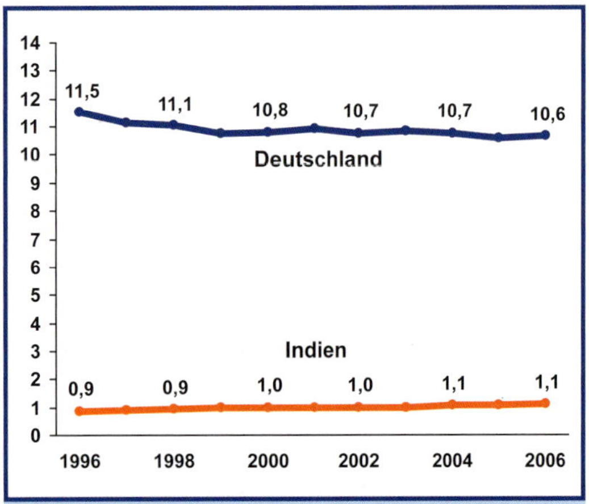

CO_2-Ausstoß pro Kopf [Tonnen pro Jahr]
Quelle: Roland Berger, Economist Intelligence Unit

land ist der Pro-Kopf-Ausstoß seit 1996 um fast eine Tonne gesunken, in Indien dagegen war im selben Zeitraum ein Anstieg um 0,3 Tonnen zu verzeichnen.

Bezogen auf die absoluten Zahlen haben die CO_2-Emissionen Indiens im Jahr 2006 um etwa 5,2 % zugenommen. Als positive Entwicklung kann jedoch die Abnahme der CO_2-Intensität der Energieproduktion interpretiert werden: Der durchschnittliche CO_2-Ausstoß pro Megawatt erzeugter Energie ist nämlich von 2002 bis 2007 um circa 6 % zurückgegangen. Diese Emissionsquote könnte durch den Ausbau erneuerbarer Energien und einer Erhöhung der Energieeffizienz in den nächsten Jahren weiter deutlich gesenkt werden.

Anhand der Entwicklung von September 2007 bis September 2008 lässt sich das Wachstum der Stromproduktion in Indien illustrieren. Die erzeugte Menge hat sich von 135,8 Gigawatt auf 145,5 Gigawatt erhöht, das entspricht einem Plus von 7 %. Im aktuellen Fünfjahresplan will die Regierung die Kapazität der Stromproduktion bis 2012 auf 240 Gigawatt erhöhen. Für die kräftige Zunahme des Stromverbrauchs sorgt der wachsende Bedarf der Industrie sowie in Wohn- und Gewerbeimmobilien.

Indien deckt derzeit den größten Teil seines Strombedarfs aus konventionellen Energiequellen wie Kohle, Gas und Diesel. Dabei spielt die Kohle mit einem Anteil von 53 % eindeutig die dominierende Rolle in der Stromerzeugung. Im Bereich der erneuerbaren Energien macht die Wasserkraft den Löwenanteil aus. Im globalen Vergleich schneidet Indien beim Einsatz regenerativer Energien zur Stromerzeugung gut ab: Das Land verfügte 2007 über die fünftgrößte installierte Kapazität für die Stromerzeugung aus erneuerbaren Energien weltweit. Betrachtet man allerdings den nationalen Energiemix (siehe Abbildung Seite 383, wird dieses Bild etwas relativiert: Hier entfallen auf erneuerbare Energieträger (einschließlich großer Wasserkraftwerke) 33 % der gesamten Stromproduktion. Aufgrund des Übergewichts der fossilen Energiequellen ist der größte Teil des in Indien produzierten Stroms mit erheblichen CO_2-Emissionen verbunden ist.

Durch seinen Status als Schwellenland ist Indien nach dem Kyoto-Protokoll nicht zu einer Reduktion seines CO_2-Ausstoßes verpflichtet. Dennoch hat die indische Regierung Maßnahmen für den Klimaschutz ergriffen, denn mehr und mehr wächst in dem Land das Bewusstsein für die Gefahren des Klimawandels – nicht zuletzt deshalb, weil Indien in besonderem Maße von den Auswirkungen betroffen wäre: Die Schmelze der Himalaya-Gletscher bedroht die Wasserversorgung, was dramatische Folgen für die Landwirtschaft in Nordindien nach sich ziehen würde. Die indische Regierung kündigte an, dass sie ihre Verantwortung für den Schutz der Umwelt künftig stärker wahrnehmen will. In Folge staatlicher Initiativen ist die durchschnittliche CO_2-Quote von 0,85 Tonnen pro Megawattstunde im Jahr 2003 auf 0,80 Tonnen pro Megawattstunde 2007 gesunken. Angesichts der Luftverschmutzung in einigen Regionen Indiens wächst der Druck, Gegenmaßnahmen zu ergreifen: Die größte Verschmutzung entsteht in den Ballungsräumen im Norden des Landes, in Neu-Delhi und den angrenzenden Bundesstaaten sowie an der Westküste zwischen dem Großraum Mumbai und der Grenze zu Pakistan.

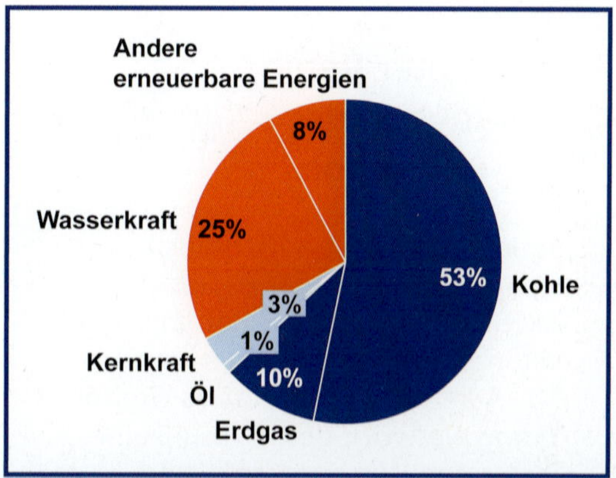

Anteil der Primärenergieträger an der Stromerzeugung in Indien

Quelle: CEA

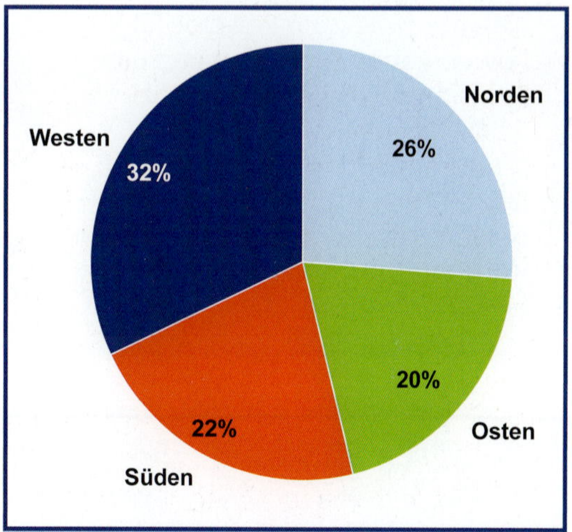

CO_2-Emissionen in Indien nach Regionen

Quelle: CEA

Politische Rahmenbedingungen – Zahlreiche Initiativen sollen CO_2-Ausstoß begrenzen

Als Schwellenland ist Indien bislang keine international bindenden Verpflichtungen zur Reduzierung des CO_2-Ausstoßes eingegangen – was aber keineswegs bedeutet, dass das Land dem Anstieg seiner Treibhausgasemissionen tatenlos zusieht. In den letzten zehn Jahren wurde eine ganze Reihe von Aktivitäten gestartet, um hier gegenzusteuern.

2001 hat das indische Parlament ein *Gesetz zur Förderung der effizienten Energienutzung* erlassen (*Energy Conservation Act*). Im Rahmen dieses Gesetzes werden Branchen und **Unternehmen mit hohem Energiebedarf identifiziert**. Diese müssen sich von einem **zertifizierten Energieberater prüfen lassen** und einen Energiebeauftragten in ihrem Unternehmen bestellen.

Im Juni 2008 hat die indische Regierung den *National Action Plan on Climate Change (NAPCC)* veröffentlicht. Er enthält acht „national missions" mit einer Laufzeit bis 2017. Schwerpunkte sind die **Steigerung der Energieeffizienz** sowie der **Ausbau der erneuerbaren Energien bei der Stromversorgung**. Bereits bis 2012 sollen durch verschiedene Projekte 10.000 Megawatt Energie eingespart werden.

Zu den weiteren Initiativen zählt das *Energiespar-Programm IIPEC* der indischen Behörde für Energieeffizienz (*Bureau of Energy Efficiency – BEE*). Hier wurden für sieben Segmente mit sehr hohem Energieverbrauch (Aluminium, Zement, Papier, Textilien, Düngemittel, Chlor-Alkali und Petrochemie) Task Forces eingesetzt, die die **Energieeffizienz fördern sollen.**

In privater Regie: Initiativen zur CO_2-Reduktion

Neben dem Staat haben auch Nichtregierungsorganisationen (NGOs) und Unternehmen in Indien Maßnahmen zur Reduzierung des CO_2-Ausstoßes initiiert. Das *Green Rating Network* des in Neu-Delhi ansässigen Wissenschafts- und Umweltzentrums (CSE) verfolgt die Effekte der Industrialisierung auf die Umwelt und identifiziert Möglichkeiten, negative Effekte zu minimieren. Auch private Anbieter, wie zum Beispiel Tata Power, haben Maßnahmen zum Emissionsabbau ergriffen. Das 4.000-Megawatt-Kraftwerk in Mundra im Bundesstaat Gujarat, dessen Fertigstellung für 2012 geplant ist, soll einen thermischen Wirkungsgrad von mehr als 41 % erreichen.

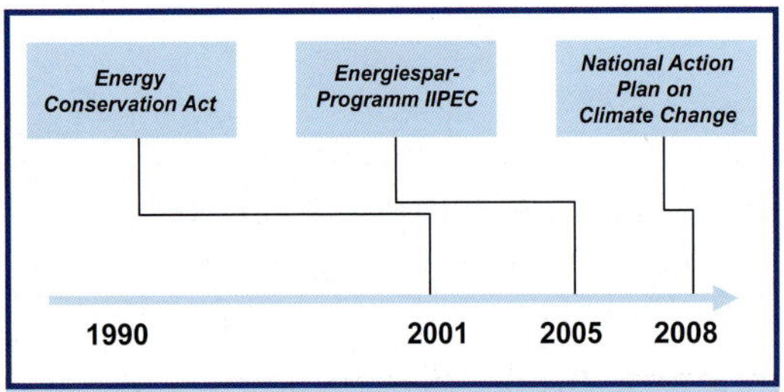

Chronologie der Initiativen der indischen Regierung zum Klimaschutz

Quelle: Roland Berger

Die Regulierung der Umwelttechnologie-Branche obliegt in Indien folgenden Behörden:

- Ministerium für Neue und Erneuerbare Energien (Ministry of New and Renewable Energy), zuständig für die Entwicklung des Sektors für erneuerbaren Energien,
- Behörde für Energieeffizienz (Bureau of Energy Efficiency – BEE), befasst sich mit der Entwicklung der effizienten Nutzung und Einsparung von Energie,
- Ministerium für Umwelt und Forstwirtschaft (Ministry of Environment and Forests), zuständig für die Planung, Unterstützung und Aufsicht der Durchführung von Projekten zum Schutz der Umwelt und Forste,
- Indischer Green Building Council (Indian Green Building Council – IGBC), setzt sich für die Entwicklung nachhaltiger Bauweisen und Ressourcen schonender Immobilien in Indien ein. Die Organisation vergibt LEED-INDIA-Zertifizierungen für leistungsfähige Gewerbeimmobilien, die den Prinzipien der Nachhaltigkeit entsprechen,
- Energieministerium (Ministry of Power), befasst sich mit der Planung und Entwicklung von Vorschriften und Projekten im Zusammenhang mit der Erzeugung, Übertragung und Distribution von Energie aus den Wärme- und großen Wasserkraftwerken Indiens.

Unternehmen und Technologien – Mit Umwelttechnik sind indische Hersteller weltweit gut positioniert

Indien profitiert von niedrigen Arbeitskosten, sehr gut ausgebildeten technischen Fachkräften und renommierten Ausbildungsstätten. Deshalb sind die Märkte durch arbeitskräfteintensive Technologien geprägt. Einige große indische Unternehmen sind bereits gut im Weltmarkt vertreten und haben globale Bedeutung erlangt. Ausländische Anbieter nutzen die Vorteile der Region über ihre Tochterunternehmen in Indien.

Vor allem im Bereich **Windkraft** nimmt Indien unter den Produzenten eine der Top-Positionen auf dem Weltmarkt ein. Das Land ist einer der führenden Lieferanten von Komponenten im Bereich Stromerzeugung aus Wind- und Solarenergie. Windkraft zählt zu den am weitesten

Windkraft

Niedrige Arbeitskosten führen zu hohem Potenzial im Bereich fertigungsintensiver Technologien und zu hohen Exportquoten im Bereich Windturbinen und -komponenten

Photovoltaik

Vorhandenes Potenzial durch günstige Standortfaktoren bisher nur bedingt ausgenutzt. Unternehmen planen schnelle Ausweitung der Produktionskapazitäten

Produktionsschwerpunkte der Technologielinien in Indien

Quelle: Roland Berger

entwickelten Sektoren erneuerbarer Energien in Indien. Mit einer jährlichen Produktionskapazität von 7,8 Gigawatt zählt es weltweit zu den fünf größten Erzeugern von Technologien zur Gewinnung von Windenergie – zusammen mit Dänemark, Deutschland, den USA und Spanien. Die in Indien gefertigten Komponenten werden zu großen Teilen exportiert. 2007 hat Indien Windturbinen aus heimischer Fertigung im Wert von 288,7 Mio. Euro in die USA sowie nach Europa, Australien und Brasilien verkauft. Im selben Jahr wurden außerdem Rotorblätter für Windturbinen im Wert von 33,9 Mio. Euro an Kunden in Deutschland, China, Spanien etc. geliefert. Der Export von Windturbinen und -komponenten dürfte 2008 auf 611,4 Mio. Euro ansteigen. Suzlon, einer der führenden Lieferanten für Windkraftbetreiber, exportiert 90 % seiner gesamten Produktion und gehört mit einem Anteil von 11 % an der weltweiten Produktion von Windturbinen zu den fünf großen Playern der Branche. Das 1995 gegründete Unternehmen hat 2007 75 % der Stimmrechte am Hamburger Windradhersteller REPower AG übernommen und plant, diesen Anteil 2009 auf 90 % aufzustocken.

Der Bereich **Solarenergie** hat ebenfalls das Potenzial, in Zukunft Erfolgsgeschichten zu schreiben. Zwar belegen die Unternehmen des Landes in einem weltweiten Branchenranking derzeit noch die hinteren Ränge, jedoch sind enorme Produktionskapazitäten im Aufbau. Bisher verkaufen die Unternehmen einen Großteil ihrer Produkte ins Ausland. Bis März 2007 wurden in Indien Photovoltaikmodule und -systeme mit einer Kapazität von insgesamt 335 MWp produziert, davon wurde eine Gesamtkapazität von 225 MWp exportiert.

Moser Baer Photo Voltaic Limited, Tata BP Solar, Central Electronics Limited und Reliance Industries sind die führenden Hersteller von Photovoltaikzellen und -modulen. Moser Baer Photo Voltaic Limited (MBVP) betreibt eine Fertigungsanlage für kristalline Siliziumzellen mit einer Kapazität von 80 Megawatt pro Jahr, die derzeit 40 Megawatt produziert und bis auf 240 Megawatt erweitert werden kann. Außerdem hat das Unternehmen eine Produktionsanlage zur Herstellung von Modulen. Diese hat eine Kapazität von 40 Megawatt, die sich bis auf 200 Megawatt ausbauen lässt. Im Dezember 2007 begann die Firma zudem mit dem Bau einer Dünnschichtmodul-Fertigungsanlage (Kapazität 200 Megawatt) und plant darüber hinaus die Errichtung eines Solarthermiekraftwerks mit einer Kapazität von 15 Megawatt. Allein 2007 hat Moser Baer Verträge über die Beschaffung von circa 126 Mio. Euro durch Private-Equity-Investoren abgeschlossen. Bis 2009 will das Unternehmen seine Fertigung von kristallinen Siliziumzellen und Dünnschichtzellen aus amorphem Silizium auf 180 Megawatt bzw.

120 Megawatt aufstocken und somit auf die Spitzenpositionen des Weltmarktes vorrücken.

Tata BP Solar, ein Joint Venture der Tata Power Company mit BP Solar, betreibt eine integrierte Produktionsstätte mit einer Kapazität von 105 Megawatt. Hier werden Solarzellen produziert, Module integriert und sonstige für die Stromerzeugung mit mono- oder multikristallinen Solarzellen notwendige Systeme hergestellt. Der Photovoltaikmarkt ist bereits relativ hoch entwickelt. Aufgrund seiner Arbeitskräfteintensität gehört er zu den interessantesten Bereichen des indischen Zuliefermarktes und zieht nach wie vor zahlreiche Neueinsteiger an, etwa Reliance Industries. Das Unternehmen hat ein Angebot für eine Investition von 4,7 Mrd. Euro zur Errichtung zweier Werke vorgelegt. Außerdem will Reliance Industries in den kommenden fünf Jahren 16 Mrd. Euro in die Übernahme von Solarzellenproduzenten und in Greenfield-Projekte zur Fertigung von Photovoltaikzellen investieren.

Wasserkraft ist die erneuerbare Energiequelle, die weltweit am häufigsten zur Stromerzeugung genutzt wird. Sie deckt 19 % des globalen Elektrizitätsbedarfs. In Indien beläuft sich die installierte Kapazität großer Wasserkraftwerke auf insgesamt 36,2 Gigawatt. Das entspricht zwar 25 % der gesamten Stromerzeugungskapazität des Landes, allerdings sind 36,2 Gigawatt im Vergleich mit China nur ein Viertel der dort installierten Kapazität. Hinzu kommen 1,2 Gigawatt installierte Kapazität kleinerer Wasserkraftwerke. Indiens Wasserkraftpotenzial liegt vor allem in den Staaten Karnataka, Arunachal Pradesh, Westbengalen und Himachal Pradesh.

Die einzelnen Stufen der Wertschöpfungskette im Bereich der Stromerzeugung aus Wasserkraft sind von unterschiedlichen Marktteilnehmern besetzt. Jedoch besitzen die Unternehmen wegen ihrer geringen Größe bisher keinen nachhaltigen Einfluss auf den Weltmarkt. Ein wichtiger Komponentenhersteller ist Bharat Heavy Electricals Limited. Das 1962 gegründete Unternehmen stellt unter anderem Wasserturbinen, Regler und Wasserkraftgeneratoren für Wasserkraftwerke her. Kirloskar Brothers Limited, ebenfalls ein Komponentenhersteller, produziert Pumpen, Ventile und Wasserturbinen für kleinere Wasserkraftprojekte.

Da Indien eine überaus dynamische und große IT-Industrie hat, bietet auch der Bereich der **energieeffizienten Informationstechnologie** ein bedeutendes Geschäfts- und Innovationspotenzial. Mit einem energieeffizienten Datenserver kann ein IT-Unternehmen bis zu 30 % Energie sparen. Neben diesem konventionellen Schlüsselprodukt setzen indische IT-Unternehmen auch auf neue und innovative Technologien wie virtuelle Datenserver, virtuelle Desktops und Speichervirtualisierung. Die Unternehmen des indischen IT-Sektors entwickeln und nutzen energieeffiziente IT-Technologien. Einer der führenden Anbieter, HCL Technologies Limited, hat bereits fast 1.000 Unternehmen bei der Einrichtung energieeffizienter Datenserver unterstützt. Zudem hat das Unternehmen die Datenspeichertechnologie „Data Center-in-a-Box" auf den Markt gebracht, die Datenspeicherung, Rechenleistung und Vernetzung in einem einzigen Serversystem integriert. Weitere Anbieter sind unter anderem IBM India, Sun, APC, AMD, Hitachi, ITES und Wipro.

Green-IT: Stromsparen mit energieeffizienten modularen Rechenzentren

IBM India hat die zweite Phase des *Big Green Projects* eingeleitet: Das Unternehmen beabsichtigt, skalierbare modulare Rechenzentren einzurichten, mit deren Hilfe große indische Firmen ihren Energieverbrauch nahezu halbieren können. Mehr als ein Dutzend Kunden hat bereits entsprechende Verträge unterzeichnet. IBM India will jährlich 631 Mio. Euro in dieses Projekt investieren.

Auch Sun Microsystems India will in Bangalore ein energieeffizientes Rechenzentrum errichten; dabei wird das IT-Unternehmen mit Partnern wie APC-MGE, Advanced Micro Devices (AMD), Hitachi Data Systems und Wipro Infotech zusammenarbeiten. Gemeinsames Ziel ist, die negativen Einflüsse der zunehmenden Industrialisierung auf die Umwelt zu minimieren.

Indien bietet in praktisch allen Bereichen der erneuerbaren Energien ein beträchtliches Potenzial. Neben den bereits angesprochenen wichtigen Märkten existieren noch kaum erschlossene „weiße Flecken" in der Palette regenerativer Energiequellen. So gibt es derzeit beispielsweise keine Anbieter auf dem Gebiet der Geothermie und nur fragmentierte Aktivitäten in den Bereichen Biomasse und Solarthermie. Die im indischen Energieeffizienzsektor eingesetzten Verfahren arbeiten noch nicht kostendeckend. Gut ausgebildete Fachkräfte in diesem Spezialgebiet sind sehr gesucht. Zudem ist damit zu rechnen, dass immer mehr global agierende Unternehmen Niederlassungen in Indien gründen, um ihre operativen Kosten zu senken.

Nachfrage und Investitionen – Energieeffizienz und Wasserkraft spielen die dominierende Rolle

Alle Sektoren der indischen Wirtschaft profitieren vom schnellen volkswirtschaftlichen Wachstum Indiens. Nahezu sämtliche energieeffizienten Systeme erfreuen sich entweder einer hohen Nachfrage oder können in Zukunft mit einem deutlichen Nachfrageschub rechnen. Alle großen energieverbrauchenden Sektoren geben inzwischen energieeffizienten Systemen den Vorzug. Die in Indien hergestellten energieeffizienten Produkte können sich dabei mit den Produkten globaler Wettbewerber durchaus messen. Allerdings beherrschen ausländische Unternehmen über ihre indischen Tochtergesellschaften oder Geschäftspartner die Märkte für bestimmte energieeffiziente Produkte.

Wasserkraft
Das vorhandene Potenzial im Bereich Wasserkraft wird bisher nur teilweise ausgenutzt

Heiz- und Klimatechnik
Hohe volkswirtschaftliche Wachstumsraten führen in Zukunft zu schnell steigender Nachfrage nach energieeffizienter Heiz- und Klimatechnik

Bedarfsschwerpunkte der Technologielinien in Indien

Quelle: Roland Berger

Das Potenzial Indiens für die Erzeugung von Energie aus erneuerbaren Quellen ist zwar riesig, aber – von Wasserkraft abgesehen – leisten diese bis dato keinen wesentlichen Beitrag zu Indiens Stromversorgung. Das liegt vor allem an den höheren Kosten: Noch ist die Gewinnung von Strom aus regenerativen Energiequellen erheblich teurer als herkömmlich, beispielsweise mit thermischer Energie, erzeugter Strom. Um diese Rahmenbedingungen zu verändern und den Ausbau nachhaltiger Energiequellen voranzutreiben, subventioniert die indische Regierung Energieerzeuger, die erneuerbare Energiequellen einsetzen. Zu den Förderinstrumenten gehören relativ hohe Einspeisevergütungen für Strom, der zum Beispiel durch Windkraft, Photovoltaik, Solarthermie und Biomasse erzeugt wurde.

Energieeffizienz senkt Treibstoffkosten

Die Hindalco-Gruppe mit Sitz in Mumbai gehört zu den größten indischen Konzernen auf dem Rohstoffsektor mit dem Schwerpunkt der Kupfer- und Aluminiumerzeugung. Das Unternehmen hat in seinen Betrieben zahlreiche Maßnahmen zur Senkung des Energieverbrauchs in Angriff genommen. Forciert wurde unter anderem folgende Maßnahme: Die Drehrohröfen wurden durch energieeffizientere stationäre Röstöfen ersetzt. Hierdurch konnten die Treibstoffkosten um circa 40 % gesenkt werden.

Das Potenzial für Stromerzeugung aus **Wasserkraft** wird in Indien auf 148,7 Gigawatt geschätzt; davon ist bisher nur rund ein Viertel erschlossen. Geplant ist eine Erweiterung der Kapazitäten: Bis 2012 soll die Stromerzeugung aus Wasserkraft um 16,5 Gigawatt steigen. Die Betriebskosten für Wasserkraftwerke sind niedriger, weil keine Rohstoffe verbraucht werden und weniger Personal für die Stromerzeugung benötigt wird. Zudem ist die Kapazitätsauslastung hoch. Sie bewegt sich in einer Bandbreite von 65–70 %, was für neue Marktteilnehmer ein wichtiger – und attraktiver – Faktor ist. Deshalb sind einige private Unternehmen, darunter der Kurierdienst Gati sowie die Textilhersteller S.Kumars und Bhilwara, entschlossen, im Wasserkraftsektor aktiv zu werden, obwohl sie bisher keinerlei Erfahrung in diesem Bereich vorweisen können.

Die Realisierung von Wasserkraftprojekten nimmt jedoch mehr Zeit in Anspruch als die thermischer Projekte. Demzufolge werden angesichts der sich abzeichnenden Engpässe in der Stromversorgung thermische Projekte bei der Finanzierung bevorzugt. Da nur wenige Anbieter solche Anlagen bauen, ist ein Ungleichgewicht bei Angebot und Nachfrage die Folge. Zudem sind für den Bau eines Wasserkraftwerks die Genehmigungen mehrerer Regierungsbehörden einzuholen, so zum Beispiel die Projektzuteilung seitens der State Nodal Agency (Koordinierungsstelle), eine Genehmigung des Ministeriums für Umwelt und Forstwirtschaft, eine Genehmigung der Bewässerungs- und Wasserbehörde (Irrigation/ Water Resources Department) und eine Bescheinigung über die Verfügbarkeit von Bauland des zuständigen Bundesstaates. Die Beschaffung dieser Dokumente erfordert viel Zeit. Außerdem ist eine Errichtung von Wasserkraftwerken nicht selten mit problematischen bzw. unerwünschten Nebenwirkungen verbunden, etwa der Umsiedlung von Anwohnern oder dem Abholzen von Wäldern. Mitunter wird die Wasserkraft eines Flusses überschätzt, wodurch die Erzeugungskosten pro Kilowatt steigen bzw. die Effizienz des Wasserkraftwerks sinkt.

National Hydroelectric Power Corporation zählt zu den führenden Unternehmen in der Erzeugung von Was-

Weiße Ware mit innovativem Innenleben spart Energie

Voltas hat ein Multi-Digital-Variable (MDV™)-System für Kühlanlagen auf den Markt gebracht, das mit einem Digital-Scroll-Kompressor und Mikroprozessoren ausgerüstet ist, die die energieeffiziente Puls-Weiten-Modulation für die Kapazitätssteuerung nutzen. Das System reagiert automatisch auf Veränderungen der Raumtemperatur. Zudem hat Voltas energieintensive durch energieeffiziente Verdampfer ersetzt.

serkraftstrom. Das Unternehmen verfügt über eine installierte Kapazität von circa 4,6 Gigawatt, einschließlich 0,5 Gigawatt, die derzeit noch im Bau sind. Ein weiterer großer Erzeuger ist Satluj Jal Vidyut Nigam mit 4,1 Gigawatt installierter Kapazität. Marktteilnehmer wie North Eastern Electric Power Corporation Limited und Uttarakhand Jal Vidyut Nigam Limited haben eine installierte Kapazität von 1,1 Gigawatt, respektive 1 Gigawatt. Auch private Unternehmen wie Tata Power, Jaypee Group und Malana Power Company Limited sind mit einer installierten Kapazität von 447 Megawatt, 700 Megawatt und 86 Megawatt im Wasserkraftsektor gut aufgestellt. Jaypee Group plant derzeit in drei indischen Bundesstaaten Wasserkraftwerke mit einer installierten Kapazität von circa 1 Gigawatt, 2, 5 Gigawatt (voraussichtliche Fertigstellung 2015) und 720 Megawatt. Reliance Power plant ebenfalls vier Wasserkraftprojekte in Arunanchal Pradesh und Uttarkhand mit einer installierten Kapazität von insgesamt 3,3 Gigawatt.

Die Nutzung von **Erdwärme als Energiequelle** findet in Indien wenig Beachtung, und für die Entwicklung von Geothermiekraftwerken stellt der Staat bislang keine finanzielle Unterstützung bereit. Darauf ist auch zurückzuführen, dass bislang kein einziges Geothermiekraftwerk in Indien existiert. Schätzungen gehen von einer geothermischen Kapazität von 10,6 Gigawatt in Indien aus. An die Adresse der Regierung richten sich Erwartungen, dass sie die Erdwärme – ähnlich wie andere erneuerbare Energiequellen – unterstützt. Angesichts des enormen Potenzials wird für die geothermische Energieumwandlung zudem ein starkes Wachstum prognostiziert.

Der Weltmarkt für **Heiz- und Klimatechnik** (Heating, Ventilation, Air Conditioning – HVAC) wird Schätzungen zufolge 2010 die Marke von 51,6 Mrd. Euro überschreiten. In der Region Asien-Pazifik soll die Nachfrage bis 2010 jährlich um 7 % ansteigen. Auch Niedrigenergiehäuser erfreuen sich in Indien immer größerer Beliebtheit, weshalb die Nachfrage nach energieeffizienten Be- und Entlüftungsanlagen steigt. Anbietern solcher Anlagen stehen die Türen für den Eintritt in den indischen HVAC-Markt weit offen; auch diverse ausländische Firmen haben diesen Schritt bereits gewagt und nutzen die vielfältigen Möglichkeiten.

Neben HVAC-Anlagen spielt die **Gebäudeisolierung** eine wichtige Rolle, die aber in Indien noch kaum verbreitet ist. Zu den Endverbrauchern von Isoliermaterialien gehören Infrastrukturentwickler sowie Hersteller von Kaminen, Kesseln, Wärmeschränken, Hochdruckkesseln und Kühlsystemen. Als Folge des aktuellen Booms im Infrastruktursektor dürfte auch die Nachfrage nach Isolierwerkstoffen in den kommenden Jahrzehnten steigen. Mit Hilfe von Isolierungen lassen sich Energie- und Stromeinsparungen in Höhe von 10–20 % erreichen. Auch Infrastrukturunternehmen interessieren sich zunehmend für Niedrigenergiehäuser, was die Nachfrage nach Isolierstoffen zusätzlich anheizen dürfte.

Die in Indien hergestellten Isolierstoffe können sich technisch mit den von der ausländischen Konkurrenz nach Weltmarktstandards produzierten Erzeugnissen messen, aber ihre Anwendungsmöglichkeiten in Indien sind begrenzt. Zudem ist das öffentliche Bewusstsein in Sachen Isolierung zur Energieeinsparung gering. Verbraucher scheuen bislang die hiermit verbundenen Mehrausgaben. Da die Herstellungskosten für Isoliermaterialien jedoch sinken dürften, ist mit steigender Nachfrage zu rechnen. Der Markt für energieeffiziente Isoliermaterialien soll Schätzungen zufolge in den nächsten 10 bis 15 Jahren um 15–20 % pro Jahr wachsen.

Mit dem wachsenden Lebensstandard der größer werdenden indischen Mittelschicht und der zunehmenden Verstädterung wächst auch die Nachfrage nach effizienten Waschmaschinen, Herden, Kühlschränken und anderen Haushaltsgeräten. Günstigere Preise und neue Technologien dürften künftig den Markt für **Weiße Ware** vorantreiben: Für 2008 wird für diesen Industriezweig ein Wachstum von 15 % prognostiziert. Nach Schätzungen der indischen Industrie- und Handelskammer (Associated Chambers of Commerce and Industry – ASSOCHAM) wird dieser Markt bis März 2009 ein Volumen von 4,2 Mrd. Euro erreichen und damit für 5 % der Gesamtnachfrage auf dem Weltmarkt verantwortlich sein.

Fazit

Indien ist ein Markt, der von Unterschieden geprägt ist. Auf der einen Seite kämpft ein großer Teil der Bevölkerung mit Nahrungsmittelmangel und Unterernährung und hat kaum Zugang zu Strom oder fließend Wasser. Auf der anderen Seite konkurrieren Hochtechnologieunternehmen der indischen Metropolen mit Unternehmen aus den USA, Deutschland, Japan und China. Genauso vielfältig wie das Land ist die Nachfrage nach Umwelttechnik. Erfolgreiche deutsche Markteinsteiger müssen vor allem flexibel und anpassungsfähig sein. Ein diversifiziertes Produkt- und Leistungsspektrum kann dabei helfen.

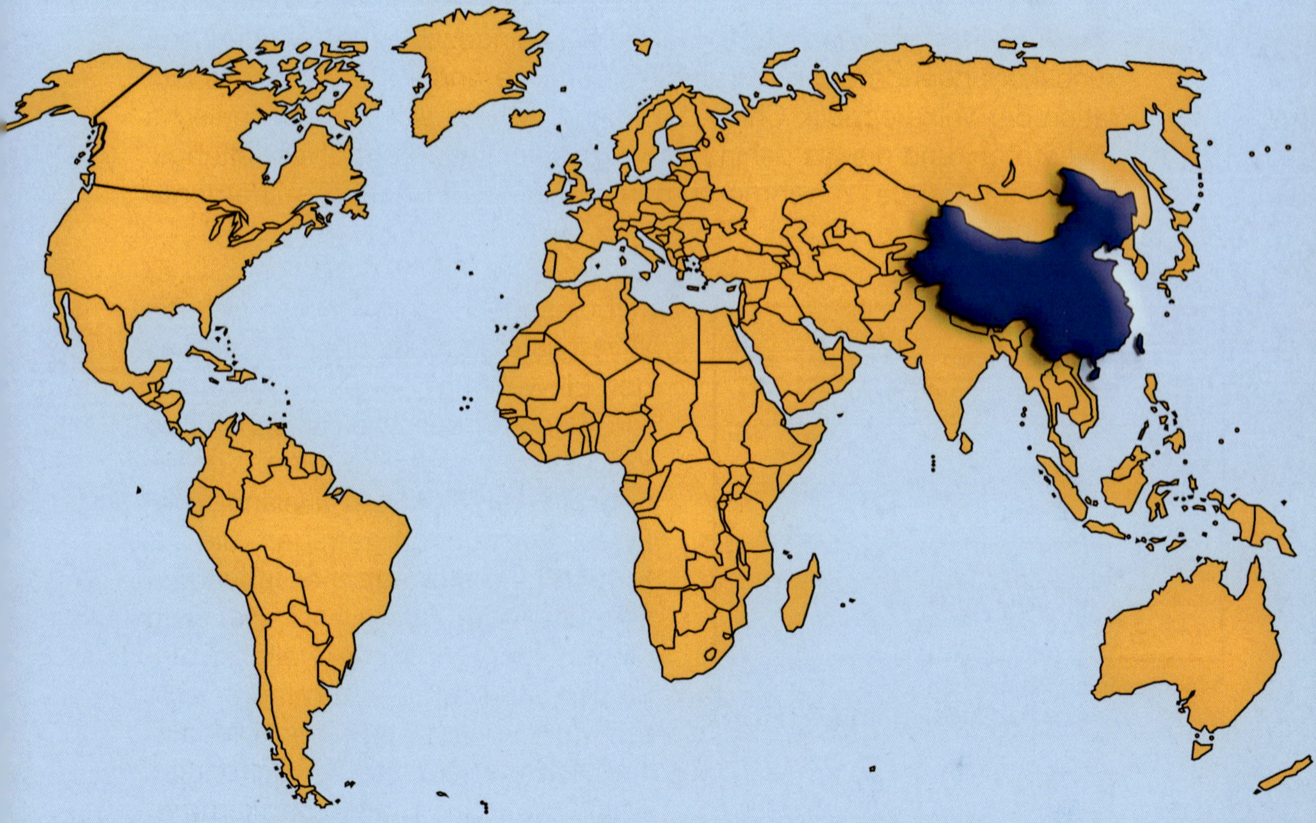

China

Der Beginn der Liberalisierungs- und Öffnungspolitik Anfang der 70er Jahre war der Startschuss für das exorbitante chinesische Wirtschaftswachstum. Der damals eingeschlagene Modernisierungskurs beendete die außenwirtschaftliche und außenpolitische Isolation der Volksrepublik China. Das Land öffnete sich für ausländische Investoren, und die bis dahin relativ geschlossene Zentralverwaltungswirtschaft wurde zunehmend durch marktwirtschaftliche Elemente aufgelockert.

China

	Einheit	2005	2006	2007	2008	2010[1)]
Reales BIP Wachstum	%	10,43	11,60	11,90,	9,8	8,7
Reales BIP [Preise von 2005]	Mrd. Euro	1.814	2.024	2.265	2.487	2.933
Reales BIP je Einwohner [Preise von 2005]	Euro	1.387	1.540	1.714	1.868	2.185
Arbeitslosenquote	%	9,7	9,5	9,2	9,0	8,8
Bevölkerung	Mio.	1.307,6	1.314,5	1.321,3	1.331,1	1.342,5

1) Prognose

Ökonomische Kennzahlen

Quelle: Economist Intelligence Unit

Auf einen Blick

China ist **zweitgrößter Verbraucher von Primärenergie** und **sogar größter CO_2-Emittent weltweit.**

Zwar hat China das Kyoto-Protokoll unterzeichnet, dennoch nimmt es als Schwellenland **keine verbindliche Verpflichtung zur CO_2-Reduktion** an. **Gravierende Umweltschäden** fördern jedoch ein politisches und gesellschaftliches Umdenken.

Angebotsseitig hat China in den letzten Jahren rasant aufgeholt. China gehört zu den führenden Anbietern in den Bereichen **Photovoltaik, Windkraft und Solarthermie**.

Nachfrageseitig decken sich die Bedarfsfelder mit den lokalen Stärken. Auch hier stehen **Windkraft, solarthermische Anlagen und Photovoltaik** im Vordergrund.

Auf dieser Basis entwickelte sich die Wirtschaft des mit über 1,3 Milliarden Einwohnern bevölkerungsreichsten Landes der Welt rasant: Das Wachstum wurde vor allem von einem starken Zustrom ausländischer Direktinvestitionen getragen, die zur Entwicklung strategischer Industrien seit Ende der 80er Jahre ins Land fließen konnten. Mittlerweile ist China das Land mit dem umfangreichsten Zufluss ausländischer Direktinvestitionen weltweit. Ein großer Teil davon war in Hightech-Industrien konzentriert. Nicht nur im Automobilsektor, sondern beispielsweise auch im Bereich der Telekommunikation und des Baugewerbes entwickelt sich China im Eiltempo zu einem der wichtigsten Märkte der Welt. Die chinesische Wirtschaft wuchs zwischen 1996 und 2006 um durchschnittlich 9 % pro Jahr und übertraf damit das Wachstum jeder anderen großen Volkswirtschaft der Welt.

Trotz seiner beachtlichen ökonomischen Entwicklung gilt China nach der Klassifikation der Weltbank aber nach wie vor als Schwellenland. Ein wichtiges Merkmal für die Einordnung in die Kategorie der „developing countries" sind die stark ausgeprägten Ungleichheiten, zum

Beispiel die Diskrepanz zwischen den städtischen Ballungszentren und den ländlichen Regionen. Auch wenn China häufig als „Werkbank der Welt" bezeichnet wird: Fast zwei Drittel aller Chinesen leben immer noch auf dem Land, knapp die Hälfte der erwerbstätigen Bevölkerung arbeitet in der Landwirtschaft.

Die schnelle Industrialisierung in bestimmter Regionen – vor allem entlang der Ostküste – hat zu einer dualen Wirtschaftsstruktur des Landes geführt: Das Wirtschaftswachstum wurde vor allem in den Metropolen wie beispielsweise Peking, Shanghai und Hongkong sowie in den südlichen und östlichen Provinzen generiert; auf diese Gebiete entfallen fast 90 % der nationalen Wirtschaftsleistung. Das Verhältnis zwischen dem Pro-Kopf-Einkommen der reichsten und der ärmsten Provinzen lag 2007 bei zehn zu eins.

Zu den Folgen der ungleichmäßigen Wirtschaftsentwicklung in den einzelnen Landesteilen und Branchen gehört die zunehmende Arbeitslosigkeit, vor allem im Norden und Westen des Landes. Die Landbevölkerung profitiert wenig vom Wirtschaftsaufschwung, sodass die sozialen Spannungen zunehmen. Um diese unerwünschten Auswirkungen des Wirtschaftsbooms einzudämmen, hat die chinesische Führung die Schaffung einer „harmonischen Gesellschaft" und eine nachhaltige Entwicklung proklamiert. In diesem Kontext wurde der Schutz der Umwelt zu einer politischen Priorität erklärt. Die chinesische Staatsführung hat offensichtlich erkannt, dass eine Fortsetzung des rücksichtslosen Umgangs mit der Umwelt und den natürlichen Ressourcen die zukünftige Entwicklung der Volksrepublik China gefährdet.

Das Wirtschaftswachstum Chinas zeigt sich sehr robust. Prognosen sagen bis 2011 ein durchschnittliches jährliches Wachstum von 8,5 % voraus. Diese Einschätzung liegt auch an der zunehmenden Entkopplung von der wirtschaftlichen Entwicklung der USA. Dennoch wird wohl auch an der exportorientierten Wirtschaft Chinas eine Rezession in den Industrienationen nicht spurlos vorübergehen.

CO_2-Emissionen – China hält den Weltrekord

Auch wenn für das Jahr 2008 noch keine endgültigen Zahlen vorliegen, ist davon auszugehen, dass China zum größten CO_2-Emittenten der Welt „aufgestiegen" ist. Mit Emissionen in Höhe von 6,4 Mrd.

Tonnen Kohlendioxid hat die Volksrepublik die USA als das Land mit dem höchsten CO_2-Ausstoß abgelöst. Am globalen CO_2-Ausstoß hat China einen Anteil von 20,7 %, die Menge seiner CO_2-Emissionen beträgt das 7,4-fache des deutschen Vergleichswertes. Der Gesamtenergiebedarf Chinas lag im Jahr 2007 mit 1.820 Mio. Tonnen Öleinheiten und einer Steigerung von 7,8 % gegenüber dem Vorjahr zwar weit unter dem US-amerikanischen Verbrauch von 2.560 Mio. Tonnen Öleinheiten, dennoch emittierte die Volksrepublik aufgrund von veralteten Kraftwerken und einer geringeren Energieeffizienz mehr CO_2. Das Bruttoinlandsprodukt Chinas legte 2007 um real 11,9 % zu; auch in den Vorjahren lagen die Wachstumsraten des BIP bereits im zweistelligen Bereich. Die wirtschaftliche Entwicklung ließ die Nachfrage nach Energie emporschnellen: Der Energieverbrauch in der Volksrepublik ist seit 1990 um mehr als 70 % gestiegen.

China hat angesichts der globalen Bedrohung durch den Klimawandel bereits Maßnahmen ergriffen, um den Ausstoß von Kohlendioxid zu begrenzen. Diese Anstrengungen werden anhand der CO_2-Entwicklung in Relation zum chinesischen BIP sichtbar: So wuchs zwischen 2002 bis 2005 die chinesische Wirtschaft mit hoher CO_2-Intensität: Die durchschnittliche jährliche Wachstumsrate des CO_2-Ausstoßes lag in diesem Zeitraum bei 14,8 %, die des realen Bruttoinlandsprodukts bei 9,9 %. Das Jahr 2006 markierte einen Wendepunkt: Seitdem steigt der CO_2-Ausstoß Chinas zwar immer noch um durchschnittlich 6 % jährlich, aber die Wirtschaft des Landes wuchs real um durchschnittlich 11,8 %. Obwohl hier noch nicht von einer vollständigen Entkopplung des Wirtschaftswachstums vom CO_2-Ausstoß gesprochen werden kann, geht der Trend in die richtige Richtung.

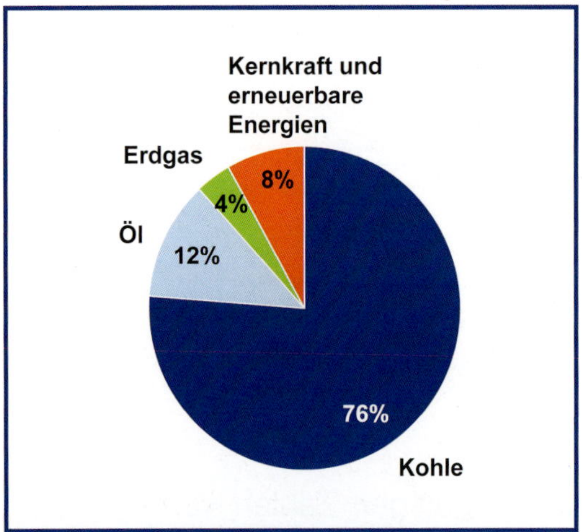

Anteile der Primärenergieträger an der Energieerzeugung in China

Quelle: National Bureau of Statistics of China

Ein wesentlicher Treiber der CO_2-Emissionen ist die Struktur der Energieumwandlung. Bedingt durch Chinas extensive Kohlevorkommen wird vornehmlich der günstige und in ausreichender Menge verfügbare Energieträger Kohle für die Verstromung genutzt. In Kombination mit der häufig veralteten und weitgehend ohne Filtertechnologien ausgestatteten Technik der chinesischen Kraftwerke trägt diese dominierende Rolle der Kohle im nationalen Energiemix wesentlich zu den enormen Treibhaus-

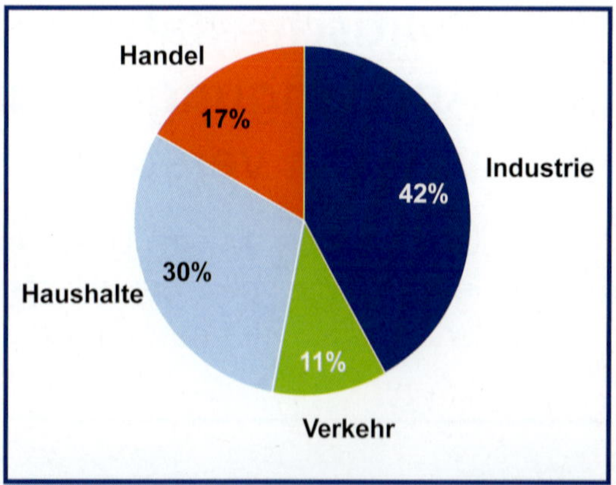

CO_2-Ausstoß nach Sektoren

Quelle: Roland Berger, IEA

gasemissionen der Volksrepublik bei. Obwohl China seine Bemühungen zum Ausbau von Wasser- und Atomkraft in den letzten Jahren verstärkt hat, bleibt deren Anteil auf konstant niedrigem Niveau bei circa 8 %.

Der größte CO_2-Emittent ist die Industrie, gefolgt vom Sektor der privaten Haushalte, der mit einem Anteil von 30 % im Vergleich zu Deutschland (13,3 %) überproportional viel zum Gesamtausstoß von Kohlendioxid beiträgt. Dies kann sowohl mit dem mangelnden Einsatz von Dämmungssystemen in Wohnimmobilien als auch mit ineffizienter Energienutzung durch den Betrieb veralteter Heiz- und Klimatechnikgeräte erklärt werden.

Der Anteil des Verkehrssektors an den Gesamtemissionen von 11 % fällt verglichen mit dem deutschen Wert von 18,2 % auf den ersten Blick gering aus. Allerdings wird die zunehmende Motorisierung der Bevölkerung die Gewichte verschieben: Der private Fahrzeugpark in China soll sich von derzeit 20 Millionen bis 2023 auf 140 Millionen versiebenfachen. Schon 2015, so wird prognostiziert, werden in der Volksrepublik mehr Neuwagen verkauft als in den USA.

Betrachtet man die absoluten CO_2-Emissionszahlen, so wird deutlich, dass in China das mit Abstand größte Potenzial für den Einsatz CO_2-reduzierender Technologien für die Energieumwandlung und die Steigerung der Energieeffizienz besteht. Der Hebel, den China bei der Entwicklung der globalen Emission darstellt, wird mit zunehmendem Wirtschaftswachstum der Volksrepublik weiter an Größe gewinnen. Mit anderen Worten: Ob und in welchem Umfang es China gelingt, seinen Ausstoß an Treibhausgasen zu reduzieren, spielt eine entscheidende Rolle für den Erfolg der internationalen Maßnahmen zum Klimaschutz.

Politische Rahmenbedingungen – Anstrengungen für den Umweltschutz werden verstärkt

China gehört zu den Unterzeichnern des Kyoto-Protokolls. Gleichwohl lehnt es die Volksrepublik mit Verweis auf ihren Status als Schwellenland ab, im Rahmen dieses Abkommens verbindliche Verpflichtungen zur CO_2-Reduktion einzugehen. Daher basieren alle Maßnahmen zur Einschränkung der Treibhausgasemissionen auf freiwilligen Initiativen der Regierung.

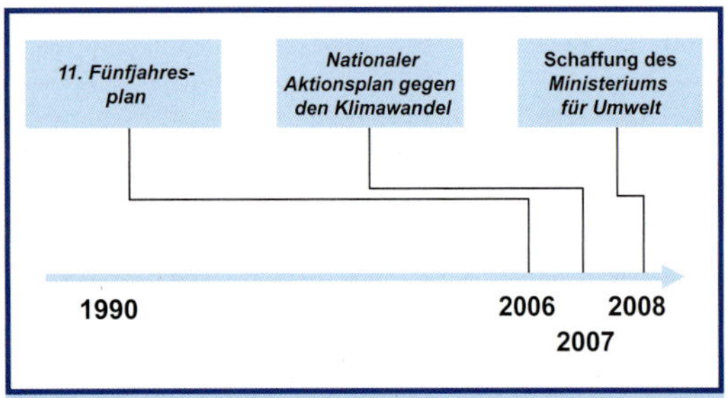

Chronologie der Initiativen der chinesischen Regierung zum Klimaschutz
Quelle: Roland Berger

Früher hatte der Umweltschutz innerhalb der chinesischen Partei- und Staatsführung einen geringen Stellenwert. Doch mit dem anhaltenden wirtschaftlichen Wachstum und seinen oft katastrophalen ökologischen Konsequenzen setzt allmählich ein Umdenken ein. Die Umweltschäden sind zum Teil so gravierend, dass sie eine ernste Bedrohung für die Gesundheit und die Lebensqualität der Bevölkerung darstellen: Nach Angaben der Weltbank sterben 750.000 Menschen pro Jahr an den Folgen der Umweltverschmutzung. Auf der Liste der 25 Metropolen mit der schlechtesten Luft weltweit sind 16 chinesische Großstädte vertreten. Die Kosten für die Beseitigung von Umweltschäden erreichen inzwischen eine Größenordnung, dass sie in einigen Bereichen das wirtschaftliche Wachstum neutralisieren. Der Leidensdruck, die Anstrengungen in Sachen Umweltschutz zu erhöhen, hat also in den letzten Jahren enorm zugenommen.

Ein deutliches Zeichen, dass der Umweltschutz inzwischen eine wichtige Position auf der politischen Agenda einnimmt, wurde im Mai 2008 gesetzt: Im Zuge der Reform der Regierungsstrukturen hat die **chinesische Führung ein Ministerium für Umwelt geschaffen**. Zum ersten Mal gibt es somit ein Ministerium in China, das sich um die Belange des Umweltschutzes kümmert.

Die Gesetzgebung in China findet auf drei verschiedenen Ebenen statt. Von der obersten Ebene der Zentralregierung bis zu den Provinz- beziehungsweise Lokalregierungen auf der untersten Ebene nimmt der Detaillierungsgrad eines Gesetzes immer weiter zu. Die Durchsetzung der von der Zentralregierung erlassenen Gesetze auf provinzialer Ebene kann somit mit regionalen Unterschieden und Abweichungen verbunden sein. Auf dem Papier besitzt China eine der modernsten Umweltgesetzgebungen weltweit – was in der praktischen Umsetzung jedoch nicht durchgehend feststellbar ist.

China verabschiedete in den letzten Jahren eine Reihe von Gesetzen, die vor dem Hintergrund des Umweltschutzes entworfen und eingeführt wurden. So trat im Juni 2007 ein *Nationaler Aktionsplan gegen den Klimawandel (National Climate Change Program)* in Kraft, den der verantwortliche Minister für die Nationale Entwicklungs- und Reformkommission als „Beweis für die Entschlossenheit Chinas zur umfassenden Reduzierung der Treibhausgasemissionen" bezeichnete. Erreicht werden soll dieses Ziel vor allem durch die Förderung der Umwelttechnologie und die Verbesserung der Energieeffizienz. Allerdings werden in dem *Nationalen Aktionsplan* keine Reduktionsziele für CO_2 quantifiziert. Die offizielle chinesische Nachrichtenagentur Xinhua hat jedoch hochgerechnet, dass die Verwirklichung aller in dem Plan vorgesehenen Maßnahmen bis 2010 etwa 1,5 Mrd. Tonnen CO_2 einsparen könnte.

Die politischen Rahmenbedingungen für die volkswirtschaftliche und gesellschaftliche Entwicklung der Volksrepublik China werden durch Fünfjahrespläne bestimmt, die von der Nationalen Planungsbehörde (NDRC) erarbeitet werden. Sie enthalten die Vorgaben für die Produktion und den Dienstleistungssektor. Der aktuelle 11. Fünfjahresplan umfasst den Zeitraum von 2006 bis 2011.

Im Rahmen des *11. Fünfjahresplans für Energieentwicklung* der chinesischen Regierung soll die **Energieintensität der chinesischen Wirtschaft bis 2010 um 20% abnehmen**, das heißt, der Energieverbrauch je BIP-Einheit verringert sich um ein Fünftel. Weiterhin sollen bis zum **Jahr 2020 mindestens 15% des chinesischen Energieverbrauchs aus regenerativen Energien stammen**. Viele Maßnahmen zur Förderung erneuerbarer Energien sind dabei allerdings nicht primär auf emissionsreduzierende Ziele gerichtet. Vielmehr dienen sie zur Erreichung einer nationalen Energieautonomie und sollen die wirtschaftliche Entwicklung in ländlichen Gebieten vorantreiben. Dort werden erneuerbare Energien aufgrund ihrer dezentralen Struktur zur Elektrifizierung eingesetzt.

Für den Ausbau der erneuerbaren Energien sind nach Schätzungen knapp 180 Mrd. US-Dollar nötig, die zum großen Teil durch die Wirt-